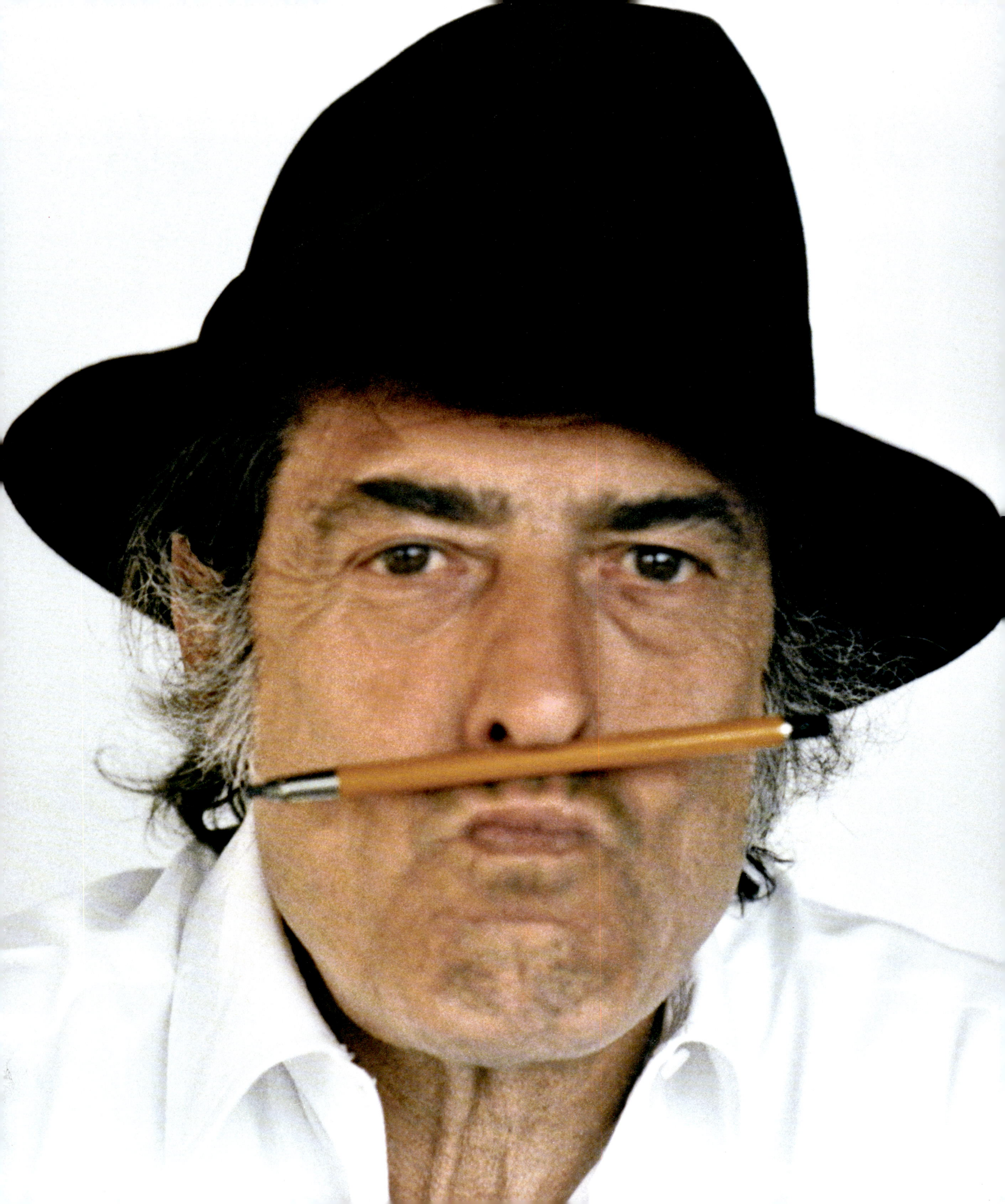

armando testa.

a cura di | edited by

Gemma De Angelis Testa
Tim Marlow
Elisabetta Barisoni

SilvanaEditoriale

MUVE
Fondazione Musei Civici Venezia

CITTA' DI VENEZIA

armando testa.

Venezia - Ca' Pesaro
Galleria Internazionale d'Arte Moderna
20.04 – 15.09.24

CITTA' DI VENEZIA

Mostra e catalogo a cura di |
Exhibition curated and catalogue edited by
Gemma De Angelis Testa
Tim Marlow
Elisabetta Barisoni

Saggi di | Essays by
Gemma De Angelis Testa
Tim Marlow
Elisabetta Barisoni
In catalogo e mostra | In the catalogue and at the exhibition
testi di | texts by Armando Testa
editi da | edited by TestaperTesta

con la collaborazione di |
in collaboration with

GALLERIACONTINUA

TestaperTesta

Organizzazione | Organization
Ca' Pesaro
Galleria Internazionale d'Arte Moderna
Elisabetta Barisoni
con | with
Matteo Piccolo
Cristiano Sant
Annalisa Tonicello
e con | and with
Giulia Mennella

Coordinamento dell'allestimento |
Setting-up Coordination
Francesca Boni

Comunicazione coordinata
e grafica in mostra | Coordinated communication and graphic design of the exhibition
Sebastiano Girardi Studio

TestaperTesta
Presidente | President
Gemma De Angelis Testa
Segreteria organizzativa |
Organization Team
Leonardo Alagna
Priscilla Greggi

Condition Report
Irene Fonte

Trasporti | Transport
Interlinea
ArtStore

Comunicazione, Promozione e Sviluppo Commerciale | Communication, Promotion and Business Development
Mara Vittori
con | with
Elettra Battini
Elisa Chesini
Andrea Marin
Chiara Marusso
Silvia Negretti
Alessandro Paolinelli
Giulia Sabattini

Ufficio Stampa | Press Office
Chiara Vedovetto
con | with
Alessandra Abbate
con il supporto di | with support from
Studio Esseci

Servizi educativi | Educational Services
Mauro Bon
con | with
Riccardo Bon
Claudia Calabresi
Cristina Gazzola
Chiara Miotto

Servizio tecnico, Manutenzioni e Allestimenti | Technical, Maintenance and Installation Service
Monica Rosina
con | with
Arianna Abbate
Eva Balestreri
Francesca Boni
Luca Donati
Georg Malfertheiner
Igor Nalesso

Amministrazione | Administration
Maria Cristina Carraro
con | with
Francesca Amadio
Leonardo Babbo
Piero Calore
Elena D'Argenio
Ludovica Fanti
Erica Morosinotto
Elena Roccato
Francesca Rodella
Silvia Toffano
Paola Vinaccia

Servizio Sicurezza e Logistica | Security and Logistics
Lorenzo Palmisano
con| with
Valeria Fedrigo

Il nostro ringraziamento va a | We wish to thank
Gianfranco D'Amato
per il supporto alla mostra e al catalogo | for his support on exhibition and catalogue

Un grazie speciale a | Heartfelt thanks go to
Indaco Wall Design

Riccardo Caldura
Direttore della | Director of Accademia di Belle Arti di Venezia

Michele Pizzi
Direttore generale di | Chief Executive of Silvana editoriale
e a tutti i collaboratori della casa editrice | and to all the collaborators of the publishing house
Annamaria Ardizzi
Sergio Di Stefano
Evelina Laviano
Giacomo Merli
Cristina Pradella
Maria Chiara Tulli

Si ringrazia | We thank
Gemma De Angelis Testa
per il prestito delle opere | for lending the works

Armando Testa Spa

ACACIA - Associazione Amici Arte Contemporanea Italiana

Si ringraziano i fotografi | We thank the photographers
Lionel Ceresi
Nino Chironna
Gemma De Angelis Testa
Fabio Mantegna
Jacopo Menzani
Paolo Pellion di Persano
Giuseppe Pino
Mario Tedeschi

Si ringraziano inoltre | Our thanks go also to
Pappi Corsicato e | and
Maurizio Tedesco
Rai Com
per il filmato | for the footage "Armando Testa - Povero ma moderno, 2009"
regia di | direction of
Pappi Corsicato
prodotto da | produced by
Baires Produzioni
in collaborazione con | in collaboration with
Littlebull Srl

Si ringraziano tutte le persone che hanno contribuito alla realizzazione di questo progetto | We thank all the people who contributed to the realization of this project

Ci scusiamo se per cause indipendenti dalla nostra volontà abbiamo omesso alcune referenze fotografiche | We apologize if for reasons beyond our will we omitted some photo references

Nel dicembre 2022 il Comune di Venezia ha ricevuto, per le raccolte di Ca' Pesaro, la più importante donazione in termini di valore e numero di opere dai tempi del lascito De Lisi-Usigli risalente al 1961. Tra le 105 donate da Gemma De Angelis Testa, ben 17 appartengono alla produzione del genio creativo piemontese Armando Testa, al quale oggi la Galleria Internazionale d'Arte Moderna dedica un'ampia mostra monografica.
"Sono nato povero ma moderno", diceva Armando Testa. E questa frase potrebbe essere al centro della rassegna che presentiamo al secondo piano di Ca' Pesaro in occasione della nuova stagione espositiva veneziana che coincide con l'apertura della Biennale Arte 2024.
Grazie al lavoro curatoriale condotto da Gemma De Angelis Testa con Tim Marlow, Direttore del Design Museum di Londra, ed Elisabetta Barisoni, Responsabile di Ca' Pesaro, la mostra ricostruisce il percorso artistico di questo genio moderno, attraverso le icone della pubblicità che Testa ha creato e che sono entrate nel nostro immaginario, per passare alla produzione di pittura e grafica, fino alle campagne sociali che videro la sua creatività al servizio di emergenze nazionali e internazionali di diversa natura.
Rinnovo il mio più sincero ringraziamento a Gemma De Angelis Testa, alla quale sono orgoglioso di aver consegnato il Leone d'Oro della Città di Venezia durante la cerimonia ufficiale di accettazione della donazione. Il mio grazie va a lei non solo per il grande gesto di generosità che ha inteso fare al Comune e al patrimonio civico, ma anche per aver condiviso oggi la storia del cammino che ha percorso con il marito Armando, accompagnando la preparazione della presente mostra con una visione unica sulla sua vicenda di uomo e di artista.

Luigi Brugnaro
Sindaco di Venezia

In December 2022, the Municipality of Venice received, on behalf of Ca' Pesaro collections, the most important donation in terms of value and number of works since the De Lisi-Usigli bequest dating back to 1961. Among the 105 works donated by Gemma De Angelis Testa, 17 belong to the production of the Piedmontese creative genius Armando Testa, to whom today Galleria Internazionale d'Arte Moderna dedicates a large monographic exhibition.

'I was born poor but modern', Armando Testa used to say. And this sentence could be at the centre of the exhibition that we present on the second floor of Ca' Pesaro on the occasion of the new Venetian exhibiting season which coincides with the opening of the Biennale Arte 2024. Thanks to the curatorial work conducted by Gemma De Angelis Testa with Tim Marlow, Director of the Design Museum in London, and Elisabetta Barisoni, Head of Ca' Pesaro, the exhibition reconstructs the artistic path of this modern genius through the icons of advertising that Testa has created and which have entered our imagination, to move on to the production of painting and graphics, up to the social campaigns that saw his creativity at the service of national and international emergencies of different nature.

I renew my most sincere thanks to Gemma De Angelis Testa, to whom I am proud to have given the Golden Lion of the City of Venice during the official donation acceptance ceremony. I am grateful to her not only for the great gesture of generosity she intended to make to the Municipality and the civic heritage, but also for having shared today the story of the path she took with her husband Armando, accompanying the preparation of this exhibition with a unique vision of his story as a man and an artist.

Luigi Brugnaro
Mayor of Venice

Con la mostra dedicata ad Armando Testa, la Galleria Internazionale d'Arte Moderna di Ca' Pesaro omaggia il padre di molte generazioni di pubblicitari, artisti e grafici. Un'esposizione possibile grazie alla donazione Gemma De Angelis Testa che include 17 opere di Testa, entrate nel 2022 nelle collezioni civiche, identitarie della sua geniale inventiva. In mostra il visitatore ritroverà sia aspetti della sua iconica produzione ma anche importanti, seppur meno note, incursioni creative della sua lunga e prolifica carriera artistica. Figura fondamentale della nostra storia visiva, Armando Testa sarà quindi presente a Ca' Pesaro con la pluralità di linguaggi espressivi che lo hanno contraddistinto. Non mancheranno interviste e contributi video significativi che faranno riemergere comuni memorie del nostro vissuto ma daranno anche l'opportunità alle giovani generazioni di scoprire Armando Testa e di capire quanto del nostro presente sia dovuto a lui, in qualità di pittore, scultore, disegnatore e creatore immaginifico di sintesi e suggestioni.
Il mio ringraziamento va allo staff di Fondazione Musei Civici che ha garantito l'organizzazione, la fruizione e la promozione di questo prestigioso evento espositivo. Un grazie personale a Tim Marlow che ha dato, dalla prospettiva del design e della creatività internazionale, un fondamentale apporto critico alla mostra e al catalogo, nonché a Gemma De Angelis Testa, la cui generosa lungimiranza ha consolidato nella Galleria Internazionale di Ca' Pesaro la tensione verso il contemporaneo e la possibilità di esplorare con occhi sempre nuovi il nostro recente passato.

Mariacristina Gribaudi
Presidente della Fondazione Musei Civici di Venezia

With the exhibition dedicated to Armando Testa, Galleria Internazionale d'Arte Moderna di Ca' Pesaro pays homage to the father of many generations of advertisers, artists and graphic designers. An exhibition made possible thanks to Gemma De Angelis Testa's donation, which includes 17 works by Testa and entered the civic collections in 2022, identifying his brilliant inventiveness. In the exhibition, visitors will find both aspects of his iconic production as well as important, albeit less well-known, creative forays from his long and prolific artistic career. A fundamental figure in our visual history, Armando Testa will therefore be present at Ca' Pesaro with the plurality of expressive languages that have distinguished him. There will be no shortage of significant interviews and video contributions that will bring back common memories of our past life but will also give the young generations the opportunity to discover Armando Testa and to understand how much of our present is due to him, as a painter, sculptor, designer and highly imaginative creator of synthesis and suggestions.
My thanks go to the staff of Fondazione Musei Civici who guaranteed the organization, enjoyment and promotion of this prestigious exhibition event. My heartfelt thanks to Tim Marlow, who gave a fundamental critical contribution to the exhibition and the catalogue from the perspective of international design and creativity, as well as to Gemma De Angelis Testa, whose generous foresight consolidated the tension towards the contemporary and the possibility of exploring our recent past with ever new eyes.

Mariacristina Gribaudi
President of Fondazione Musei Civici di Venezia

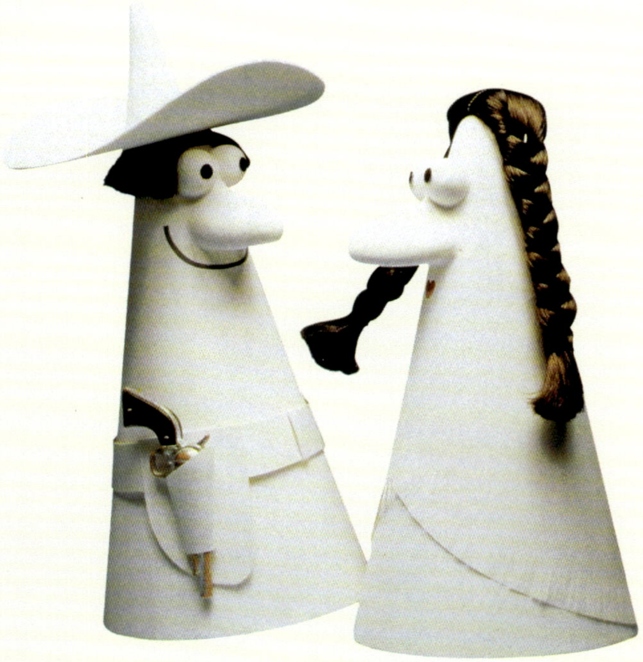

sommario

opere

apparati

contents

works

appendix

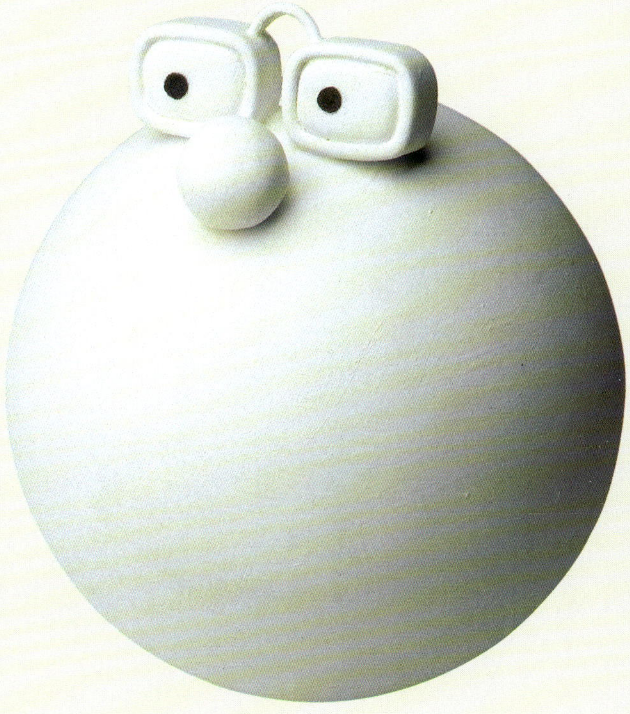

Gemma De Angelis Testa

La bellezza del segno

"I quadri si guardano nei musei e nelle gallerie, le pareti di casa devono rimanere bianche" amava ripetermi Armando, ma non posso dire di essere riuscita a seguire alla lettera questa regola. La sua creatività aveva bisogno di spazi bianchi per essere nutrita e svilupparsi, la mia invece amava e ama circondarsi di opere che mi sono di ispirazione e di conforto. Sono sicura che Armando sorriderebbe a sapere che Venezia, luogo magico dove ci siamo incontrati e innamorati, è diventata la casa di parte della mia collezione – donata a Ca' Pesaro nel 2022, e grazie alla quale ho ricevuto il Leone d'Oro di cui sono molto orgogliosa – e della mostra che vede riunite, sempre nella stessa sede, una significativa selezione delle sue opere, alcune delle quali mai esposte prima d'ora, come la scultura *Gessetto*, realizzata per il calendario Zafferri nel 1978 o il progetto murale *A spanne* per Sikkens nel 1982. L'attività d'archivio che porto avanti da oltre 30 anni mi regala infatti delle grandissime sorprese, e mi permette di approfondire tutti gli aspetti artistici meno noti della sua carriera.
L'approccio multidisciplinare che ha plasmato la sua ricerca artistica lo rende ancora oggi estremamente contemporaneo e fonte di ispirazione per diverse generazioni di artisti, penso ad esempio alla *Lampadina Limone* del 1968.
Lavorare a questo progetto con Tim Marlow, Direttore del Design Museum di Londra, e con la Responsabile di Ca' Pesaro, Elisabetta Barisoni, già curatrice con Gabriella Belli della mostra sulla mia donazione, ha permesso di valorizzare al meglio il lavoro artistico di mio marito.
Ogni volta che un giornalista gli chiedeva di raccontare la storia della sua vita, Armando rispondeva "Sono nato povero ma moderno". La sua non era una battuta a effetto, ma una condizione profondamente vera. "Nascere povero è una sfortuna, ma la peggior povertà secondo me è quella che non dà cultura"[1], affermava.
Armando Testa nasce a Torino il 23 marzo del 1917. È un bambino vivace e intelligentissimo, di una simpatia irresistibile, dotato di grande curiosità e sempre alla ricerca di cose nuove da imparare. Mi raccontava che all'età di cinque anni, entrando nella fabbrica dove lavorava suo padre, piena di macchinari in movimento, non resistette alla tentazione di infilare una mano tra le cinghie per scoprirne il funzionamento, rimanendo imprigionato con un dito nell'ingranaggio. Da quel momento il pollice destro gli rimarrà leggermente diverso, più corrugato e "scultoreo".

The Beauty of Sign

'Paintings are looked at in museums and galleries, the walls of the house should remain white', Armando loved to tell me, but I cannot say that I managed to follow this rule to the letter. His creativity needed white spaces to be nourished and developed, whereas mine loved and loves to surround itself with works that inspire and comfort me. I am sure that Armando would smile to know that Venice, a magical place where we met and fell in love, has become the home of part of my collection – donated to Ca' Pesaro in 2022, and thanks to this choice of mine I received the Golden Lion, of which I am very proud – and of the exhibition which brings together, always in the same venue, a remarkable selection of his works, some of which have never been exhibited before, such as the *Gessetto* sculpture, created for the Zafferri calendar in 1978, or the mural project *A spanne* for Sikkens in 1982. The archival activity that I have been carrying out for over 30 years has in fact given me some great surprises, while allowing me to delve into all the lesser-known artistic aspects of his career.

The multidisciplinary approach that shaped his artistic research still makes him extremely contemporary and a source of inspiration for several generations of artists: I am thinking for example of the *Lampadina Limone* from 1968.

Working on this project with Tim Marlow, Director of the Design Museum in London, and with the Head of Ca' Pesaro, Elisabetta Barisoni, already curator with Gabriella Belli of the exhibition on my donation, allowed us to make the most of my husband's artistic work.

Every time a journalist asked him to tell the story of his life, Armando replied 'I was born poor but modern.' What he said was not a joke, but a profoundly true condition. 'Being born poor is unfortunate, but in my opinion the worst poverty is that which does not give culture',[1] he stated.

Armando Testa was born in Turin on March 23, 1917. He was a lively and highly intelligent child, with an irresistible likeability, gifted with great curiosity and always looking for new things to learn. He told me that at the age of five, entering the factory where his father worked, which was full of moving machinery, he couldn't resist the temptation to put his hand between the belts to discover how they worked, remaining trapped with a finger in the gear. From that moment on, his right thumb would remain slightly different, more wrinkled and 'sculptural'.

In 1929 a car hit his father, who died of tetanus from the consequences of the accident, leaving four children and his mother alone. At twelve years old, Armando spontaneously gave up

Nel 1929 un'auto investe suo padre, che muore di tetano per le conseguenze dell'incidente, lasciando soli quattro bambini e sua madre. A dodici anni Armando, spontaneamente, rinuncia alla scuola, e trova un posto di lavoro in una fabbrica specializzata in lampadari. A quattordici anni riesce a farsi assumere come apprendista tipografo, un mestiere che considera più intellettuale. All'epoca si componeva a mano, non digitalmente come adesso: quel disporre parole e testi con caratteri di piombo lo aiutava a non fare errori di ortografia e grammatica, e sopperiva in piccola parte agli insegnamenti scolastici a cui era stato costretto a rinunciare.

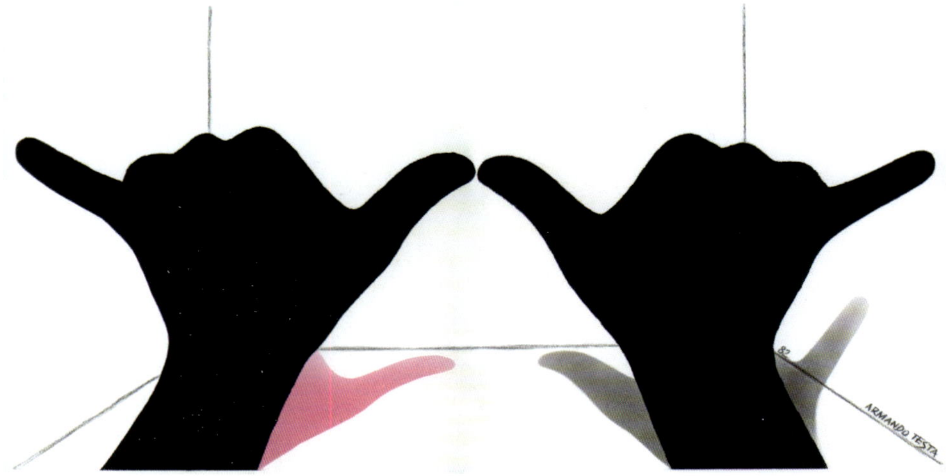

A spanne
1982

Nel 1936 si iscrive ai corsi serali della scuola tipografica Vigliardi Paravia, diretta da Ezio D'Errico, direttore di "Graphicus", una pubblicazione molto all'avanguardia per l'epoca. Secondo il metodo che apprese, dividendo la pagina in blocchetti di testo, comincia a "sentire" le prime strutture formali dello spazio. Fu proprio l'impaginazione tipografica che gli insegnò a leggere e ad amare la bellezza delle strutture architettoniche e a poter apprezzare Le Corbusier e Mies van der Rohe.

La passione tipografica lo travolge, l'asimmetria e le ricerche sviluppate dal Bauhaus diventano per lui le nuove parole d'ordine. Queste lezioni, avanti anni luce in un tempo in cui dominava il figurativo, sono da Armando assimilate e ben digerite e aumentano il suo estro creativo. Comincia così a dedicarsi alla pittura astratta, sempre più convinto di voler diventare un artista. Ammirava la sintesi e la potenza delle opere di Marinetti e Mondrian, ma era affascinato anche dal chiaroscuro caravaggesco e dal volume di Michelangelo. È la sintesi però, ciò che più lo interessa: "[...] Ho costruito una vita sulla frase di Mies van der Rohe: 'Nel meno c'è il più'. Mi piacciono i segni elementari della comunicazione visiva dell'uomo: la croce, il cerchio, la diagonale e il moltiplicato"[2].

Nel 1937 la rivista "Graphicus" indice un concorso nazionale per la realizzazione di un cartello per l'industria di colori e vernici da stampa ICI. Partecipano i più affermati grafici italiani ma vince lui, giovanissimo, appena ventenne, con un disegno astratto-geometrico su fondo nero: un segno semplice e allo stesso tempo dinamico, in un'epoca in cui l'astrattismo in Italia è patrimonio di pochissimi.

Nel 1938 viene richiamato alle armi e spedito in Africa. Trascorre cinque anni come aviere fotografo, malgrado il suo scarso senso dell'orientamento. Nel dopoguerra un giornalista racconta come sul campo di battaglia Armando portasse lo zaino più pesante di tutto il corpo di spedizione d'oltremare, pieno di riviste da cui prendeva spunto per esercitare la sua mano[3].

Acquisisce così una certa esperienza nel disegno dal vero, che lo rende più convinto delle sue scelte. "Per molto tempo ho considerato l'astrattismo come un alibi: solo più tardi ho scoperto invece che ero un astratto per istinto [...] ciò che m'interessava di più era la sintesi"[4]. Infatti, una notte, trova riparo con altri commilitoni nella "fifhouse", la buca della paura, che serviva da riparo durante i bombardamenti, e ha una visione onirica di Piet Mondrian che lo esorta: "Armando basta, torna alla sintesi!", e immagino Armando, un giovane Humphrey Bogart in mezzo al deserto, che con voce profonda e vellutata gli risponde in modo convinto "Piet, ci puoi contare!".

Dopo l'8 settembre del 1946 torna a Torino, e apre un piccolo studio grafico in via Montebello 21. Partecipa a molti concorsi e vince spesso: finalmente può trarre guadagno dalle sue

school and found a job in a factory specializing in chandeliers. At fourteen he managed to get hired as a printer's apprentice, a job that he considered more intellectual. At the time typographer composed texts by hand, not digitally like now: arranging words and texts with lead typefaces helped him avoid making spelling and grammatical errors, and made up, though in a small part, for the school teachings he had been forced to give up.

In 1936 he enrolled in evening courses at the Vigliardi Paravia typographic school, directed by Ezio D'Errico, director of *Graphicus*, a very avant-garde publication for the time. According to the method he learned, dividing the page into blocks of text, he began to 'feel' the first formal structures of space. It was precisely the typographical layout that taught him to read and to love the beauty of architectural structures and to be able to appreciate Le Corbusier and Mies van der Rohe.

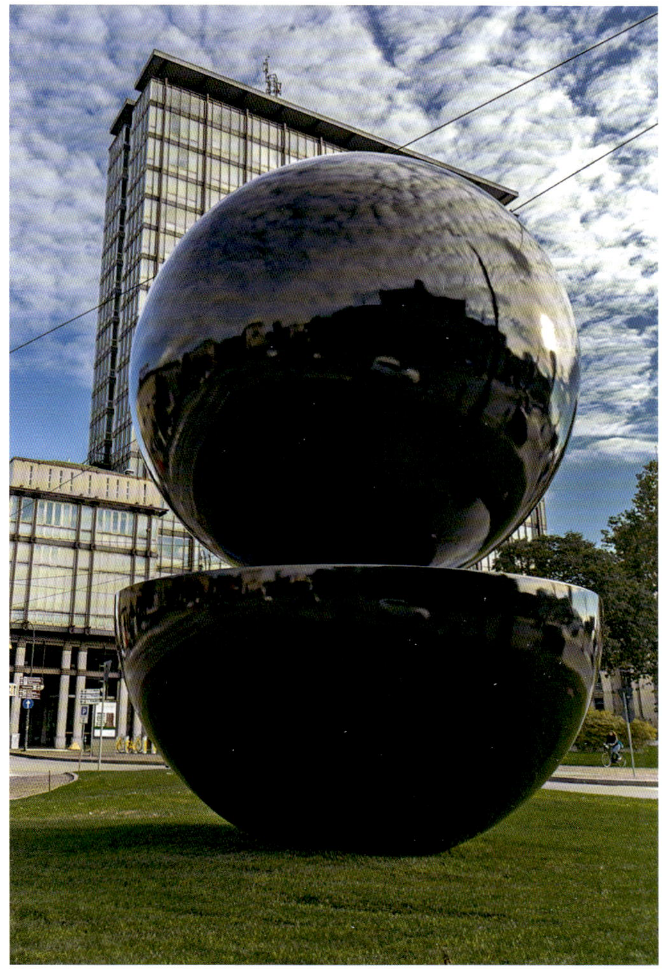

Sintesi '59
1959-2015

The typographical passion overwhelmed him, the asymmetry and the research developed by the Bauhaus became the new watchwords for him. These lessons, light years ahead in a time when the figurative dominated, are assimilated and well digested by Armando and increase his creative flair. He thus began to dedicate himself to abstract painting, more and more convinced that he wanted to become an artist. He admired the synthesis and power of the works by Marinetti and Mondrian, but he was also fascinated by Caravaggio's chiaroscuro and Michelangelo's volume. However, it is the synthesis that interests him most: '[...] I have built a life on Mies van der Rohe's sentence: "Less is more." I like the elementary signs of man's visual communication: the cross, the circle, the diagonal and the multiplied.'[2]

In 1937 the magazine *Graphicus* announced a national competition for the creation of a sign for the ICI printing paint and paint industry. The most established Italian graphic designers participated, but a very young Armando, just twenty years old, won with an abstract-geometric design on a black background: a simple and at the same time dynamic sign, in an era in which Abstract art in Italy was the heritage of very few.

In 1938 he was called up to arms and sent to Africa. He spent five years as an airman photographer, despite his poor sense of direction. After the war, a journalist recounted how on the battlefield Armando carried the heaviest backpack of the entire overseas expeditionary force, full of magazines from which he took inspiration to exercise his hand.[3]

He thus acquired some experience in life drawing, which made him more convinced of his choices. 'For a long time I considered abstractionism as an alibi: only later did I discover that I was an abstractionist by instinct [...] what interested me most was synthesis'.[4] In fact, one night, he found shelter with other comrades in the 'fifhouse', the hole of fear, which served as a shelter during bombings, and had a dream vision of Piet Mondrian who exhorted him: 'Armando enough, go back to synthesis!', and I imagine Armando – a young Humphrey Bogart in the middle of the desert – who with a deep and velvety voice replies convincingly 'Piet, you can count on it!'.

After September 8, 1946 he returned to Turin and opened a small graphic studio in via Montebello 21. He took part in many competitions and often won: finally he could profit from his ideas. He was offered a job as a graphic design teacher in a paracommunist high school. Among his students was also Michelangelo Pistoletto, who often remembers him in his interviews.

Thus his style blossomed, equipped with apparently simple signs that contain knowledge and culture of the image, accompanied by irony, synthesis, sympathy and visual impact. At the same time he continued his pictorial research, so much so that the boundary between the

idee. Gli viene offerto un lavoro come insegnante di grafica pubblicitaria in un liceo paracomunista. Tra i suoi allievi c'è anche Michelangelo Pistoletto, che lo ricorda spesso nelle sue interviste.
Sboccia così il suo stile, dotato di segni apparentemente semplici che racchiudono conoscenza e cultura dell'immagine, corredati di ironia, sintesi, simpatia e impatto visivo. Contemporaneamente prosegue la ricerca pittorica, tanto che il confine fra il pubblicitario e l'artista è sempre più labile. Non abbandona l'idea di risparmiare qualche soldo per dedicarsi totalmente all'amata pittura astratta, ma è un sogno inattuabile: l'agenzia è cresciuta e parallelamente sono cresciute le responsabilità.
Nel 1946 si sposa con la sua prima moglie, madre dei suoi tre figli. Lavora per importanti case come Martini&Rossi, Carpano, Borsalino e Pirelli, e risalgono a quegli anni alcuni dei suoi manifesti più famosi. La rivoluzione che Armando introduce nel campo pubblicitario deriva dalla pittura e dalla sua formazione tipografica. Ha più volte dichiarato che l'idea per il manifesto di Punt & Mes, risalente al 1960, nasce come disegno pittorico a metà degli anni cinquanta. Solo successivamente Armando deciderà di usarlo in pubblicità. Mi raccontò che nel 1959, durante un viaggio negli Stati Uniti, entrò in un negozio e si imbatté in una bambolina giapponese formata da due sfere. Quella figurina lo ispirò a introdurre la tridimensionalità nel suo disegno e fu il seme da cui prese spunto il suo lavoro.

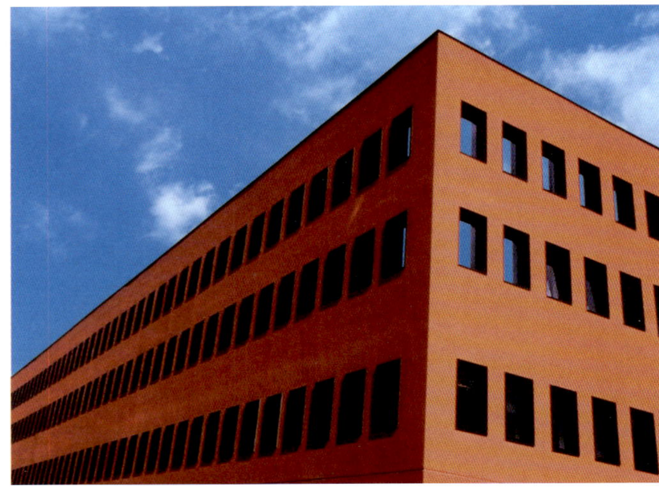

Sede dell'agenzia Armando Testa
Torino 1990

The headquarters of Armando
Testa Agency
Turin 1990

Oggi l'opera *Sintesi '59*, versione scultorea del Punt & Mes, realizzata sotto la mia direzione artistica, e proposta al Comune di Torino dalla famiglia e da me, ha trovato la sua collocazione definitiva in piazza XVIII Dicembre, di fronte alla stazione di Porta Susa, imponente nei suoi cinque metri di metallo lucido nero, dove appare come un occhio aperto sul mondo.
Un mondo che negli anni cinquanta si vede stravolto dall'avvento della pubblicità televisiva. Nel 1956, tre grandi avvenimenti sono destinati a cambiare le abitudini e la vita degli italiani: marketing, fotocolor e televisione. Armando riesce a trasportare la forza comunicativa dei suoi manifesti sul piccolo schermo, creando un vero e proprio dialogo con i telespettatori che ogni sera guardavano i suoi filmati, stimolandone l'attenzione e la fantasia.
Caballero e Carmencita sono puri coni ed è stato il primo ad animarli in stop motion, come nei cartoni animati, fotogramma per fotogramma. Era la prima volta che venivano proposti e realizzati dei personaggi tridimensionali così essenziali: sparavano, ma erano senza braccia e senza gambe. Era il ritmo dell'azione, l'umorismo della situazione e la fantasia del pubblico a completarli. Così Papalla, una sfera che compie ancor meno movimenti, ma che agisce come un essere umano. Questo utilizzo delle figure geometriche incomplete rimanda alla teoria della Gestalt che Armando mette in pratica senza averla mai studiata.
Nel 1956 avviene la svolta decisiva, nasce lo Studio Testa. Armando produce cartelloni a getto continuo, sempre più innovativi, arte e pubblicità si mescolano nella sua vita. Nel 1958 viene istituito un concorso nazionale per il manifesto ufficiale delle Olimpiadi di Roma 1960, a cui partecipano più di mille grafici. Vince Armando con un'immagine che, poco dopo, la giuria riterrà troppo moderna al punto da indire una seconda gara tra i dieci migliori e più affermati grafici italiani: Armando trionfa ancora una volta.
Negli anni sessanta nascono campagne e personaggi che fanno ormai parte della storia del costume italiano, diventando ben presto leader di settore: Caballero e Carmencita del Caffè Paulista con il famoso slogan: "Carmencita sei già mia, chiudi il gas e vieni via"; la sfera e mezza di Punt e Mes; l'ippopotamo Pippo dei pannolini Lines; il personaggio de "la pancia non c'è più" dell'Olio Sasso; il carosello della bionda Peroni: "Chiamami Peroni sarò la tua birra".

advertiser and the artist was increasingly blurred. He did not abandon the idea of saving some money to dedicate himself totally to his beloved abstract painting, but this was an unattainable dream: the agency had grown and at the same time the responsibilities had grown.
In 1946 he married his first wife, mother of his three children. He worked for important houses such as Martini & Rossi, Carpano, Borsalino and Pirelli, and some of his most famous posters date back to those years. The revolution that Armando introduces in the advertising field derives from his painting and typographical training. He has repeatedly declared that the idea for the Punt & Mes poster, dating back to 1960, was born as a pictorial drawing in the mid-1950s. Only later will Armando decide to use it in advertising. He told me that in 1959, during a trip to the United States, he went into a shop and came across a Japanese doll made up of two spheres. That figurine inspired him to introduce three-dimensionality into his drawing and was the seed from which his work took inspiration.
Today the *Sintesi '59* work, a sculptural version of Punt & Mes, created under my artistic direction and proposed to the Municipality of Turin by the family and me, has found its definitive location in Piazza XVIII Dicembre, in front of the Porta Susa Turin station, imposing in its five meters of shiny black metal, where it appears like an eye open to the world.
A world that in the 1950s was transformed by the advent of TV advertising. In 1956, three great events were destined to change the habits and lives of Italians: marketing, colour photo and television. Armando manages to transport the communicative power of his posters onto the small screen, creating a real dialogue with the viewers who watched his films every evening, stimulating their attention and imagination.
Caballero and Carmencita are pure cones and he was the first to animate them in stop motion, like in cartoons, frame by frame. It was the first time that such essential three-dimensional characters were proposed and created: they shot, but they had no arms and legs. It was the pace of the action, the humour of the situation and the imagination of the audience that complemented them. The same goes for Papalla, a sphere that makes even fewer movements, but which acts like a human being. This use of incomplete geometric figures refers to the Gestalt theory that Armando puts into practice without ever having studied it.
In 1956 the decisive turning point occurred, Studio Testa was born. Armando produced increasingly innovative billboards continuously – art and advertising mixed in his life. In 1958 a national competition was established for the official poster of the 1960 Rome Olympics, in which more than a thousand graphic designers participated. Armando won with an image that, shortly afterwards, the jury would consider too modern to the point of calling a second competition between the ten best and most successful Italian graphic designers: Armando triumphed once again.
In the 1960s, campaigns and characters were born that are now part of the history of Italian customs, soon becoming sector leaders: Caballero and Carmencita from Caffè Paulista with the famous slogan: 'Carmencita sei già mia, chiudi il gas e vieni via' [Carmencita you are already mine, turn off the gas and come away with me]; the sphere and a half of Punt e Mes; Pippo the hippopotamus from Lines diapers; the character of 'la pancia non c'è più' [the belly has disappeared] by Olio Sasso; the ad of the blonde Peroni: 'Chiamami Peroni sarò la tua birra' [Call me Peroni, I will be your beer].
After teaching at high school, another important recognition arrived: he was invited to hold the chair of Design and Print Composition at the Poly-

Armadio Y
1971

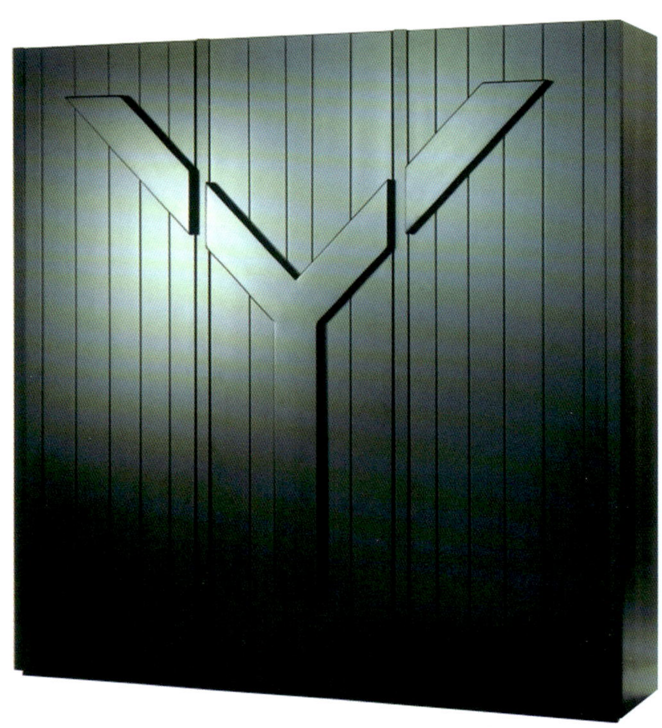

Dopo l'insegnamento al liceo, arriva un altro importante riconoscimento: è invitato a tenere la cattedra di Disegno e Composizione della Stampa presso il Politecnico di Torino, incarico che ricopre dal 1965 al 1971. Amava insegnare e questo riconoscimento prestigioso lo riempiva di orgoglio. Purtroppo, dopo alcuni anni, è costretto a rinunciare all'insegnamento a causa del surplus di lavoro in agenzia. In breve tempo Armando Testa, grazie al suo trasporto per l'arte, è diventato colui che ha innovato il linguaggio della comunicazione in Italia.
Nel corso degli anni riceve innumerevoli riconoscimenti e premi internazionali: nel 1968 ritira da Giulio Carlo Argan la Medaglia d'Oro del Ministero della Pubblica Istruzione per il suo contributo alle arti visive; nel 1989 riceve una laurea *honoris causa* dall'università statunitense di Fort Collins, in Colorado. "L'ansia di conoscere sempre quanto c'è di nuovo, la curiosità non vincolata da barriere, ma libera di svolazzare in tutti i campi è il primo scalino della creatività"[5] amava affermare Armando, che si definiva, e difatti era, un inquieto viaggiatore dell'immagine.
Questa ricerca di originalità lo faceva spaziare dalla pubblicità alla pittura, dal design alla scrittura, dalla televisione alla grafica. Le copertine elaborate per riviste come *L'ufficio moderno* erano un esempio di invenzione e creatività, come il cestino sotto la scrivania che, alla fine di una giornata, accoglieva la testa ribaltata del suo padrone, cioè la testa di un Testa da buttare[6].
Verso la fine degli anni ottanta arriva a disegnare anche la facciata dell'edificio che è sede dell'Agenzia Testa a Torino, trasformando un vecchio edificio industriale in un rosso parallelepipedo di quattro piani, con circa trecento finestre nere, a ricordare l'inquietudine metafisica di De Chirico. Nella sua costante e sempre insoddisfatta ricerca, passava quindi da un cartellone figurativo a uno astratto, dalla realtà fotografica ai manifesti fluorescenti. Notevole e ancora oggi modernissimo, è un manifesto della Carpano, realizzato negli anni cinquanta, che raffigura un bicchiere con diversi colori fluorescenti, con una tecnica dalla pennellata che inizialmente è intrisa di colore e poi va a sfumare lasciando una sorta di scia che ricorda, per certi versi, la tecnica degli ideogrammi cinesi. Si può affermare che Armando sia l'ideatore del manifesto fluorescente a tutta figura sia in Italia che all'estero[7], nonostante sia ricordato per il fondo bianco con l'immagine centrale, divenuto patrimonio comune di tutti i cartellonisti.

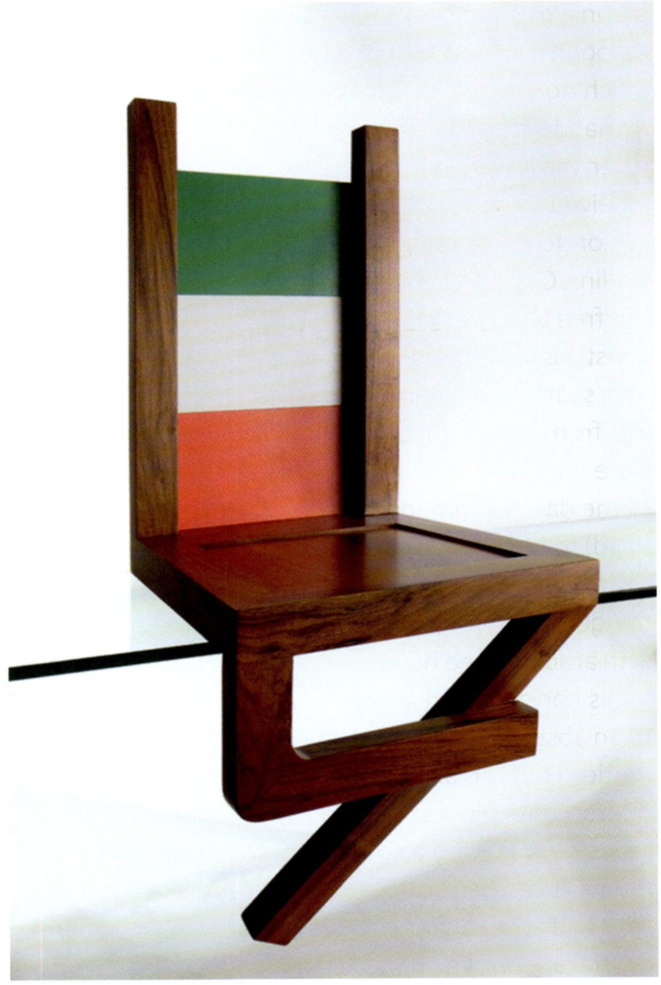

Sedia antropomorfa
1976

Al centro del suo immaginario creativo troviamo spesso il mondo animale: risale al 1954 la creazione del toro Galbani, dell'elefante Pirelli e nel 1956 del rinoceronte Esso. Proprio per dare sfogo alla sua creatività, parallelamente alle campagne pubblicitarie, realizza delle serigrafie a tiratura limitata dal 1959 al 1982, svincolate dalla pubblicità e realizzate per una fruizione privata. La sua ricerca personale è costellata da cavalli, gufi e galline che mutano in qualcosa d'altro. Attraverso questi lavori collauda i materiali facendo uso della fotografia, del fotomontaggio e del frottage; abbina dettagli veristici a particolari puramente grafici come il gufo o la gallina tipografica, assemblata solo da lettere ma con le zampine vere, creando soggetti sempre nuovi. Nascono così: *Ritratto di giovane porco*, *Purosangue*, *Bruco allarmato*, *Cane randagio* e *Cane strabico*. Armando mi raccontava come per realizzare quest'ultimo si fosse ispirato all'opera di Raffaello, *Ritratto di Tommaso Inghirami*.
In questi lavori concilia la conoscenza della storia dell'arte con la sua pungente ironia. I titoli scelti forniscono all'osservatore delle chiavi di lettura delle immagini che suggeriscono nuovi

technic of Turin, a position he held from 1965 to 1971. He loved teaching, and this prestigious recognition filled him with pride. Unfortunately, after a few years, he was forced to give up teaching due to the surplus of work in the agency. Thanks to his passion for art, in a short time Armando Testa became the one who innovated the language of communication in Italy.

Over the years he has received countless international recognitions and prizes: in 1968 he received the Gold Medal of the Ministry of Education from Giulio Carlo Argan for his contribution to visual arts; in 1989 he received an honorary degree from the US university of Fort Collins, Colorado. 'The anxiety to always know what is new, the curiosity not bound by barriers, but free to flit in all fields is the first step of creativity',[5] Armando loved to say, defining himself a restless traveller of the image, and in fact he was so.

This search for originality made him range from advertising to painting, from design to writing, from television to graphics. The elaborate covers for magazines such as *L'ufficio moderno* were an example of invention and creativity, like the basket under the desk which, at the end of the day, welcomed the overturned head of its master, that is, the head of a Testa (Italian for head) to be thrown away.[6]

Towards the end of the 1980s he also designed the façade of the building which houses the Testa Agency in Turin, transforming an old industrial building into a four-storey red parallelepiped, with around three hundred black windows, to recall De Chirico's metaphysics restlessness.

In his constant and always unsatisfied research, he therefore passed from a figurative poster to an abstract one, from photographic reality to fluorescent posters. Remarkable and still very modern today is a poster by Carpano, created in the 1950s, which depicts a glass with different fluorescent colours, with a brush stroke technique which is initially soaked in colour and then fades away leaving a sort of trail which recalls, in some ways, the technique of Chinese ideograms. It can be said that Armando is the creator of the full-length fluorescent poster both in Italy and abroad,[7] despite the fact that he is remembered for the white background with the central image, which has become the common heritage of all poster artists.

At the centre of his creative imagination we often find the animal world: in 1954 he created the Galbani bull and the Pirelli elephant, and the Esso rhinoceros dates back to 1956. To give vent to his creativity, in parallel with the advertising campaigns, he created limited edition serigraphs from 1959 to 1982, free from advertising and created for private use. His personal search is dotted with horses, owls and chickens that change into something else. Through these works he tested the materials using photography, photomontage and frottage; he combined realistic details with purely graphic elements, such as the owl or the typographical hen, assembled only from letters but with real paws, creating ever new subjects. This is the origin of: *Ritratto di giovane porco*, *Purosangue*, *Bruco allarmato*, *Cane randagio* e *Cane strabico* [Portrait of a Young Pig, Thoroughbred, Alarmed Caterpillar, Stray Dog and Cross-eyed Dog]. Armando told me that to create the latter he was inspired by the *Portrait of Tommaso Inghirami* by Raphael.

In these works he combines his knowledge of art history with his biting irony. The chosen titles provide the observer with keys to understanding the images that suggest new ways of seeing and interpreting. The first of these serigraphs dates back to 1959: *Toro* [Bull] demystifies the vigour of the powerful male by representing him with a collage of refined lace. Provocation is also the protagonist in *Aquila americana* [American Eagle] (1964), in which the bird of prey, symbol of the power of the American nation, places its claws on a thin slice of watermelon. In *Manca un pelo* [A Hair Is Missing] (1975), showing an egg covered in hair, he lets the image speak for itself. The traditional ferocity associated with the hippopotamus is completely diluted in the work *Ippopotamo innamorato* [Hippopotamus in Love] (1982), where the animal with its mouth wide open announces its love to the whole world with the words: 'love'.

modi di vedere e di interpretare. La prima di queste serigrafie risale al 1959: *Toro* smitizza il vigore del possente maschio rappresentandolo con un collage di raffinati pizzi e merletti. La provocazione è protagonista anche in *Aquila americana* (1964), in cui il rapace, simbolo della potenza della nazione statunitense, posa i suoi artigli su una sottile fetta di anguria. In *Manca un pelo* (1975), rappresentato da un uovo coperto di peli, lascia che l'immagine parli da sé. La tradizionale ferocia associata all'ippopotamo è completamente stemperata nell'opera *Ippopotamo innamorato* (1982), dove l'animale con la bocca spalancata annuncia a tutto il mondo il suo amore con la scritta: "love".

Nel 1970 vince la Biennale del Manifesto di Varsavia con il manifesto *Plast*: una mano scultorea chiusa in un pugno con sopra una sfera blu; e due anni dopo, sempre a Varsavia, gli viene dedicata una retrospettiva al Muzeum Plakatu di Wilanowie.

Nonostante Armando sia stato per tutta la vita costantemente proiettato nel futuro, non ha mai trascurato il rapporto con la pittura e l'arte del passato, penso per esempio alle poco conosciute opere astratte realizzate a partire dal 1967: un omaggio dichiarato al grande Mondrian, che ammirava, ma anche un'ironica e irriverente provocazione, poiché sono realizzate con la formica e accostate a cornici antiche, che sottolineano la valenza pittorica dell'opera stessa prendendo così le distanze dal grande artista.

Nel 1971 Armando progetta anche letti e armadi dove appaiono lettere o parole in rilievo sulle ante: "Io", "Blu", "Se", "Red" "Y". Più conosciute sono però le sue sedie/sculture, come la *Sedia antropomorfa* del 1976, la quale contiene in sé l'idea dell'oggetto e della persona (il tripudio della sintesi!); la *Sedia con matita* del 1972: una sedia trafitta da una matita gialla, forse a suggerire la sofferenza del corpo perché costretto su una sedia diverse ore al giorno e la gioia della mente che crea. La *Sedia AT* del 1990 si ispira invece a una situazione reale: Armando partecipava a numerose conferenze e spesso non delle più stimolanti; da lì l'idea di creare una sedia dove potersi sedere a cavalcioni con la testa appoggiata sulla T, e schiacciare un pisolino. La lettera "T", con la sua forma essenziale che richiama la croce, suggerisce ad Armando mille declinazioni sul tema. Armando stesso dichiara: "Ho sempre amato la croce per la sua bellezza formale e per la sua forza strutturale al di là del significato religioso che l'accompagna, è uno dei segni più elementari creati dall'uomo. Si tratta di un simbolo assoluto, dove ho cercato di trasformare un segno in emozione, alludendo al capo reclinato di Cristo sulla croce, un'immagine che vive da 2000 anni nella memoria dell'uomo"[8]. Le varie sculture realizzate nel 1990 e nel 1991 portano in grembo un'idea universale: il corpo di Cristo si fa struttura e viceversa. Una simbiosi assolutamente geniale tra significato e significante, tra contenitore e contenuto, e a mio parere punto chiave di tutto il suo lavoro sulle immagini.

Dalla fine degli anni settanta, Armando sviluppa una ricerca personale dove il cibo è protagonista di situazioni inconsuete e divertenti. Come lui stesso racconta: "Mi sono divertito a creare immagini imbarazzanti. È stata una specie di rivolta personale. Quando ho realizzato la Poltrona di prosciutto (1978) ero veramente felice. Non solo perché era un'idea realmente originale, ma perché era sontuosa: l'idea di per se stessa di avvolgersi in doppio petto nel prosciutto era proprio fisicamente nuova"[9]. La foto dell'opera fu pubblicata su diverse testate americane, tra cui "Life", dove apparve, a tutta pagina, nell'agosto del 1981[10]. L'interesse per i materiali si coniugava sempre con l'ironia e con la curiosità che lo caratterizzavano.

Gli anni settanta furono significativi anche per una ragione personalissima. Il 17 giugno del 1970 Armando era a Venezia, al Festival del Film pubblicitario, presidente di una commissione che doveva eleggere la cine modella dell'anno. Tra le modelle in gara c'ero anche io. Armando ricorda: "Era la prima volta che osservavo con attenzione una donna così giovane. Quando la incontrai per la prima volta non immaginavo che sarebbe diventata la mia seconda moglie: compagna della mia vita e della mia ricerca artistica"[11].

In 1970 he won the Warsaw Manifesto Biennial with the *Plast* poster: a sculptural hand closed in a fist with a blue sphere on top; and two years later, again in Warsaw, a retrospective was dedicated to him at the Muzeum Plakatu in Wilanowie.

Although Armando was constantly projected into the future throughout his life, he never neglected the relationship with past painting and art. I am thinking for example of the little-known abstract works created starting from 1967: a declared homage to the great Mondrian, whom he admired, but also an ironic and irreverent provocation, since they are made with formica and combined with ancient frames, underlining the pictorial value of the work itself, thus distancing from the great artist.

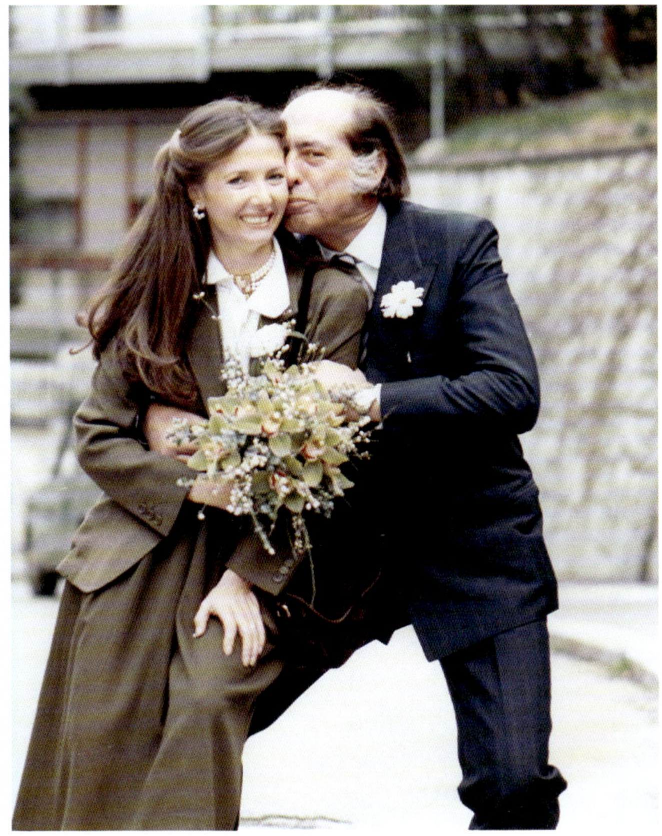

Gemma e | and Armando Testa
1978

In 1971 Armando also designed beds and wardrobes where letters or words appear in relief on the doors: 'Io', 'Blu', 'Se', 'Red', 'Y'. However, his chairs/sculptures are better known, such as the *Sedia antropomorfa* [Anthropomorphic Chair] from 1976, which contains within itself the idea of the object and the person (the triumph of synthesis!); the *Sedia con matita* [Chair with Pencil] from 1972: a chair pierced by a yellow pencil, perhaps suggesting the suffering of the body because it is forced into a chair for several hours a day and the joy of the creating mind. The 1990 *Sedia AT* [AT Chair] was inspired by a real situation: Armando took part in numerous conferences and often not the most stimulating ones. Hence the idea of creating a chair where you can sit astride with your head resting on the T, and take a nap.

The letter 'T', with its essential shape that recalls the cross, suggests to Armando a thousand variations on the theme. Armando himself declares: 'I have always loved the cross for its formal beauty and its structural strength beyond the religious meaning that accompanies it, it is one of the most elementary signs created by man. This is an absolute symbol, where I tried to transform a sign into emotion, alluding to the reclining head of Christ on the cross, an image that has lived in the memory of man for 2000 years'.[8] The various sculptures created in 1990 and 1991 carry a universal idea: the body of Christ becomes structure and vice versa. An absolutely brilliant symbiosis between meaning and signifier, between container and content, and in my opinion the key point of all his work on images.

Since the end of the seventies, Armando developed a personal research where food is the protagonist of unusual and fun situations. As he himself said: 'I had fun creating embarrassing images. It was a kind of personal revolt. When I made the Ham Armchair (1978) I was really happy. Not only because it was a truly original idea, but because it was sumptuous: the very idea of wrapping yourself double-breasted in ham was actually physically new.'[9] The photo of the work was published in various American newspapers, including *Life*, where it appeared, full-page, in August 1981.[10] The interest in the materials was always combined with the irony and curiosity that characterized him.

The 1970s were also significant for a very personal reason. On June 17, 1970 Armando was in Venice, at the Advertising Film Festival, president of a commission that was to elect the film model of the year. I was among the models competing. Armando used to recall: 'It was the first time I had carefully observed such a young woman. When I met her for the first time, I didn't imagine that she would become my second wife: she was the companion of my life and my artistic research.'[11] For me too it was the first time I found myself looking with interest at a man so much older than me. Due to his age, Armando was far from my thoughts and reality. It was a shock to my entire family; but he fascinated me and entertained me tremendously, he carried a peculiar universe

Anche per me era la prima volta che mi trovavo a guardare con interesse un uomo tanto più grande di me. Armando per età era lontano dai miei pensieri e dalla mia realtà. Fu uno shock per tutta la mia famiglia; ma lui mi affascinava e mi divertiva tremendamente, portava dentro di sé un universo particolare: il mondo tutto a un tratto assunse un colore diverso. Elegantissimo, di una raffinata sobrietà, indossava nonostante il caldo un completo di lino bianco, e sul capo l'inseparabile Panama, sotto il quale spuntavano le basette lunghe e ribelli: irradiava armonia.
Carismatico e ironico, non nascondeva la sua irrequietezza, la sua esuberante vitalità, il suo anticonformismo. Galeotta fu quindi la laguna e l'amore per l'arte: a Venezia avemmo modo di frequentarci visitando più volte la Biennale d'Arte insieme, dove mi parlò della disperazione di Burri, dei tagli di Fontana e della poetica dell'Arte Povera. Ci siamo poi sposati l'8 aprile del 1978, mentre nasceva la Armando Testa S.p.A. Ho un ricordo meraviglioso di quel momento: un matrimonio singolare, volutamente sottotono. Gli anni che ho trascorso con lui sono stati magici e intensi: era come vivere in un film proiettato a forte velocità. Mi ha insegnato a vedere, fornendomi quel bagaglio di strumenti che, unito allo studio, mi ha consentito di avere con lui uno scambio di opinioni alla pari fino alla fine.
Armando è morto il 20 marzo del 1992 nella nostra casa di via Tonco a Torino, stroncato da un tumore. Sarà questo uno dei momenti più dolorosi della mia vita.
Subito dopo la sua scomparsa, ho incominciato a ordinare ed esaminare in profondità il suo archivio di testi e le sue opere: questa attività mi è stata molto utile per studiare e cercare di comprendere meglio il suo lavoro non pubblicitario, di cui spesso parlavamo e che desiderava mettere in luce. Ho così scoperto una miniera inesauribile di spunti e suggestioni, diventate oggetto di numerose mostre che ho curato negli anni insieme a studiosi dell'arte.
Armando amava ripetermi che per "un pittore passato alla pubblicità, che ha trascorso decenni a realizzare immagini semplici, immediate ed inequivocabili come un buco nei pantaloni, il desiderio di rifarsi una patina di ambiguità, almeno nelle ore libere e nei giorni festivi, era giusto e sano". "Perché l'ambiguità fa sognare", proseguiva, precisando che l'ambiguità che cercava era quella dei suoi disegni, che non dovevano essere capiti subito, ma conservare quella bellezza del segno, cifra distintiva del suo universo visivo. Un universo visivo che immaginava sarebbe stato dominato sempre di più dalle immagini. Così spiegava a una conferenza negli anni ottanta: "Il mondo che noi viviamo, è un mondo di immagini che diventeranno sempre più intense, su cui il pubblico giocherà ad accostarle e a riviverle in plurimaniere. È questo il futuro dell'uomo che è bombardato dalle immagini… e sarà un gioco nuovo anche perché l'uomo nelle immagini avrà rapidità di connessioni e di scambi"[12].
Con trent'anni d'anticipo e con l'assoluta sensibilità e lungimiranza che contraddistingue i grandi geni, aveva capito come la produzione e la circolazione delle immagini avrebbero acquisito un ruolo sempre più fondamentale nelle relazioni tra le persone e nella definizione della nostra realtà.

1 Armando Testa, *Il domatore delle immagini*, in "Parete", ottobre 1964, p. 11.
2 Armando Testa, *A creatività obbligata*, in "Progresso fotografico", n. 3, marzo 1977, p. 36.
3 Guido Lelli, *Armando Testa. L'aggressività nella sintesi*, in "Incontri con la pubblicità", luglio-agosto 1964, p. 49.
4 Testa, *Il domatore*, cit., p. 9.
5 Angelo Schwarz, *Intervista ad Armando Testa*, in "Il diaframma", settembre 1977, pp. 29-31.
6 Angela Vettese, *Testa e il sogno della pittura*, in "Il Sole 24 ore", 9 aprile 2010, p. 27.
7 Testa, *Il domatore*, cit., pp. 9-26.
8 Armando Testa, *La sintesi è meravigliosa*, a cura di Gemma De Angelis Testa, Allemandi Editore, Torino 2017, p. 58.
9 Armando Testa, *La dimostrazione e l'esclamazione*, in "Gran Bazaar", novembre-dicembre 1980, p. 141.
10 *Just one more*, in "Life", vol. 4, n. 8, agosto 1981, p. 116.
11 Claudio Altarocca, *Testa. Amore e Polinesia così cambio la mia vita*, in "La Stampa", 15 luglio 1991, p. 13.
12 Testa, *La sintesi è meravigliosa*, cit., p. 58.

within himself: the world all of a sudden took on a different colour. Extremely elegant, with a refined sobriety, he wore a white linen suit despite the heat, and on his head the inseparable Panama, under which his long and rebellious sideburns peeked out: he radiated harmony.

Charismatic and ironic, he did not hide his restlessness, his exuberant vitality, his non-conformism. Accomplice was therefore the lagoon and the love for art: in Venice we had the opportunity to hang out, visiting the Art Biennale together several times, where he spoke to me about Burri's desperation, Fontana's cuts and the poetics of Arte Povera. We got married on April 8, 1978, while Armando Testa S.p.A. was being born. I have a wonderful memory of that moment: a singular, deliberately subdued wedding. The years I spent with him were magical and intense: it was like living in a film projected at high speed. He taught me to see, providing me with a wealth of tools which, combined with study, allowed me to have an equal exchange of opinions with him until the end.

Armando died on March 20, 1992 in our house in via Tonco in Turin, struck down by cancer. This would be one of the most painful moments of my life.

Immediately after his passing, I began to sort and examine his archive of texts and his works: this activity was very useful for me to study and try to better understand his non-advertising work, which we often talked about and he wanted to highlight. I thus discovered an inexhaustible source of ideas and suggestions, which became the subject of numerous exhibitions that I have curated over the years together with art scholars.

Armando loved to tell me that for 'a painter who moved on to advertising, who spent decades creating simple, immediate and unmistakable images like a hole in the trousers, the desire to restore a patina of ambiguity, at least in his free hours and on holidays, was right and healthy.' 'Because ambiguity makes you dream,' he continued, specifying that the ambiguity he was looking for was that of his drawings, which did not have to be understood immediately, but preserve that beauty of the sign, a distinctive feature of his visual universe. A visual universe that he imagined would be increasingly dominated by images. This is how he explained at a conference in the 1980s: 'The world we live in is a world of images that will become increasingly more intense, on which the public will play by juxtaposing them and reliving them in multiple ways. This is the future of man who is bombarded by images... and it will be a new game also because man will have rapid connections and exchanges through images.'[12]

Thirty years in advance and with the absolute sensitivity and foresight that distinguishes great geniuses, he had understood how the production and circulation of images would acquire an increasingly fundamental role in the relationships between people and in the definition of our reality.

1 Armando Testa, 'Il domatore delle immagini', in *Parete*, October 1964, p. 11.
2 Armando Testa, 'A creatività obbligata', in *Progresso fotografico*, no. 3, March 1977, p. 36.
3 Guido Lelli, 'Armando Testa. L'aggressività nella sintesi', in *Incontri con la pubblicità*, July-August 1964, p. 49.
4 Testa, 'Il domatore', cit., p. 9.
5 Angelo Schwarz, 'Intervista ad Armando Testa', in *Il diaframma*, September 1977, pp. 29-31.
6 Angela Vettese, 'Testa e il sogno della pittura', in *Il Sole 24 ore*, April 9, 2010, p. 27.
7 Testa, 'Il domatore', cit., pp. 9-26.
8 Armando Testa, *La sintesi è meravigliosa*, edited by Gemma De Angelis Testa, Turin: Allemandi Editore, 2017, p. 58.
9 Armando Testa, 'La dimostrazione e l'esclamazione', in *Gran Bazaar*, November-December 1980, p. 141.
10 'Just one more', in *Life*, vol. 4, no. 8, August 1981, p. 116.
11 Claudio Altarocca, 'Testa. Amore e Polinesia così cambio la mia vita', in *La Stampa*, July 15, 1991, p. 13.
12 Testa, *La sintesi è meravigliosa*, cit., p. 58.

Tim Marlow

Risolvere l'irrisolvibile in Armando Testa

A prima vista, si tratta di un'immagine semplice ma assertiva: due triangoli in colori primari e un quadrilatero irregolare che, attraverso un rapido processo di osservazione e immaginazione, si trasforma per un attimo in una forma rettangolare bianca. E tuttavia subito dopo inizia l'esperienza fluida e destabilizzante data da un nuovo approccio visivo. L'immagine tripartita è una doppia piega, al cui centro domina il bianco o la luce o il nulla, mentre lo sfondo è nero, contro il quale tutto sollecita la nostra attenzione in un equilibrio dinamico dove il dentro e il fuori e la sensazione di piegarsi e dispiegarsi assumono connotazioni ambigue. Le lettere ICI rispecchiano obliquamente le forme sottostanti, mentre il testo esplicativo alla base ("Industria Colori Inchiostri s.a. Milano") sembra librarsi sulla superficie contro lo sfondo nero e la punta rossa del triangolo, amplificando l'illusione della profondità su una superficie piana. Un esito di grande impatto grafico, ma chiaramente dipinto a mano.
Il progetto per il manifesto destinato a un'azienda che produceva inchiostri industriali per la stampa a colori, dipinto su tela dalla mano di un ventenne nel 1937, rappresenta l'inizio della carriera di un uomo che cambiò il corso della pubblicità italiana del dopoguerra, ma il cui impatto sul graphic design e, di fatto, sulla interrelazione tra immaginario commerciale e pittura deve ancora essere pienamente riconosciuto.
Fin dall'inizio, Armando Testa si è sentito a proprio agio con chi voleva essere e con cosa voleva fare, ma la sua eredità ha confini sfumati. Studiò pittura e cartellonistica presso la Scuola di Tipografia Vigliardi Paravia, a Torino, intorno alla metà degli anni trenta, e fu allievo di Ezio D'Errico, che Testa descrisse in seguito come "uno dei dieci pittori astratti italiani del periodo"[1]. D'Errico fu anche scrittore e drammaturgo, nonché il grafico che affermò di aver disegnato la prima copertina astratta per una rivista italiana, "Graphicus", testata per la quale Testa in seguito realizzò anche alcune copertine originalissime e memorabili. "Questa passione per le ultime tendenze nel campo della grafica, insieme a un amore istintivo per la pittura astratta, hanno plasmato la mia educazione", spiegò Testa negli ultimi anni della sua vita, "un tipo di educazione che non era basata sul razionale, su un approccio metodico, ma che proprio per questo mi ha permesso di avere oggi una libertà assoluta rispetto alla 'cultura ufficiale'."[2] Una libertà conquistata faticosamente nel corso della sua lunga carriera, ma in atto fin dall'inizio, dal periodo alla scuola d'arte e design fino al primo successo ottenuto vincendo il concorso di cartelloni per la ICI.

Resolving the Irresolvable in Armando Testa

On first viewing, it is a simple but assertive image: two triangles in primary colours and an irregular quadrilateral that through a rapid process of observation and imagination, resolves for a moment into a white rectangular form. But then begins the fluid and destabilizing experience of looking again. The tripartite image is a double fold. At its centre is white or light or nothingness and the background is black against which everything jostles for our attention in dynamic equilibrium where inside and outside and the sensation of folding and unfolding start to become ambiguous. The letters ICI obliquely mirror the forms beneath and the explanatory text below ('Industria Colori Inchiostri s.a. Milano') seem to hover on the surface of both the darkness and the red tip of the triangle, amplifying the illusion of depth on a flat surface, which is graphically emphatic but clearly painted by hand. This design for a poster for a company that produced industrial inks for colour printing was painted in 1937 on canvas by the hand of a twenty year old and launched the career of a man who changed the course of post-war Italian advertising but whose impact on graphic design and indeed on the interrelationship between commercial imagery and painting is still to be fully acknowledged.

From the outset, Armando Testa was comfortable with who he was and what he wanted to do, but his legacy has blurred boundaries. He studied both painting and poster design at the Vigliardi Paravia School of Typography in Turin in the mid-1930s and was taught by Ezio D'Errico who Testa later described as 'one of the ten Italian abstract painters of the period'.[1] D'Errico was also a writer, playwright and graphic designer who claimed to have designed the first abstract cover for a magazine in Italy – *Graphicus* – and for which Testa later produced some highly original and memorable covers too. 'This passion for the newest trends in the field of graphics along with an instinctual love of abstract painting were what shaped my education,' Testa explained towards the end of his life, 'a kind of education which wasn't based on the rational, methodical approach, but which for precisely this reason has allowed me in the position today of having absolute freedom with respect to "official culture".'[2] This freedom was hard won over a long career but it was in process from the very beginning, from his time at art and design school to the first success he had in winning the poster competition for ICI.

Sotto molti aspetti il manifesto per la ICI stabilì il ritmo dei successivi due decenni di attività di Armando Testa. Utilizzando spesso gli inchiostri ICI (ma erano disponibili anche altri marchi!), disegnò alcune delle immagini pubblicitarie più memorabili nella pubblicità europea del dopoguerra, destinate a marchi italiani che divennero rapidamente riconoscibili a livello internazionale. La gamma delle immagini, dei toni e del tocco è notevole, ma ciò che sembra collegare la sua vasta produzione pubblicitaria bidimensionale è una sensibilità aperta alla miriade di linguaggi visivi dell'arte europea di metà secolo, unita alla sua capacità di distillare e perfezionare l'immagine finale del manifesto. Il suo lavoro per la Martini, nel 1946, dà la sensazione di collage e fotomontaggio, essenzialmente di immagini costruite, mentre le campagne dell'Asti Spumante di due anni dopo sono dinamiche e pittoriche. Il razionalismo Post-Bauhaus del manifesto ICI lascia il posto a un'assimilazione della fluidità futurista (ma del tutto priva delle sfumature politiche o ideologiche) che raggiunge l'apice nel lavoro per Superga, con l'arabesco del ciclista che volteggia verso la vita e quasi esce dalla superficie del manifesto. Come avviene per gran parte dei suoi manifesti pionieristici, l'immagine del *Ciclista Superga* è ambientata su uno sfondo bianco. La nitidezza della forma e della composizione è immediata, così come il suo impatto visivo, ma vi si ritrova anche il potenziale di giocosità e una sorta di gioco di prestigio visivo della mano (o dell'occhio) che viene sfruttato da Testa con particolare acutezza nel suo manifesto per *Antonetto*, del 1960, dove la forma nera della figura e la sua mano sinistra suggeriscono anche la mano destra che in realtà non è nulla più (o meno) dello sfondo bianco. L'immagine realizzata è così superficialmente semplice e tuttavia complessa, con il suo abile uso della rima visiva e l'interazione tra presenza e assenza, e proviene da una sensibilità creativa che unisce in sé arte e design.

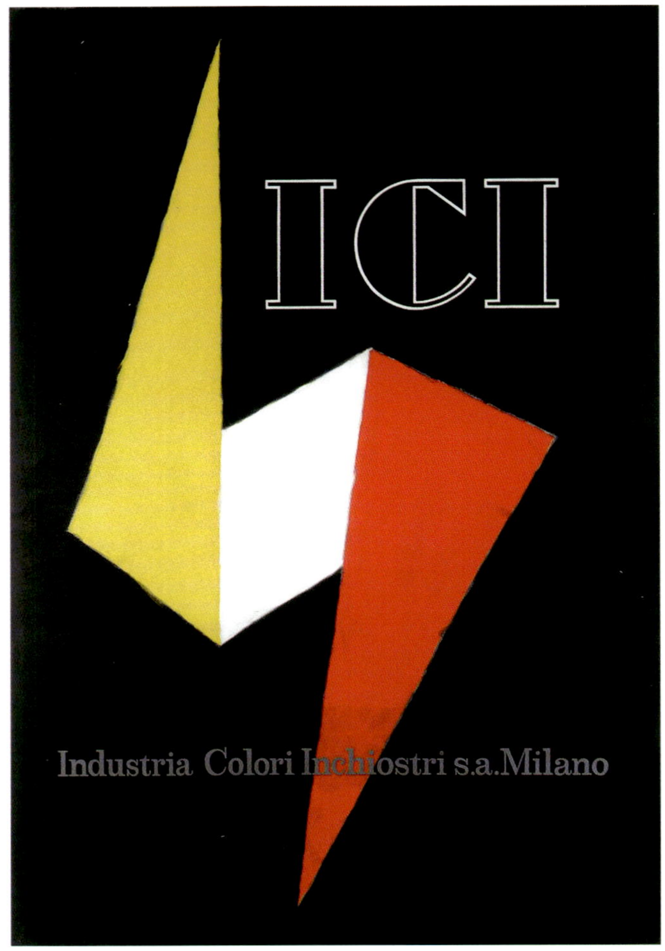

ICI
1937

È strano ora immaginare quanto, all'epoca, lo sfondo bianco potesse risultare radicale, dato che, come osservò ironicamente Testa più avanti nella sua carriera, "è ormai quasi obbligatorio per i grafici", e tuttavia fu anche orgoglioso e corretto nel sottolineare che inizialmente "non era apprezzato dai cartellonisti"[3], e che traeva la sua origine nel suo background nel mondo della stampa. Ma fu altrettanto radicale nell'uso dello sfondo nero, prevalente, e di nuove tipologie di colore intenso e luminoso. Il manifesto della *Moto Guzzi 175*, del 1954, brilla davanti ai nostri occhi in una foschia fluorescente rosa intenso, leggermente sfocata ma controllata con grande delicatezza. Due anni dopo, in una campagna pubblicitaria per gli abiti *Facis*, i capi di fattura elegantemente sartoriale ricevono un nuovo tipo di energia e profondità grazie ai bordi realizzati in arancione e rosso fluorescenti che sembrano vaporizzarsi contro l'oscurità da cui stanno emergendo, creando un effetto quasi simile a un'aureola. Invertendo questo concetto per un altro segmento della campagna *Facis* in corso, Testa ha anche prodotto un manifesto in cui l'uomo che indossa un completo del marchio presenta bordi ben definiti, ma è accompagnato da una serie più ampia e pittorica di segni neri spalmati all'interno del contorno dell'abito grigio, utili a suggerire perfettamente l'ombra. In seguito disse che sentiva di aver "esagerato"[4], ma soltanto perché le persone rimanevano sorprese dalle immagini, così visivamente impattanti, al punto da chiedere abiti Facis bicolori. Tuttavia, l'ammissione di esagerare è, credo, non del tutto sincera perché, persino nella sua forma più elaborata, il lavoro di Testa negli anni decisivi ha sempre evitato il compiacimento decorativo e l'esagerazione; il meno era solitamente il più, ma dove necessario il più era sempre strettamente controllato.

Indiscutibili sono l'umorismo e l'arguzia presenti nel lavoro di Testa (come nella sua vita) sin dall'inizio. Le sue rime e i suoi giochi visivi erano strumenti sofisticati ed efficaci per la pubblicità del prodotto e del marchio, ma lui aveva anche un meraviglioso senso dell'assurdo e la capaci-

In many ways, the ICI poster set the tone for the next two decades of Testa's career. Often using ICI inks (but other brands were available!) he designed some of the most memorable poster images in post-War European advertising for Italian brands which quickly became internationally recognizable. The range of imagery and of tone and touch is remarkable, but what seems to link his defining two-dimensional production in advertising is a sensibility that is open to the myriad visual languages of mid-Century European art but razor sharp in its capacity to distil and refine the final poster design. His work for Martini in 1946 has the feeling of collage and photomontage, of constructed imagery essentially, whereas the Asti Spumante campaigns two years later are dynamic and painterly. The Post-Bauhaus rationalism of ICI gives way to an assimilation of futurist fluidity (but without the political or ideological overtones) which reaches a peak in his work for Superga, with the arabesque cyclist who swirls into life and almost off the surface of the poster. Like much of his pioneering poster work, the image of the *Superga Cyclist* was set against a white background. The clarity of form and composition is immediate, as is its visual impact, but there is also the potential for playfulness and a kind of visual sleight of hand (or eye) that Testa harnesses, no-where more acutely than in his *Antonetto* poster from 1960, where the black form of the figure and its left hand also suggest the right hand which is actually nothing more (or less) than the white background. It is such a superficially simple but complex image with its deft use of visual rhyming and the interplay between presence and absence, and it comes from a creative sensibility that understands art as much as design.

It's strange now to imagine how radical even the white background was at the time, indeed as Testa wryly observed later in his career, 'it is now almost compulsory for graphic designers' but he was both proud and correct to emphasize that initially 'it was not appreciated by poster designers'[3] and that it came from his background in printing. And he was equally radical in his use of the more prevalent black background and of new types of heightened, luminous colour. *The Moto Guzzi 175* poster from 1954 fizzes across our vision in a slightly blurred but delicately controlled deep pink fluorescent haze. Two years later, in a poster campaign for *Facis* suits, the elegantly tailored garments are given a new kind of energy and depth with the edges of fluorescent orange and red seeming to vaporize against the darkness from which they are emerging and giving an almost halo-like effect. Inverting this as part of an ongoing Facis campaign, Testa also produced a poster with sharp edges to the besuited man but with a looser, more painterly series of black marks smeared within the outline of the grey suit and perfectly suggesting shadow. He later said that he felt he had 'overdone it',[4] but only because people were so startled by the images which became so visually insistent that customers used to ask for two-toned Facis suits. However, the admission of overdoing it is, I think, a little disingenuous for even at his most elaborate, Testa's work in his defining years always avoided decorative complacency and overstatement; less was usually more but where necessary more was always tightly controlled.

What is indisputable is the humour and wit in Testas's work (as in his life) from the outset. His visual rhyming and game playing was sophisticated and seriously effective as a device in the advertising of product and brand, but he had a wonderful sense of the absurd too and the capacity to use caricature in ways in which his audiences felt complicit. Well before the TV campaigns and the epoch-defining characters which Testa created, he drew into being the comical and much-loved *King Carpano*. Rotund and decoratively attired, this graphic caricature toasted a glass of Punt e Mes vermouth with figures across the history of the drinks brand, from Napoleon to Cavour, Vittorio Emanuele and even Verdi. The posters were heraldic and comic; anachronistic and utterly contemporary and, given that the campaign began in 1950, amplify the fact that Testa was playing with what we now understand as the tropes of Pop Art even as Pop Art was coming into being.

tà di utilizzare la caricatura in modo da far sentire complice il suo pubblico. Ben prima delle campagne televisive e dei personaggi epocali che ha ideato, Testa ha disegnato il comico e amatissimo *Re Carpano*. Rotonda e vestita in modo decorativo, questa caricatura grafica brindava con un bicchiere di vermouth Punt e Mes insieme a figure che attraversavano la storia del marchio di bevande, da Napoleone a Cavour, da Vittorio Emanuele a Verdi. I manifesti erano araldici e comici, anacronistici e assolutamente contemporanei e, dato che la campagna iniziò nel 1950, sottolineano, amplificandola, l'impressione che Testa stesse giocando con quelli che oggi consideriamo i tropi della Pop Art proprio mentre la Pop Art stava nascendo.

La metamorfosi era fondamentale nel pensiero di Testa e nella realizzazione delle sue opere. Uno dei manifesti ideati nel 1983 per una compagnia teatrale raffigurava in realtà un ritratto dipinto della parte superiore della testa di Franz Kafka, con il nome tracciato sulla base della fronte, che gli gocciolava negli occhi. Ma gli aspetti più kafkiani della sua opera grafica sono stati i manifesti socialmente impegnati realizzati per Amnesty International e le varie campagne sulla salute e i diritti umani che questa mostra enfatizza e che il saggio di Elisabetta Barisoni esplora in modo eloquente in questo libro. È comunque importante sottolineare che gran parte del lavoro di Testa aveva alla base una serietà di intenti e di contenuti e che le sue immagini potevano essere se necessario brutali: due dita umane inchiodate insieme a formare una croce; un rubinetto gocciolante teschi o il contorno rosso di una figura inginocchiata nell'angolo di una stanza, come se fosse creata dall'ombra del suo stesso sangue, hanno un forte impatto visivo. Ma la metamorfosi aveva anche il suo lato più leggero per Testa, e alcuni dei suoi lavori più memorabili operavano attraverso il processo di trasformazione visiva, spesso dando l'impressione di metamorfizzarsi continuamente davanti ai nostri occhi. Il suo manifesto del *Tedoforo*, presentato nel 1958 per le Olimpiadi di Roma del 1960, raffigurava un corridore metamorfico fluidamente dipinto in nero, bianco e grigio, che emergeva e veniva inglobato nel Colosseo. Purtroppo, come osservò Testa, venne "considerato troppo ardito per la giuria"[5], ma il Nostro vinse comunque con un progetto successivo. Molto più importante però, e tra le sue opere più celebri, è stato l'*Elefante Pirelli* del 1954, una straordinaria fusione tra animale e pneumatico, una creatura vivente con un oggetto inanimato al posto del volto ma con una forza vitale viscerale, il cui impatto era e rimane immediato. L'immagine ha poco o nessun senso se semplicemente descritta, ma se vista come manifesto o serigrafia, e successivamente come incisione lignea, diventa segno e simbolo dinamico, un processo fluido di forme sovrapposte che risultano enfatiche e al contempo capaci di non essere mai completamente colte dallo spettatore. Inoltre, e questa era effettivamente l'intenzione iniziale, difficilmente si sarebbero potuti realizzare pneumatici che sembrassero più resistenti.

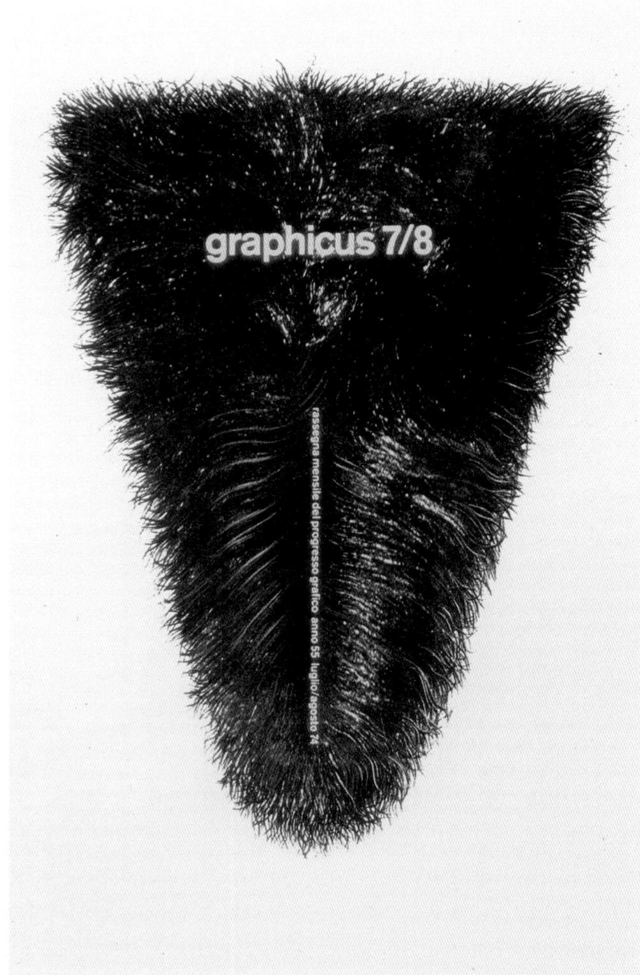

Graphicus
1974

Questo scambio continuo tra immagini nella stessa opera si riflette nella capacità testiana di muoversi tra materiali e processi diversi – l'*Elefante Pirelli* è un esempio preveggente realizzato con diversi media – ma il lavoro cruciale in questo senso, e per molti aspetti il lavoro cruciale di tutta la sua carriera, è stata la campagna per *Punt e Mes*.

L'immagine della sfera rossa che fluttua su un piano bidimensionale sopra una mezza sfera è a prima vista abbastanza semplice ma, come l'immagine del manifesto ICI, diventa rapidamente più stratificata e complessa. Gioca ancora con l'idea della cerniera e dello specchio e anche con un senso di rifrazione incompleto e per questo tanto più destabilizzante. Testa ha rivelato che l'idea originaria proviene da una bambola giapponese trovata nella Chinatown di San

Metamorphosis was critical in Testa's thinking and his practice. One of his later posters from 1983 for a theatre company actually depicted a painted portrait of the top of Franz Kafkas's head with his name across his lower forehead and dripping into his eyes. But the most Kafka-esque of his graphic work were the socially engaged posters he made for Amnesty International and various campaigns around health and human rights which this exhibition highlights and which Elisabetta Barisoni's essay eloquently explores elsewhere in this publication. It's still important to stress that there was a seriousness of purpose and of content in much of Testa's work and that his imagery could be brutal when required: two human fingers nailed together in the form of a cross; a tap dripping with skulls or a red outline of a figure kneeling in the corner of a room as if created from the shadow of its own blood pull no visual punches. But metamorphosis also had its lighter side for Testa and some of his most memorable work operated through the process of visual transformation, often seeming to morph back and forth before our eyes. His *Torchbearer* poster submitted in 1958 for the Rome Olympics held in 1960 featured a fluidly painted metamorphic black, white and grey torch-bearing runner emerging from and subsumed into the Coliseum. It was, sadly though, as Testa observed, 'considered too daring for the jury'[5] but he still won with a subsequent design. Much more prominent though and among his most celebrated works was the *Pirelli Elephant* from 1954, a remarkable amalgamation of animal and tire, a living creature with an inanimate object replacing its face but with a life force that is visceral and whose impact was and remains immediate. The image makes little or no sense if simply described but seen as a poster or a silk-screen print and subsequently as a cut-out in wood, it becomes a dynamic sign and symbol, a fluid process of superimposed forms that are emphatic but can never be fully fixed by the viewer. In addition, and this was its initial intention, tires could hardly look stronger.

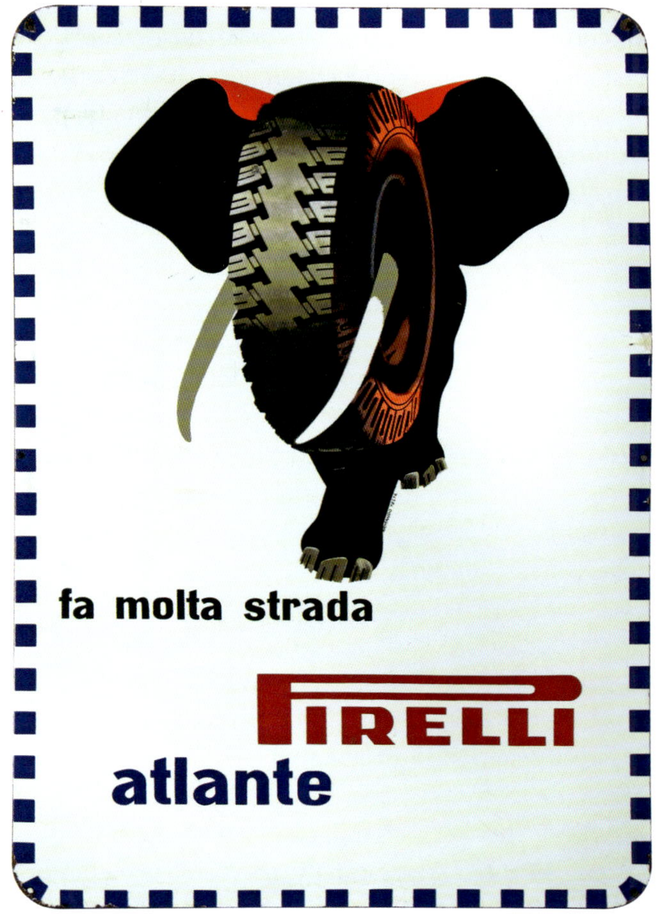

Elefante Pirelli
1954

This ongoing exchange between images in the same work was mirrored in Testa's facility to move between different materials and processes – the *Pirelli Elephant* is a prescient example across different media – but the pivotal work in this regard - and in many respects the pivotal work of his career – was his work for *Punt e Mes*.

The image of red sphere floating on a two-dimensional plane above a half sphere is simple enough on first sight but like the ICI poster image it rapidly becomes more layered and complex. It plays with the idea again of the hinge and of mirroring and also of an incomplete but all the more destabilizing sense of refraction. Testa said it came from a Japanese doll he found in San Francisco's Chinatown, which initially gave him the idea for 'a new way of stylising *King Carpano*'.[6] In early images of the King of Vermouth his rotund belly pre-echoes the image of the half sphere (and by extension the sphere) but Testa then takes it out of the graphic world he has created around *Carpano* character and abstracts it.

Punt e Mes vermouth has a long and fascinating history and has its own myth around the origin of the name which began in Turin in 1870. The phrase itself is a regional expression which translates as 'point and a half' and the claim is that it came from a stockbroker ordering his usual measure of vermouth with an additional half measure of bitter liqueur. Testa's distilled image is a visual pun on the name and a visual pun within the image he has created too. It adds another dimension to know this and to understand both the Italian language and the regional dialect but Testa creates an image that is universal, that resonates well beyond the

Francisco, che inizialmente gli aveva ispirato l'idea di "un nuovo modo di stilizzare il *Re Carpano*"[6]. Nelle prime immagini del Re del Vermouth la sua pancia rotonda pre-echeggia l'immagine della semisfera (e per estensione della sfera), ma in seguito Testa la estrae dal mondo grafico creato attorno al personaggio di *Carpano*.

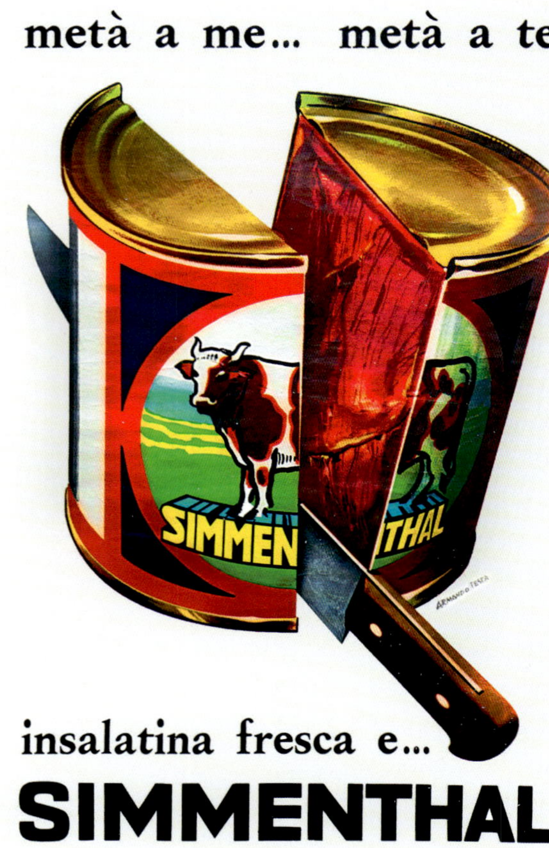

Simmenthal
1963

Il vermouth *Punt e Mes* ha una storia lunga e affascinante che ebbe inizio a Torino nel 1870, e vanta una sorta di mito attorno all'origine del nome. La frase stessa è un'espressione regionale, che si traduce come "punto e mezzo", in questo caso utilizzata abitualmente da un agente di cambio che ordinava la sua solita dose di vermouth con in più mezza misura di amaro. L'immagine distillata di Testa è un gioco di parole visivo sul nome e un gioco di parole visivo anche all'interno dell'immagine creata. Conoscere l'origine dell'espressione e comprendere sia la lingua italiana sia il dialetto regionale aggiunge un'altra dimensione, ma Testa crea un'immagine universale, che risuona ben oltre la promozione di un marchio storico di bevande, ideando al tempo stesso un nuovo mito per il proprio cliente. La pubblicità gioca spesso su questa idea e aspira a quanto Testa ha ottenuto in questo caso specifico, ma sono pochi, se non nessuno, gli esempi che perfezionano questo processo a un livello simile, raggiungendo quello che in lingua inglese si potrebbe chiamare "bare essentials".
Il manifesto del *Punt e Mes* ha rappresentato una pietra miliare nella grafica e nella pubblicità italiana, ma faceva parte di una serie di lavori che Testa realizzò nel 1960 coinvolgendo pittura, scultura e serigrafia. La sfera e mezza è stata esplorata come un'immagine su tela, prima dipinta con pennellate sciolte, espressive ed essenziali in rosso e nero, e poi in due dipinti acrilici più compatti, uno in rosso, l'altro in nero, più vicini alla texture del manifesto pur presentando ancora tracce pittoriche. La versione nera ha l'alone vaporizzato dei manifesti Facis, sebbene leggermente meno pronunciato, ed echeggia qui in modo evidente l'allusione all'importanza di Seurat nei lavori da lui realizzati negli anni cinquanta. Più profonda, almeno ai miei occhi, è la prefigurazione del Minimalismo. La Pop Art si affermò saldamente nel 1960, e la formazione di Testa come pittore astratto era spesso evidente nella sua produzione creativa, ma i riferimenti al movimento emergente del tardo modernismo minimalista devono ancora essere pienamente riconosciuti e, senza esagerare, Testa sembra essere ben inserito nell'avanguardia. La scultura in fibra di vetro rossa, anch'essa realizzata nel 1960, non fa altro che amplificare questo impatto, ma mette anche in risalto la prolungata ossessione di Testa attraverso la sua pratica polimorfica: quella della sintesi.
L'esplosione di energia creativa che Testa sprigiona nella seconda parte degli anni cinquanta e nel decennio successivo è indissolubilmente legata al miracolo economico italiano. Il tasso di crescita annuale tra il 1951 e il 1968 si attestò infatti a circa il 6% annuo e si stima che il consumismo di massa nella famiglia media fosse raddoppiato nello stesso periodo[7]. La pubblicità ha svolto un ruolo fondamentale e si è evoluta parallelamente, ma è stata anche alimentata sia dal massiccio aumento delle vendite di apparecchi televisivi sia dall'inizio di una nuova forma di pubblicità su quegli stessi televisori. La fondazione dello Studio Testa nel 1956 fu pionieristica nell'evoluzione della pubblicità televisiva, ed è qui che la capacità testiana di creare una sintesi tra i linguaggi visivi contribuì a realizzare alcuni dei personaggi e degli slogan più riconoscibili ed epocali nell'ambito della cultura popolare italiana del dopoguerra.
Paulista, *Caballero*, *Carmencita*, *Papalla* e *Pippo* hanno popolato l'immaginario di milioni di italiani fino alla fine degli anni sessanta, e oltre. Essenzialmente si trattava di immagini evolutesi

promotion of an historic drink brand whilst creating a new myth for his client. Advertising frequently plays on this idea and aspires to what Testa has achieved here, but there are few if any examples that refine this process to such an extent, to what in the English language one might call 'bare essentials'.

The *Punt e Mes* poster was a landmark in Italian graphic design and advertising but it was part of a series of work that Testa did in 1960 that involved painting and sculpture as well as screen-printing. The sphere and a half was explored as an image on canvas, first painted with loose, expressive but economical brushstrokes in red and black, and then in two tighter acrylic paintings, one in red, the other in black, that are closer in feel to the poster but still with painterly traces. The black version has the vapourised halo of his Facis posters, if slightly less pronounced, and his allusion to the importance of Seurat in his work made back in the fifties seems resonant here. More profound, at least to my eyes, is his pre-figuring of Minimalism. Pop Art was firmly established by 1960, and Testa's training as an abstract painter was frequently apparent across his creative output, but references to the emerging late Modernist Minimalist movement have yet to be fully acknowledged and without overstating the case, Testa seems to be well in the vanguard. The red fibreglass sculpture, also made in 1960, only amplifies this, but also brings into sharper relief Testa's enduring obsession across his polymorphic practice: that of synthesis.

The explosion of creative energy that Testa exuded in the latter part of the fifties and into the following decade is tied inextricably to the Italian economic miracle. The annual rate of growth between 1951 and 1968 was around 6% *per annum* and mass consumerism in the average household was estimated to have doubled over the same period.[7] Advertising played a critical role and evolved in parallel but was also fuelled both by the massive increase in

Lavazza
1964

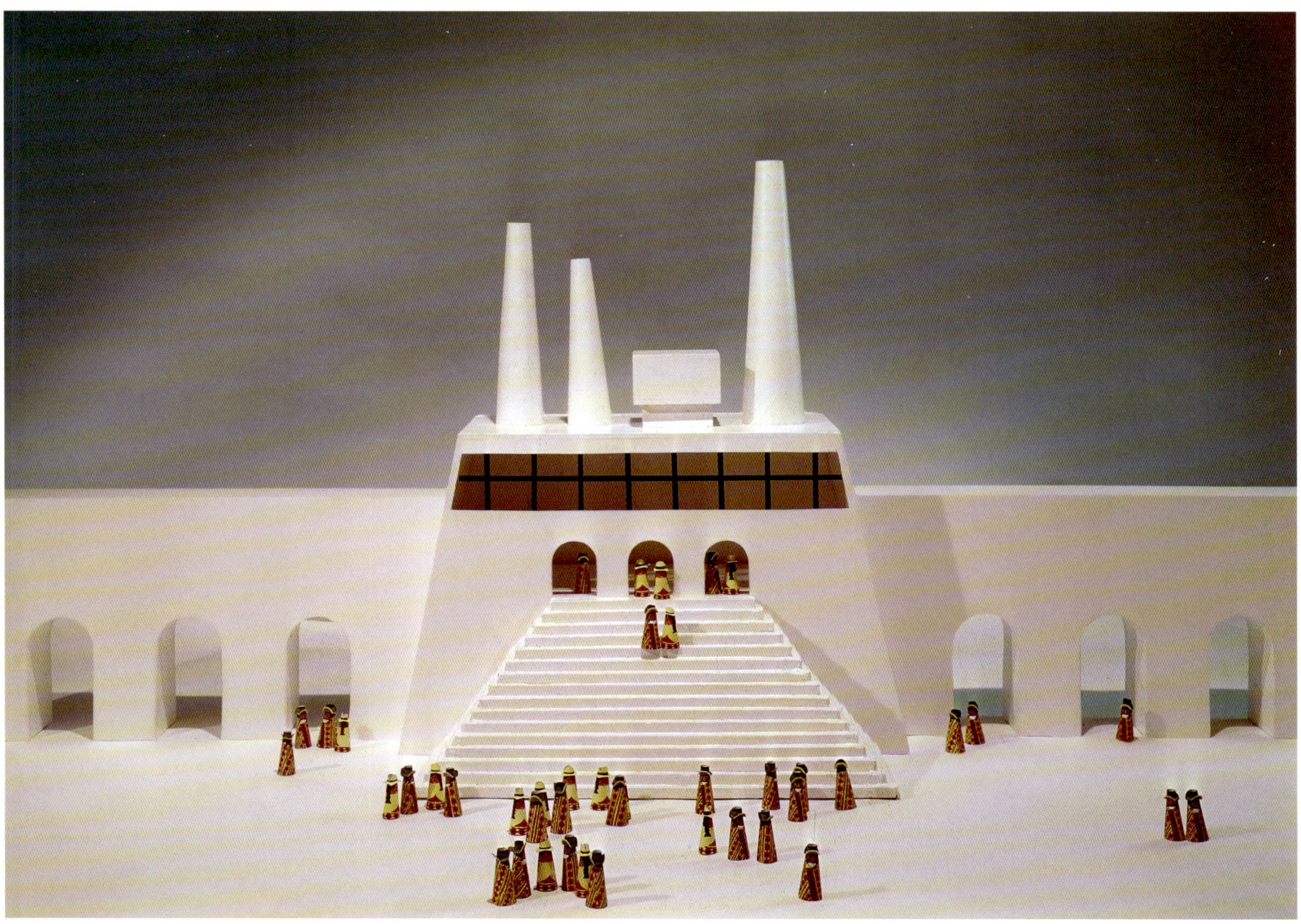

in figure tridimensionali adottando svariate tecniche. La figura di *Paulista*, vestita con un sombrero rosso, giallo e nero e caratterizzata da baffi monumentali, era l'immagine del marchio che Testa creò per il caffè Lavazza. Il corpo era formato da un cono, che divenne sia la confezione sia l'immagine del manifesto, nonché un personaggio apparso in celebri spot cinematografici e televisivi. A sua volta, ispirò la creazione di *Caballero* (il suo misterioso alter-ego) e di *Carmencita*, figure di gesso che sono state portate in vita, o almeno in movimento animato, attraverso la fotografia in stop motion. Paradossalmente le prime pubblicità televisive non potevano fare riferimenti effettivi al marchio, tranne che in una breve parte finale, da qui l'abile creazione del *Misterioso Caballero* (e della sua compagna *Carmencita*), che, alla fine del breve spot televisivo limitato nella sua parte puramente commerciale, si rivelava essere nientemeno che Paulista stesso.

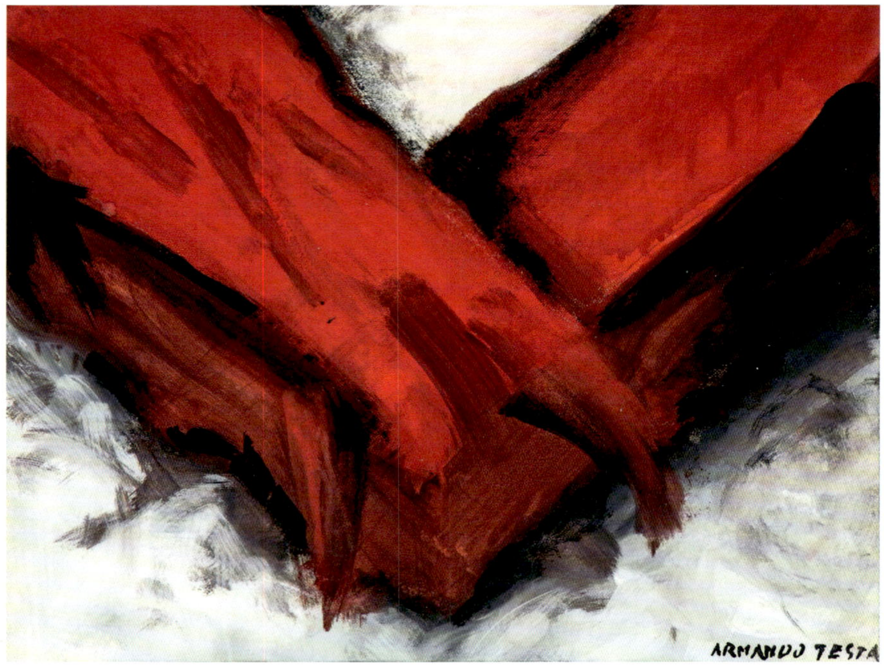

Angolo erotico
1984

Altrettanto efficace fu la creazione di un grande ippopotamo blu in poliuretano, *Pippo*, ideato per una campagna dei pannolini Lines, utilizzato nuovamente per l'animazione in stop motion e poi trasformato in una versione più grande effettivamente "indossata" da due persone che, un po' come avviene con un cavallo in una pantomima, potevano animare la forma dall'interno ed essere filmati in tempo reale.
Le forme fisiche realizzate da Testa e dal suo studio, tra cui *Pippo* e *Caballero*, sono esposte in questa mostra come icone culturali, ma fanno anche parte di un processo che è fondamentalmente scultoreo e pure cinematografico. Illustrano la capacità di Testa di tradurre immagini bidimensionali nella terza e nella quarta dimensione, nonché la natura simbiotica del suo pensiero che spaziava tra tecniche e materiali. Sono convinto che pensasse per immagini piuttosto che per narrazione, e questo derivava dalla sua formazione di pittore e grafico, ma che fosse anche affascinato dal potenziale fluido dei processi creativi e dall'interazione tra immagini e materiali. Una lampada con un limone inserito dove altrimenti ci sarebbe una lampadina o una sedia di prosciutto, fotografata in modo che chi la guarda non capisca se si tratti di una grande quantità di cibo o di una piccola sedia o qualcosa di intermedio, sono opere d'arte oltre che di umorismo. Sebbene siano state realizzate senza commissione né per promuovere un particolare prodotto, provengono dalla stessa visione creativa che Testa ha adottato e perseguito in tutto ciò che ha fatto.
In un breve saggio intitolato *Filosofia creativa*, scritto negli anni ottanta, Testa afferma di non aver "mai avuto il privilegio di essere ambiguo", spiegando che "come pubblicitario" ha "fatto tutto il possibile per proporre messaggi chiari e diretti". Lo ha sottolineato riconoscendo che "nei miei lavori grafici mi sono concesso occasionalmente la libertà di giocare con i segni, con l'ambiguità delle immagini"[8]. Ancora una volta penso che non sia stato del tutto sincero. Si è dimostrato un maestro dell'ambiguità sobria e accattivante (e talvolta letteralmente appetitosa) in tutta la sua produzione, ma nello stesso testo troviamo un'osservazione significativa in cui ammetteva di "essere un po' invidioso del privilegio della cosiddetta arte pura di poter giocare sulle ambiguità, sull'indefinito".
Un concetto che rivela la stessa chiarezza delle sue campagne pubblicitarie, e parimenti stratificato e sofisticato. Riconosce la libertà (e il privilegio) degli artisti, ma modestamente omette di

television sales and the beginning of a new form of advertising on those television sets. The foundation of Studio Testa in 1956 was pioneering in the evolution of television advertising, and it was here that Testa's capacity to synthesise across visual languages helped to establish some of the most recognisable, epoch-defining characters and catch-phrases in post-war Italian popular culture.

Paulista, Caballero, *Carmencita*, *Papalla* and *Pippo* populated the imagination of millions of Italians through the late sixties and beyond. Essentially, they were images that evolved into three dimensional figures in a variety of different media. The red, yellow and black sombrero clad, monumentally-moustached figure of *Paulista* was the brand image Testa created for Lavazza coffee. The body was formed out of a cone and he became both the packaging and the poster image as well as a character who featured in cinema and television adverts. In turn, he inspired the formation of *Caballero* (his mystery alter-ego) and *Carmencita*, plaster figures who were brought to life, or at least into animated movement, through stop motion photography. Early TV adverting paradoxically had spaces in the schedule where no actual brand references were allowed, hence Testa's deft creation of the *Misterioso Caballero* (and his companion *Carmencita*) where all was revealed at the end of the short commercially restricted TV commercial to be none other than *Paulista* himself.

The creation of a large blue polyurethane hippopotamus called *Pippo* for a campaign for Lines nappies was equally effective, used again for stop motion animation and then morphing into a larger version that could effectively be worn by two people who, rather like a pantomime horse, could bring the form to life from within and be filmed in real time.

The physical forms that Testa and his studio made including *Pippo* and *Caballero* are displayed in this exhibition as cultural icons, but they are also part of a process that is fundamentally sculptural and also cinematic. They illustrate the capacity Testa had to translate two dimensional images into the third and fourth dimensions as well as the symbiotic nature of his thinking across media and material. I think he thought in images rather than narratively and this came from his training as a painter and graphic designer, but he was fascinated by the fluid potential of creative processes and the interplay between images and materials. A lamp with a lemon inserted where a bulb would otherwise be or a chair made of prosciutto, photographed so that one is not sure whether it's a vast amount of food or a tiny chair or somewhere in between, are works of art as well as of humour and although they were made without commission or in order to promote a particular product, they come from the same creative vision that Testa harnessed in all that he did.

In a short essay entitled *Creative Philosophy* and written in the 1980s, Testa stated that he had 'never had the privilege of being ambiguous', explaining that 'as an adman' he had 'done his utmost to come up with clear, straight-forward messages'. He did qualify this by acknowledging that 'in my graphic works I have occasionally allowed myself the liberty of playing with signs, with the ambiguity of images'.[8] Once again I think he is being disingenuous. He was the master of understated as well as eye-catching (and sometimes literally mouth-watering) ambiguity across his output, but there was a more telling remark in the same text where he admitted to 'being somewhat envious of so-called pure art's privilege to be able to play on ambiguities, on the undefined.'

This is as clear-sighted as his advertising campaigns and as layered and sophisticated too. He acknowledges the freedom (and privilege) that artists have, but modestly fails to mention that he is an artist too, a man who has painted throughout his career, but one who has clearly played with ambiguity in defined as much as undefined imagery.

The presentation of Armando Testa's 'pure' paintings in this exhibition is unambiguously its finale. We do so because his entire career was underpinned by his interest in painting, and his

menzionare che anche lui è un artista, un uomo che ha dipinto per tutta la sua carriera, e che al contempo ha chiaramente giocato con l'ambiguità in immagini definite e al contempo indefinite. La presentazione dei dipinti "puri" di Armando Testa rappresenta la parte conclusiva di questa mostra. Abbiamo scelto questa impostazione perché tutta la sua carriera è stata sostenuta dall'interesse per la pittura, e la sua pittura può essere pienamente compresa solo una volta che sono stati esperiti la sua opera nell'ambito della cultura visiva e il suo eloquente linguaggio visivo. Le immagini sono molteplici, ma è interessante considerare brevemente la sua dichiarata ossessione per le dita e le mani. Testa ha descritto il dito come "un protagonista di ogni vita umana"[9] e ha parlato del suo infinito potenziale come mezzo di comunicazione. Lo ha presentato in quella che ha descritto come "ricerca creativa nella fotografia", così come in film, manifesti, opere grafiche, sculture e dipinti. *A spanne*, del 1982, sarà ricreato come murale, dove la "spanna" di due mani umane sarà la misura, se non proprio di tutto, almeno delle dimensioni dello spazio in cui è collocato.

Dalla fine degli anni sessanta fino a una delle ultime serie su cui stava lavorando nel 1991, le immagini di dita si tramutarono in opere astratte. Questi dipinti appaiono come un insieme di tratti controllati e delineati, accostati ad altri più approssimativi, ma sempre, chiaramente, realizzati con un approccio informale. Quando ha giocato con Mondrian non ha avuto questo stesso approccio, astraendo le superfici di colori saturi, chiaramente dipinte a mano dal modernista olandese, in blocchi di formica modellata da colori vivaci ma sempre saturi. Le opere erano una serie di tributi giocosi, un riconoscimento dell'unicità di Mondrian, e della familiarità del suo lavoro, attraverso un processo di inversione. La loro purezza è stata celebrata da un pubblicitario che era anche un collega pittore e che ha mostrato il suo rispetto e la sua irriverenza inserendo le opere in cornici dorate – altro materiale anomalo che confonde i confini della storia dell'arte.

I dipinti più forti e potenti di Testa sono un misto di destrezza manuale ed esplorazione e, per estensione, incarnano l'idea stessa di liberazione. La serie *Il Cerchio si stringe*, del 1987, inizia con immagini di dita dipinte in modo approssimativo e racchiuse in un cerchio e si sposta verso composizioni più tese e formalmente astratte attorno a un ritaglio al centro della tela, che potrebbe letteralmente e metaforicamente dare l'impressione di citare il ben noto verso di W.B. Yeats "il centro non può tenere", e invece nel lavoro di Testa non c'è mai questo problema, poiché Yeats aveva posto a premessa di questo verso l'altrettanto celebre asserzione che "le cose cadono a pezzi"[10]. Più o meno nello stesso periodo – ma alcune opere sono antecedenti e altre successive, perché Testa lavorava simultaneamente con più tecniche e su più serie – ha realizzato tele di dimensioni maggiori che fondono le ambiguità di scala evidenti nel suo lavoro grafico. Alcune si leggono come paesaggi vasti e distanti osservati da una molteplicità di punti di vista e sul punto di dissolversi nell'astrazione totale; altre sembrano intensamente compatte, in bilico tra l'astrazione totale e la rappresentazione allusiva, dove la scala sembra compressa e ciò che rimane con più forza sono le pennellate enfatiche ma irrequiete di un uomo sempre curioso, sempre alla ricerca. L'ultima serie di dipinti iniziata da Testa riguardava il tema della croce. Naturalmente l'immagine era stata a lungo presente nella sua opera grafica e nelle sue campagne di manifesti sociali e politici risalenti ai primi anni sessanta, ma nel 1990 iniziò a realizzare sculture autoportanti e tele che apparivano familiari e al contempo altamente originali.

Le tele della serie *Segno* sono tutte racchiuse in cornici dorate cruciformi, ciascuna con la parte superiore inclinata verso sinistra, un gesto destabilizzante (ancora una volta) ed evocativo dell'immagine del capo di Cristo crocifisso, inclinato senza vita su un lato. Alcune non sono ancora dipinte, con la tela nuda incorniciata e chiaramente visibile; altre sono dipinte in monocromia, altre ancora offrono allo sguardo una sottile miscela di colori. Le opere giocano abilmente con l'idea del rilievo murale, della pittura come oggetto e di ciò che è finito e incompiuto. Inoltre evocano chiaramente il profondo impegno di Testa nei confronti di segni e simboli, quelli che

painting can only be fully understood once his accomplishment across visual culture and his eloquent visual language have been fully established. The framing is multiple, but it is interesting to consider briefly his self-acknowledged obsession with fingers and hands. Testa described the finger as 'a protagonist in all human lives'[9] and talked about its endless potential as a means of communication. He featured it in what he described as 'creative research in photography' as well as in films, posters, graphic work, sculptures and paintings. *A spanne,* from 1982, will be recreated as a mural where the span of two human hands will be the measure, if not quite of everything, at least the dimensions of the gallery space in which it is situated.
Images of fingers became abstracted in his paintings from the late sixties right up to one of the last series on which he was working in 1991. These works were a mixture of the controlled and delineated and the more loosely painted but they were always discernibly hands-on. When he played with Mondrian, he was hands-off, abstracting the Dutch modernist's superficially mute but clearly hand-painted surfaces into blocks of vibrantly coloured but dumb, moulded formica. The works were a series of playful tributes, an acknowledgement of Mondrian's uniqueness and the familiarity of his work through a process of inversion. Their purity was celebrated by an adman who was also a fellow painter and who showed his respect and his irreverence by putting the work in gilded frames – another anomalous material that conflates art historical boundaries.

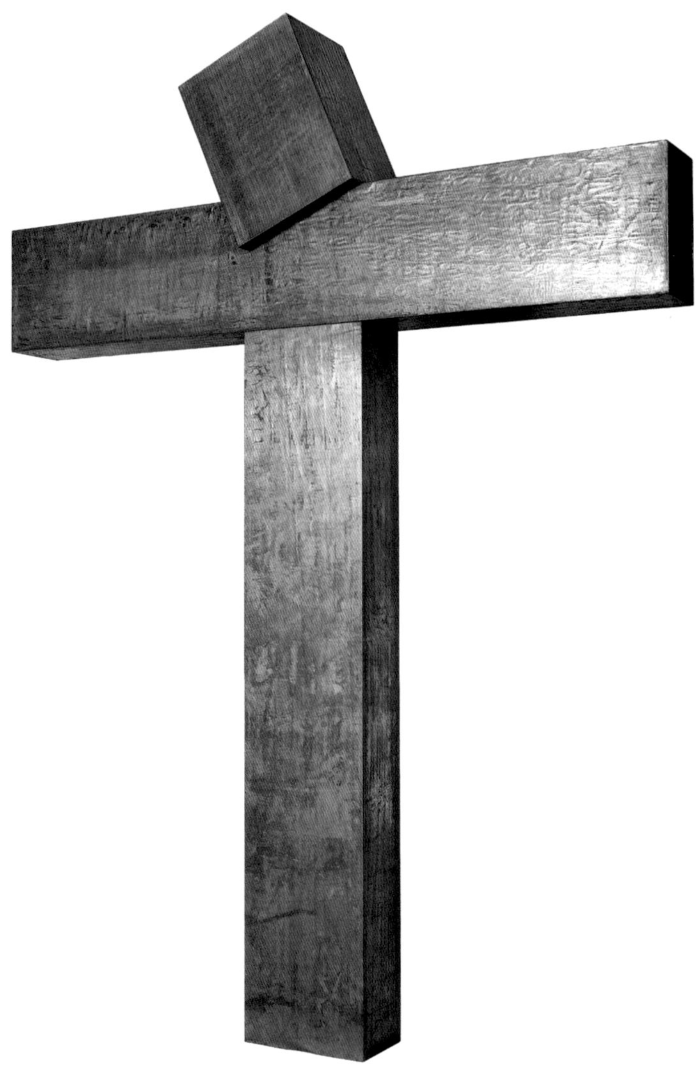

Segno
1990

Testa's strongest and most powerful paintings are a mixture of manual dexterity and exploration and, by extension, embodied liberation. The series *Il Cerchio si Stringe* [The Circle Narrows] from 1987 start with encircled images of loosely painted fingers and move into more taut, formally abstracted compositions around a cut-out in the middle of the canvas that might literally and metaphorically seem to affirm W.B. Yeats's oft-quoted line that 'the centre cannot hold', but of course in Testa's work, there is never a question, as Yeats's had prefaced the famous line, that "Things fall apart'.[10] Around the same time – but some were earlier and some later because Testa worked simultaneously across media and across series – he made larger-scaled canvases that conflate the ambiguities of scale apparent in his graphic work. Some read as vast, distant landscapes seen from a multiplicity of viewpoints and on the point of dissolving into total abstraction; others feel intensely close-up, hovering between total abstraction and allusive representation where scale feels compressed and what remains most strongly are the emphatic but restless brushstrokes of a man who was always curious, always searching.
The last series of paintings Testa began were around the theme of the cross. Of course, the image had long featured in his graphic work and in his social and political poster campaigns dating back to the early sixties, but in 1990 he began to make free-standing sculptures as well as canvasses that were familiar on one level but highly original too.
The *Sign* series canvasses are all encased in gilded cruciform frames, each with the top inclined to the left, a gesture that is destabilising (yet again) and evocative of the idea of the head of the crucified Christ tilting lifelessly to one side. Some are not yet painted, with framed bare canvas clearly visible; others are painted in monochrome, yet more are a subtle mixture of colours. The works play at one and the same time with the idea of the wall relief, painting as object and what is finished and

descrisse come "tra gli strumenti più importanti che siano mai stati inventati ai fini della comunicazione"[11]. Il suo interesse verso quelli che definiva "segni primari" si focalizzava sulla loro capacità distillata di essere elementari (e forse elementali) ed espressivi. Per Testa, "la croce è il segno più grande in assoluto ed è anche uno dei più semplici"[12]. La semplicità della struttura non riduce in alcun modo la complessità del significato della croce, tutt'altro, ma Testa rimane incuriosito dalla sua risonanza contemporanea: "Se ci allontaniamo dal simbolismo religioso ed esaminiamo l'immagine della croce da un punto di vista meramente pubblicitario, possiamo dire che la croce ha tutto ciò che serve a un logo moderno per poter funzionare con tutti i media, dalla fotografia alla televisione"[13]. È, per definizione, un segno e un simbolo, un logo e un emblema che esiste nella cultura europea almeno fin dall'età del bronzo, come ha sottolineato Testa, e senza dubbio ancor prima, ma è stata anche una delle immagini centrali dell'arte occidentale negli ultimi due millenni. Nel periodo post-illuminista il suo potere e la sua centralità sono tramontati, e il Modernismo ha certamente amplificato questa tendenza, anche se sono numerosi gli artisti che hanno ripreso il tema della croce e giocato con la sua molteplicità di significati. Testa ha citato le opere cruciformi di Malevič, Arnulf Rainer e Richard Serra, definendole affascinanti, ma è giusto affermare che nessuno di loro ha sintetizzato l'immagine nel panorama della cultura visiva come è riuscito a fare Armando Testa. A loro volta, gli ultimi dipinti della serie *Segno* sono tra i più potenti distillati della sua produzione interdisciplinare. Emergono dal suo lavoro pubblicitario, che a sua volta si basa su una profonda comprensione della storia dell'arte, e restituiscono il "logo" all'arte.

Uno degli allievi più illustri di Testa alla scuola di disegno grafico è stato l'artista Michelangelo Pistoletto, che in seguito descrisse le opere del suo maestro come iconiche. "Ad Armando Testa non interessavano i prodotti che raffigurava con ingegno così brillante", scrive Pistoletto, "gli interessava l'arte, quei segni che, attraverso gli altari (religiosi e non) della cultura occidentale avevano tracciato il futuro dell'arte, complesso, variegato e anche apparentemente contraddittorio."[14] Ma, attraverso la sintesi delle sue campagne pubblicitarie e di tutte le forme adottate da Testa nella sua opera grafica e nella sua pittura, rimane in noi un profondo senso di possibilità e al contempo risolutezza.

1 *Creative Philosophy*, originariamente scritto da Testa verso la fine del 1960; pubblicato in *Armando Testa*, catalogo della mostra al Castello di Rivoli Museo d'Arte Contemporanea, Edizioni Charta, Milano 2001.

2 *Armando Testa*, in "Serigrafia", n. 19, Milano, ottobre 1960.

3 *Armando Testa*, Padiglione d'Arte Contemporanea, Milano 1984.

4 *Armando Testa, Un merluzzo in doppio petto*, Archivio Storico GFT, fascicolo n. 2, Torino, ottobre 1989.

5 *Armando Testa*, *Un merluzzo in doppio petto*, cit.

6 Armando Testa, *Cartellone romantico e cartellone operativo*, in "Pagina", Milano, giugno 1963.

7 Paul Ginsborg, *A History of Contemporary Italy: Society and Politics, 1943-1988*, Palgrave Macmillan, New York 2003.

8 *Creative Philosophy*, cit.

9 Armando Testa, *The Finger*, catalogo della mostra, Parsons School of Design, New York 1987.

10 William Butler Yeats, *The Second Coming* [La seconda venuta], scritta nel 1919 e pubblicata per la prima volta in *The Dial*, Dublino, 1920.

11 *Armando Testa*, scritto nel 1991; pubblicato in *Armando Testa Before and After Punt e Mes, a Project for Frieze Masters in London*, Galleria Continua, Gli Ori, Pistoia 2019.

12 *Ibidem*.

13 *Ibidem*.

14 Michelangelo Pistoletto, per *Armando Testa*, 2019, vedi nota 11.

unfinished, so deftly. They also, clearly, evoke Testa's profound engagement with signs and symbols, what he described as being 'among the most important tools that people have ever invented for the purpose of communication.'[11] His interest in what he called 'primary signs' was around their distilled capacity to be elementary (and perhaps elemental) and expressive and for Testa, 'the cross is the greatest sign ever and it is also one of the simplest.'[12] Simplicity of structure does not in any way reduce the complexity of meaning of the cross, far from it, but Testa remained curious about its contemporary resonance: 'If we move a step away from religious symbolism and examine the image of the cross from a mere advertising point of view, we can say that the cross has all that a modern logo requires to able to function in all different media, from still photography to television.'[13] It is, by definition, a sign and symbol, a logo and an emblem that had existed in European culture at least back to the Bronze age, as Testa also pointed out, and doubtless well before too, but it had also been one of the central images in Western art for the previous two Millenia. In the post-Enlightenment period its power and centrality has waned, and Modernism has certainly amplified this although there are numerous artists who have returned to the cross and played with its multiplicity of meanings. Testa cited Malevich, Arnulf Rainer and Richard Serra's cruciform works as being fascinating to him, but it's fair to say that none of them synthesised the image across the landscape of visual culture to the extent that Armando Testa did. In turn, Testa's late *Sign* series paintings are among the most potent distillations of his inter-disciplinary output. They emerge from his advertising work, which in turn is based on a deep understanding of art history, and they return the 'logo' back to art.

One of Testa's most illustrious pupils at graphic design school was the artist Michelangelo Pistoletto who later described his teacher's works as icons. 'Armando Testa wasn't interested in the products that he depicted with such brilliant wit', Pistoletto wrote, 'he was interested in art, in those signs that, through the altars (religious and otherwise) of Western culture, had traced the future of art, complex, variegated, and also apparently contradictory.'[14] But through the synthesis of product advertising and all the forms that Testa harnessed in his graphic work and in his painting, there remains a profound sense of both possibility and of resolution.

1 *Creative Philosophy,* originally written by Testa in late 1960; published in *Armando Testa*, exhibition catalogue for Castello di Rivoli Museo d'Arte Contemporanea, Milan: Edizioni Charta, 2001.
2 'Armando Testa', in *Serigrafia* no. 19, Milan, October 1960.
3 *Armando Testa*, Padiglione d'Arte Contemporanea, Milan, 1984.
4 *Armando Testa, Un merluzzo in doppio petto*, Archivio Storico GFT, fascicolo no. 2, Turin, October 1989.
5 *Armando Testa, Un merluzzo in doppio petto*, cit.
6 Armando Testa, 'Cartellone romantico e cartellone operativo', in *Pagina*, Milan, June 1963.
7 Paul Ginsborg, *A History of Contemporary Italy: Society and Politics, 1943-1988*, New York: Palgrave Macmillan, 2003.
8 *Creative Philosophy*, cit.
9 Armando Testa, *The Finger*, exhibition catalogue, Parsons School of Design, New York, 1987.
10 William Butler Yeats, *The Second Coming*, written in 1919 and first published in *The Dial*, Dublin, 1920.
11 *Armando Testa*, written in 1991; published in *Armando Testa Before and After Punt e Mes*, a project for Frieze Masters in London, Galleria Continua, Pistoia: Gli Ori, 2019.
12 *Ibidem*.
13 *Ibidem*.
14 Michelangelo Pistoletto, for *Armando Testa*, 2019, see footnote 11.

Elisabetta Barisoni

Le campagne sociali e culturali di Armando Testa, visualizzatore globale del '900

Parallelamente alle campagne pubblicitarie, lungo tutta la carriera di Armando Testa corre una linea di produzione di immagini per la promozione di eventi sportivi e culturali o a sostegno di significative campagne sociali. L'analisi di questi materiali, per la gran parte inediti o meno noti, può consentire di accendere una nuova luce sull'articolata genialità creativa di questo straordinario *visualizzatore globale*, secondo la celebre definizione di Gillo Dorfles, e sulla sua continua sperimentazione tra grafica e pittura. Armando Testa passa da un codice all'altro senza soluzione di continuità e vive un'evoluzione o, meglio, una continua rielaborazione del proprio linguaggio che parte dall'uso della fotografia per ritrovare una sempre maggiore resa artistica e informale del tratto e del colore. Proprio in alcune campagne di promozione culturale o sociale, Testa dimostra di percorrere con disinvoltura i territori della storia dell'arte, talvolta con maggiore libertà dovuta forse al fatto di non essere legato, in questi contesti, a un prodotto e a un target specifico di consumatore.

Come sottolineava già Carlo Arturo Quintavalle nel 1985, le due attività, quella di designer per il mondo dell'industria e del commercio e quella di interprete della promozione di mostre, rassegne, eventi sportivi e ancora campagne di associazioni umanitarie o sociali, non sono attività disgiunte ma si articolano secondo stilemi ed evoluzioni dello stile di Armando che risultano sovente permeabili[1]. Vale quindi la pena sottolineare le caratteristiche di alcune imprese di sensibilizzazione sociale e di promozione culturale per capire, ancora meglio, l'attività di grafico e pubblicitario che rende Armando Testa uno degli imprescindibili Maestri del '900.

Agli anni sessanta risale la campagna a favore dell'Associazione San Vincenzo *Contro la fame nel mondo. Aiutiamoli!*, 1967. Il manifesto si gioca sul bianco e nero e utilizza il medium fotografico. Il volto di una persona indigente campeggia al centro del manifesto e il gesto di disperazione porta l'uomo a coprirsi gli occhi, in un segno drammatico che focalizza l'attenzione proprio sullo sguardo negato, su ciò che è cancellato. L'uso della fotografia si presenta qui strumentale a un fine diverso da quello politico o polemico introdotto nelle avanguardie storiche; penso per esempio ai fotomontaggi di area dadaista e Bauhaus[2]. Sul tema della lotta alla fame nel mondo giova ricordare anche la campagna contro lo spreco del cibo, laddove un soggetto molto caro a Testa, protagonista di alcune delle più celebri pubblicità realizzate nel corso della sua carriera e tema iper-presente anche nei suoi *divertissements* privati (per esempio nei biglietti di auguri), diventa

The Social and Cultural Campaigns of Armando Testa, Global Visualizer of the 20th Century

Throughout Armando Testa's career, a line of image production for the promotion of sporting and cultural events or in support of significant social campaigns runs parallel to the advertising campaigns. The analysis of these materials, mostly unpublished or less known, can shed new light on the articulated creative genius of this extraordinary *global visualizer*, according to the famous definition of Gillo Dorfles, and on his continuous experimentation between graphics and painting. Armando Testa passes from one code to another uninterruptedly, and experiences an evolution or, better yet, a continuous re-elaboration of his own language which starts from the use of photography to find an ever greater artistic and informal rendering of line and colour. Precisely in some cultural or social promotion campaigns, Testa demonstrates that he travels with ease through the territories of art history, sometimes with greater freedom perhaps due to the fact of not being tied, in these contexts, to a product and a specific consumer target. As Carlo Arturo Quintavalle already underlined in 1985, both activities – that of designer for the world of industry and commerce and that of interpreter of the promotion of exhibitions, reviews, sporting events and even campaigns of humanitarian or social associations – are not activities disjointed but are articulated according to stylistic features and evolutions of Armando's style which are often permeable.[1] It is therefore worth underlining the characteristics of some social awareness and cultural promotion enterprises to understand, even better, the graphic and advertising activity that makes Armando Testa one of the indispensable Masters of the 20th century.

The 1960s witnessed the campaign *Contro la fame nel mondo. Aiutiamoli!* [Against world hunger. Let's help them!], 1967, in favor of Associazione San Vincenzo. The poster plays on black and white and uses the photographic medium. The face of a poor person stands out in the centre of the poster and the gesture of desperation leads the man to cover his eyes, in a dramatic sign that focuses attention precisely on the denied gaze, on what is erased. The use of photography is here instrumental to a different purpose from the political or polemical one introduced in the historical avant-gardes; I am thinking, for example, of the photomontages of Dadaist and Bauhaus areas.[2] On the topic of the fight against world hunger, it is also worth remembering the campaign against food waste, where a subject very dear to Testa, protagonist of some of the most famous advertisements created during his career and a hyper-present theme also in his

qui monito per una più equa redistribuzione delle risorse. La campagna di sensibilizzazione *Non sprecare* del 1968 presenta un'incisiva immagine di un panino che brucia e ha molte affinità con i soggetti che Testa utilizzerà, in positivo, per promuovere alcuni prodotti alimentari. Ancora una volta è la fotografia, usata come mezzo per esprimere un dato di fatto, pur se ricomposta o meglio riassemblata nella composizione, a farsi latrice del messaggio di Testa.
Allo stesso periodo appartengono altre campagne a tema sociale dedicate a diverse emergenze ecologiche di grande attualità in quei primi anni settanta, come testimonia la cartella di disegni sul progetto *Chiare fresche e dolci acque (campagna contro l'inquinamento dell'acqua)* del 1971. Simile a un crocifisso su un mare di teschi, al centro della composizione campeggia un grande rubinetto, dal quale sgocciolano teste e maschere terribili, che si accalcano poi nella parte bassa del manifesto. Sono qui evidenti le affinità con il Dada tedesco e l'uso della fotografia e della tecnica tipografica di stampo espressionista, stilemi che appartengono anche alla campagna dedicata al diritto al divorzio. Introdotto in Italia con la Legge n. 898 del 1° dicembre 1970, il divorzio fu oggetto nel corso dei primi anni settanta di numerose contestazioni, culminate nel referendum abrogativo del maggio 1974 (consultazione che, com'è noto, non portò all'abrogazione della legge). A queste vicende deve riferirsi l'incisiva immagine realizzata da Armando Testa per la campagna *Vota No*, 1970, del Comitato nazionale per la difesa del divorzio. Il sottotitolo recita *Meglio il divorzio che inchiodati nell'odio* e il fotomontaggio presenta due dita inchiodate una sull'altra a formare una croce. Emerge qui uno dei *topoi* più frequenti nella produzione di Testa, il tema della croce, che ritornerà nella sua ricerca artistica soprattutto nei primi anni novanta, come testimonia l'ampia sezione conclusiva della presente mostra, tutta dedicata alle variazioni di Armando su questo soggetto fondante della cultura cristiana e occidentale. Nel 1970, in occasione del referendum abrogativo sul divorzio, egli istituisce un chiaro riferimento alla sofferenza di Cristo in croce, equiparando il suo martirio all'obbligo di rimanere sposati nell'infelicità, servendosi così di un riferimento visivo chiaro e comprensibile da tutti.
Un altro filone della produzione di Testa in ambito sociale riguarda l'utilizzo di stilemi derivanti dall'avanguardia espressionista di matrice Fauve, sia nell'uso spregiudicato del colore che nel "taglio" delle figure umane che ricorda i *papiers découpés* di Henri Matisse. A questo ambito appartiene la campagna ideata per Amnesty International nel 1979. Già Quintavalle evidenziava quanto queste forme appartenessero ancora al tempo del *Digestivo Antonetto* nell'uso accentuato delle figure ritagliate: "Ma veniamo agli ultimi manifesti, a quello per *Amnesty International* (1979), dove il ritaglio mi sembra veramente appartenere ancora al tempo di *Antonetto* [...]"[3]. Parlando di queste opere, Gillo Dorfles aggiungeva un'ulteriore riflessione: se la fotografia e il fotomontaggio sono di solito i media privilegiati per veicolare i messaggi di tipo sociale o politico, in realtà numerose occasioni portano Armando Testa a utilizzare invece la pittura, dettagliando le *cut out figures* con colori accesi e con una sintesi compositiva che richiama immediatamente le avanguardie storiche[4]. Nella campagna di Amnesty International una sagoma rossa, a significare il sangue ma anche l'attenzione e l'allarme, si presenta con la bocca spalancata in un lamento e in una posizione quasi di preghiera; il corpo è una massa indistinta e proietta un'ombra angosciosa sul muro retrostante. L'ambiente su cui si staglia il prigioniero, il perseguitato, la vittima di tortura, è l'angolo disadorno di una cella che ricorda le geometrie di Piet Mondrian e l'esplorazione concettuale di Giulio Paolini, mentre il tratto materico sembra rendere il senso di un filo spinato che incombe e taglia la figura umana. È lo stesso Armando Testa che ci consegna la chiave interpretativa di queste realizzazioni quando, nel catalogo dell'importante rassegna americana del 1987, chiosa la riproduzione della campagna per Amnesty International del 1979 sotto il titolo *CULTURAL POSTERS*: "The whole advertising world is affected by the well-being of colour photography, but it is amusing to get away from photography at least in posters for cultural events. That style I never wanted to acquire follows

private divertissements (for example in greeting cards), here becomes a warning for a more equitable redistribution of resources. The *Non sprecare* [Don't waste] awareness campaign from 1968 presents an acute image of a burning sandwich and has many affinities with the subjects that Testa will use, positively, to promote some food products. Once again it is photography, used as a means to express a fact, even if recomposed or rather reassembled in the composition, that becomes the bearer of Testa's message.

Other social-themed campaigns dedicated to various ecological emergencies of great relevance in those early Seventies belong to the same period, as evidenced by the folder of drawings on the *Chiare fresche e dolci acque* [Clear fresh sweet waters] project, a campaign against water pollution from 1971. Similar to a crucifix on a sea of skulls, a large tap stands in the centre of the composition letting terrible heads and masks drip and then crowd into the lower part of the poster. The affinities with German Dada as well as the use of photography and the expressionist typographic technique are evident here – stylistic features that also belong to the campaign dedicated to the right to divorce. Introduced in Italy with Law no. 898 as of 1 December 1970, divorce was the subject of numerous protests during the early 1970s, culminating in the repeal referendum of May 1974 (a consultation which did not lead to the repeal of the law). The incisive image created by Armando Testa for the 1970 *Vota No* (Vote No) campaign of the National Committee for the Defense of Divorce must refer to these events. The subtitle reads *Divorce is better than nailed in hatred*, and the photomontage features two fingers nailed one on top of the other to form a cross. Here emerges one of the most frequent topoi in Testa's production, the theme of the cross, which will return in his artistic research especially in the early nineties, as evidenced by the large final section of the present exhibition, entirely dedicated to Armando's variations on this founding subject of Christian and Western culture. In 1970, on the occasion of the referendum to repeal divorce, he established a clear reference to the suffering of Christ on the cross, equating his martyrdom with the obligation to remain married in unhappiness, thus using a clear visual reference that was understandable by all.

Another strand of Testa's production in the social sphere concerns the use of stylistic features deriving from the expressionist avant-garde of Fauve origin, both in the unscrupulous use of colour and in the 'cut' of the human figures which recalls the *papiers découpés* of Henri Matisse. The campaign created for Amnesty International in 1979 belongs to this area. Quintavalle already highlighted how much these forms still belonged to the time of the *Digestivo Antonetto* in the accentuated use of cut-out figures: 'But let's get to the latest posters, the one for *Amnesty International* (1979), where the cutout really seems to me to still belong to *Antonetto*'s time [...]'.[3] Speaking of these works, Gillo Dorfles added a further reflection: if photography and photomontage are usually the preferred media for conveying social or political messages, in reality numerous occasions lead Armando Testa to use painting instead, detailing the *cut out figures* with bright colours and a compositional synthesis that immediately recalls the historical avant-gar-

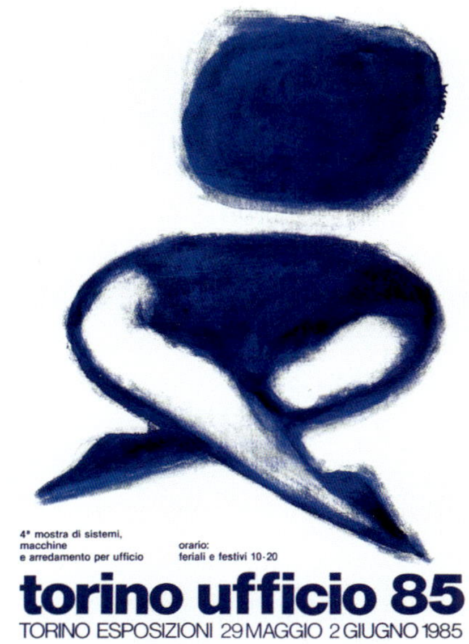

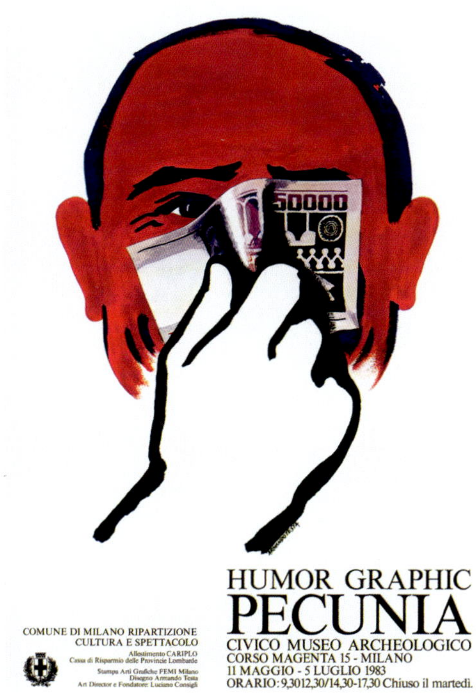

Torino ufficio 85
1985

Pecunia
1983

me around like a cold, and that is why in so many recent posters the same brushstrokes crop up as the ones that appear in my painting"[5].

Il riferimento alle correnti artistiche non solo dell'Espressionismo storico ma anche del più recente Informale internazionale caratterizza alcune ricerche di Armando Testa per campagne di sensibilizzazione degli anni ottanta. In particolare, sono legati al Tachisme e alla pittura *sgocciolata* dell'Espressionismo astratto americano ed europeo gli studi per la Croce Rossa del 1981 e i bozzetti per Pubbliche assistenze del 1986. Un'altra campagna di grande impatto emotivo ed estetico è quella dedicata al rischio di avvelenamento, *Salvami dal Veleno*, 1986, cui Testa dedica una particolare attenzione e alla quale si rivolge ancora una volta non con la fotografia ma con la pittura. La campagna del Centro antiveleni dell'Ospedale Niguarda Ca' Granda di Milano prevede un manifesto che sintetizza il messaggio in due modi: attraverso l'estrema semplificazione del soggetto e il colore dominante. Campeggia il volto di un bambino e al suo fianco un telefono; il poster riporta infatti il numero di emergenza da chiamare in caso di avvelenamento. Il colore di entrambi i componenti è un rosso acceso, steso con pennellate larghe e sfumate sui capelli. Allarmano, come in un quadro di Francis Bacon o come nei terribili automi dell'Espressionismo tedesco, gli occhi dell'avvelenato, tondi e vuoti, due buchi neri. Spicca su tutti la lingua verde, come il veleno, come lo *slime*, come le sostanze che talvolta i bambini usano per giocare. Così scrive Testa nel catalogo del 1987: "I like to dramatize the monochrome character of the face with the startling green of the tongue"[6]. Nei bozzetti conservati presso l'Archivio Testa di Milano i teschi, le mani e le facce avvelenate delle varie versioni di questo manifesto richiamano ancora una volta l'Espressionismo tedesco e nordico, le esasperazioni di Edvard Munch o di Francis Bacon, le maschere di James Ensor.

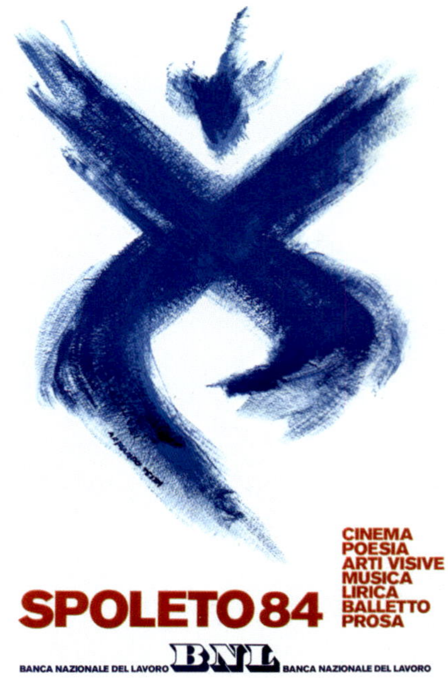

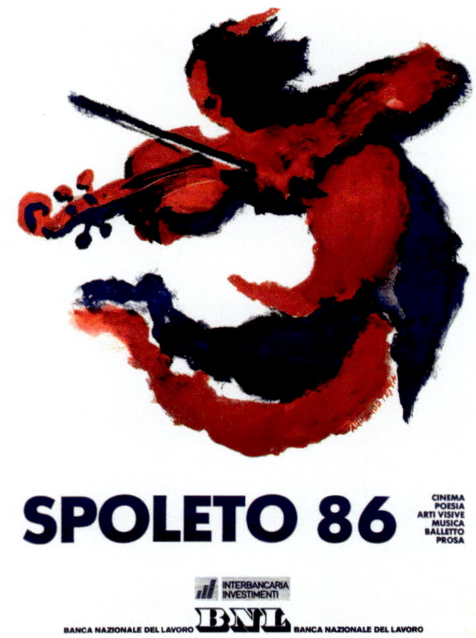

Spoleto 1984

Spoleto 1986

Il tratto pittorico caratterizza non solo le campagne sociali ma anche numerose creazioni ideate per promuovere manifestazioni culturali. Si veda ad esempio il poster per il Festival di Spoleto del 1984, dove la stilizzazione di una figura che danza diventa occasione per uno slancio di colore blu steso con pennellata larga e pastosa, che ricorda l'Espressionismo astratto americano di Franz Kline, alleggerito con il dinamismo della parte inferiore che echeggia il Futurismo. Lo stesso si applica alle campagne promozionali per il Teatro Regio (1985) o per il successivo festival di Spoleto (1986), sempre realizzate con la pittura. Un simile incrocio di tratti si ritrova a medesime altezze temporali in altre produzioni, per esempio il manifesto per la mostra *Torino ufficio* del 1985 (Torino Esposizioni, 29 maggio – 2 giugno 1985). In questa prova riemerge il blu puro, a disegnare una sorta di sedia animata da due gambe che si incrociano in una danza. Il modello iconografico richiama alcune figurine di Paul Klee o il mescolamento metamorfico del Surrealismo di Jean Arp.

Il segno forse più vicino a Franz Kline, ad Hans Hartung e all'Informale gestuale segnico riemerge in Testa quand'egli realizza alcuni manifesti per promuovere la propria arte. Ecco riaffiorare nel manifesto per la mostra *Armando Testa* (Milano, Padiglione d'Arte Contemporanea, 6 dicembre 1984 – 7 gennaio 1985) un segno largo, sgranato e sensuale di nero e giallo mentre nel

des.[4] In the Amnesty International campaign a red silhouette, signifying blood but also attention and alarm, appears with its mouth wide open in a lament and in an almost prayerful position; the body is an indistinct mass and projects an anguished shadow on the wall behind it. The environment in which the prisoner, the persecuted, the victim of torture stands out is the unadorned corner of a cell recalling the geometries of Piet Mondrian and the conceptual exploration of Giulio Paolini, while the material trait seems to convey the meaning of a barbed wire that looms and cuts the human figure. It is Armando Testa himself who gives us the interpretative key to these creations when, in the catalog of the important American exhibition of 1987, he glosses the reproduction of the 1979 campaign for Amnesty International under the title *CULTURAL POSTERS*: 'The whole advertising world is affected by the well-being of colour photography, but it is amusing to get away from photography at least in posters for cultural events. That style I never wanted to acquire follows me around like a cold, and that is why in so many recent posters the same brushstrokes crop up as the ones that appear in my painting'.[5]
The reference to the artistic currents not only of historical Expressionism but also of the more recent international Informal art characterizes some of Armando Testa's research for awareness campaigns in the 1980s. In particular, the studies for the Red Cross from 1981 and the sketches for Public Assistance from 1986 are linked to Tachisme and dripping of American and European Abstract Expressionism. Another campaign of great emotional and aesthetic impact is the one dedicated to the risk of poisoning, *Salvami dal Veleno* [Save Me from the Poison], 1986, to which Testa dedicates particular attention and to which he turns once again not with photography but with painting. The campaign of the Poison Control Center at Niguarda Ca' Granda Hospital in Milan includes a poster that summarizes the message in two ways: through the extreme simplification of the subject and the dominant colour. The poster boasts the face of a child and a telephone next to him; in fact, the poster shows the emergency number to call in case of poisoning. The colour of both components is a bright red, applied with broad, blended brushstrokes on the hair. Alarming, as in a painting by Francis Bacon or as in the terrible Automatons of German Expressionism, are the eyes of the poisoned man, round and empty, two black holes. The green tongue stands out above all, like poison, like slime, like the substances that children sometimes use to play. This is what Testa wrote in the 1987 catalogue: 'I like to dramatize the monochrome character of the face with the startling green of the tongue'.[6] In the sketches preserved at Testa Archive in Milan, the skulls, hands and poisoned faces of the various versions of this manifesto once again recall German and Nordic Expressionism, the exasperations of Edvard Munch or Francis Bacon, the masks of James Ensor.
The pictorial trait characterizes not only the social campaigns but also numerous creations designed to promote cultural events. See for example the poster for the Spoleto Festival of 1984, where the stylization of a dancing figure becomes the occasion for a burst of blue colour applied with a broad, pasty brushstroke, reminiscent of Franz Kline's American Abstract Expressionism, lightened with the dynamism of the

Humor Graphic Magia
1984

Einstein
1979

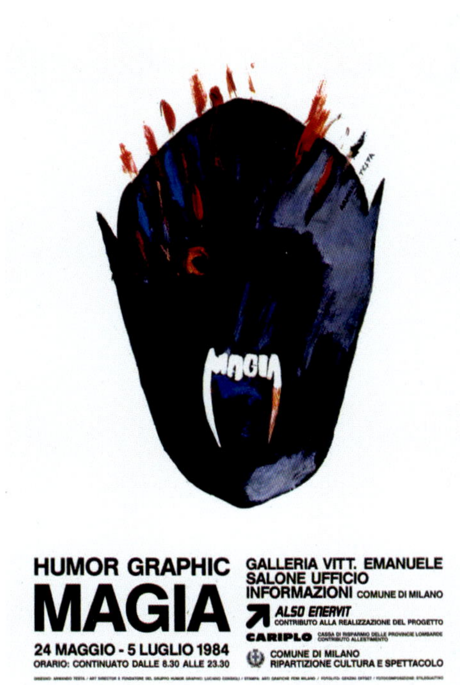

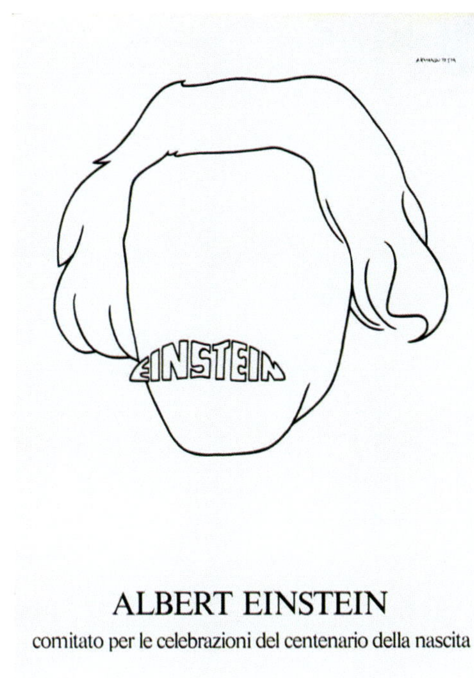

poster *Armando Testa. Il segno e la pubblicità* (Torino, Mole Antonelliana, luglio-ottobre 1985) le forze sono animate da pennellate sovrapposte e piani che si intersecano, tra rossi accesi, neri, gialli e azzurri, memori anche della grande stagione dell'Astrattismo italiano del secondo dopoguerra[7]. Allo stesso modo sono dipinti i manifesti della mostra *Humor graphic. Pecunia* (Milano, Museo Archeologico, 11 maggio – 5 luglio 1983) che richiamano le serigrafie della Pop art con colori accesi e "sbavature" tipografiche, e il successivo *Humor graphic. Magia* (Milano, Galleria Vittorio Emanuele, Salone Ufficio, 24 maggio – 5 luglio 1984), laddove il volto trasfigurato di uno zombie, di ascendenza baconiana, rivela inattese vicinanze all'Espressionismo tedesco. Inoltre, in quest'ultimo esempio, ritorna un *topos* dell'arte del torinese nel gioco di iconografia e scrittura: la parola "magia" si legge nella dentatura terribile di Dracula, protagonista del manifesto. Si tratta di un modello che Testa aveva già utilizzato per promuovere la mostra *Nel castello di Kafka* (Milano, Biblioteca Comunale di Palazzo Sormani, 14 novembre – 18 dicembre 1983), disegnando ancora una volta con i colori e il pennello la parte alta del volto e tracciando il nome dello scrittore in un intervallo che sottolinea le sopracciglia e il naso dello stesso. In modo simile viene trattato il manifesto realizzato per le celebrazioni del centenario della nascita di Albert Einstein: il tratto sintetico e matissiano delinea un volto iconico, raffigurato senza occhi ma solo con i distintivi baffi che descrivono il cognome del celebre fisico.

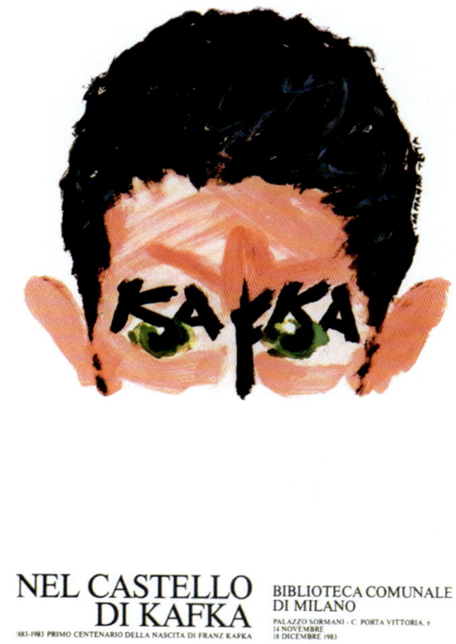

Kafka
1983

Agli anni ottanta risalgono altre realizzazioni nelle quali Testa porta avanti i due filoni della sua produzione in ambito sociale e culturale, utilizzando talvolta la fotografia e sempre più spesso la pittura. La campagna del 1986-1987 contro il fumo usa il medium fotografico e riprende l'iconografia della croce: due sigarette si incrociano e si spezzano, si inclinano e si stagliano su uno sfondo scuro a simboleggiare la croce che rappresenta il fumo, il pericolo e la fine cui il fumatore è destinato, posto nell'unica parola presente a suggello dell'immagine, "CANCRO"[8]. Alla fine degli anni ottanta e al 1991 appartengono altre campagne sociali interpretate da Armando Testa a partire da un uso drammatico della fotografia. Tra queste, i bozzetti e i disegni per la campagna di Amnesty International del 1987 riportano il tema della mano, caro a larga parte della produzione di Testa sia nella declinazione dell'arto per intero (si veda ad esempio la scultura *Il Tempo*, entrata nel 2022 nelle collezioni di Ca' Pesaro grazie alla donazione di Gemma De Angelis Testa) sia nella parte delle sole dita. In un bozzetto si vede una mano intrappolata nelle catene mentre nella versione finale del manifesto l'arto sbuca letteralmente in *trompe l'oeil* dal supporto e sembra disperatamente chiedere aiuto. La fotografia è qui resa più drammatica dalla dipintura della mano in giallo e dall'accentuazione delle ombre, tanto da porsi quasi come una scultura. Un bozzetto, sempre del 1987, riporta un'altra idea di Testa per la sensibilizzazione sui temi della dignità umana e della lotta alla tortura, questa volta resa con la pasta pittorica: un volto blu, dipinto con tratto informale, ha gli occhi sbarrati come le porte di una cella.

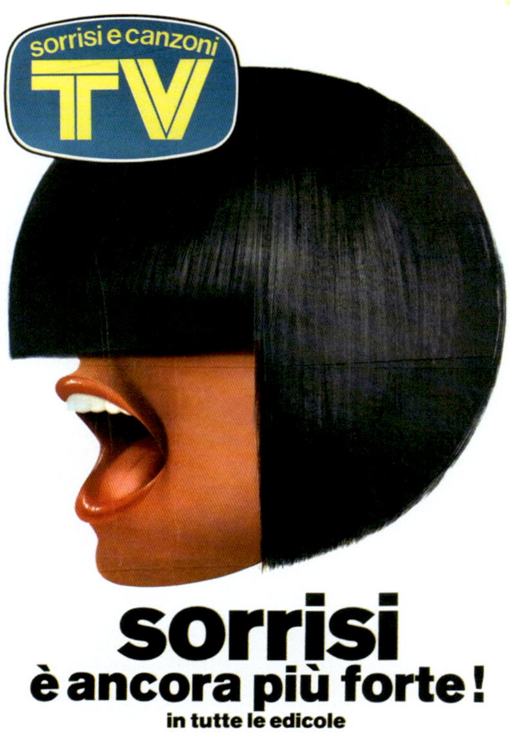

Sorrisi e canzoni
1974

Di grande impatto è anche l'invenzione surrealista che accompagna una documentazione inedita relativa al 1991. Per la campagna del gruppo

lower part echoing Futurism. The same applies to the promotional campaigns for the Teatro Regio (1985) or for the subsequent Spoleto festival (1986), always created with painting. A similar intersection of features is found at the same time points in other productions, for example the poster for the *Torino ufficio* exhibition of 1985 (Torino Esposizioni, May 29 – June 2, 1985). Pure blue re-emerges in this creation, to design some sort of chair animated by two legs that cross in a dance. The iconographic model recalls some figurines by Paul Klee or the metamorphic mixing of Jean Arp's Surrealism.
The sign perhaps closest to Franz Kline, Hans Hartung and the gestural sign of Informal art reemerges in Testa when he creates some posters to promote his art. Thus a large, grainy and sensual sign of black and yellow resurfaces in the poster for the *Armando Testa* exhibition (Milan, Padiglione d'Arte Contemporanea, December 6, 1984 – January 7, 1985) while in the *Armando Testa. Il segno e la pubblicità* poster (Turin, Mole Antonelliana, July-October 1985) forces are animated by overlapping brushstrokes and intersecting planes, between bright reds, blacks, yellows and blues, also reminiscent of the great season of Italian Abstractionism of the second post-war period.[7] The posters of the *Humor graphic. Pecunia* exhibition (Milan, Archaeological Museum, May 11 – July 5, 1983), recalling the serigraphs of Pop art with bright colours and typographical 'smudges', are painted in the same way, and the subsequent *Humor graphic. Magia* (Milan, Galleria Vittorio Emanuele, Salone Ufficio, May 24 – July 5, 1984), where the transfigured face of a zombie, of Baconian ancestry, reveals unexpected closeness to German Expressionism. Furthermore, in this last example, one of Testa's topoi returns in the game of iconography and writing: the word 'magic' can be read in the terrible teeth of Dracula, the protagonist of the poster. This is a model that Testa had already used to promote the *Nel castello di Kafka* exhibition (Milan, Biblioteca Comunale di Palazzo Sormani, November 14 – December 18, 1983), once again drawing the upper part of the face with colours and a brush and tracing the writer's name in an interval that highlights his eyebrows and nose. The poster created for the celebrations of the centenary of the birth of Albert Einstein is treated in a similar way: the synthetic and Matissian line outlines an iconic face, depicted without eyes but only with the distinctive mustache that traces the surname of the famous physicist.
Other creations in which Testa continues the two strands of his production in the social and cultural sphere, sometimes using photography and increasingly often painting, date back to the 1980s. The 1986-1987 campaign against smoking uses the photographic medium and takes up the iconography of the cross: two cigarettes cross each other and break, they tilt and stand out against a dark background to symbolize the cross representing smoking, danger and the end to which the smoker is destined, placed in the only word present to seal the image, 'CANCRO' [Cancer].[8] Other social campaigns interpreted by Armando Testa starting from a dramatic use of photography belong to the end of the Eighties and to 1991. Among these, the sketches and drawings for the 1987 Amnesty International campaign report the theme of the hand, dear to a large part of Testa's produc-

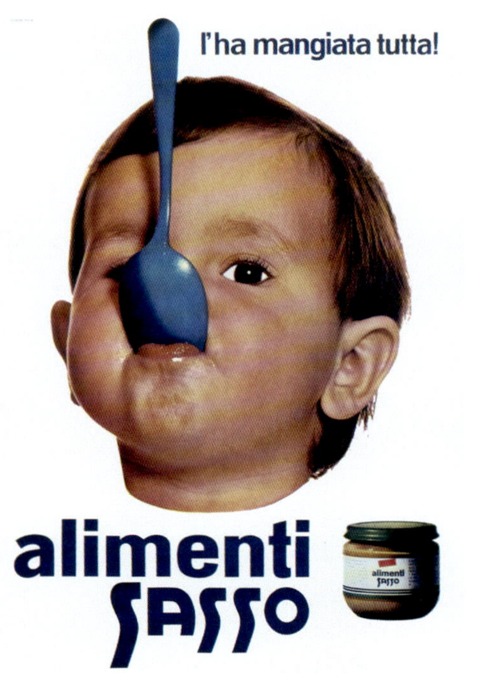

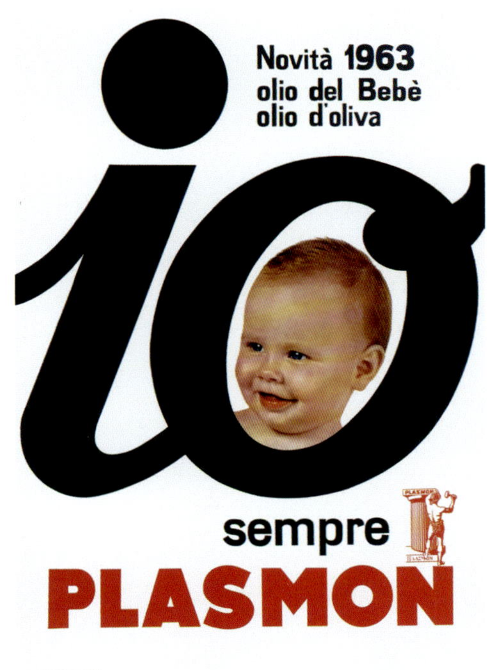

Olio Sasso
1964

Plasmon
1963

MADD – Mothers against drunk drivers, Testa crea una figura fantastica e al contempo terribile, un bicchiere che guida, di reminiscenza magrittiana e di chiaro impatto visivo. Sempre negli ambiti della pittura, allo stesso anno appartiene una delle ultime realizzazioni di Testa, la campagna per l'Unicef del 1991. Qui non sono la composizione surrealista né il tratto informale a dominare, ma piuttosto la già vista ascendenza matissiana del segno di Armando. La figura del bambino, che sembra quasi ritagliato in blu, sporge le mani verso di noi e queste sono ritratte in negativo, in bianco. Il tema del bambino richiama alla memoria gli iconici fanciulli utilizzati da Testa per alcune capitali campagne pubblicitarie, quali ad esempio l'Olio Sasso del 1964 o Plasmon dell'anno precedente. Come in altre celebri realizzazioni, e come già visto negli anni sessanta con la fotografia, spesso l'occhio è nascosto o parzialmente coperto, diventando così la parte focale della composizione proprio grazie alla sua cancellazione[9]. Negare alla vista un particolare evidente è uno stratagemma che Testa utilizza in ambiti diversi, come nelle pubblicità di "TV Sorrisi e Canzoni", realizzato insieme alla moglie Gemma De Angelis nel 1974, o della Sanpellegrino, 1979. Lo stesso blu e le medesime figure, con l'uso di negativo e positivo della tecnica serigrafica, appartengono anche a *Studio per rifugio del cane randagio*, relativo a una campagna di sensibilizzazione sempre del 1991.
Anche nelle prove di impegno sociale e culturale, sicuramente meno note dell'attività come pubblicitario, Armando Testa dimostra la sua inesausta e geniale ricerca nei territori della storia dell'arte: dalle avanguardie storiche e dal Futurismo a Mario Sironi, da Alberto Martini all'Espressionismo tedesco, dal fotomontaggio Dada all'astrazione, dal Surrealismo all'Informale internazionale, qualsiasi sia il tema su cui si concentra Armando Testa cerca sempre di porsi con sincerità e coerenza *dalla parte di chi guarda*.

1 Cfr. Arturo Carlo Quintavalle, *L'"altra parte di Armando Testa"*, in *Armando Testa. Il Segno e la pubblicità*, catalogo della mostra con scritti di Omar Calabrese, Gillo Dorfles, Arturo Carlo Quintavalle, Torino, Mole Antonelliana, luglio-ottobre 1985, Mazzotta, Milano 1985, pp. 91-105, p. 94.

2 Cfr. Arturo Carlo Quintavalle, *La fotografia come struttura retorica*, in *Armando Testa. Una retrospettiva*, catalogo della mostra a cura di Germano Celant, Gillo Dorfles con Gemma De Angelis Testa, Firenze, Palazzo Strozzi, 9 maggio – 11 luglio 1993, Electa, Milano 1993, pp. 23-27, p. 23.

3 Quintavalle, *L'"altra parte di Armando Testa"*, cit., p. 102.

4 Dorfles, *Armando Testa: visualizzatore globale*, in *Armando Testa. Il Segno e la pubblicità*, cit., pp. 19-24.

5 Armando Testa, *Cultural posters*, in *Armando Testa, 40 Years of Italian Creative Design*, catalogo della mostra a cura di Philip Tsiaras, New York, Parsons School of Design Exhibition Center 20 maggio – 30 giugno 1987 (poi Los Angeles, Otis Art Institute of Parsons School of Design, primavera 1988), Allemandi Editore, Torino 1987, s.p., tavola 52.

6 *Ivi*, p. 114.

7 Cfr. anche Dorfles, *Armando Testa: visualizzatore globale*, cit.

8 Il manifesto in questione fa parte del progetto editoriale per la rivista d'arte "Imago", il titolo è *Commissariato di P.S.*, del 1962.

9 Cfr. Quintavalle, *La fotografia come struttura retorica*, cit., p. 24.

tion both in the declination of the entire limb (see for example the sculpture *Il Tempo*, entering the collections of Ca' Pesaro in 2022 thanks to Gemma De Angelis Testa's donation) and in the part with just the fingers. In one sketch you can see a hand trapped in chains, while in the final version of the poster the limb literally emerges in trompe l'oeil from the support and seems desperately asking for help. The photography is here made more dramatic by the painting of the hand in yellow and by the accentuation of the shadows, so much so that it almost appears like a sculpture. A sketch, also from 1987, shows another idea by Testa to raise awareness on the issues of human dignity and the fight against torture, this time rendered with pictorial paste: a blue face, painted with an informal style, has barred eyes recalling the doors of a cell.
A strong impact characterizes also the surrealist invention that accompanies unpublished documentation relating to 1991. For the campaign of the MADD group – Mothers against drunk drivers, Testa creates a fantastic and at the same time terrible figure, a glass that drives, reminiscent of Magritte and with a clear visual impact. Still in the fields of painting, one of Testa's last creations belongs to the same year: the campaign for Unicef in 1991. Here neither the surrealist composition nor the informal style dominate, but rather the already seen Matisse ancestry of Armando's sign. The figure of the child, who seems almost cut out in blue, holds out his hands towards us and these are portrayed in negative, in white. The theme of the child brings to mind the iconic children used by Testa for some major advertising campaigns, such as Olio Sasso from 1964 or Plasmon from the previous year. As in other famous creations, and as already seen in the 1960s with photography, the eye is often hidden or partially covered, thus becoming the focal part of the composition thanks to its being deleted.[9] Denying an obvious detail from view is a stratagem that Testa uses in different contexts, such as in the advertisements for *TV Sorrisi e Canzoni* magazine, created together with his wife Gemma De Angelis in 1974, or for Sanpellegrino, 1979. The same blue and the same figures, with the use of negative and positive silk-screen techniques, also belong to *Studio per rifugio del cane randagio* [Study for a stray dog shelter], relating to an awareness campaign also from 1991.
Even in his works of social and cultural commitment, certainly less known than his activity as an advertiser, Armando Testa demonstrates his inexhaustible and brilliant research in the fields of art history: from the historical avant-gardes and Futurism to Mario Sironi, from Alberto Martini to German Expressionism, from Dada photomontage to Abstract art, from Surrealism to International Informal art, whatever the theme Armando Testa focuses on, he always tries to place himself *on the side of the beholder* with sincerity and coherence.

1 See Arturo Carlo Quintavalle, *L'"altra parte di Armando Testa",* in *Armando Testa. Il Segno e la pubblicità*, exhibition catalogue with texts by Omar Calabrese, Gillo Dorfles, Arturo Carlo Quintavalle, Turin, Mole Antonelliana, July-October 1985, Milan: Mazzotta, 1985, pp. 91-105, p. 94.
2 See Arturo Carlo Quintavalle, *La fotografia come struttura retorica,* in *Armando Testa. Una retrospettiva*, exhibition catalogue edited by Germano Celant, Gillo Dorfles with Gemma De Angelis Testa, Florence, Palazzo Strozzi, May 9 – July 11, 1993, Milan: Electa, 1993, pp. 23-27, p. 23.
3 Quintavalle, *L'"altra parte di Armando Testa",* cit., p. 102.
4 Dorfles, *Armando Testa: visualizzatore globale,* in *Armando Testa. Il Segno e la pubblicità*, cit., pp. 19-24.
5 Armando Testa, *Cultural posters,* in *Armando Testa, 40 Years of Italian Creative Design*, exhibition catalogue edited by Philip Tsiaras, New York, Parsons School of Design Exhibition Center, May 20 – June 30, 1987 (then Los Angeles, Otis Art Institute of Parsons School of Design, spring 1988), Turin: Allemandi Editore, 1987, n.p., table 52.
6 *Ivi*, p. 114.
7 See also Dorfles, *Armando Testa: visualizzatore globale*, cit.
8 The poster belongs to the publishing project for *Imago* art magazine; the title is *Commissariato di P.S.*, from 1962.
9 See Quintavalle, *La fotografia come struttura retorica*, cit., p. 24.

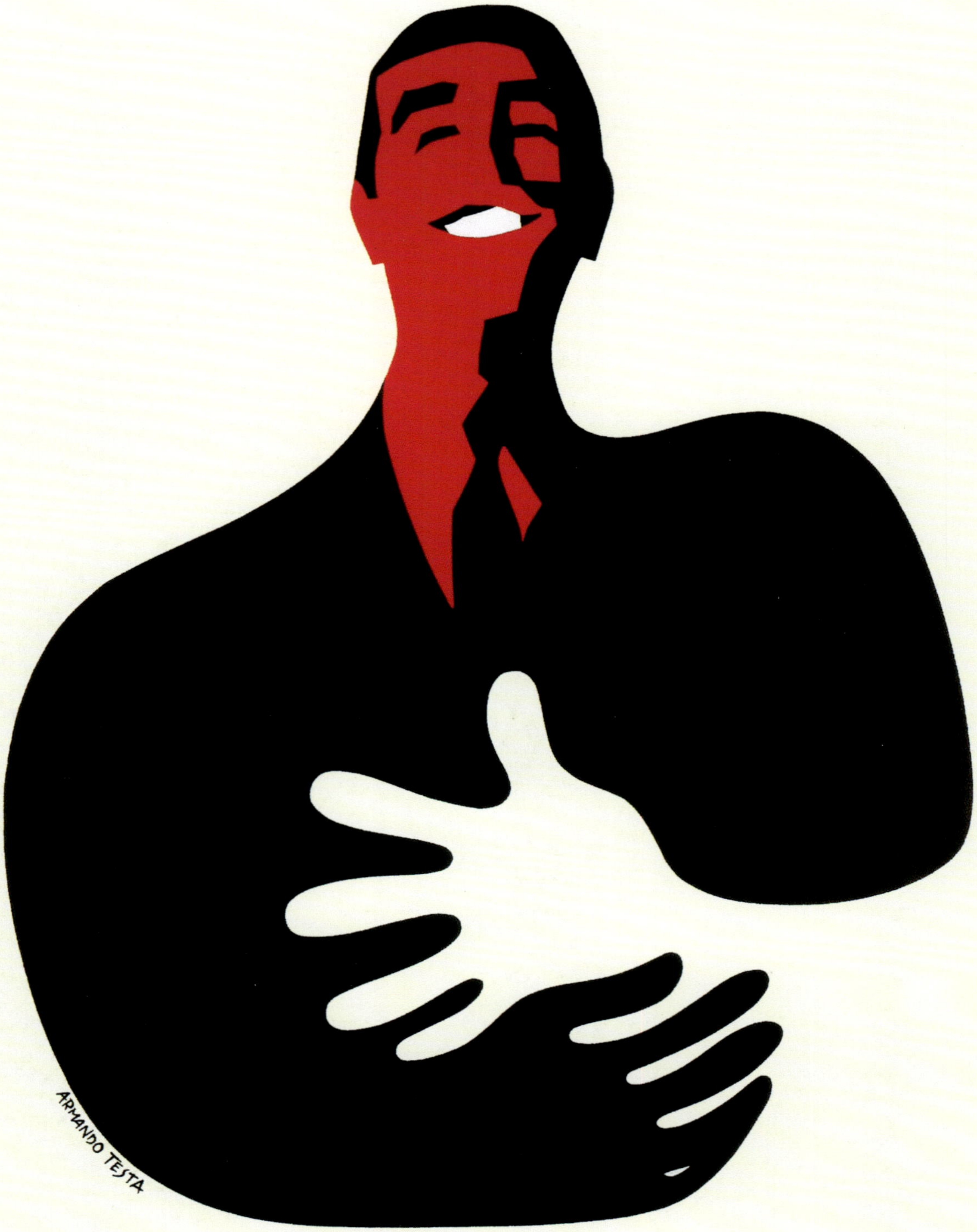
ARMANDO TESTA

opere — works

1.

Per me un cartellone non è una parola: è una dottrina, è tutto un modo di vedere e di sentire

Non so se succede anche a voi, a me succede sempre: ogni volta che mi volto sui miei ricordi creativi entro in gara con me stesso, vorrei sfidarmi a duello col vecchio Testa, battermi sullo stesso tema. Chissà come lo affronterei ora. La pittura fu il mio primo amore e lo rimase negli anni, ma la pubblicità finì per diventare il mio ambito. Vinsi il mio primo concorso nel 1937, avevo venti anni e il tema da svolgere era un cartellone per una casa di colori da stampa, la I.C.I. Allora muovevo i miei primi passi come cartellonista e come pittore astratto, e devo aggiungere che nella grafica italiana di allora l'astrattismo era quasi una novità, solo pochissimi pittori d'avanguardia dipingevano astratto, e devo a uno di questi, il pittore Ezio D'Errico, che insegnava disegno pubblicitario alla scuola tipografica torinese Vigliardi Paravia, l'entusiasmo e la passione per la nuova tendenza. Decisi perciò di risolvere astrattamente il cartello per evitare ogni dispersione o compiacimento decorativo. Mi imposi subito di studiare una forma semplice che raggiungesse il massimo di macchia e di impeto coloristico, e nel contempo tanto elementare da risultare una forma mnemonica. Questa composizione astratto-geometrica ancora oggi mi pare assai moderna.

Sono sempre stato curiosissimo, pronto ad esplorare le ultime tendenze e a proporre nuove idee. Nei lavori qui esposti mi ricordo di essermi divertito a spaziare sia sul piano tecnico che tematico: dalla carica dinamica degli animali rappresentati nelle campagne per Pirelli, Galbani, Esso ai manifesti fluorescenti per la Carpano e per Facis. Dovete sapere che a un certo punto sui muri delle città comparirono degli affissi stampati in serigrafia a colori fluorescenti: una novità assoluta per il pubblico italiano. La serigrafia con i suoi colori coprenti e vellutati a tinte piatte pressoché obbligate, è una tecnica di stampa che mi interessava molto. Si trattava in un primo momento di inserire il nome del prodotto in colore fluorescente in un manifesto stampato in litografia, cosa questa che mi seccava moltissimo perché il fluorescente oltre ad umiliare i colori normali ingrigisce i fondi bianchi. Pensai allora di disegnare il manifesto su fondo totalmente fluorescente, e stampare al centro l'illustrazione litografica, isolando i bianchi con dei colori scuri affinché non fossero umiliati dai colori dello sfondo. Il fluorescente aggredisce i nostri occhi, appunto per questo deve essere controllatissimo e ben bilanciato negli accordi per non arrecare fastidio. Ho sempre pensato che un manifesto è anzitutto un'idea, e che la tecnica può variare di volta in volta a seconda del soggetto. Mi ripeto sempre che non ho uno stile particolare, ma riconosco che ci sono alcune caratteristiche predominanti nella mia opera. Quando cominciai, tutti usavano i fondi colorati, io per la prima volta introdussi lo sfondo bianco, in modo tale che l'immagine spiccasse maggiormente. Provenivo dalla tipografia, e ho sempre cercato di rimanere fedele alla sobrietà coloristica, affidando la bellezza della narrazione all'essenzialità del segno. È quasi in bianco e nero il cartello realizzato per Borsalino: un segno ispirato alla pennellata di Seurat, si tratta di un'immagine che potrebbe essere stata creata ieri, oggi o nel prossimo 2000.

A billboard is not just a word to me: it is a doctrine, it is a whole way of seeing and feeling

I don't know if it happens to you too, as it has always happened to me: whenever I look back at my creative memories, I start competing with myself, I would like to challenge myself to a duel with old Testa, so as to fight on the same topic. Who knows how I would deal with it now... Painting was my first love and remained so over the years, but advertising ended up becoming my sphere. I won my first contest in 1937. I was twenty years old and the theme was a poster for a manufacturer of colours for print, I.C.I. At that time, I was taking my first steps as an artist of posters and as an abstract painter. I must add that, at the time, abstract art was almost a novelty in Italian graphics, only very few avant-garde painters painted abstract, and I owe the enthusiasm and passion for this new trend to one of these, painter Ezio D 'Errico, who taught advertising design at Vigliardi Paravia typographic school in Turin. I therefore decided to resolve the sign abstractly to avoid any dispersion or decorative complacency. I immediately set myself the task of studying a simple form that would achieve the highest colour intensity and impetus, and at the same time be so elementary as to be a mnemonic form. This abstract-geometric composition still seems very modern to me today.

I have always been extremely curious, ready to explore the latest trends and propose new ideas. In the works exhibited here I remember having fun ranging both on a technical and thematic level: from the dynamic charge of the animals represented in the campaigns for Pirelli, Galbani, Esso to the fluorescent posters for Carpano and Facis. You should know that, at a certain point, posters printed in fluorescent colour silk-screen printing appeared on city walls: an absolute novelty for the Italian public. Screen printing, with its opaque and velvety colours and almost obligatory flat colours, is a printing technique that interested me a lot. At first it was a question of inserting the name of the product in fluorescent colour in a poster printed in lithography, which annoyed me a lot because the fluorescent, in addition to humiliating the normal colours, turns the white backgrounds grey. I then thought of designing the poster on a totally fluorescent background, and printing the lithographic illustration in the centre, isolating the whites with dark colours so that they would not be humiliated by the colours of the background. Fluorescent lights attack our eyes, which is why it must be very controlled and well balanced in the arrangements so as not to cause discomfort. I have always thought that a poster is first and foremost an idea, and that the technique can vary from time to time depending on the subject. I always tell myself that I don't have a particular style, but I recognize that there are some predominant features in my work. When I started, everyone used colored backgrounds. I introduced the white background for the first time, so that the image stood out more. I came from typography, and I have always tried to remain faithful to colour sobriety, entrusting the beauty of the narrative to the essentiality of the sign. The sign created for Borsalino is almost black and white: a sign inspired by Seurat's brushstroke, an image that could have been created yesterday, today or in the future, in the year 2000.

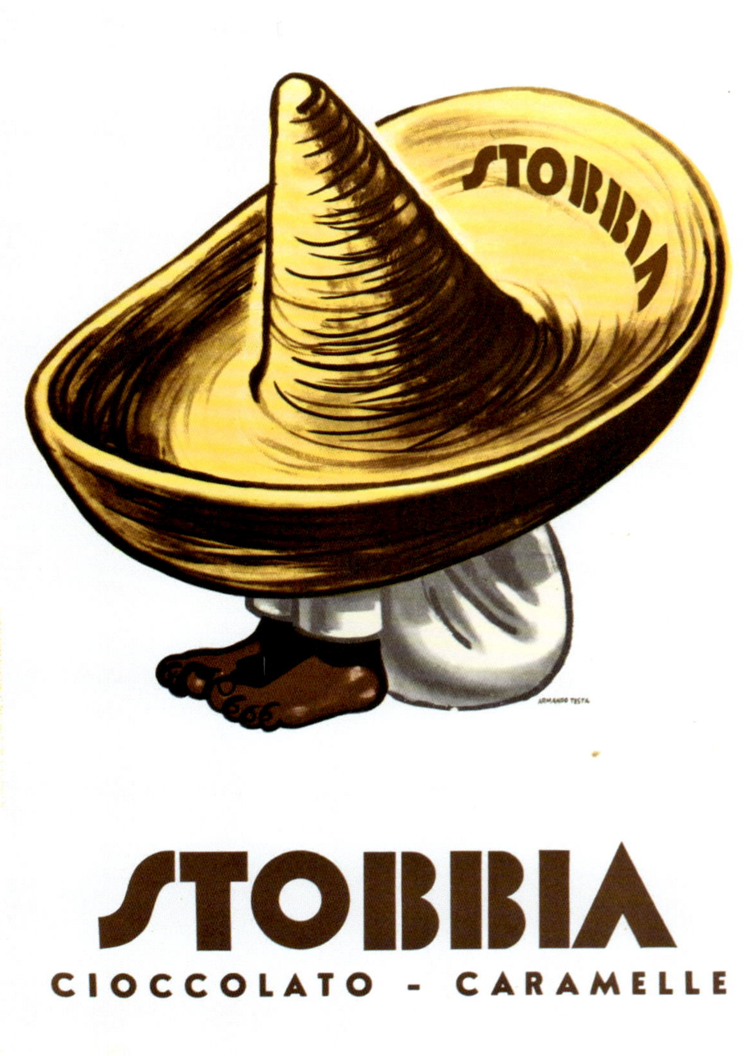

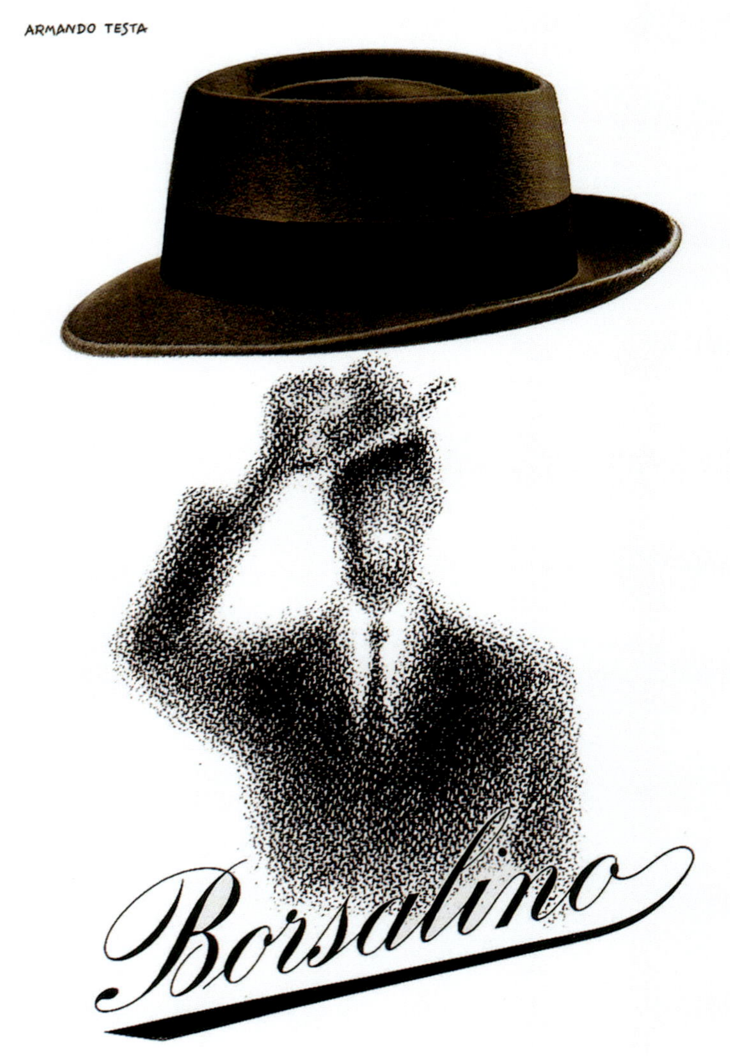

STOBBIA
1955

BORSALINO
1954

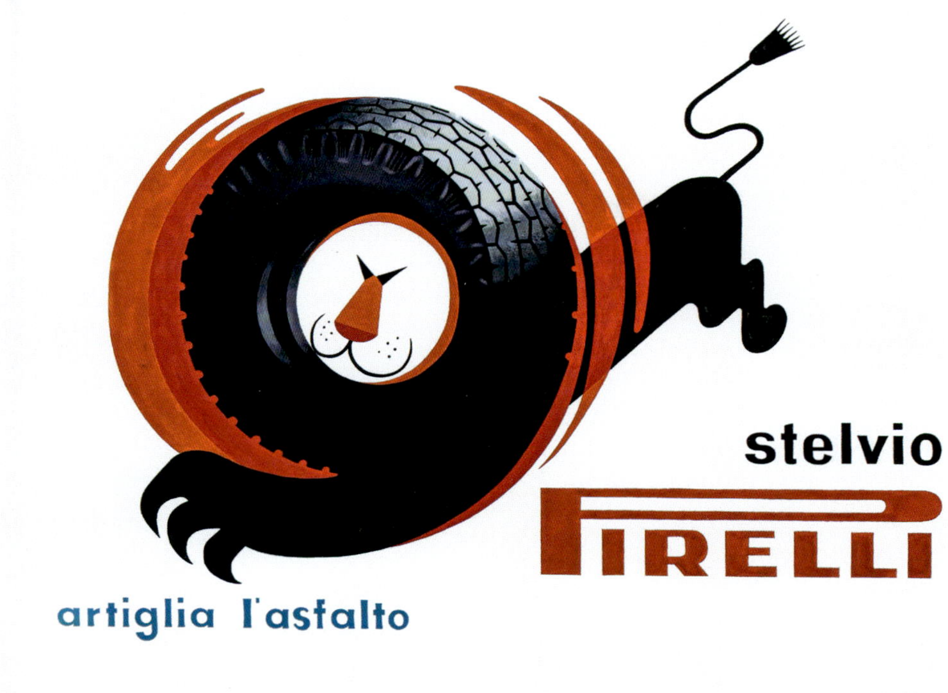

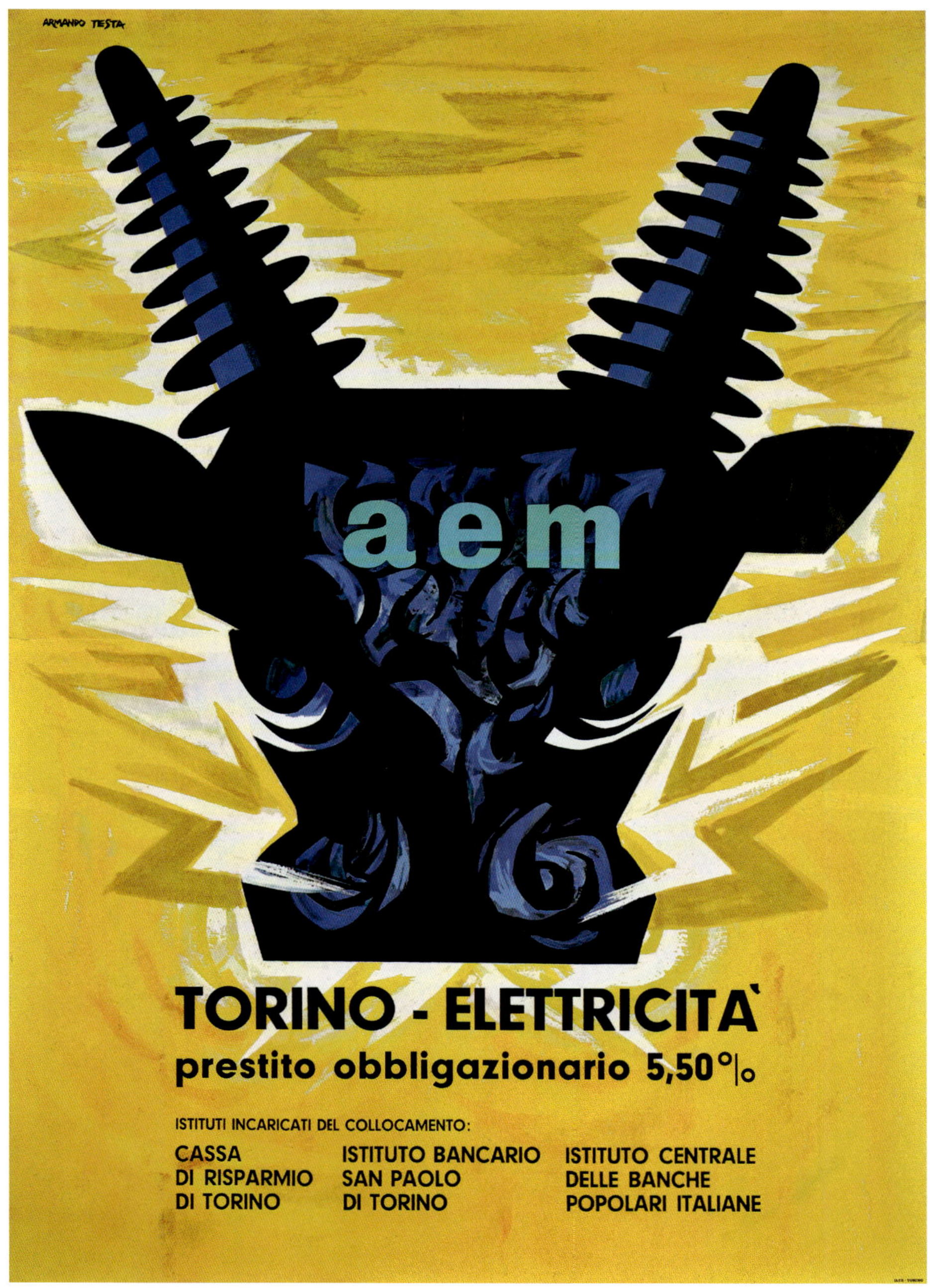

LEONE PIRELLI
1954

AEM
1942

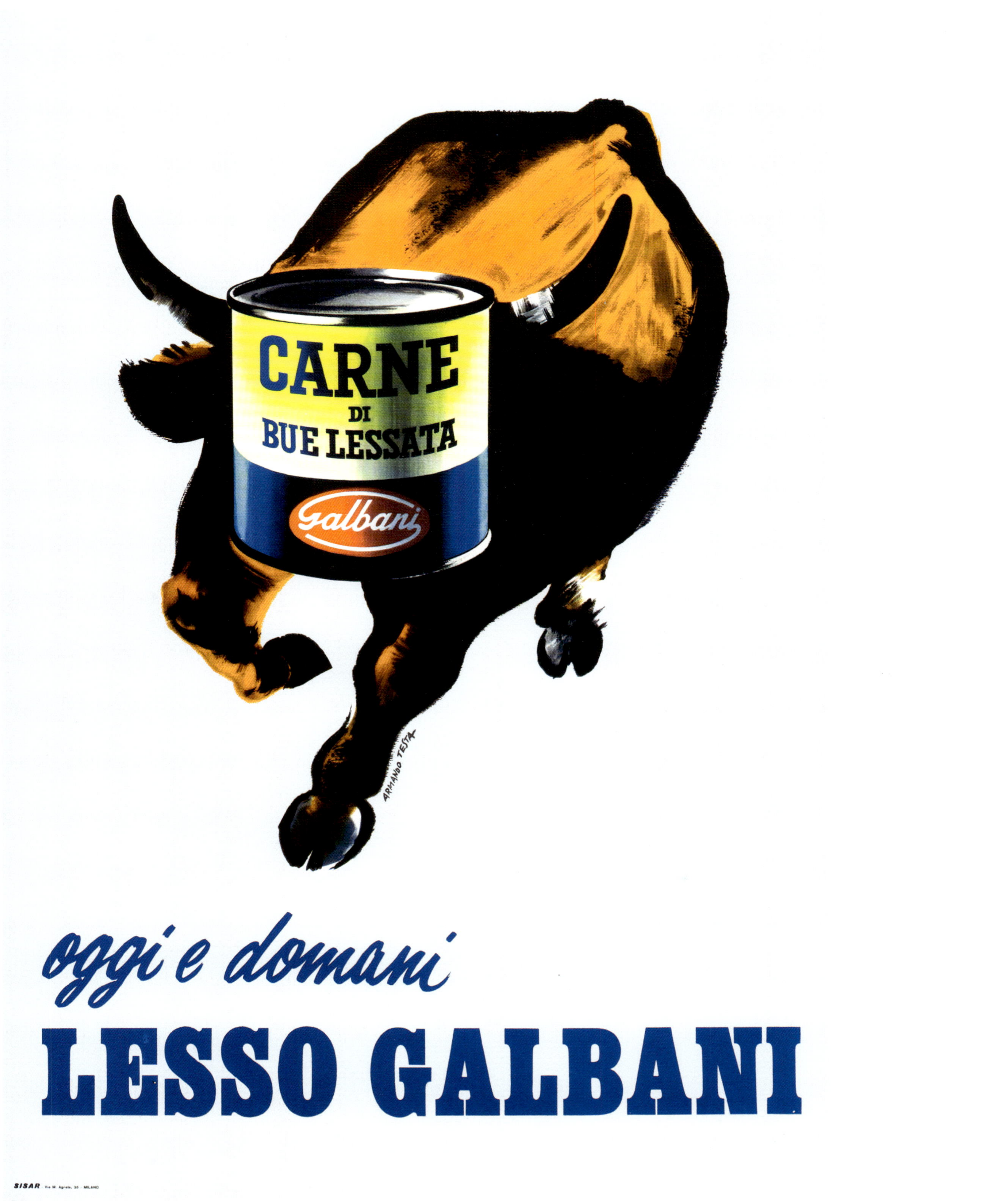
CARNE
DI
BUE LESSATA
Galbani
ARMANDO TESTA
oggi e domani
LESSO GALBANI
SISAR - Via M. Agrate, 35 - MILANO

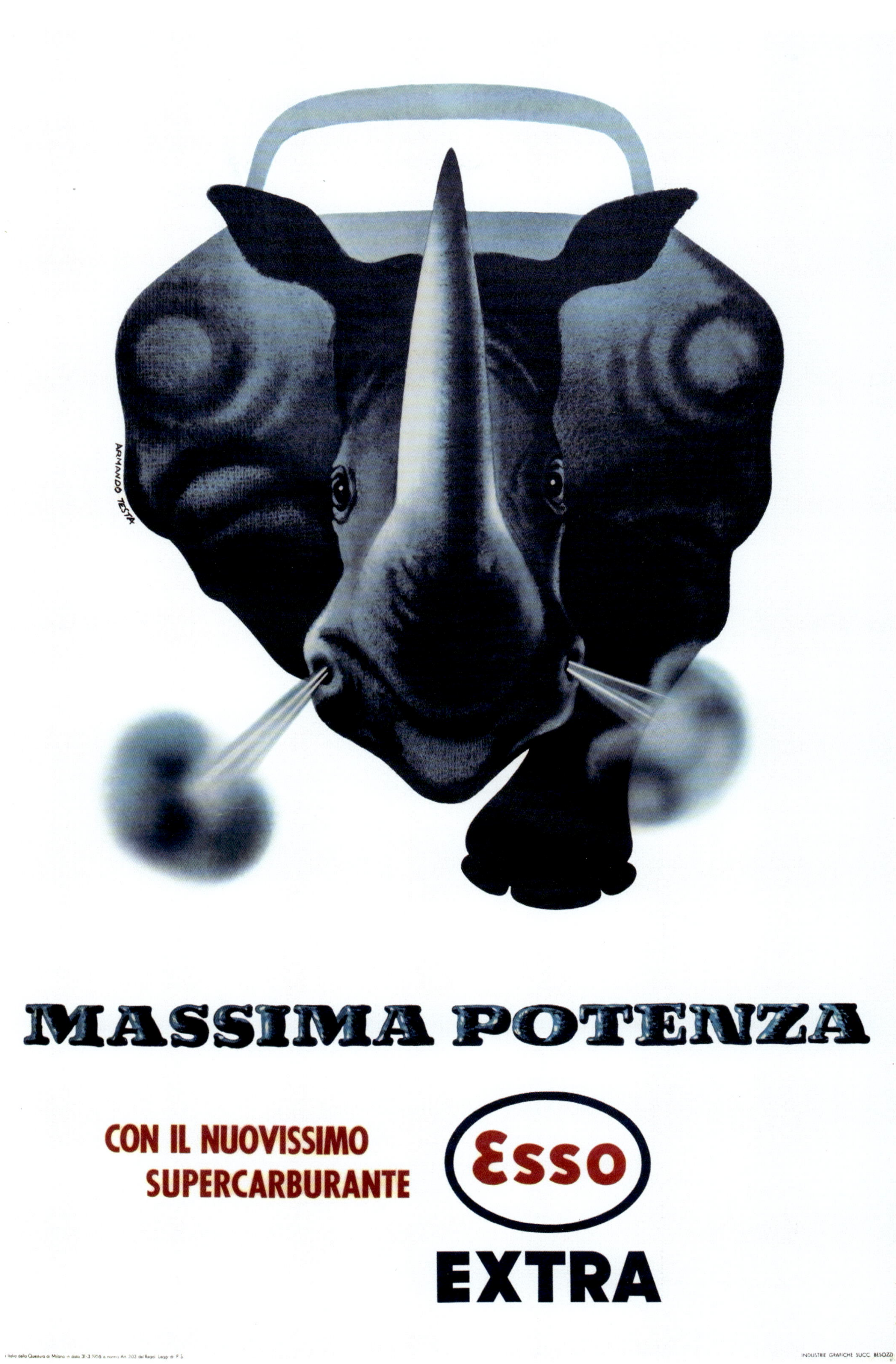

LESSO GALBANI
1956

RINOCERONTE ESSO
1956

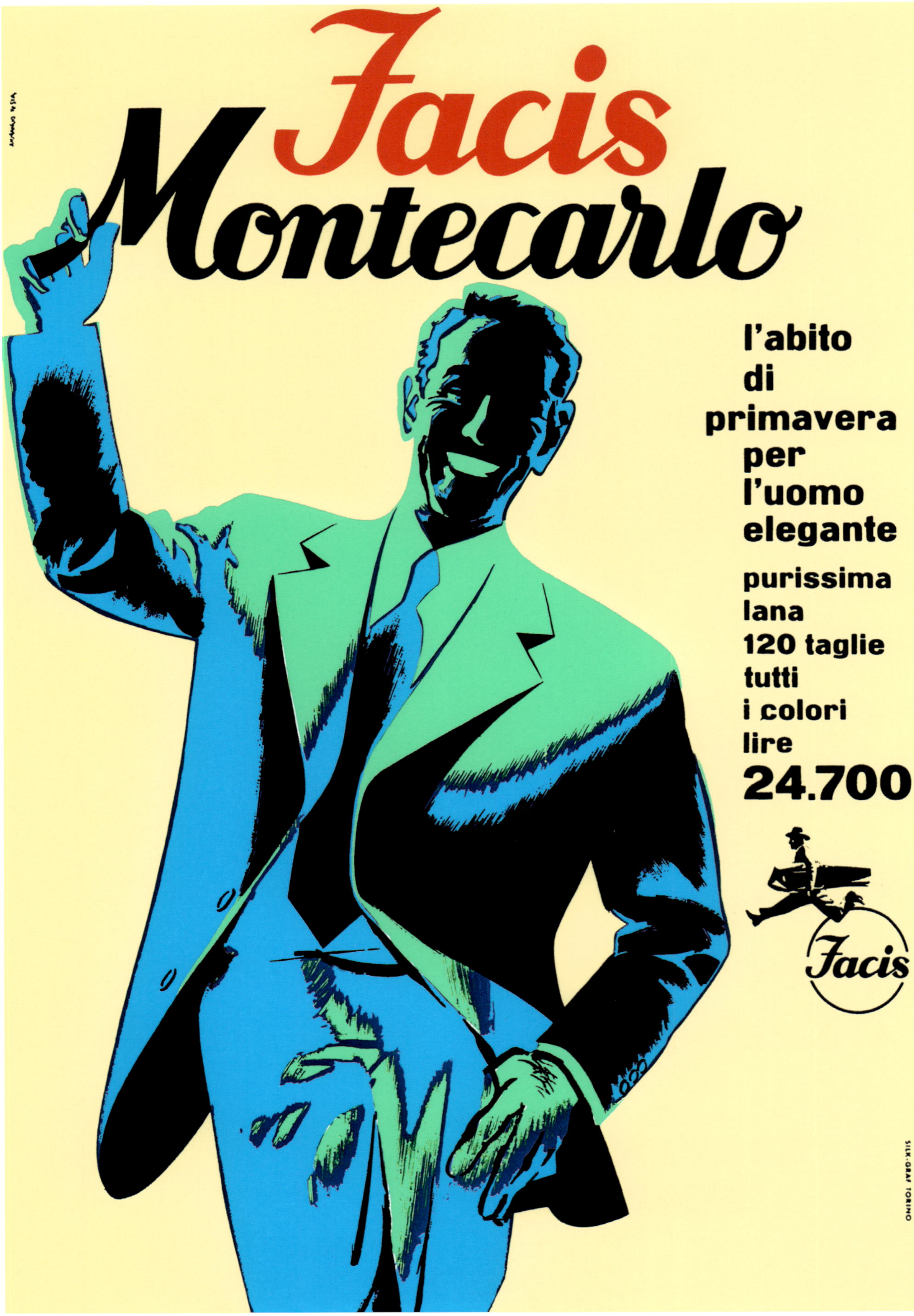

FACIS MONTECARLO
1955

FACIS BERNINA MISURINA
1956

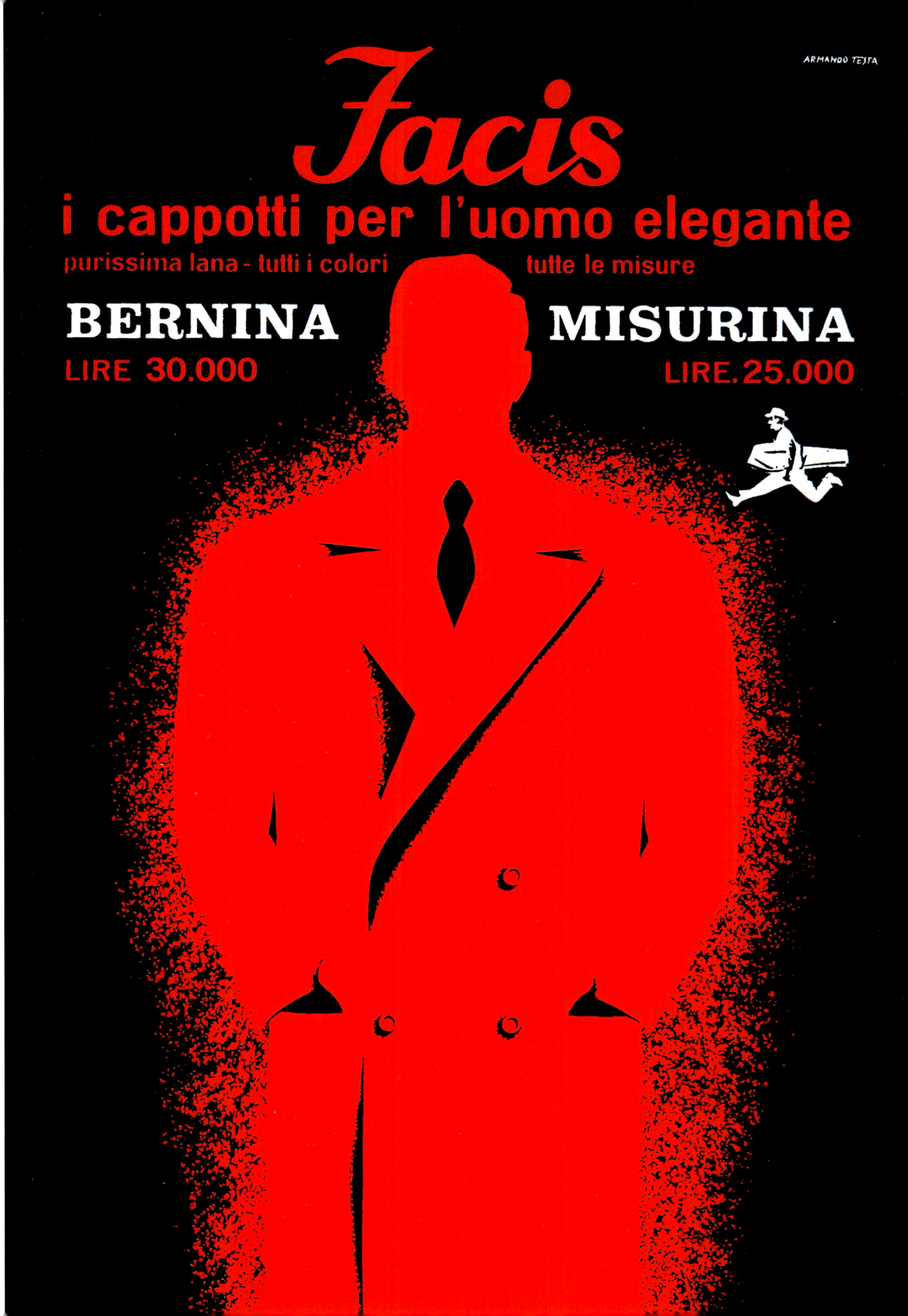
ARMANDO TESTA
Facis
i cappotti per l'uomo elegante
purissima lana - tutti i colori
tutte le misure
BERNINA
LIRE 30.000
MISURINA
LIRE. 25.000

**Quando si parla di immagine,
inevitabilmente si finisce
per parlare di realtà e fantasia,
di vero ed interpretazione sognata**

**By talking about image,
we inevitably end up talking about
reality and fantasy, about truth
and dreamed interpretation**

RE CARPANO - CAVOUR
1951

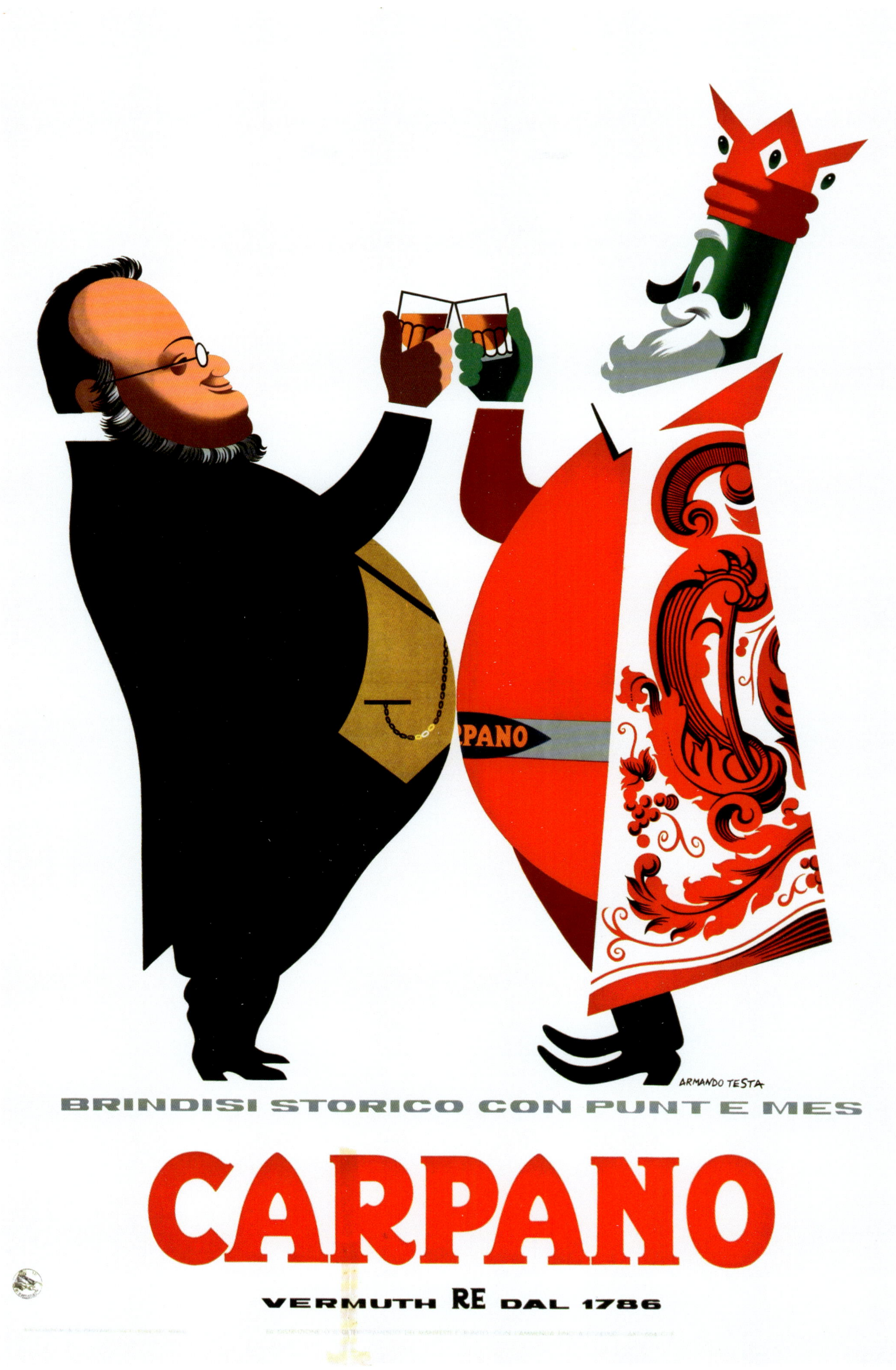

RPANO
ARMANDO TESTA
BRINDISI STORICO CON PUNT E MES
CARPANO
VERMUTH RE DAL 1786

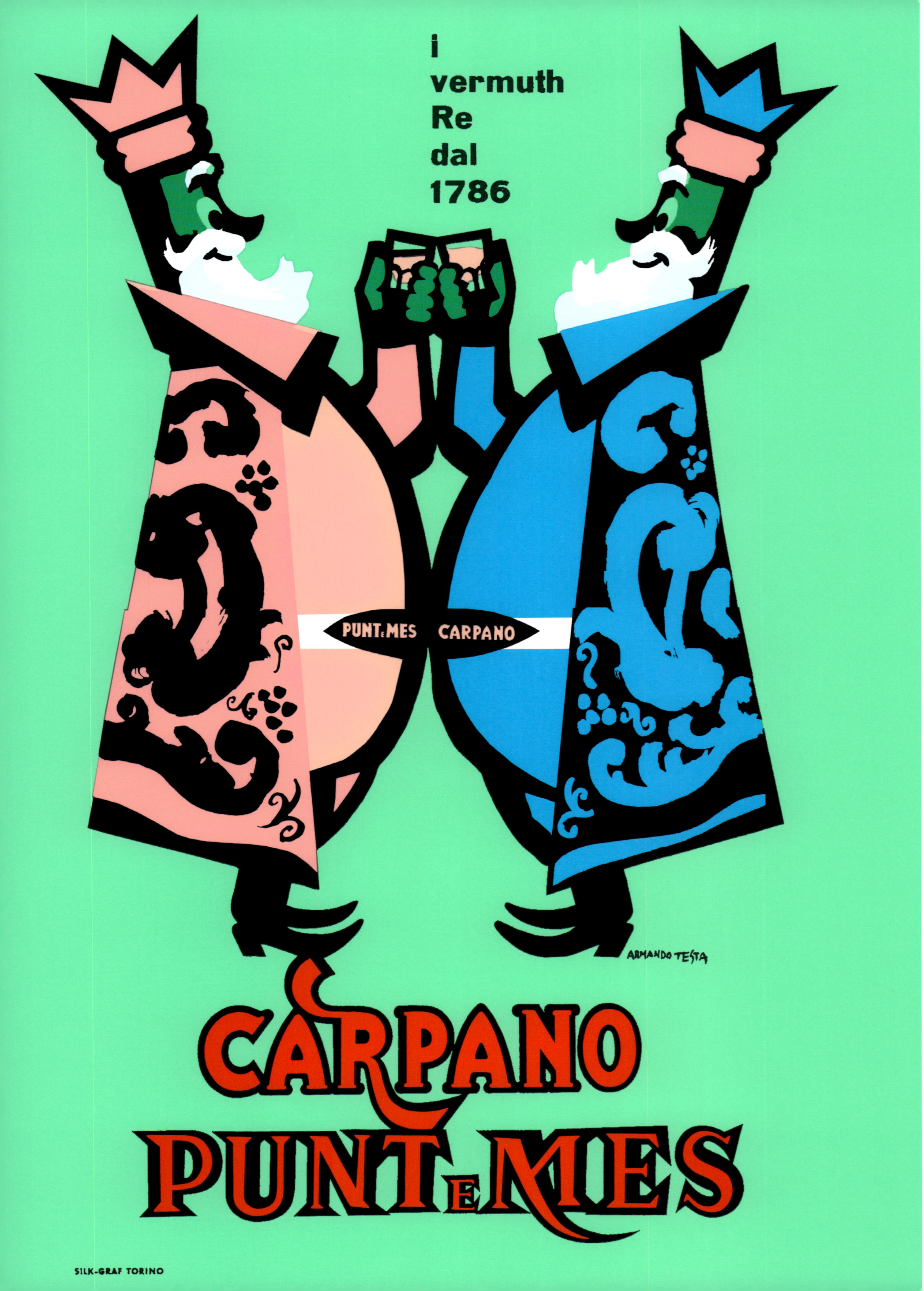
i
vermuth
Re
dal
1786
PUNT E MES
CARPANO
ARMANDO TESTA
CARPANO
PUNT E MES
SILK-GRAF TORINO

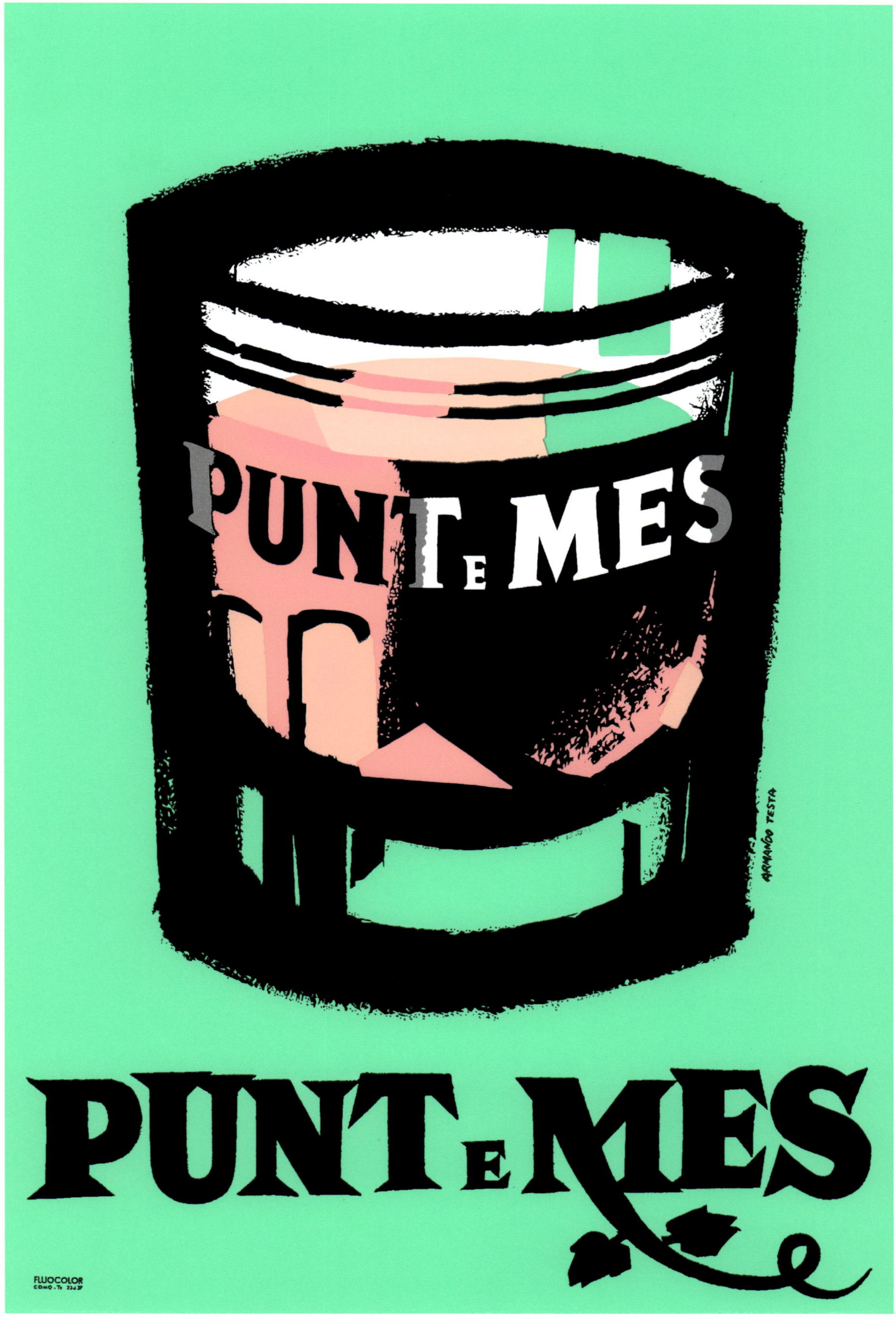

DUE RE CARPANO
1949

GOTTO
1952

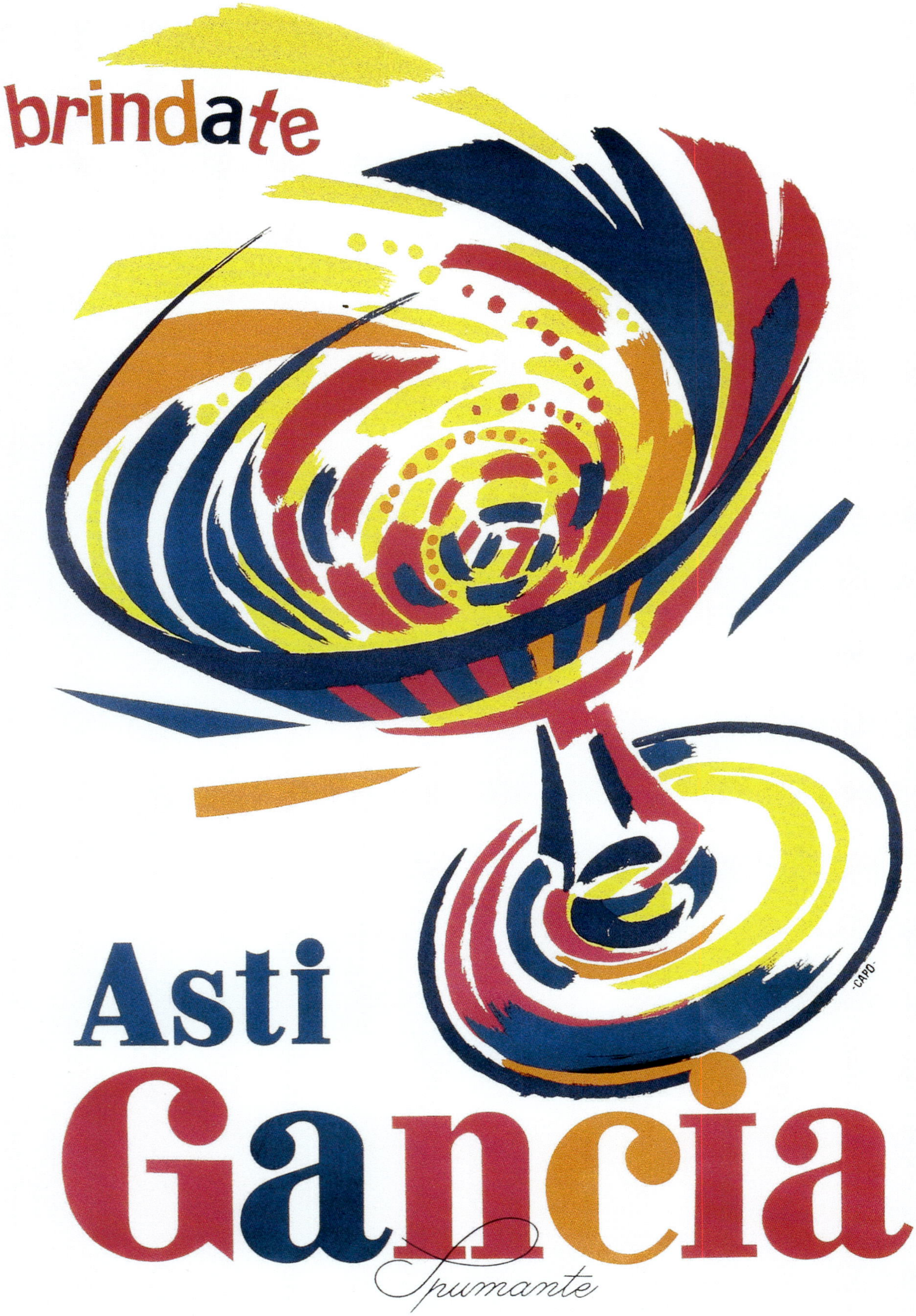

ASTI GANCIA
1949/1950

RICCADONNA
1948

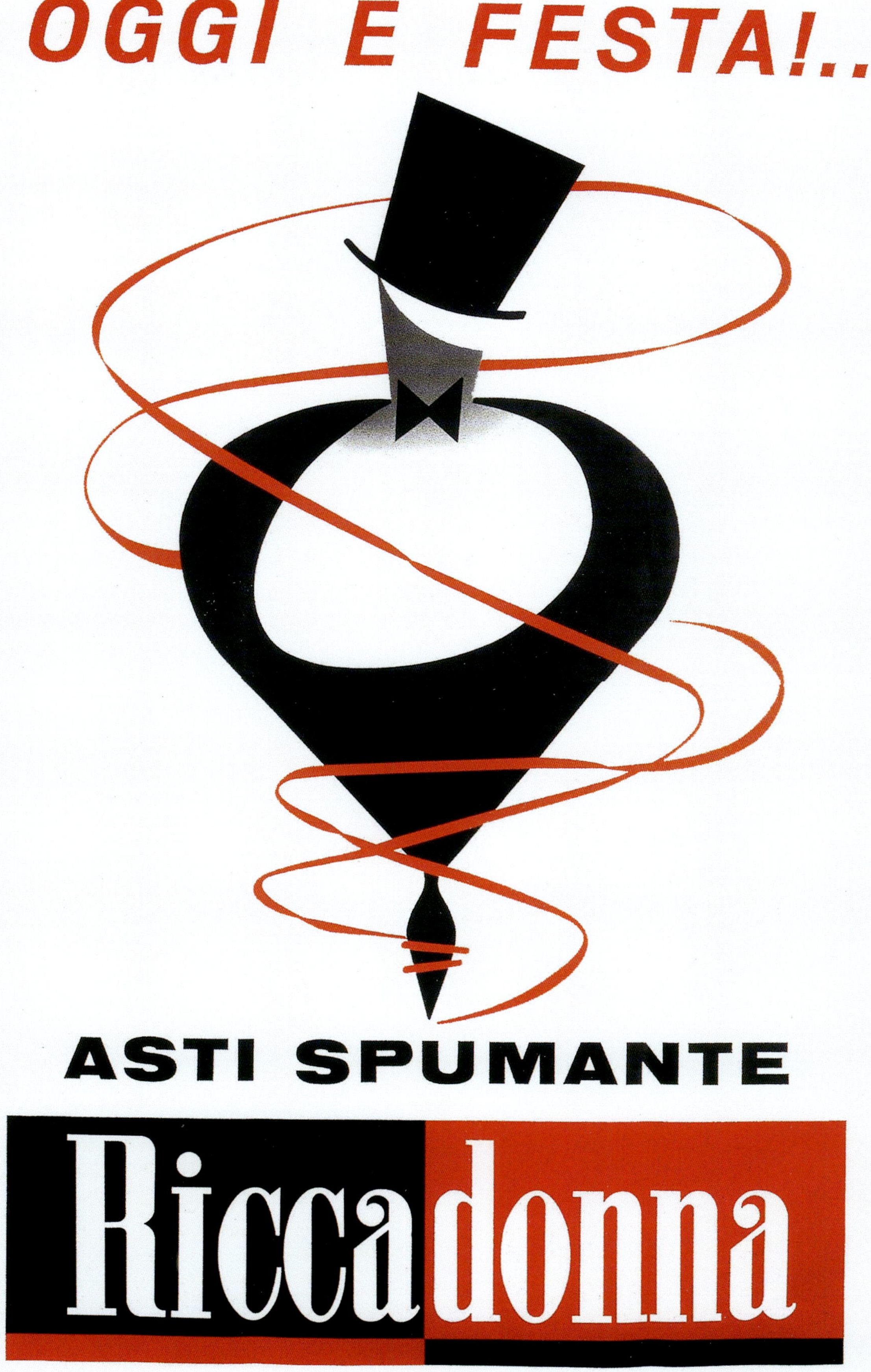
OGGI È FESTA!..
ASTI SPUMANTE
Riccadonna

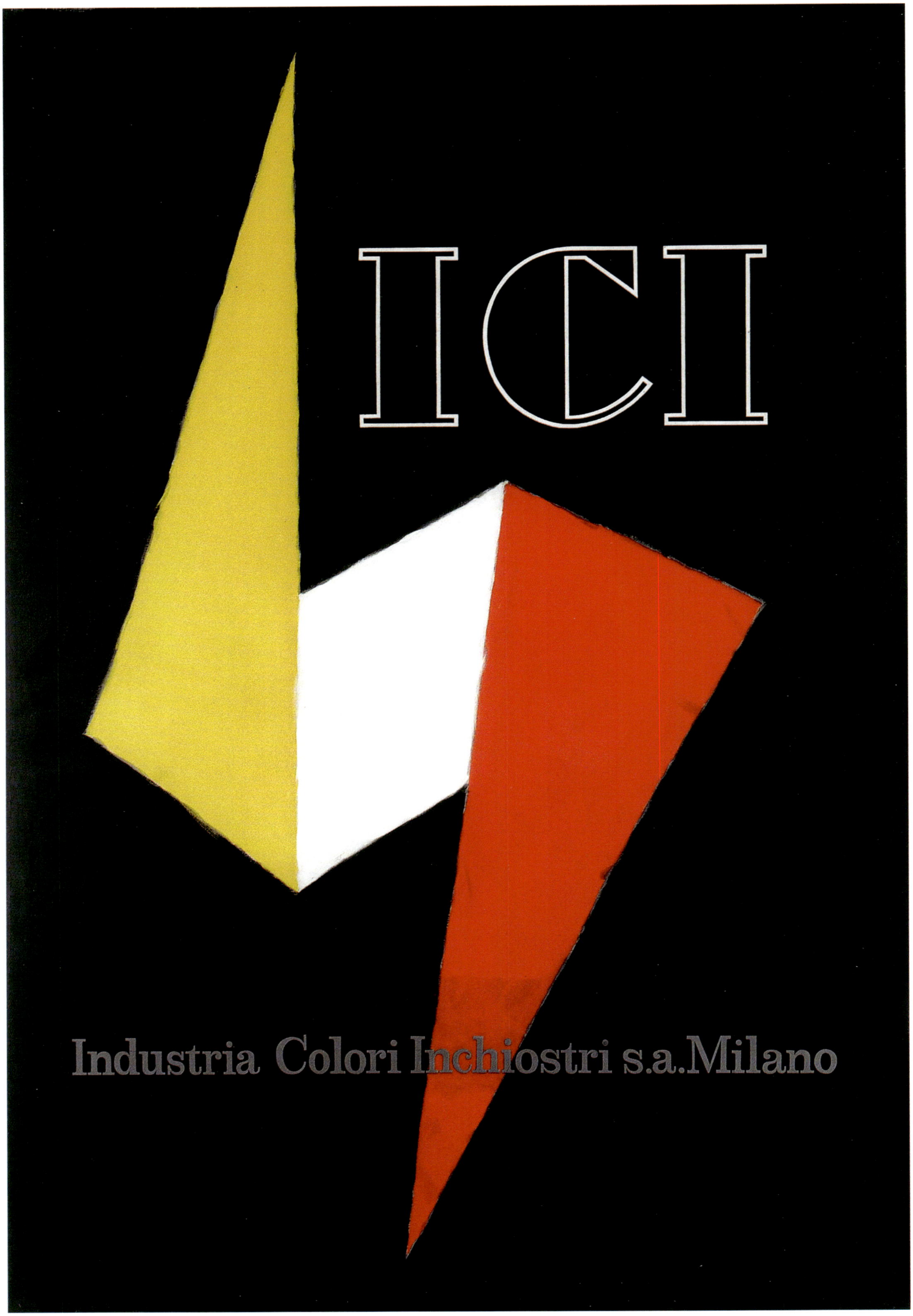

ICI
1937

MARTINI
1946

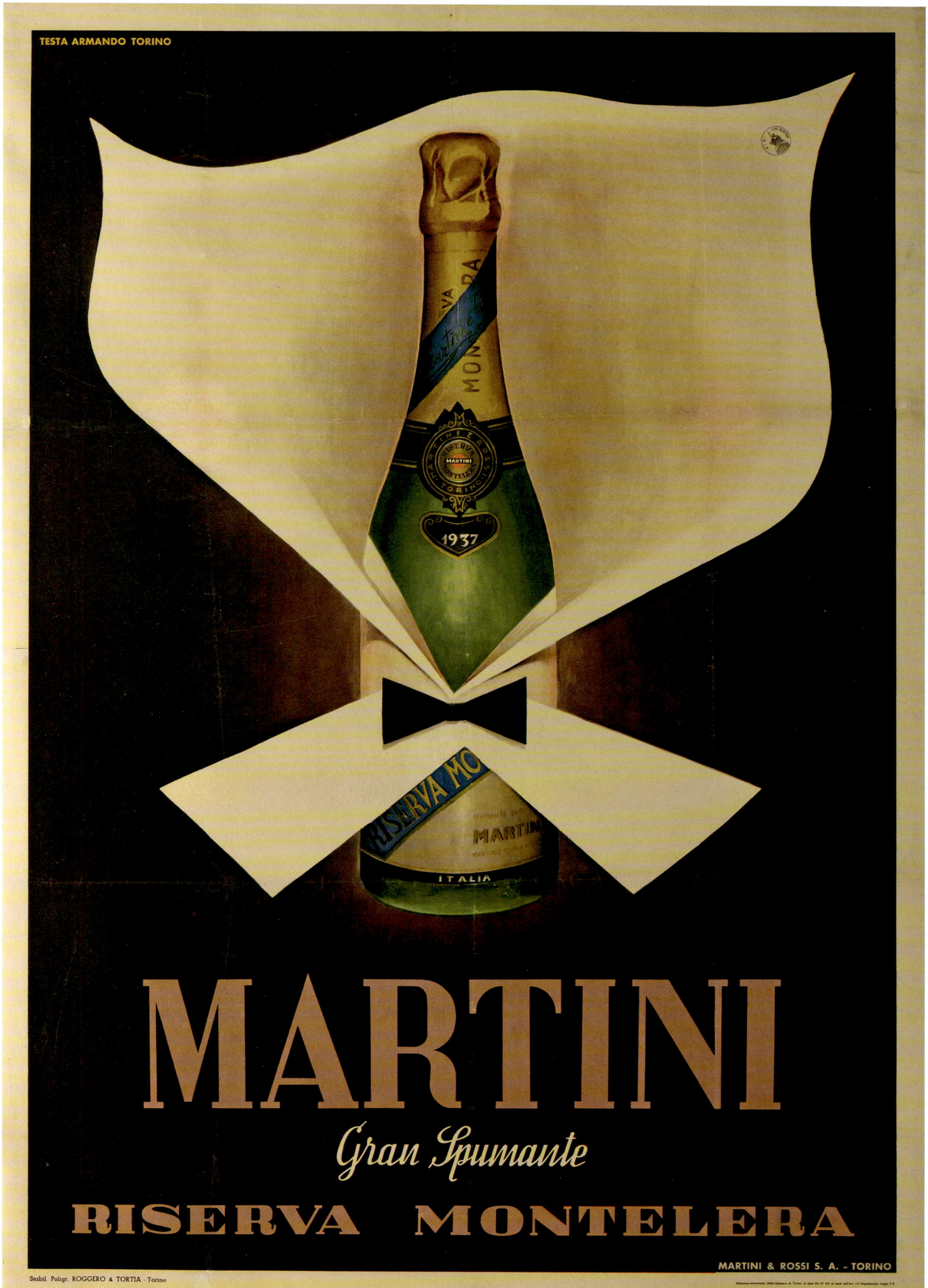
TESTA ARMANDO TORINO
1937
RISERVA MO
MARTINI
ITALIA
MARTINI
Gran Spumante
RISERVA MONTELERA
MARTINI & ROSSI S. A. - TORINO
Stabil. Poligr. ROGGERO & TORTIA - Torino

2.

Non ho mai voluto avere uno stile

Nel 1960 in piena esaltazione internazionale di grafismo astratto, nasce *Café Paulista* della Lavazza, il più tipico e famoso esempio di campagna pubblicitaria completa. Partendo da un fregio rosso, giallo e nero, nato osservando scialli e tappeti sudamericani, creai un mondo dal sapore folcloristico, vagamente brasiliano, che anni dopo gli stessi brasiliani riconobbero come loro. Dal fregio nacque la confezione, furono caratterizzate tazzine e ombrelloni, si diede vita ad un vero e proprio personaggio: il *Paulista*, concepito per vivere e muoversi nel cinema, con il suo cappello, i baffi, l'ampio sorriso e la parlata spagnoleggiante *Amigos che profumo*. Con il passaggio in televisione e l'uso del bianco e nero nacque il *Caballero misterioso* a cui poi gli affiancai la bella *Carmencita*.
Vi confesso che io non ho mai voluto avere un segno subito riconoscibile, ho affrontato il manifesto usando indifferentemente il pennello, la fotografia o il carattere tipografico; ma la sintesi, l'uso dei fondi bianchi e di colori primari, la centralità dell'immagine hanno finito per diventare il mio stile. Ad esempio, per il digestivo *Antonetto*, ho realizzato un marchio sintetico che gioca sul contrasto tra positivo e negativo; per la birra *Peroni*, così come per *Stilla*, *Beatrix* e *Sanpellegrino* ho giocato sulla centralità dell'immagine nascondendo però in ogni manifesto una parte del corpo, giocando sul mistero e stimolando così l'immaginazione del pubblico. Addirittura per *Beatrix*, nota marca di costumi da bagno, i consumatori strapparono il manifesto lì dove il corpo della modella veniva coperto. Meno divertente invece fu la storia legata al manifesto Stilla: volevo raggiungere un maggior effetto verità, e decisi di non usare trucchi e di immergere veramente la modella nell'acqua. Organizzammo quindi un set all'interno dell'agenzia, ma con esiti disastrosi: l'appartamento di sotto si allagò varie volte, e la modella rischiò di affogare. Decisi di tornare alle foto truccate: mare da una parte, donna dall'altra. In un pomeriggio il manifesto Stilla fu pronto.

I never wanted to have a style

Lavazza's *Café Paulista* – the most typical and famous example of a complete advertising campaign – was born in 1960, in the midst of the international exaltation of abstract graphics. Starting from a red, yellow and black frieze, designed by observing South American shawls and carpets, I created a world with a folkloric, vaguely Brazilian flavor, which years later the Brazilians themselves recognized as theirs. The frieze gave life to the packaging, then to cups and umbrellas, and finally to a real character: the *Paulista*, conceived to live and move in the cinema, with his hat, moustache, broad smile and Spanish speaking when he said *Amigos che profumo*. The transition to television and the use of black and white brought about the *Caballero misterioso*. I then paired him with the beautiful *Carmencita*.

I have to confess that I never wanted to have an immediately recognizable sign, I approached the poster using brush, photography or typographic character indifferently; but synthesis, the use of white backgrounds and primary colours, the centrality of the image ended up becoming my style. For example, for the *Antonetto* digestive, I created a synthetic brand that plays on the contrast between positive and negative; for *Peroni* beer, as well as for *Stilla*, *Beatrix* and *Sanpellegrino* I played on the centrality of the image, however hiding a part of the body in each poster, playing on the mystery and thus stimulating the public's imagination. Imagine that for *Beatrix*, a well-known swimwear brand, consumers tore up the poster where the model's body was covered! However, the story linked to Stilla poster was less funny: I wanted to achieve a greater truth effect, and I decided not to use tricks and to actually immerse the model in the water. We therefore organized a set inside the agency, but with disastrous results: the apartment downstairs flooded several times, and the model risked drowning. So I decided to go back to the doctored photos: sea on one side, woman on the other, and in just one afternoon the Stilla poster was ready.

DIGESTIVO ANTONETTO
1960

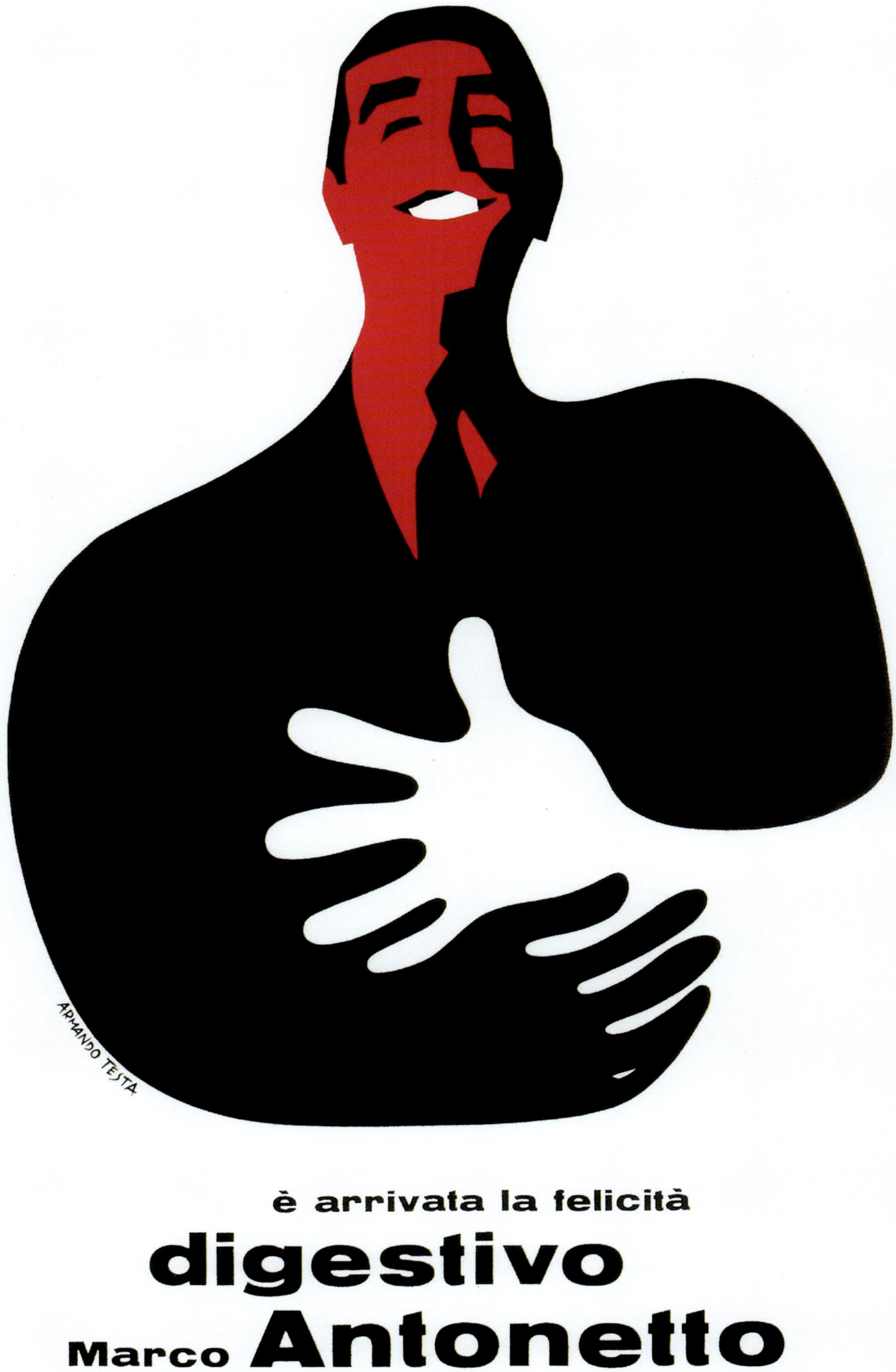
ARMANDO TESTA
è arrivata la felicità
digestivo
Marco Antonetto

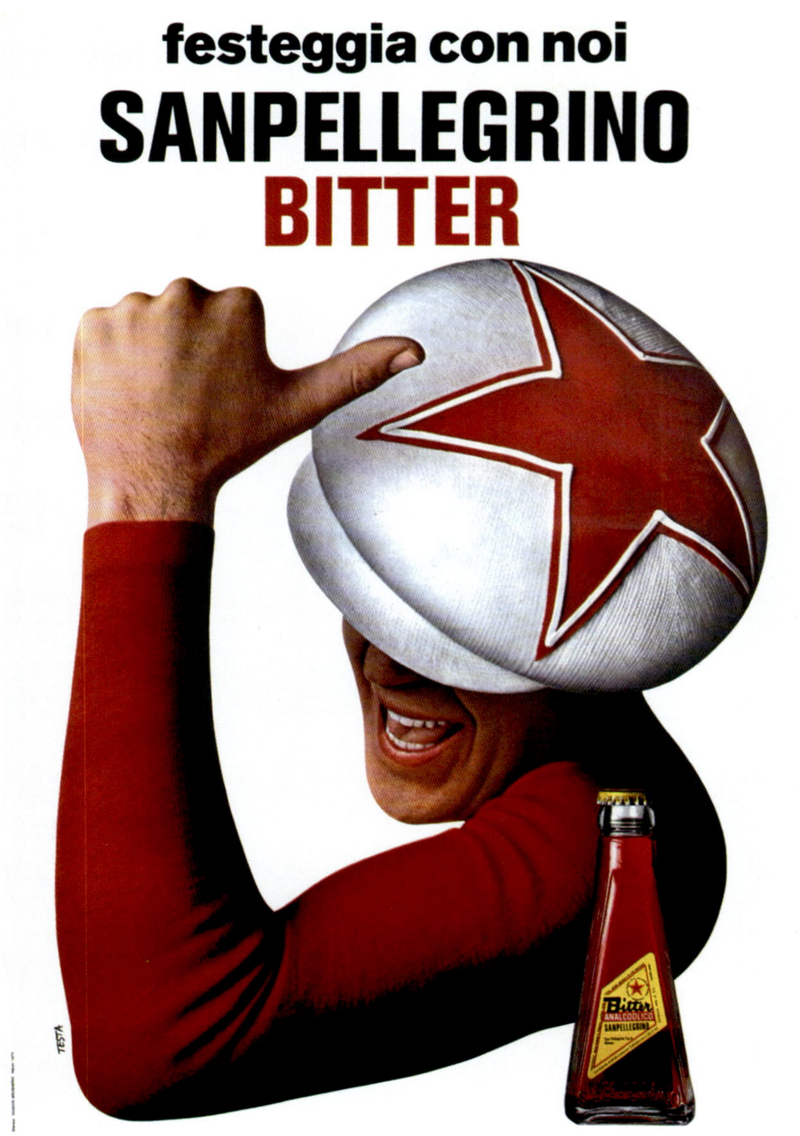

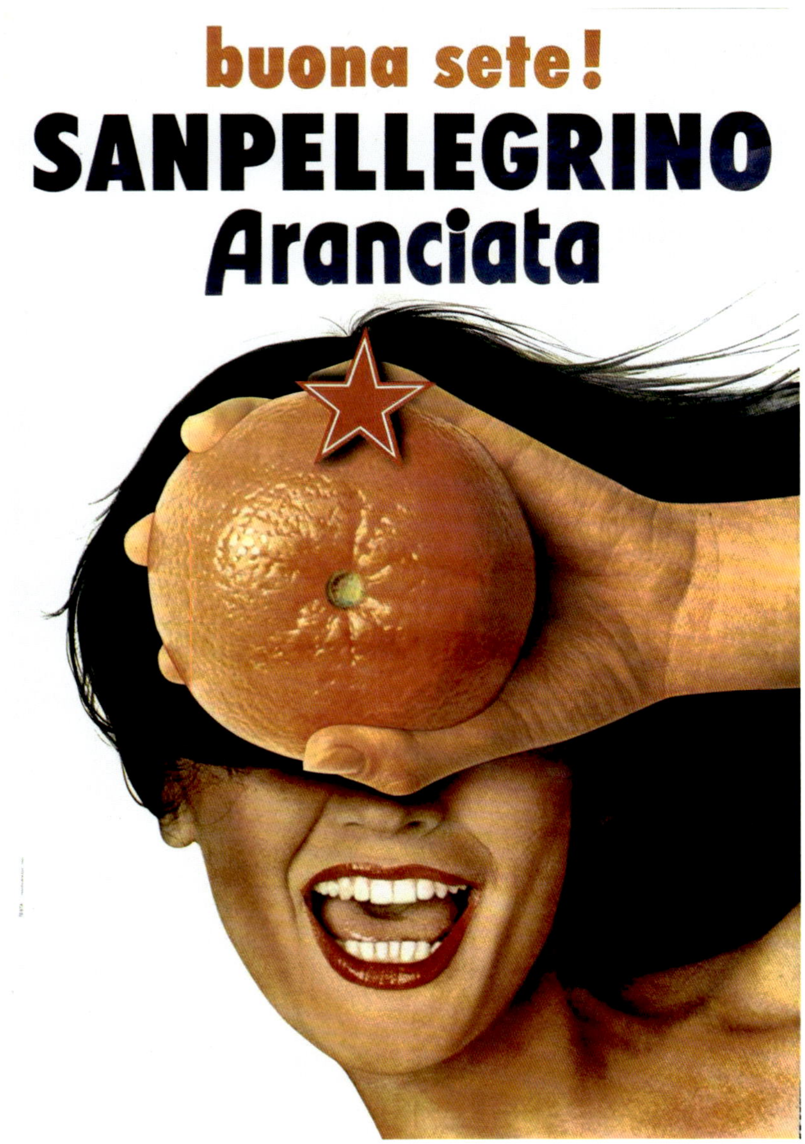

SANPELLEGRINO BITTER
1977

SANPELLEGRINO ARANCIATA
1979

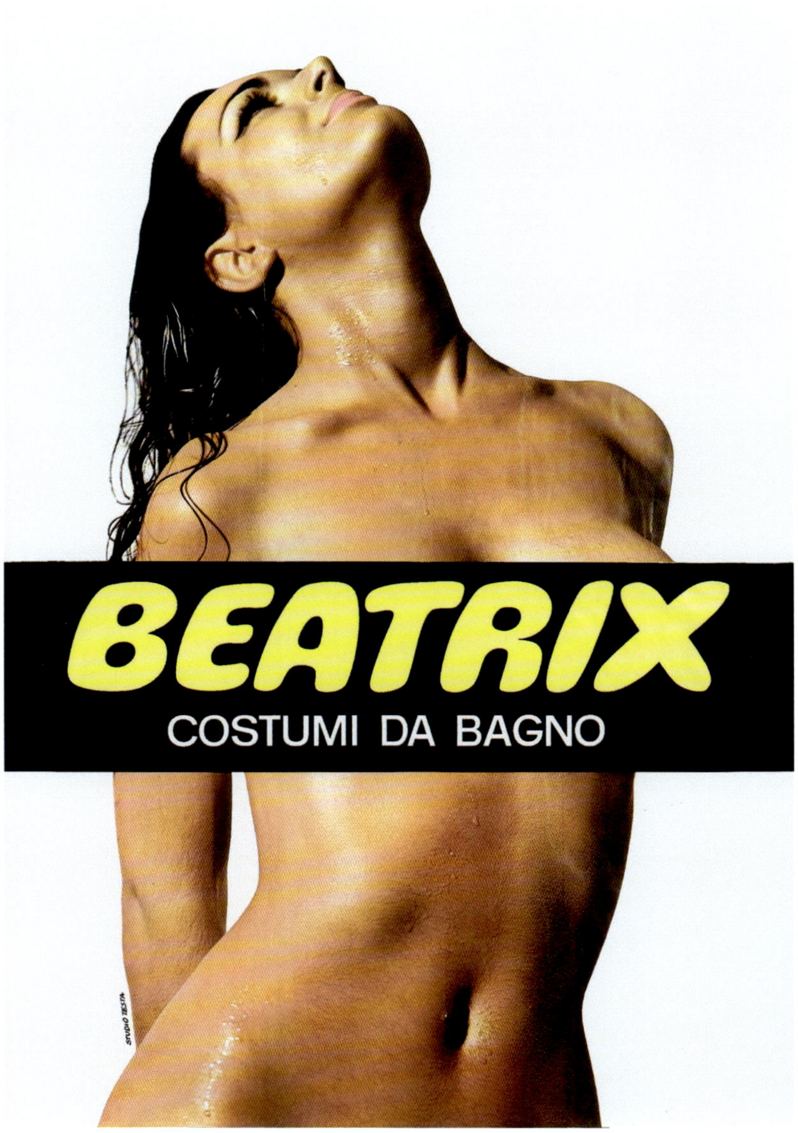

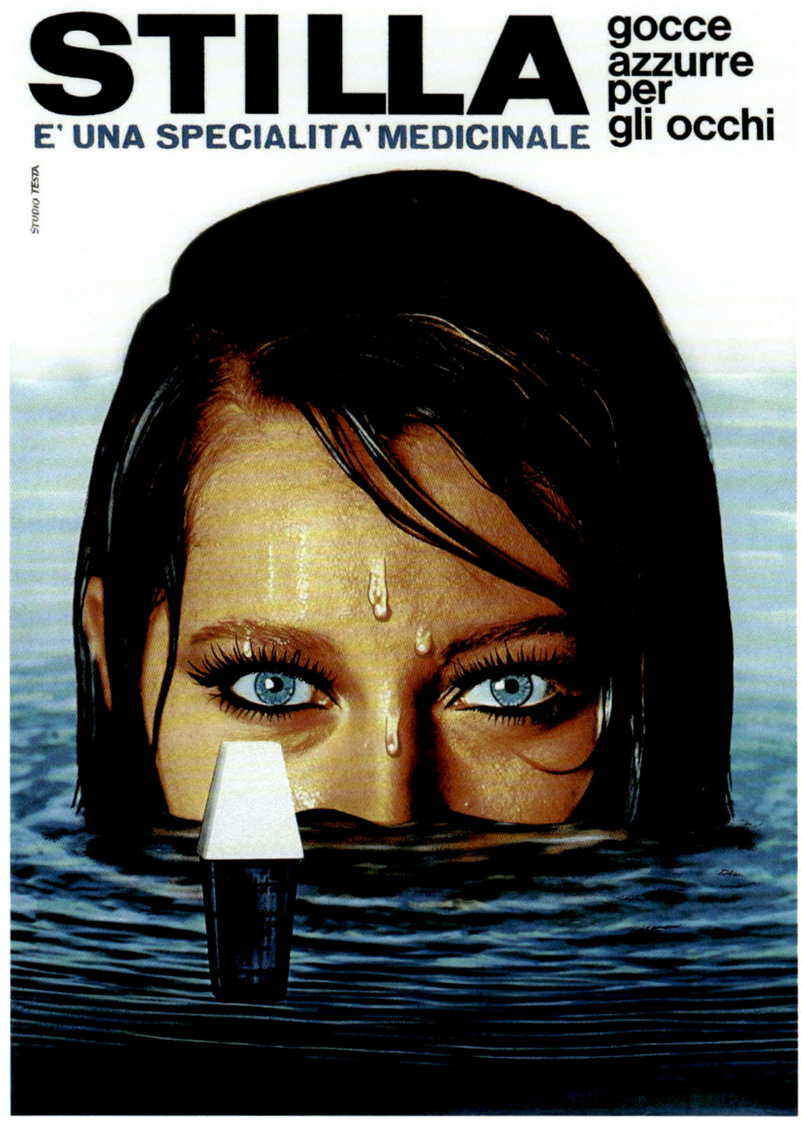

BEATRIX
1965

STILLA
1966

La pubblicità non permette di invecchiare, può essere un tormento, ma anche un inevitabile aiuto. Trovarsi tutte le mattine a studiare accanto ai propri collaboratori più giovani, competere con essi, non dà il tempo ad un uomo di montarsi la testa, di sentirsi arrivato. L'arte moderna non aiuta perché pone in discussione tutto ciò che si faceva prima. È molto bello perché non consente di addormentarsi

Advertising doesn't allow you to grow old, it can be a torment, but also an inevitable help. Finding yourself studying every morning next to your younger collaborators, competing with them, doesn't give a man time to get a swollen head, to feel like he's arrived. Modern art doesn't help because it calls into question everything that was done before. It's wonderful because it doesn't allow you to fall asleep

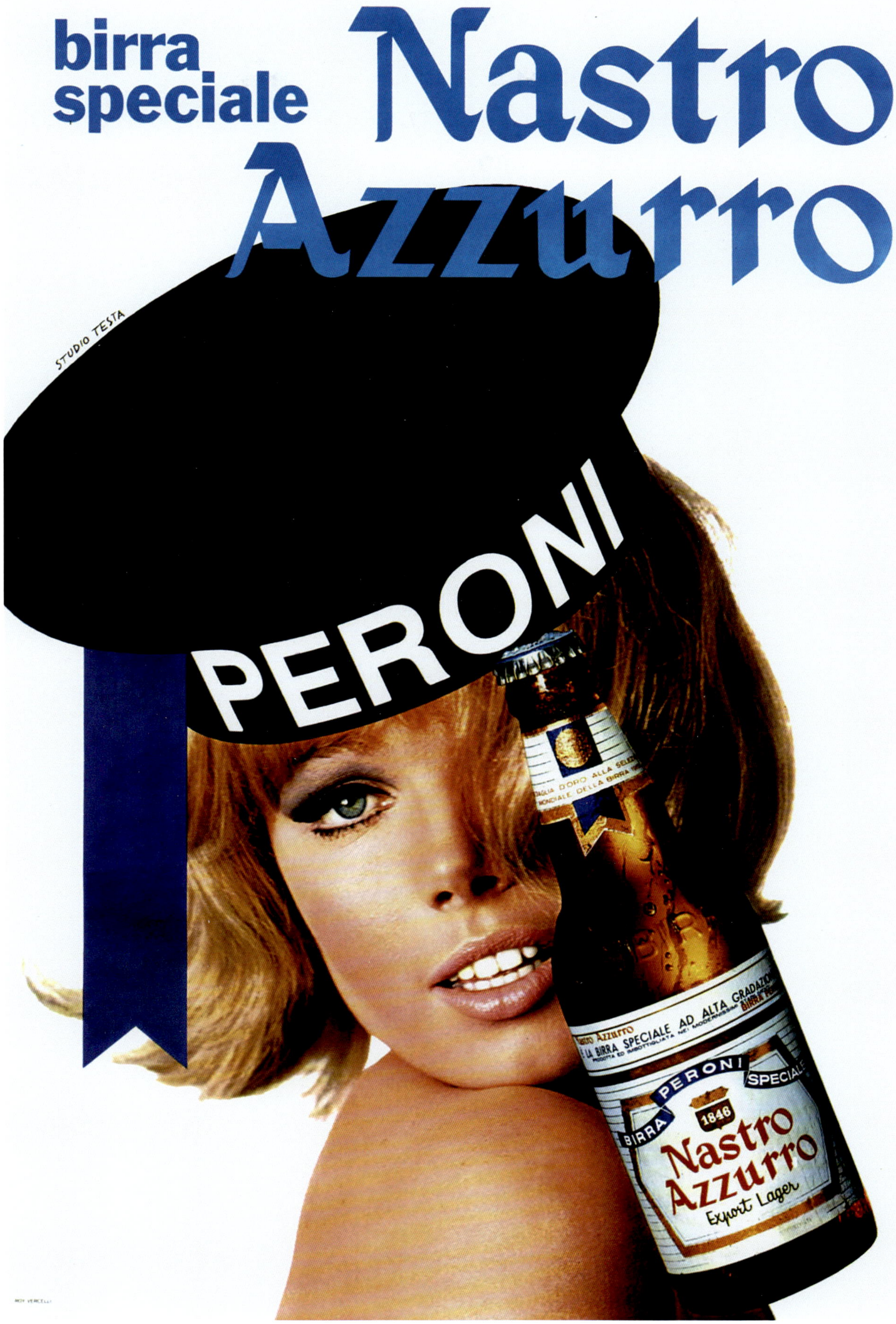
birra speciale
Nastro Azzurro
STUDIO TESTA
PERONI
Nastro Azzurro
LA BIRRA SPECIALE AD ALTA GRADAZIONE
PERONI
SPECIALE
BIRRA
1846
Nastro Azzurro
Export Lager

PERONI
1968

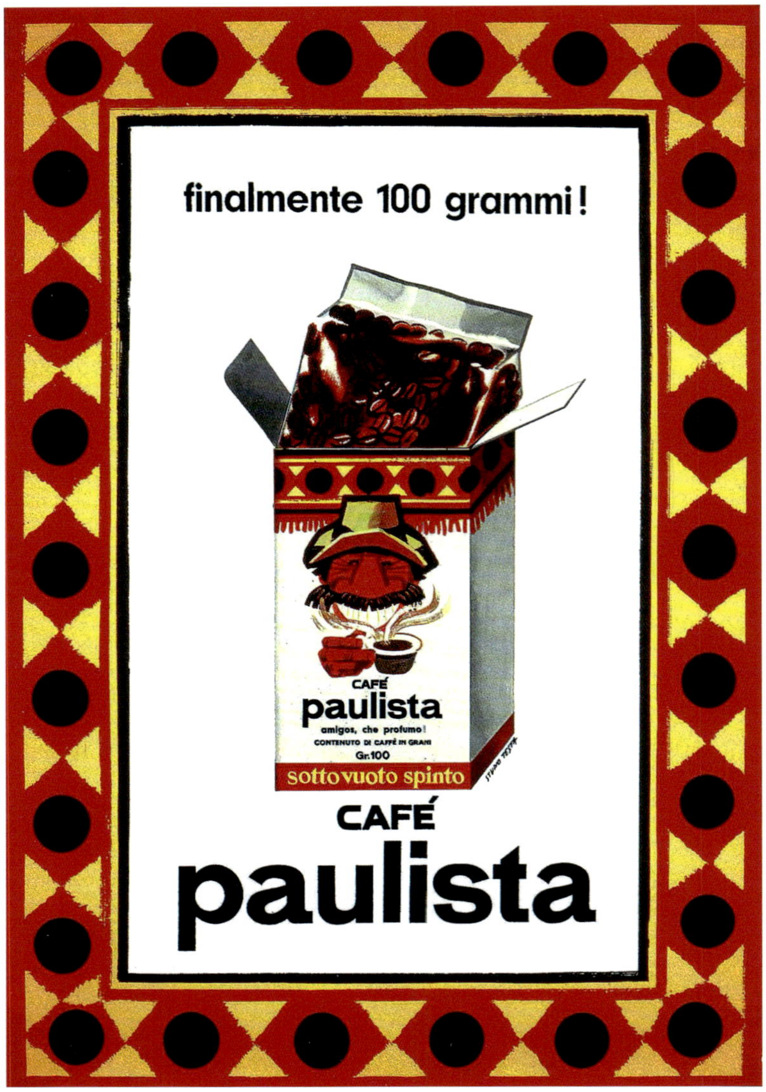

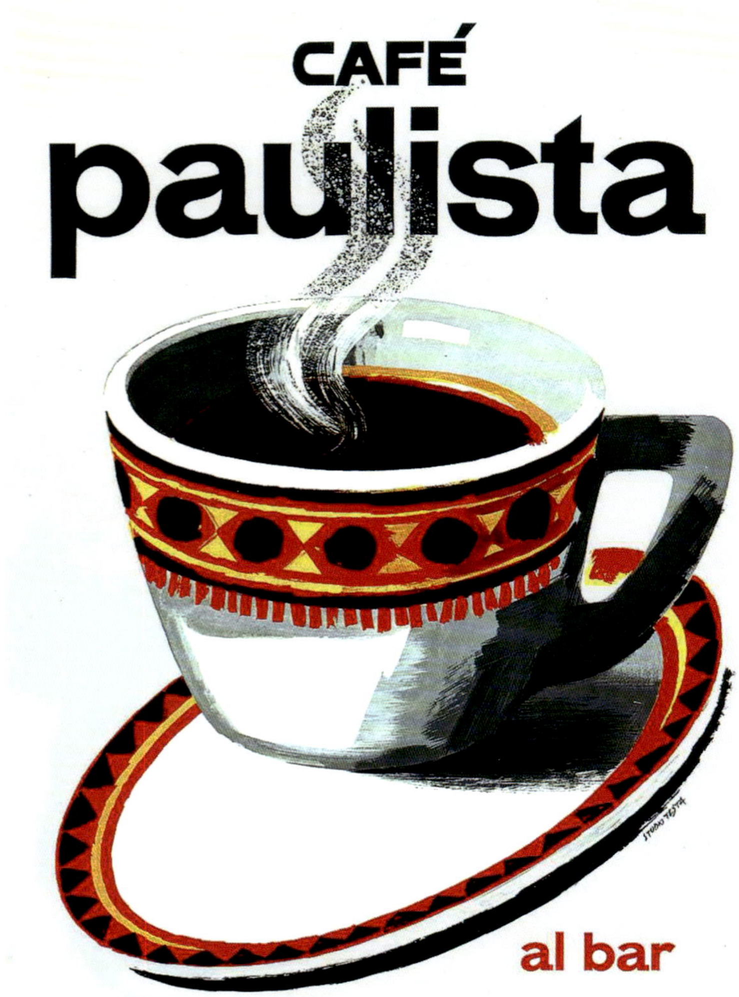

PAULISTA (FREGIO)
1960

PAULISTA (TAZZA)
1962

PAULISTA
(CABALLERO E CARMENCITA)
1966

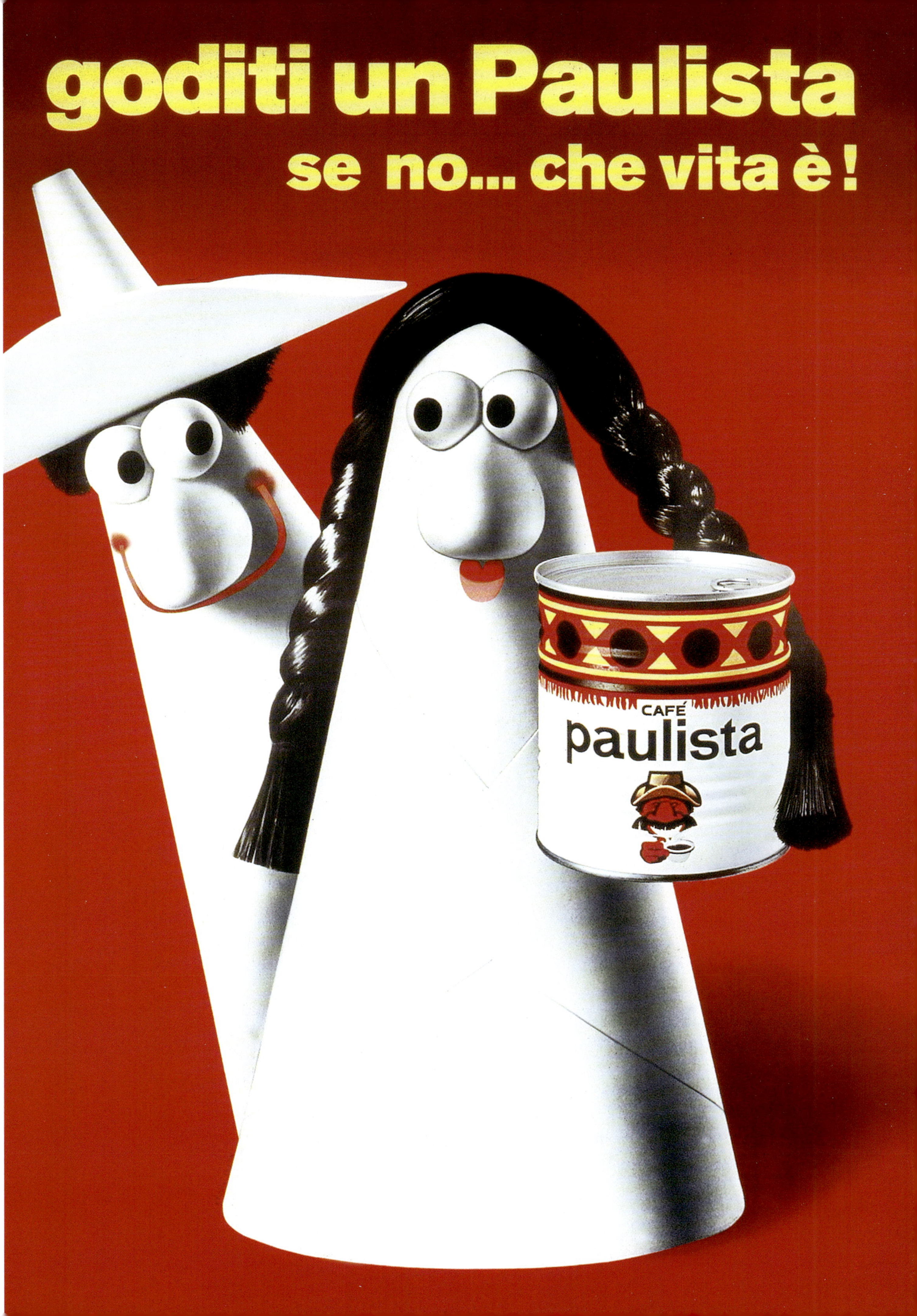
goditi un Paulista
se no... che vita è!
CAFÉ
paulista

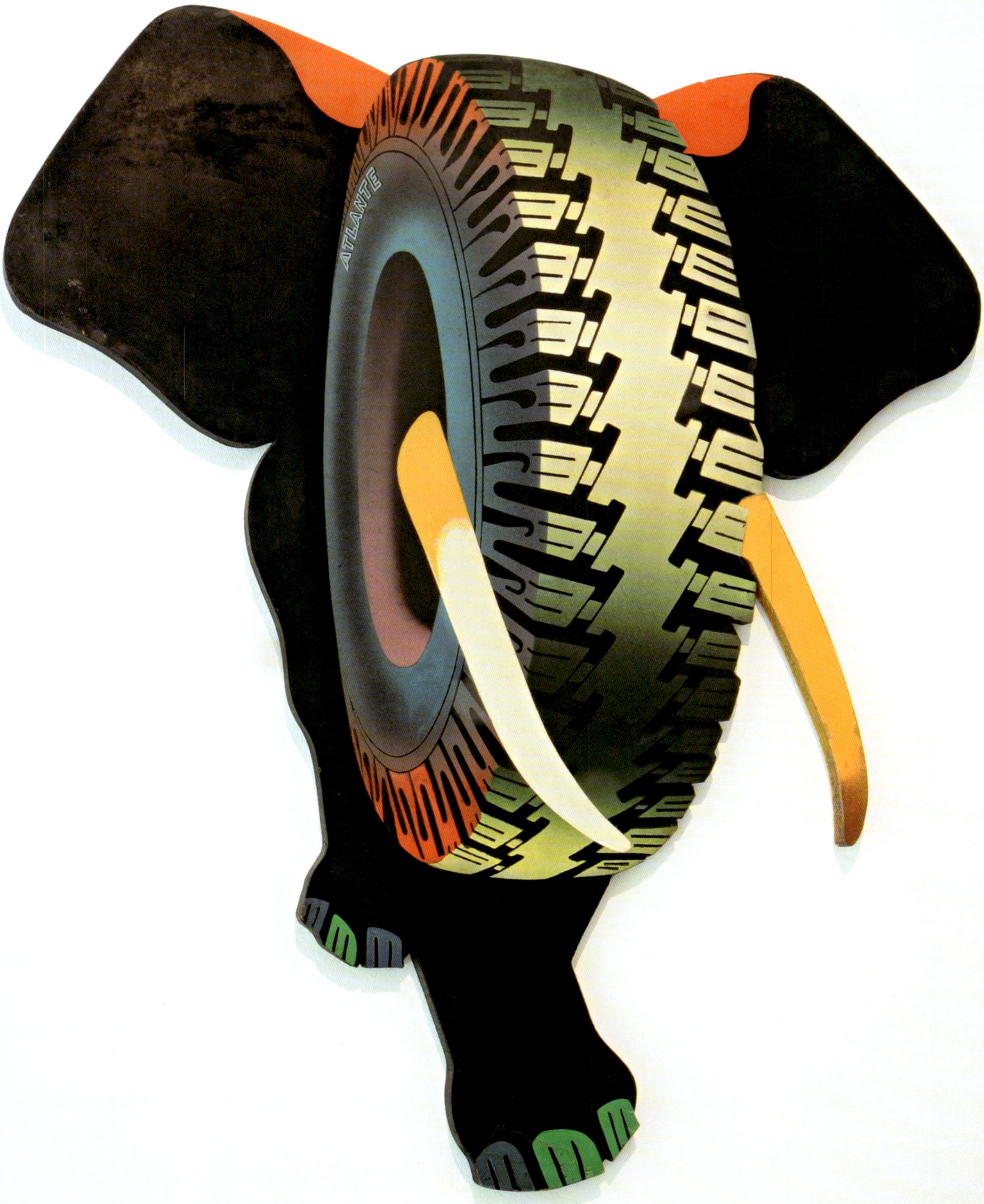
ATLANTE

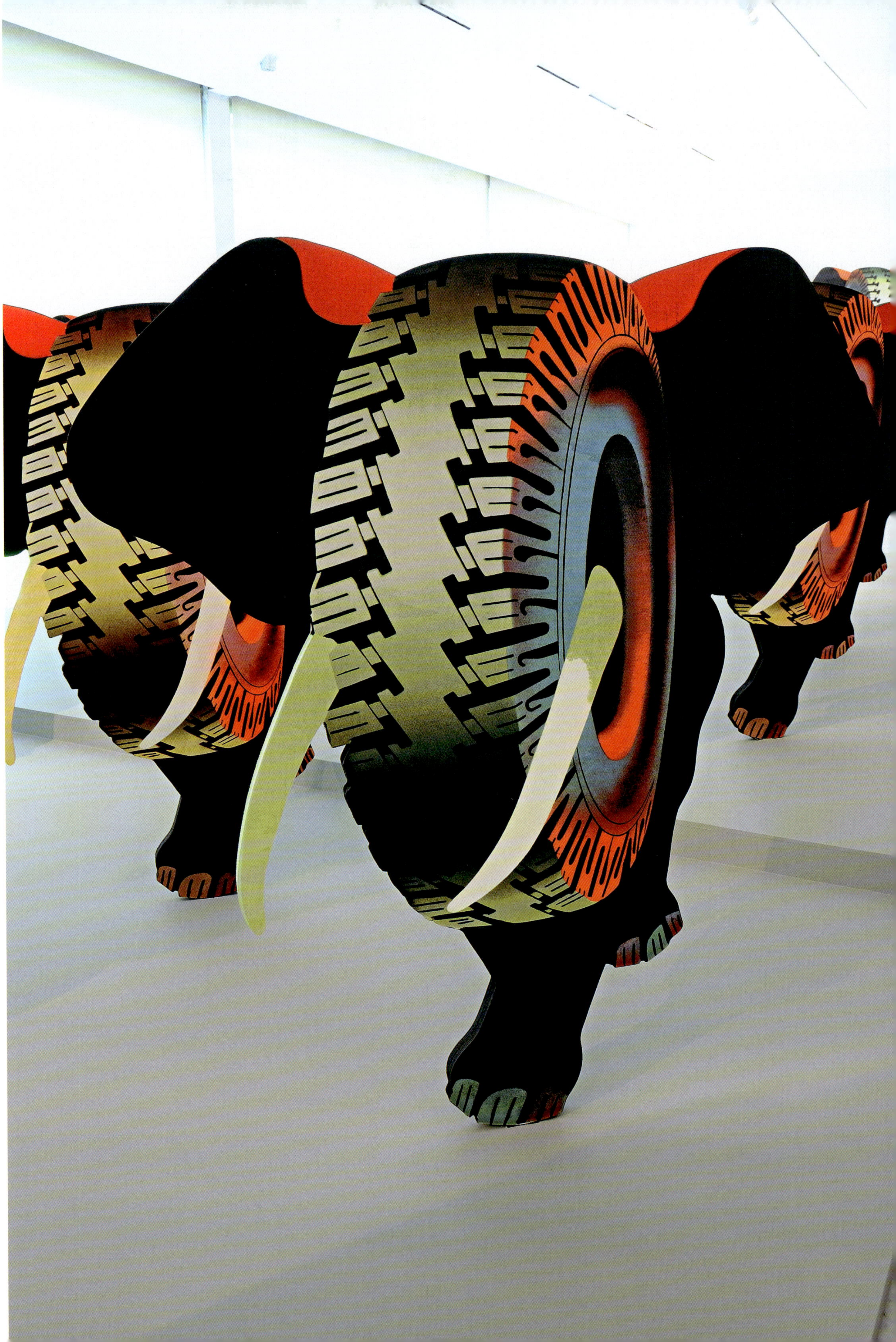

ELEFANTE PIRELLI
1954

ELEFANTE PIRELLI
1954/2000

3.

Anche sui muri scriviamo la storia del nostro costume!

Confesso che appena posso prendere le distanze dal marketing per studiare manifesti culturali o per manifestazioni slegate dai prodotti di largo consumo, mi dedico con gioia al segno pittorico. Infatti nel mestiere di ogni giorno, il mio percorso non prevede il riposo dalla pittura, perché sono convinto che fra pittura e pubblicità debba esserci un'interazione totale.

Nel 1958 venne indetto un concorso nazionale per il manifesto delle Olimpiadi di Roma al quale parteciparono più di mille concorrenti, tra cui il sottoscritto. La mia idea era questa: rappresentare il corridore olimpico con il corpo formato dal Colosseo, sironiano nella pennellata e rigorosamente contenuto nella sua forma geometrica. Lo vinsi, ma in Parlamento qualcuno disse che quel manifesto era troppo moderno; occorreva dare un maggiore senso di classicità. Venne indetto un nuovo concorso tra i dieci migliori grafici italiani di quel tempo. Lo vinsi anche quella volta con un manifesto in cui veniva rappresentato un capitello che divenne l'immagine ufficiale delle Olimpiadi.

Il manifesto culturale gode sicuramente di una maggiore libertà espressiva e stilistica, ma non per questo è più facile. Anzi, realizzarne uno bello, impattante e coinvolgente è difficilissimo, perché possono racchiudere messaggi pittorici d'avanguardia, ma nello stesso tempo devono informare il pubblico. Anche sui muri scriviamo la storia del nostro costume!

Il manifesto realizzato per l'opera teatrale del mio amico Emilio Isgrò, *Giovanna d'Arco*, nasce per esempio dalla volontà di sollecitare le persone a vedere un teatro dove la parola è protagonista assoluta.

Per lo studio del marchio Torino '90 sono partito invece da un elemento fortemente siglante e sintetico: la sigla TO. Questa sigla è stata utilizzata come punto di partenza per arrivare ad un'immagine simbolo che caratterizza la città di Torino quale sede dei campionati mondiali di calcio e per tutte le iniziative collegate. Alla T viene affiancata una coloratissima O che diventa stadio per sottolineare le festosità e l'eccezionalità dell'evento.

The history of our customs is written even on walls!

I have to confess that as soon as I can detach myself from marketing to study cultural posters or events unrelated to consumer products, I happily dedicate myself to the pictorial sign. In fact, my everyday professional path does not include rest from painting, because I am convinced that there must be a total interaction between painting and advertising.

In 1958 a national contest was launched for the poster of Rome Olympics, in which more than a thousand competitors participated, including myself. My idea was to represent the Olympic runner with the body formed by the Colosseum, Sironian in the brushstroke and rigorously contained in its geometric shape. I won it, but someone in Parliament said that that poster was too modern; a more immediate hint at classicism was necessary. A new competition was announced among the ten best Italian graphic designers of that time. And I won that time too, with a poster featuring a capital which became the Olympics official image.

The cultural poster certainly enjoys greater expressive and stylistic freedom, but it is not easier because of this. Indeed, creating a beautiful, impactful and engaging poster is very difficult, because they can contain avant-garde pictorial messages, but at the same time they must inform the public. The history of our customs is written even on walls! For example, the poster created for my friend Emilio Isgrò's play, *Giovanna d'Arco*, was born from the desire to urge people to see a theater where the word is the absolute protagonist. For the study of Torino '90 brand I started from a strongly identifying and synthetic element: the acronym TO. This acronym was used as a starting point to arrive at a symbolic image characterizing the city of Turin as the venue for the world football championships and for all related initiatives. The T is flanked by a colorful O which becomes a stadium, to underline the festiveness and exceptional nature of the event.

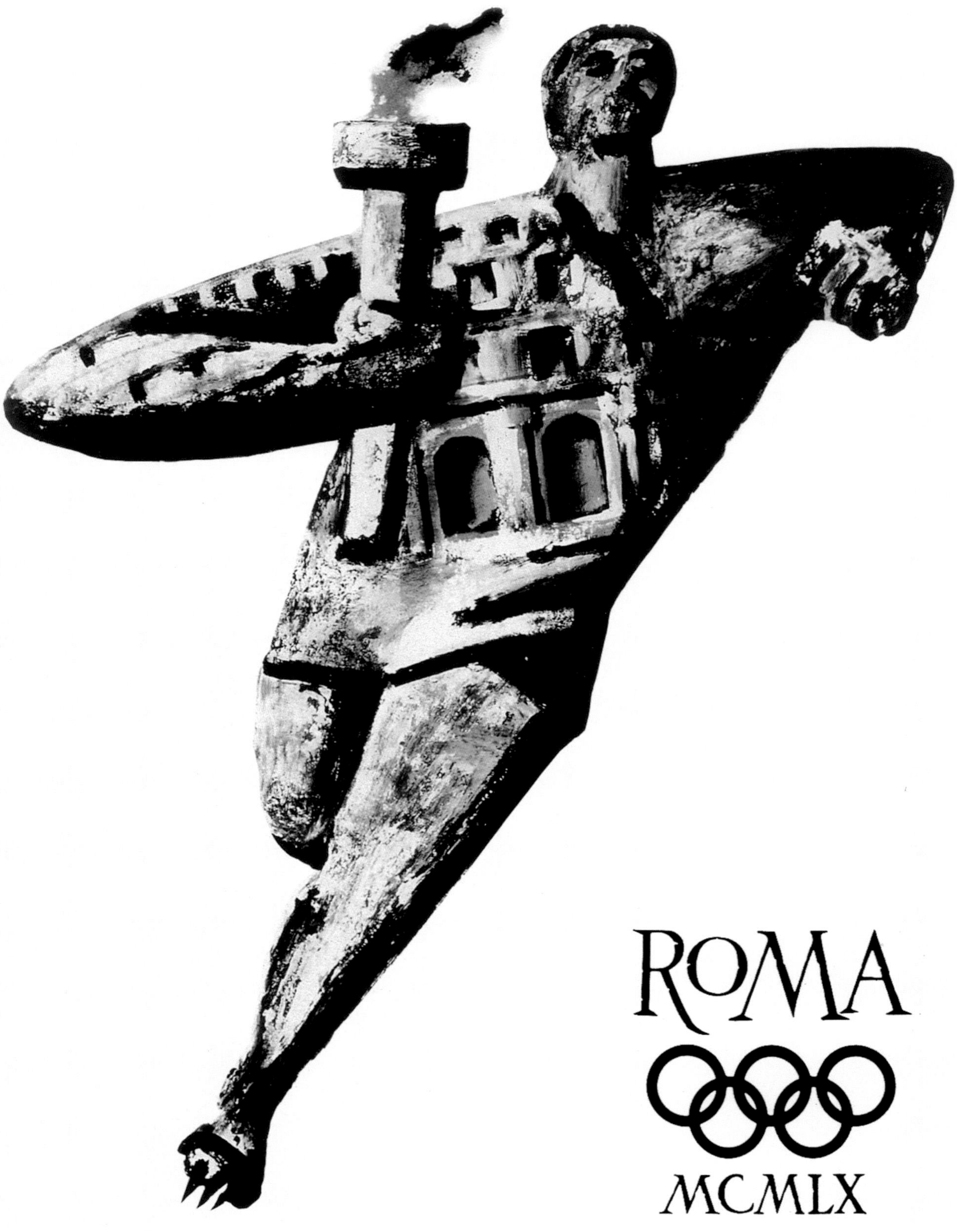

TEDOFORO
1958

XVII OLIMPIADE
1959

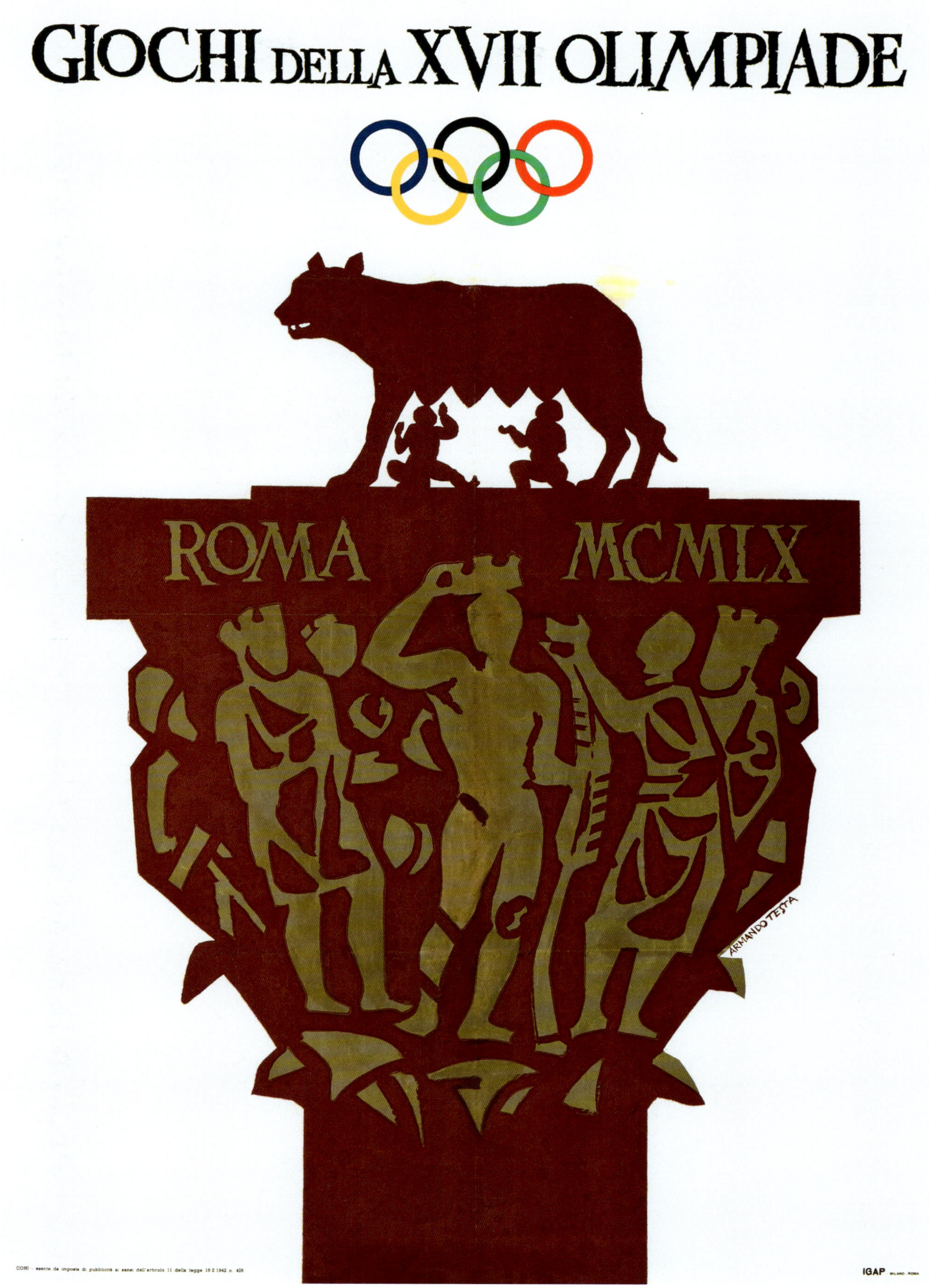
GIOCHI DELLA XVII OLIMPIADE
ROMA MCMLX
ARMANDO TESTA
CONI - esente da imposta di pubblicità ai sensi dell'articolo 11 della legge 16.2.1942 n. 426
IGAP - MILANO - ROMA

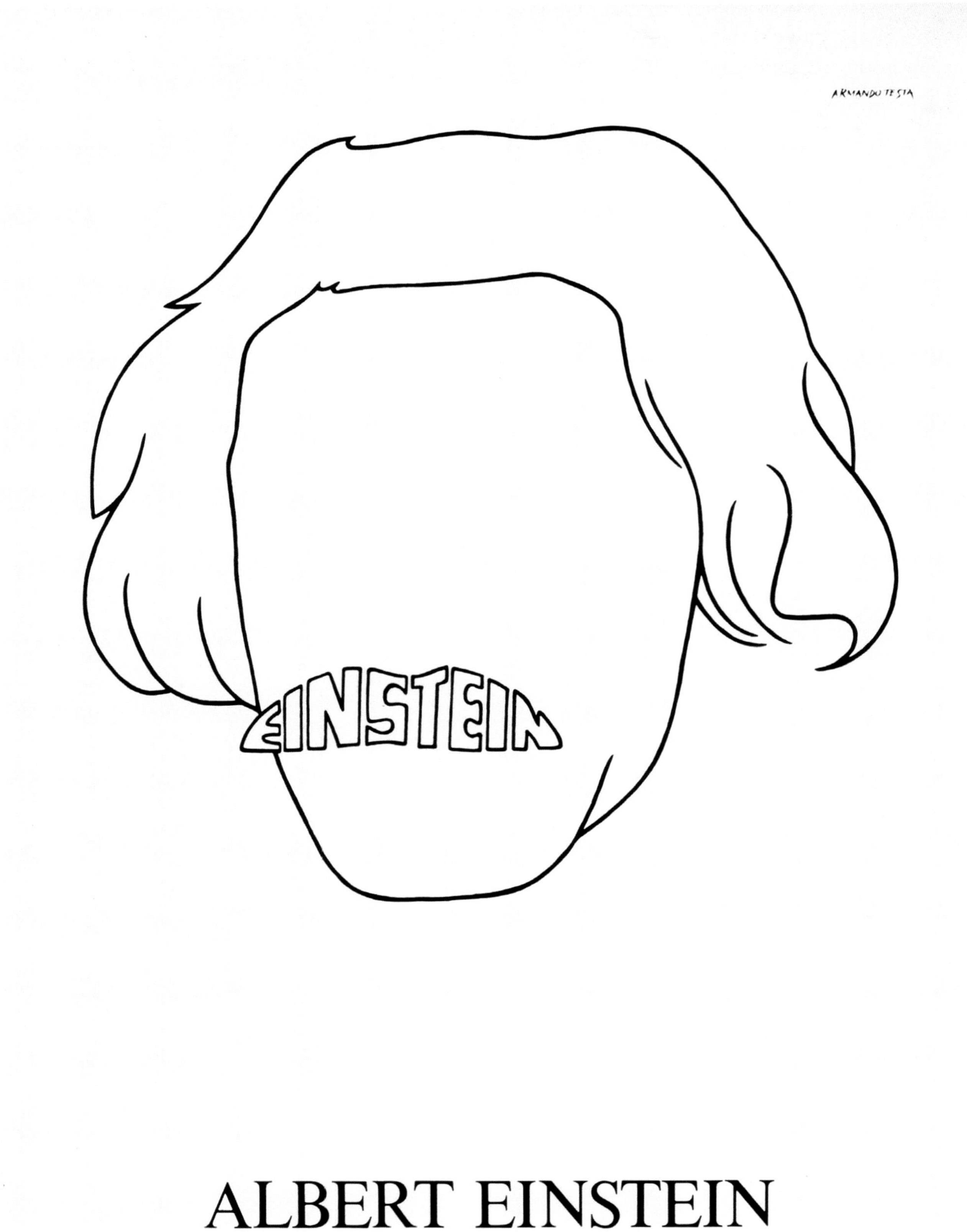

EINSTEIN
1979

GIOVANNA D'ARCO
1989

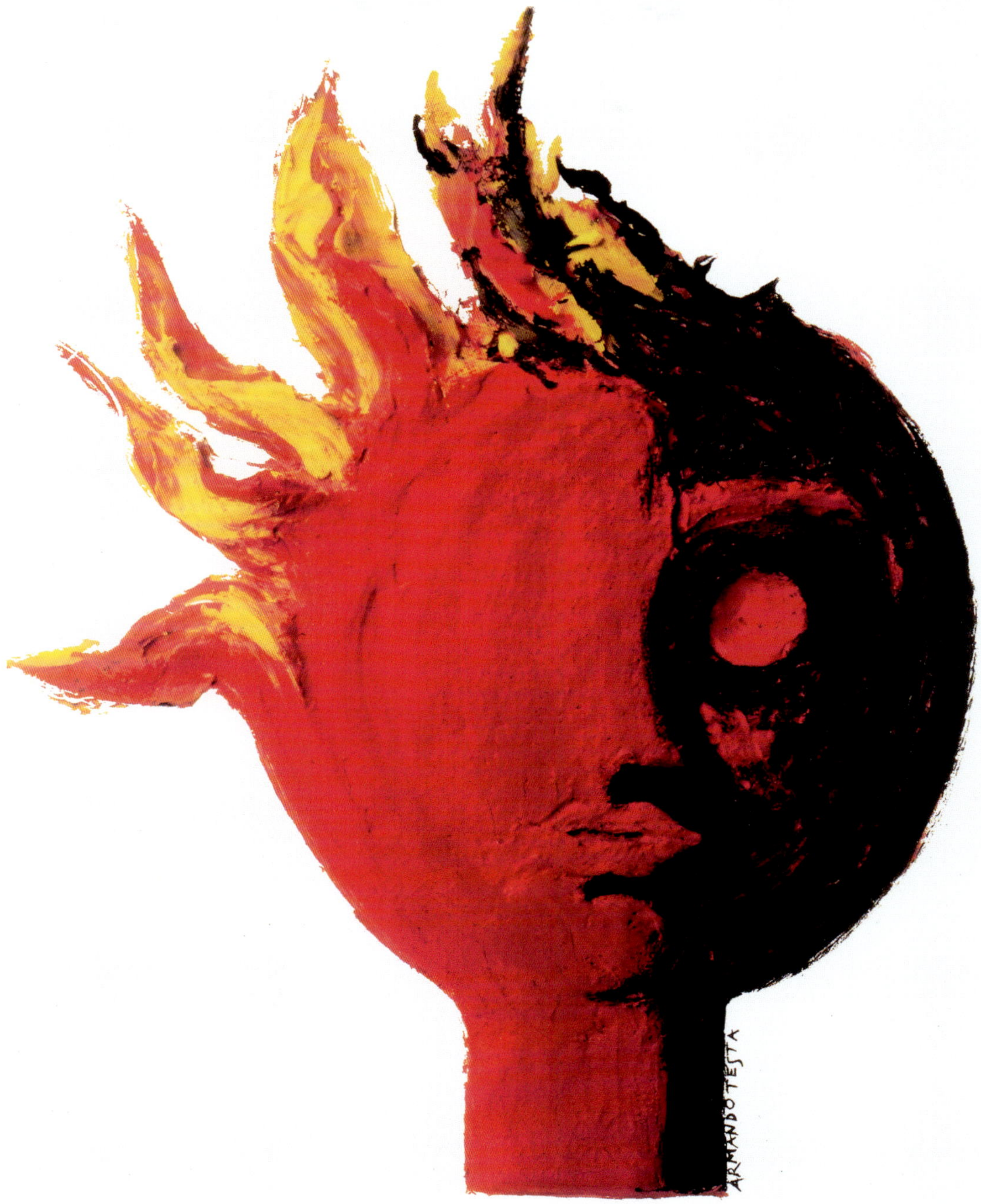

GIOVANNA D'ARCO

DI EMILIO ISGRÒ

PROGETTO OTTONOVE NOVEDUE - TETRALOGIA DELLA SANTITÀ
MILANO TEATRO DI PORTA ROMANA DALL'8 AL 28 MAGGIO 1989

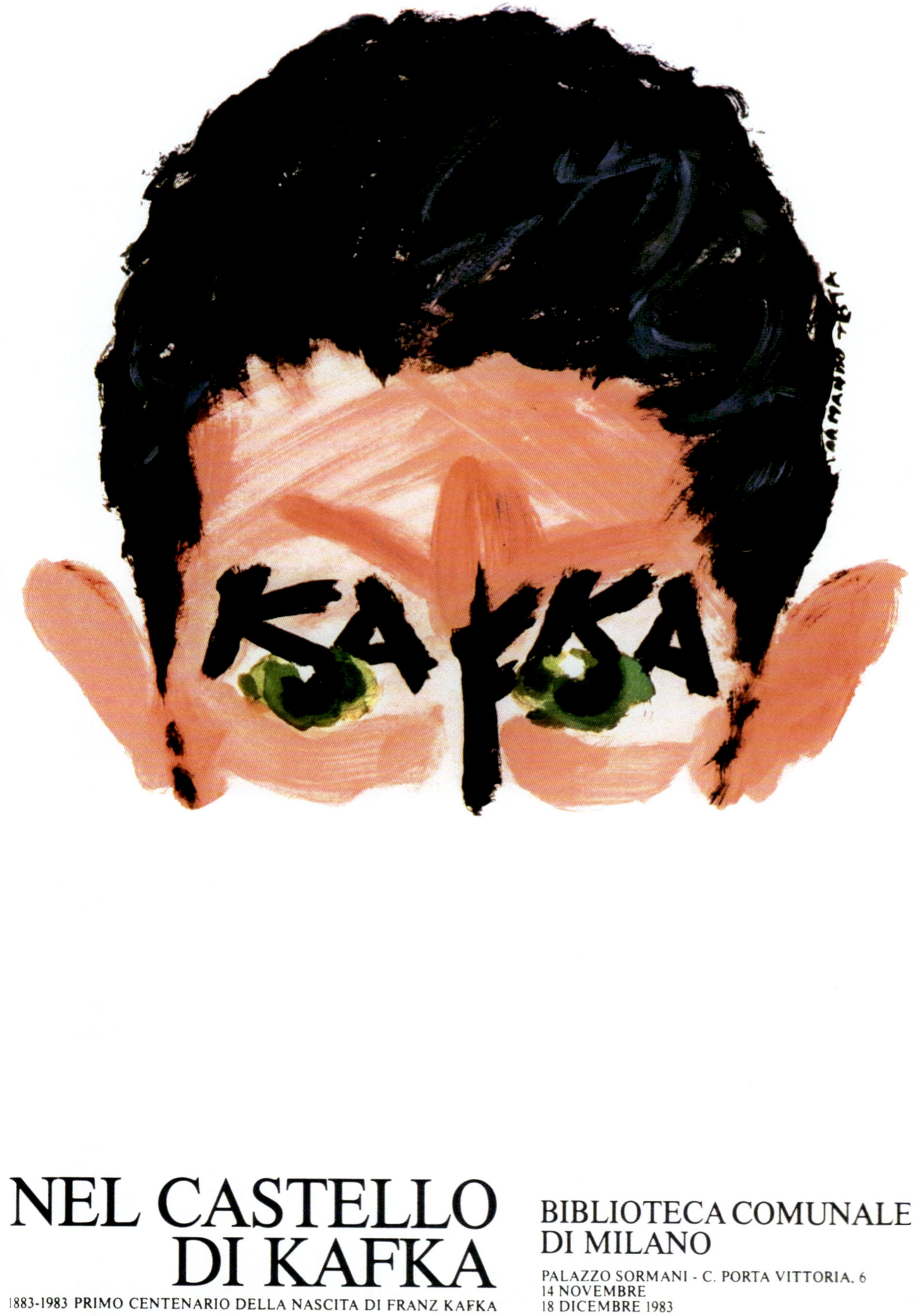

NEL CASTELLO DI KAFKA
1983

TORINO '90
1990

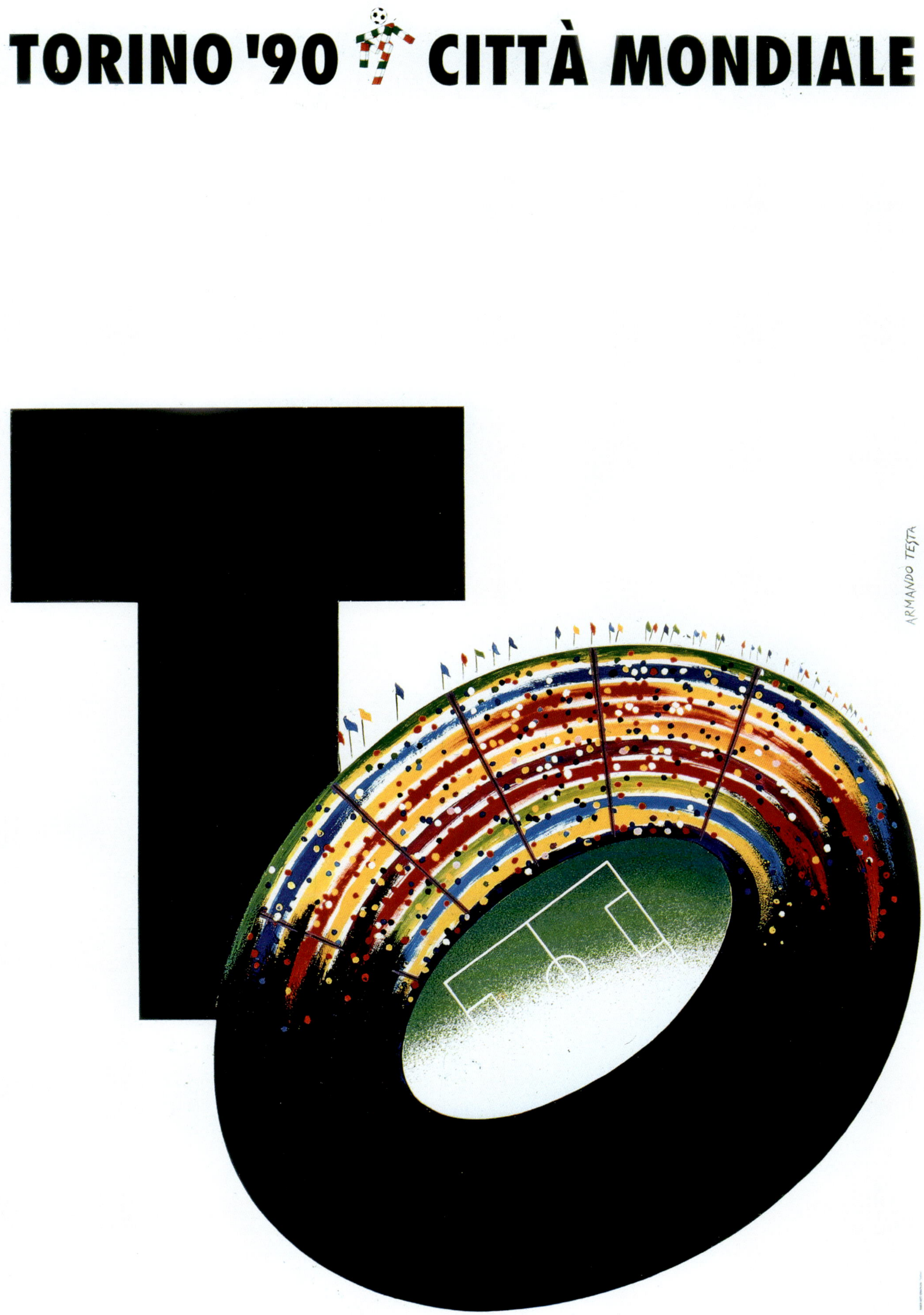
TORINO '90 CITTÀ MONDIALE
ARMANDO TESTA

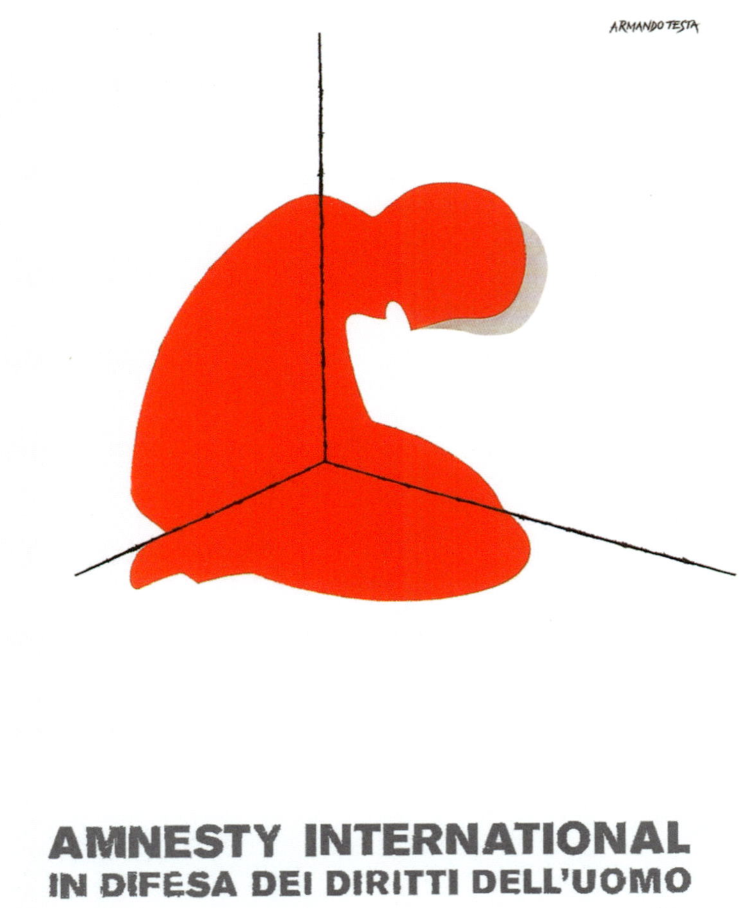

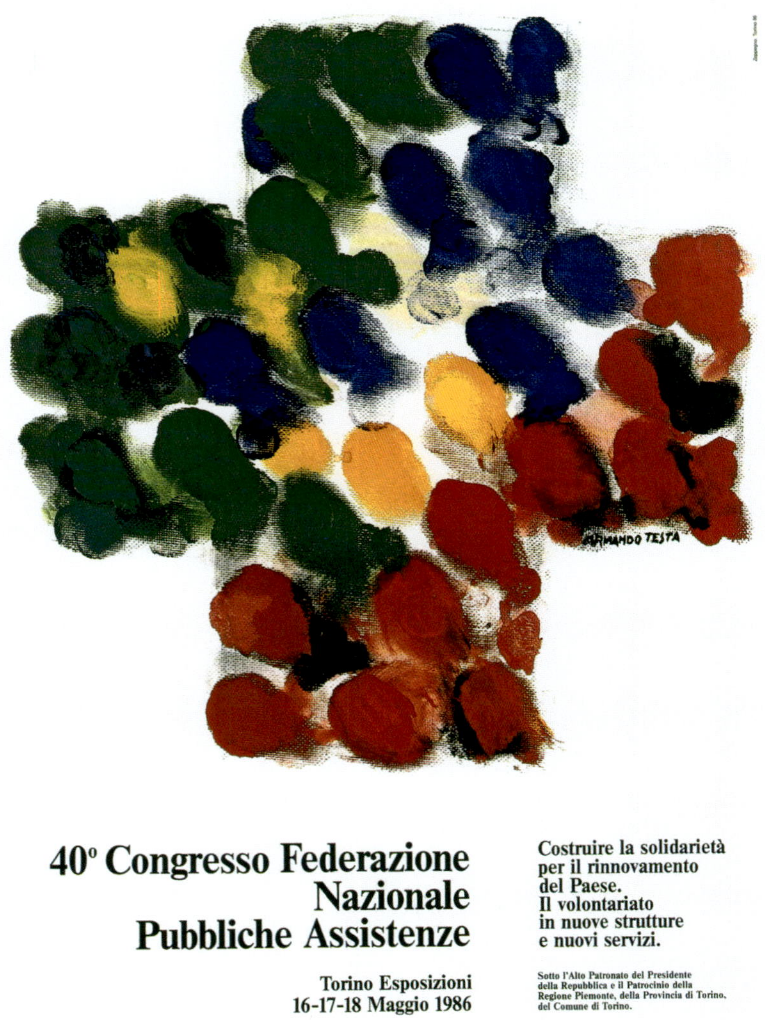

AMNESTY INTERNATIONAL
1979

PUBBLICHE ASSISTENZE
1986

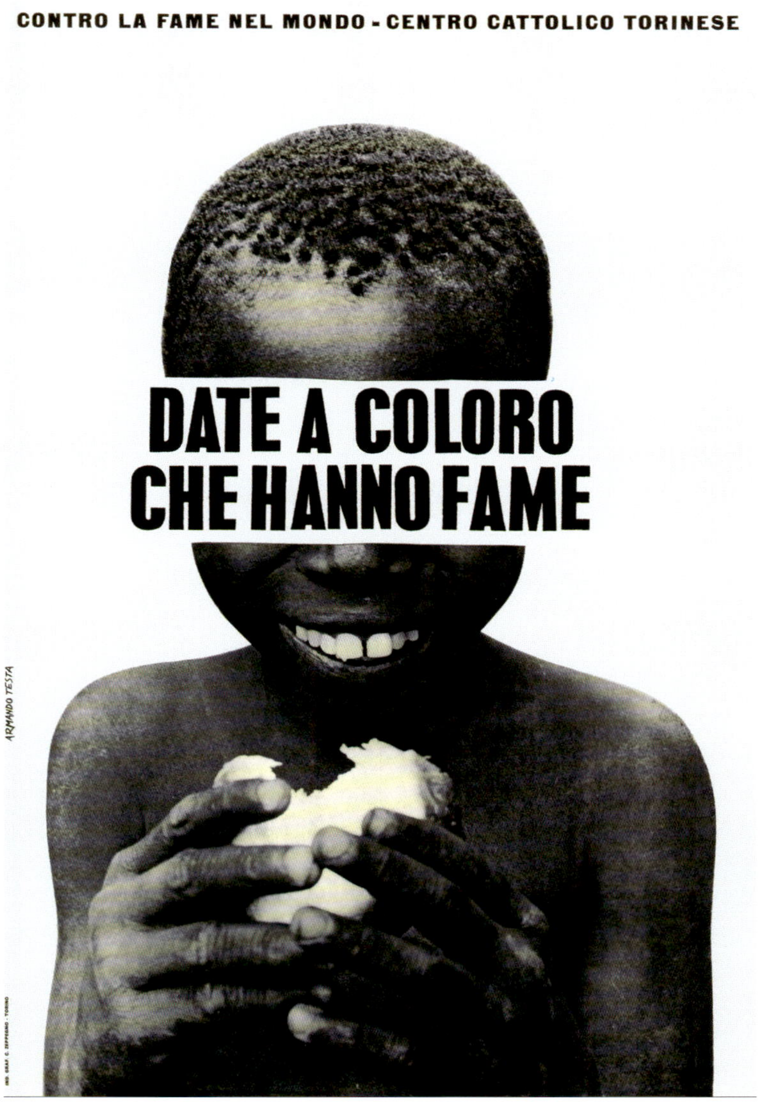

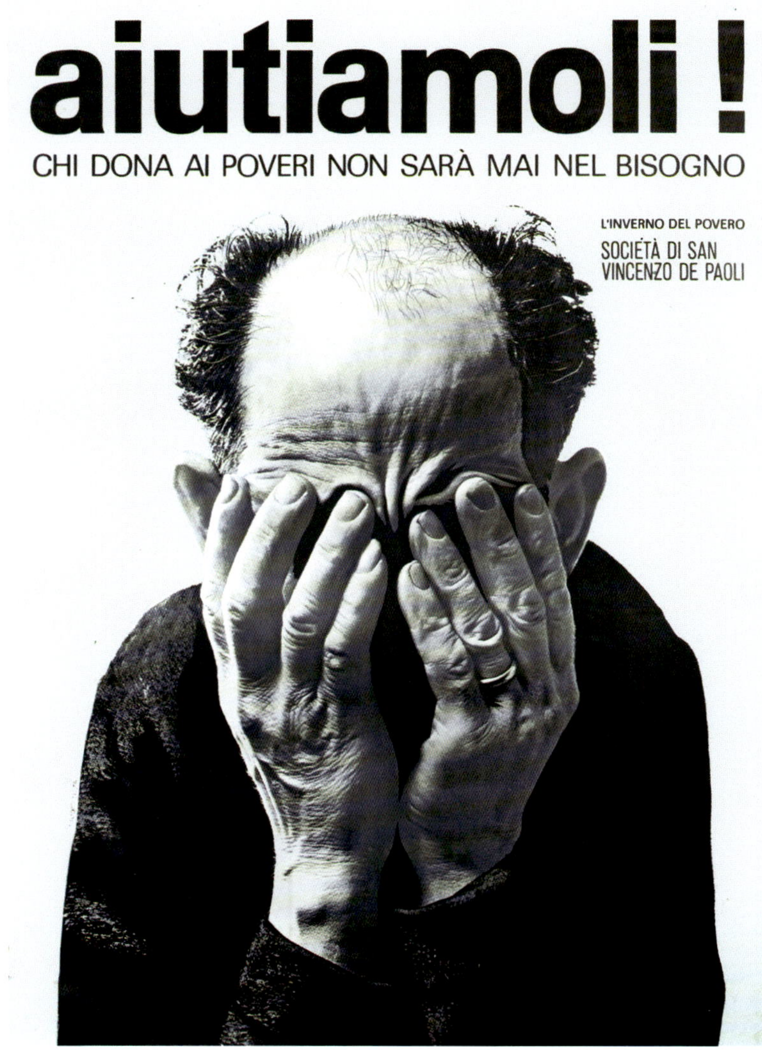

CONTRO LA FAME NEL MONDO
1963

AIUTIAMOLI
1967

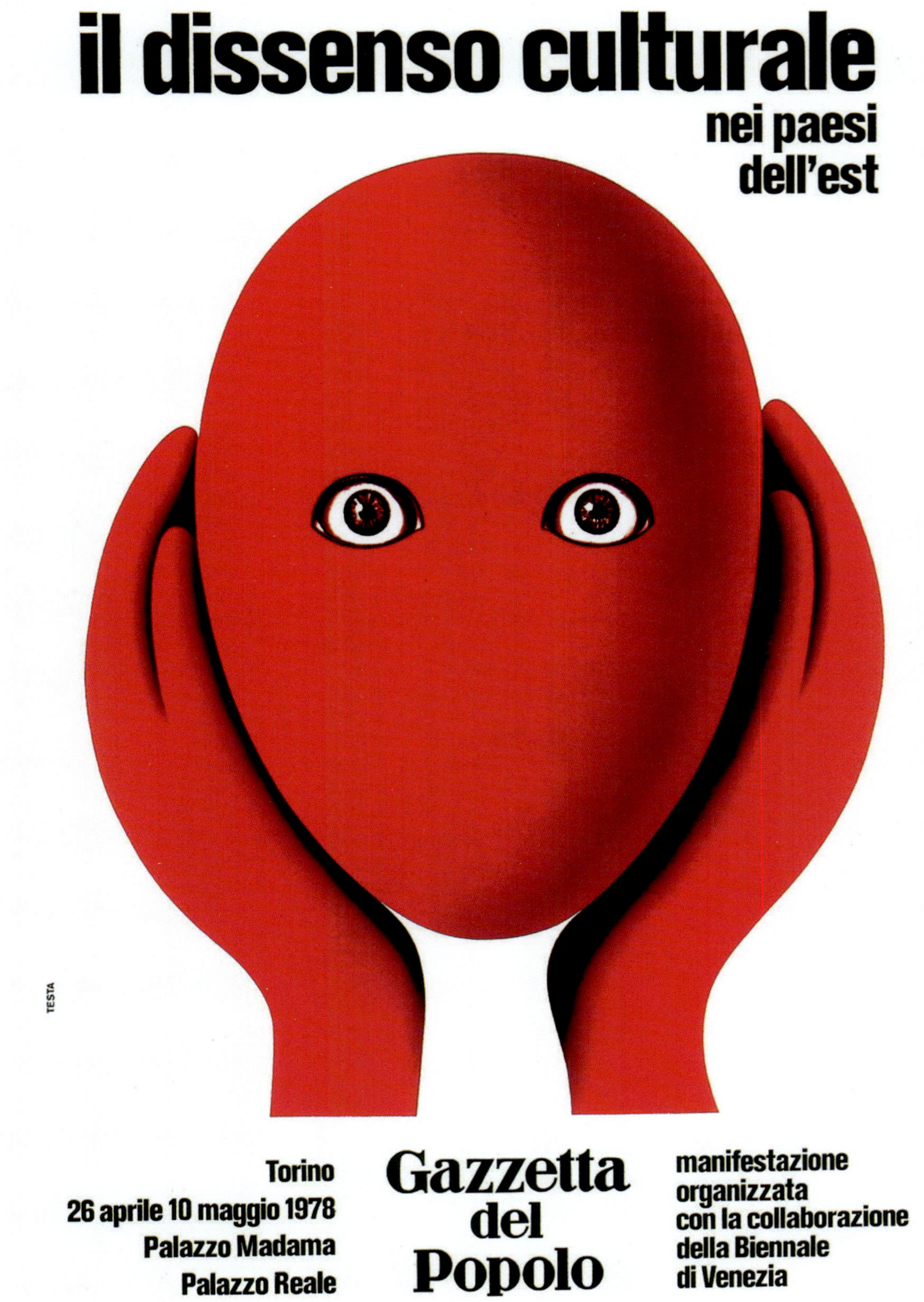

IL DISSENSO CULTURALE NEI PAESI DELL'EST
1978

AMNESTY INTERNATIONAL
1987

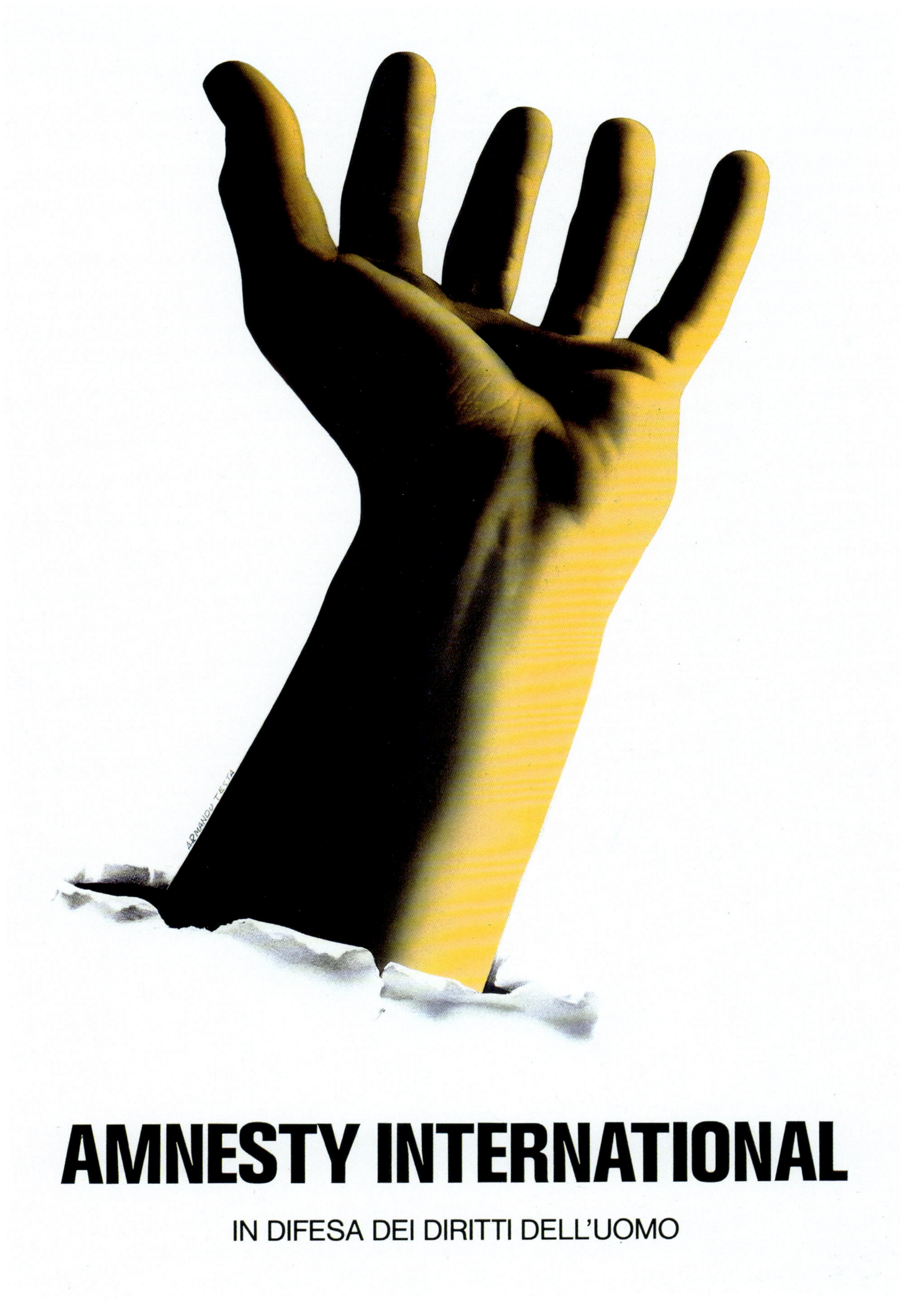
AMNESTY INTERNATIONAL
IN DIFESA DEI DIRITTI DELL'UOMO

VOTA NO
1970
Armando Testa e | and
Aldo Lanfranco

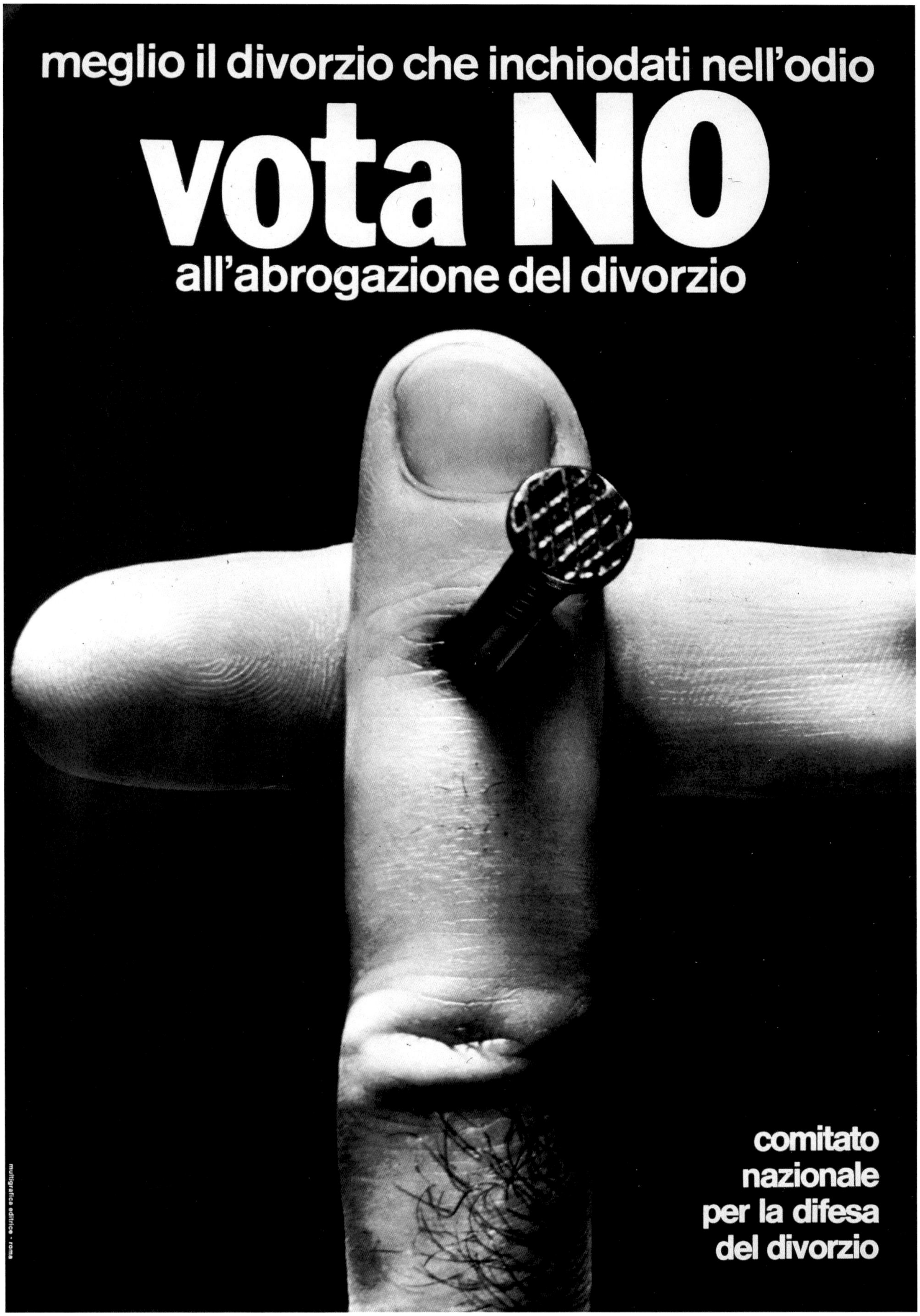
meglio il divorzio che inchiodati nell'odio
vota NO
all'abrogazione del divorzio
comitato
nazionale
per la difesa
del divorzio
multigrafica editrice - roma

4.

“Ecco una storiellina e poi ti dico chi sono”

Il 1956 fu destinato a cambiare la vita degli italiani: nacque la televisione e, con essa, il Carosello: racconti brevissimi con un "codino" pubblicitario finale. Durante il minuto di spettacolo non era infatti permesso alcun riferimento pubblicitario. Cominciai allora a sperimentare il linguaggio cinematografico con filmati dal vero ed a passo uno, la tecnica utilizzata nel cartone animato, ma per la prima volta con figure tridimensionali anziché disegni. *Paulista*, ormai riconoscibile come marchio del caffè Lavazza, non poteva essere usato. Creai allora il *Caballero Misterioso*, che solo alla fine rivelava la sua vera identità trasformandosi in *Paulista*, a cui gli affiancai *Carmencita*. I due elementari coni di gesso divennero famosi e la frase di chiusura del Carosello: *Carmencita sei già mia, chiudi il gas e vieni via* entrò nel linguaggio di tutti.
L'umorismo alla Testa è sempre stato di casa, e ho sempre preferito comunicare divertendo. Così è successo anche per *Pippo*. Un artista mio amico, Piero Gilardi, faceva dei lavori interessanti con il poliuretano espanso. Gli chiesi allora di aiutarmi: il primo Pippo era un pupazzo veristico, ma aveva scarsa possibilità di movimento. Decisi quindi di ristudiarlo in modo tale che due uomini potessero "indossarlo". Si arrivò così al Pippo definitivo, conosciuto ormai da grandi e piccini.
Per quanto riguarda *Papalla* invece, da tempo accarezzavo l'idea di creare un personaggio sferico che abitasse un pianeta immaginario, ricco e tecnologicamente avanzato. A *Papalla* infatti, non crescono delle spighe di grano, ma direttamente degli spaghetti e dei maccheroni.
L'idea per *Punt e Mes* invece fu più elaborata, perché a volte il nostro subconscio è colpito da un'immagine, anche banale, la incamera, la elabora come un calcolatore elettronico e ce la restituisce, magari dopo tanto tempo, sotto altra forma. Lo spunto fu una bambola giapponese trovata a San Francisco, e subito acquistata perché mi ispirò in quel momento una nuova stilizzazione a tutto volume di uno schizzo del mio punto e mezzo che conservavo da tempo nel cassetto.

'Here's a little story, and then I'll tell you who I am'

1956 was destined to change the lives of Italians: television was born and, with it, the Carosello: very short stories with a final advertising 'pigtail'. In fact, no advertising references were permitted during the one-minute show. I then began to experiment with cinematographic language using live and stop-motion films, the technique used in the cartoon, but for the first time with three-dimensional figures rather than drawings. *Paulista*, now recognizable as the Lavazza coffee brand, could not be used. I then created the *Caballero Misterioso*, who only at the end revealed his true identity by transforming into *Paulista*, whom I joined with *Carmencita*. The two elementary chalk cones became famous and the closing phrase of the Carosello: 'Carmencita you are already mine, turn off the gas and come away with me' entered everyone's language.
Humor has always been at home at Testa's offices, and I have always preferred to communicate in a fun way. This applies also to *Pippo*. An artist friend of mine, Piero Gilardi, did some interesting work with expanded polyurethane. I then asked him to help me: the first Pippo was a realistic puppet, but it had little possibility of movement. I therefore decided to redesign it so that two men could 'wear it'. Thus we arrived at the definitive Pippo, now known to adults and children alike.
As for *Papalla*, I had been toying for some time with the idea of creating a spherical character who inhabited an imaginary, rich and technologically advanced planet. In Papalla, spaghetti and macaroni grow directly, instead of ears of wheat.
The idea for *Punt e Mes* was far more elaborate, because sometimes our subconscious is struck by an image, even a banal one. It stores it, processes it like an electronic calculator and returns it to us, perhaps after a long time, in another form. The inspiration was a Japanese doll found in San Francisco, and immediately purchased because at that moment it inspired me with a new full-volume stylization of a sketch of my point and a half that I had kept in my drawer for some time.

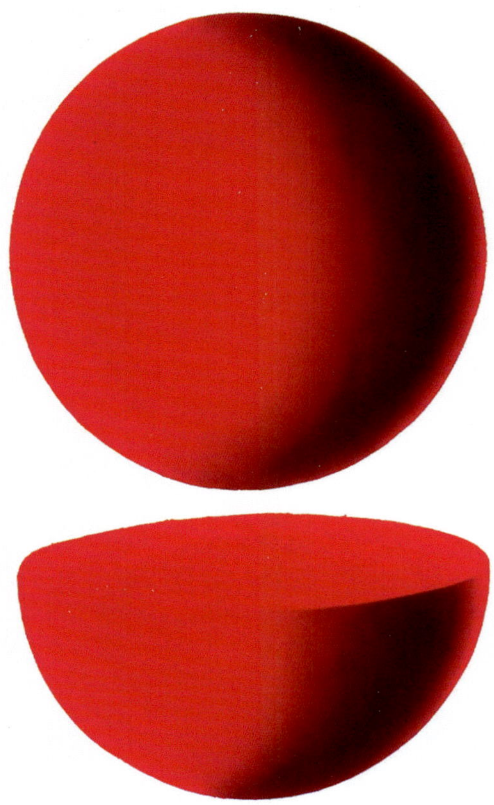

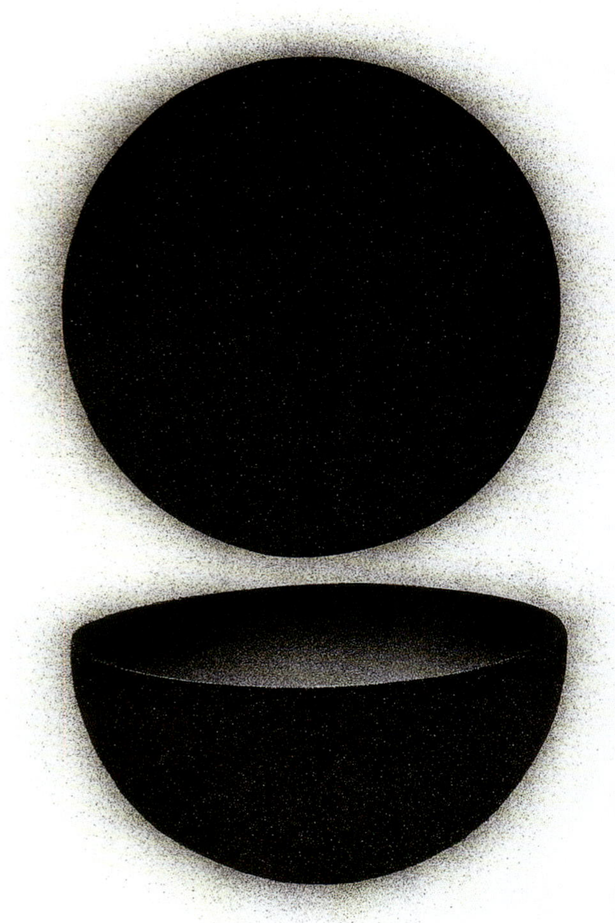

UNO E MEZZO
1960

UNO E MEZZO
1960

UNO E MEZZO
1960

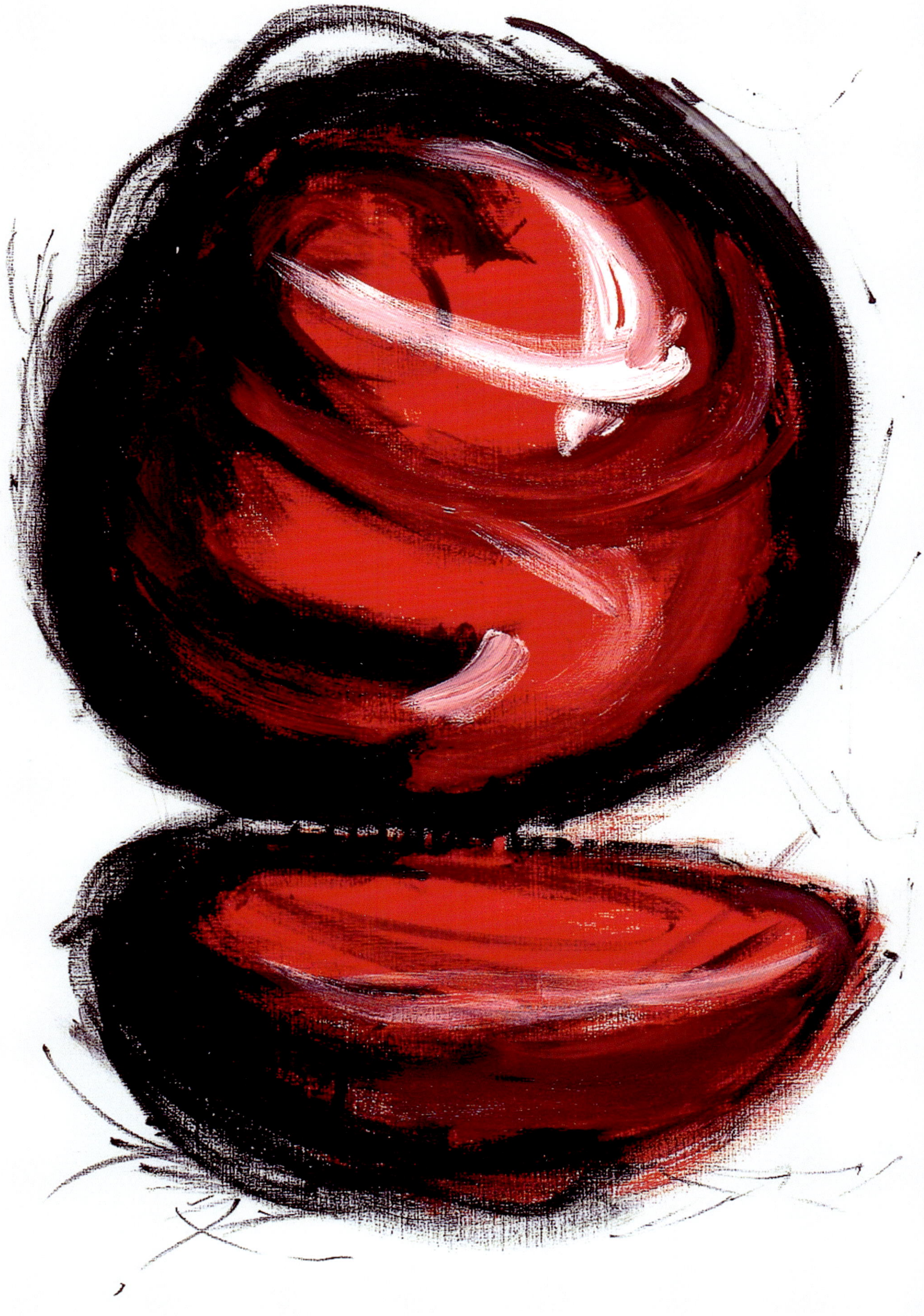

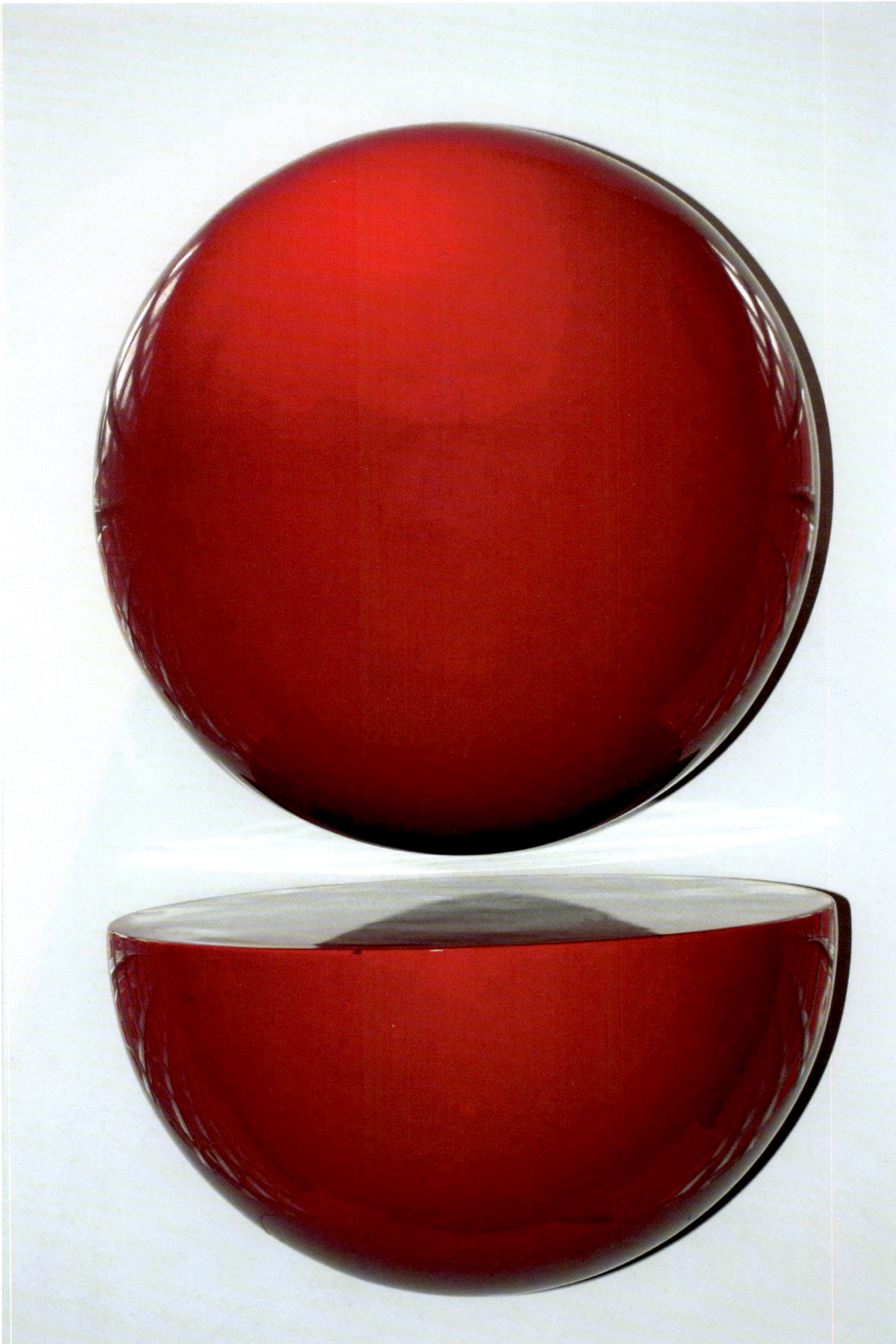

UNO E MEZZO
1960

PUNT E MES
1960

ARMANDO TESTA

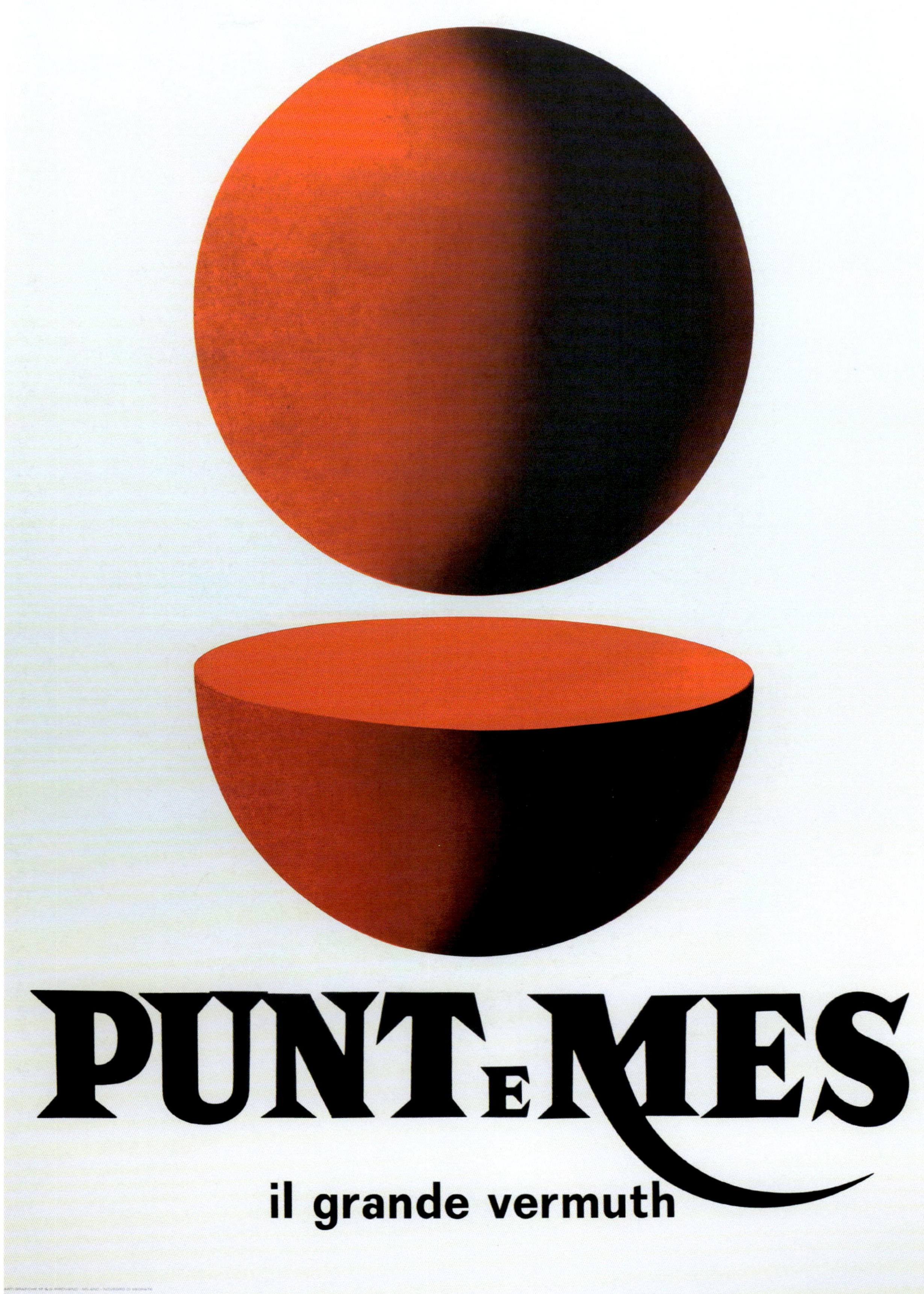

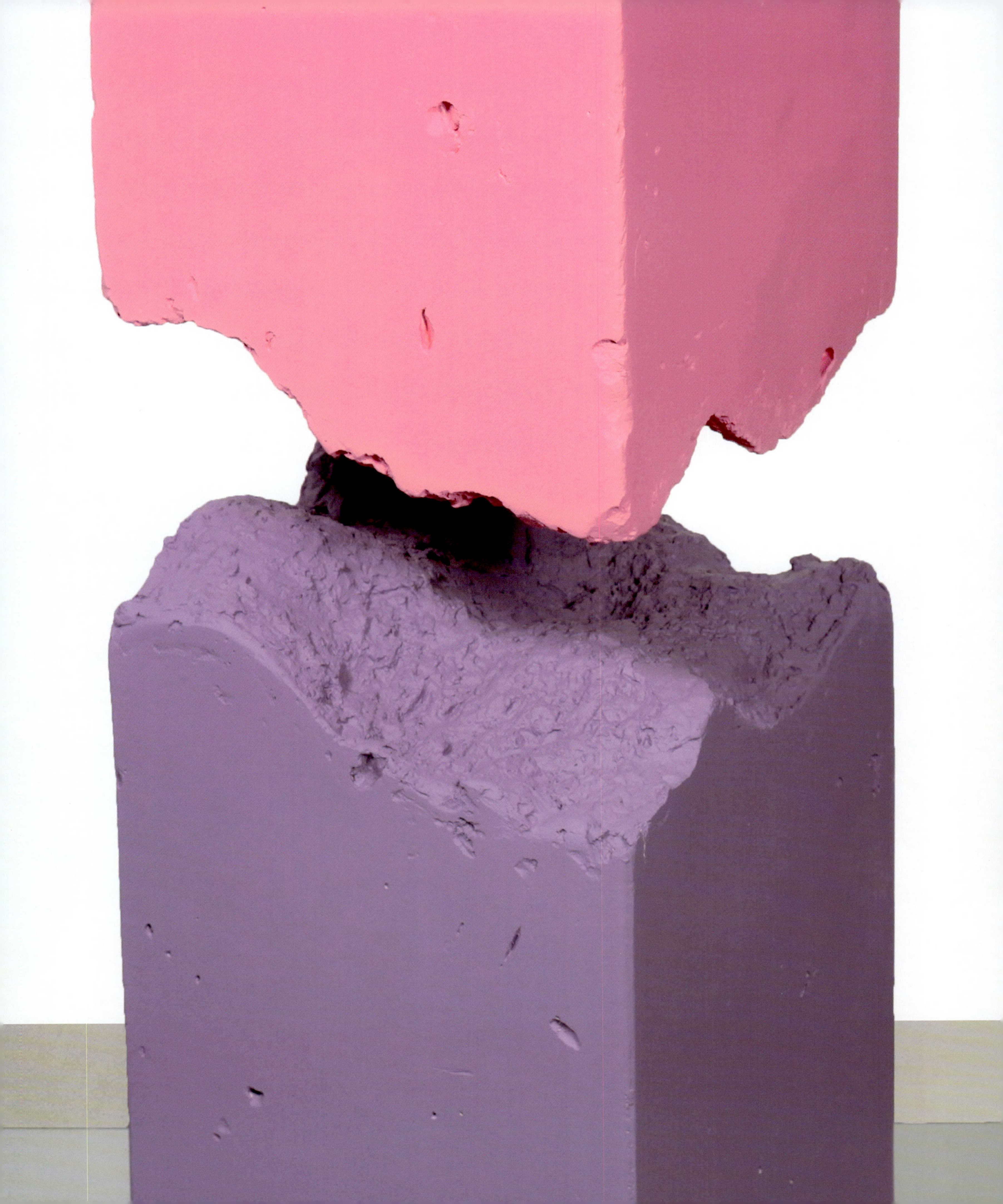

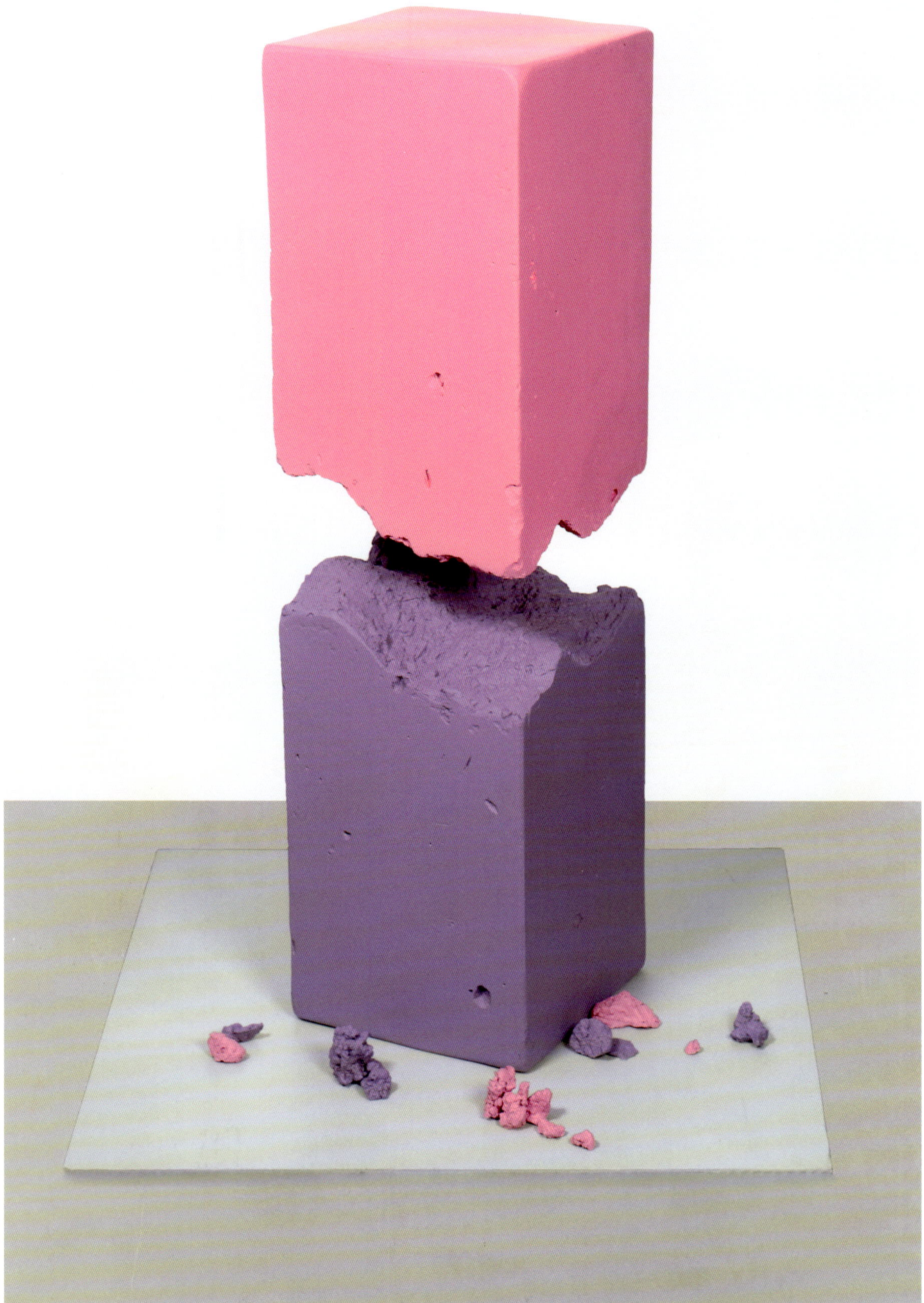

GESSETTO
1978/2020

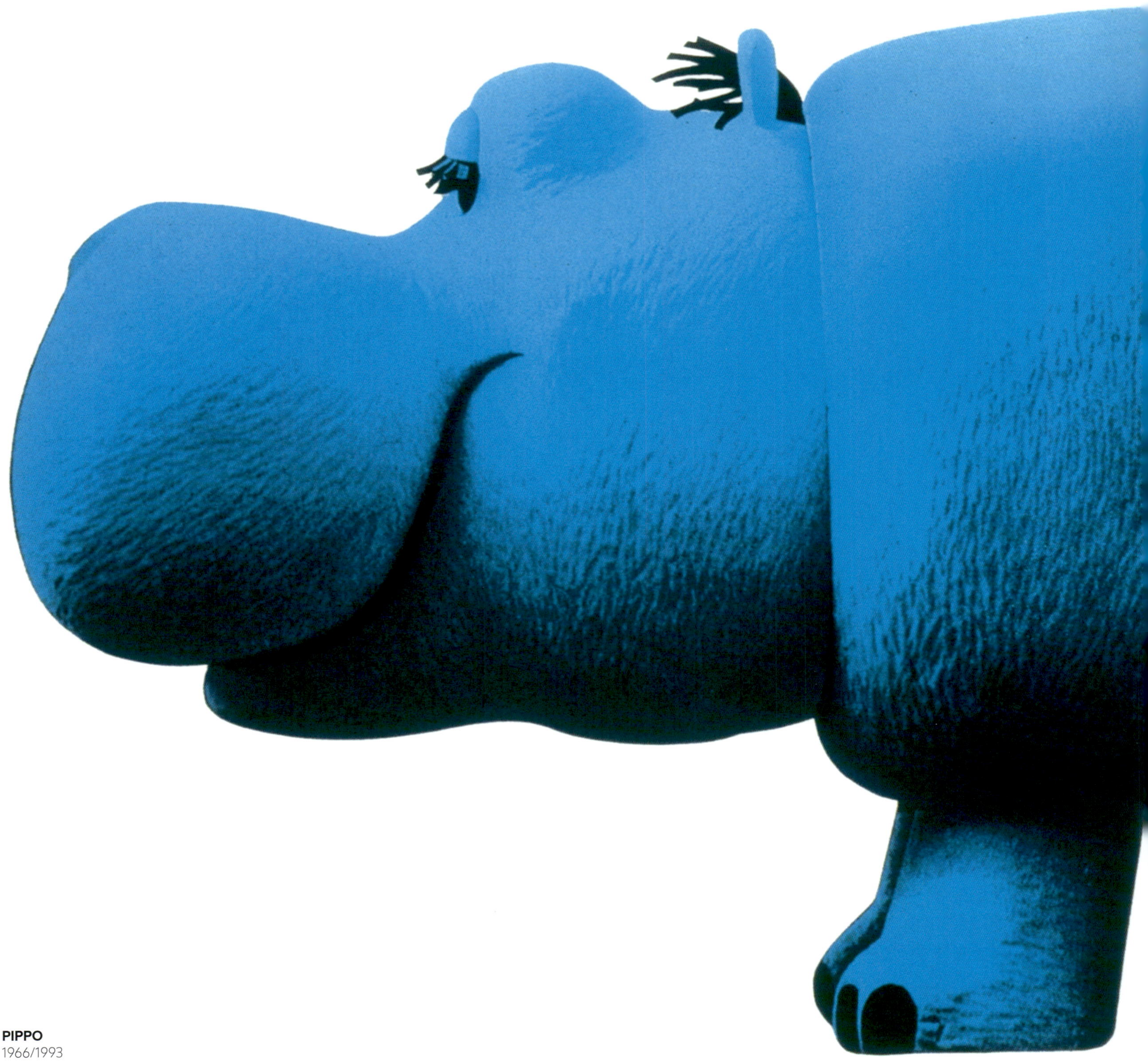

PIPPO
1966/1993

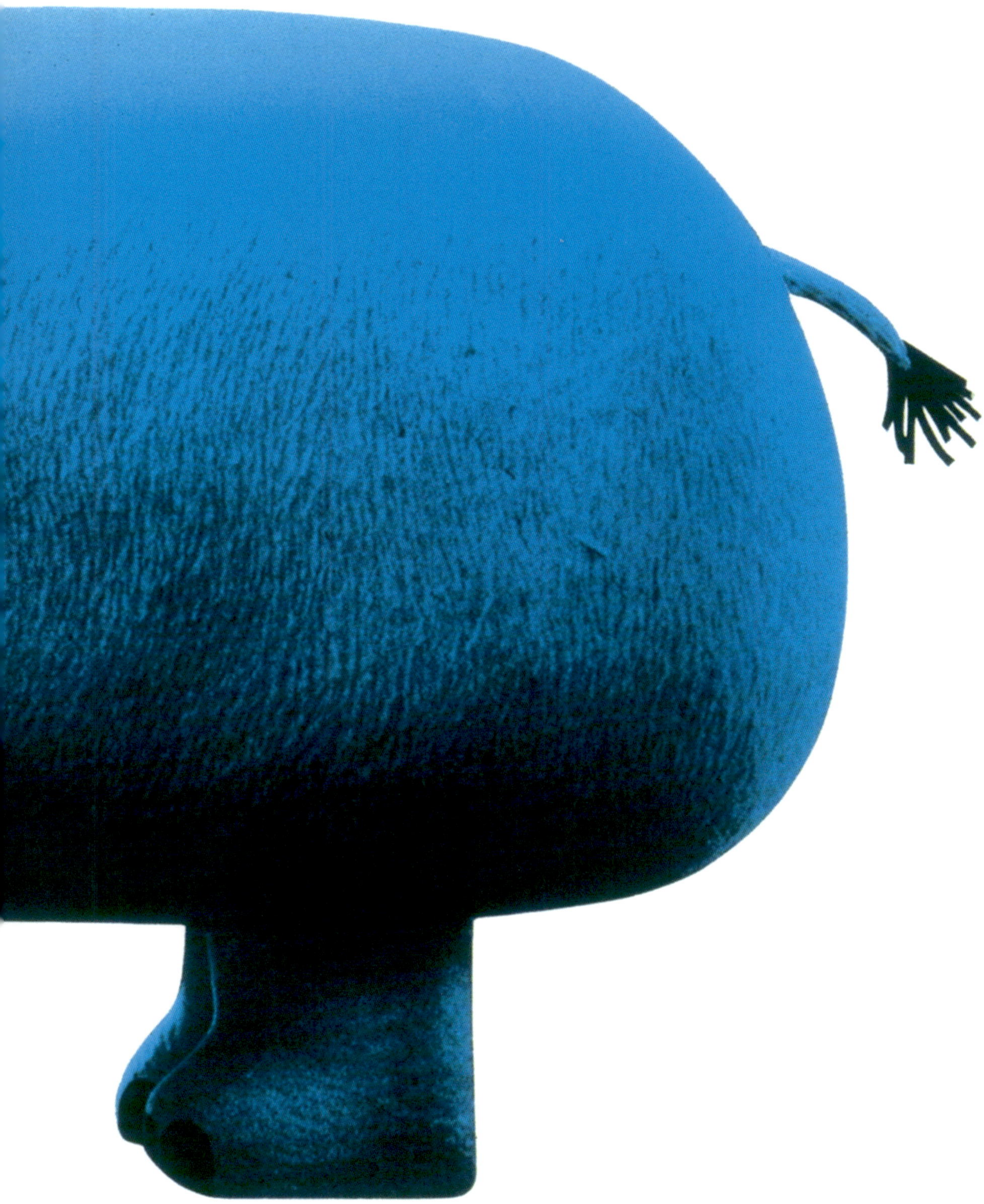

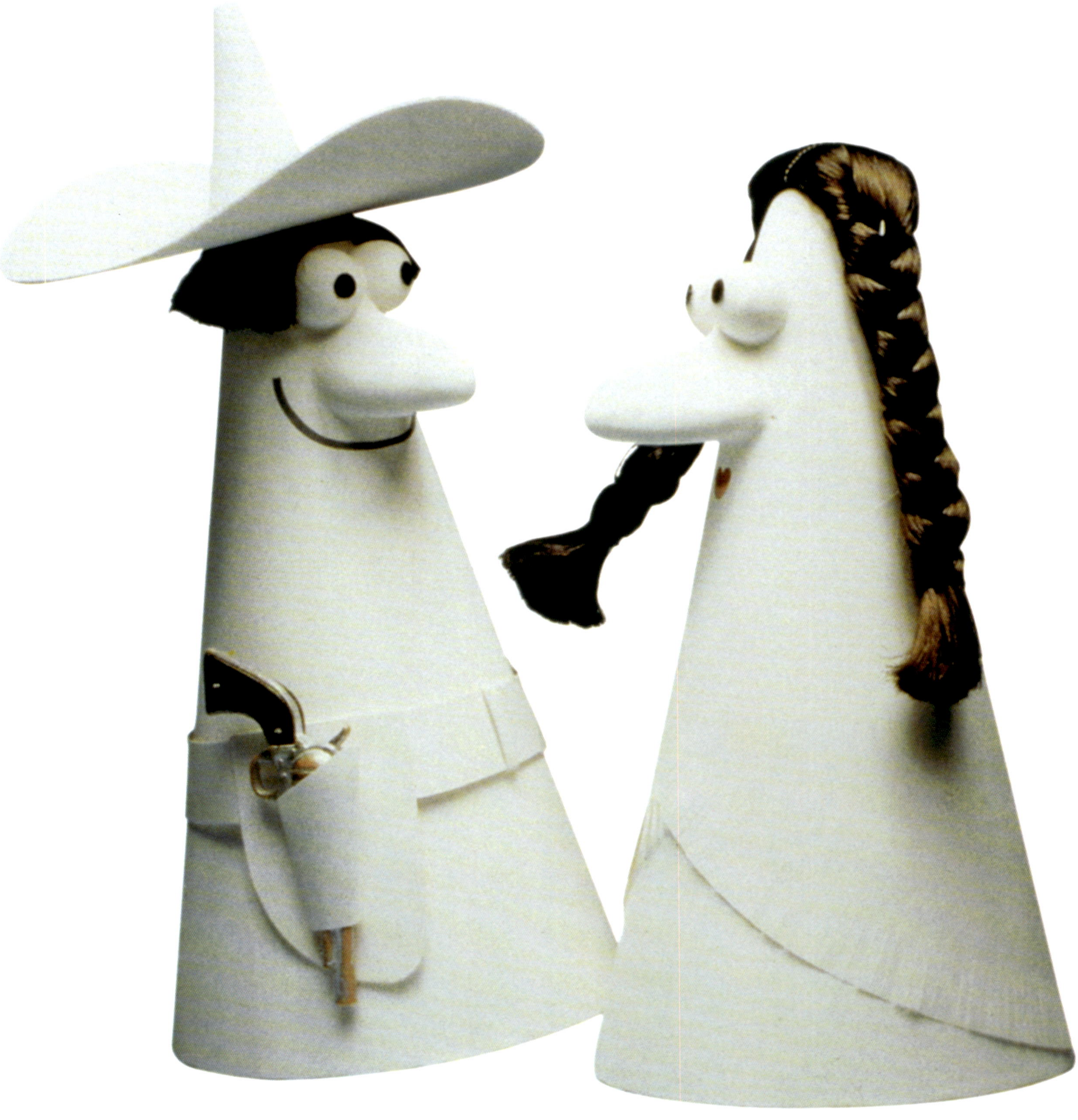

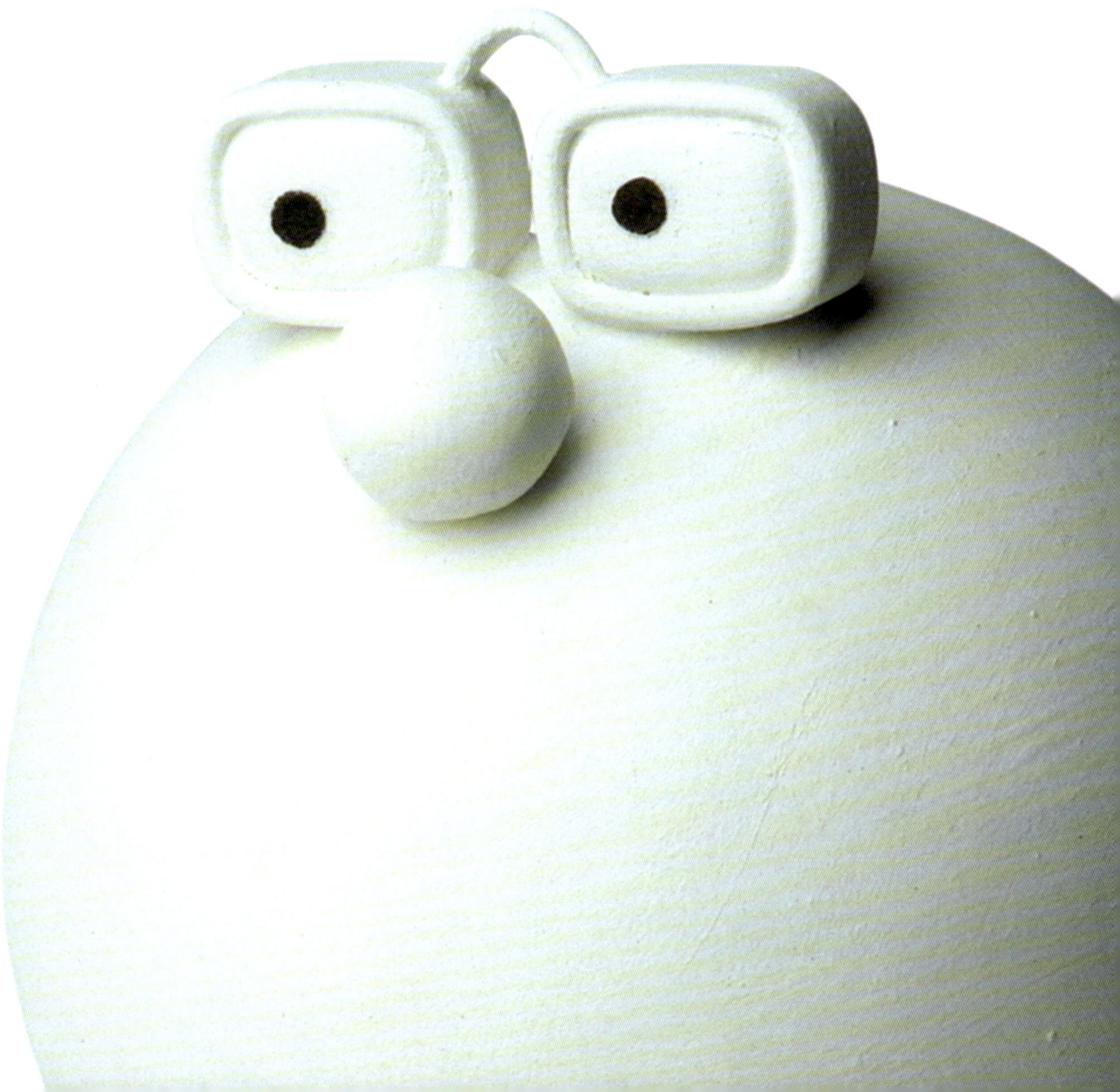

CABALLERO & CARMENCITA
1965

PAPALLA
1966

Carosello

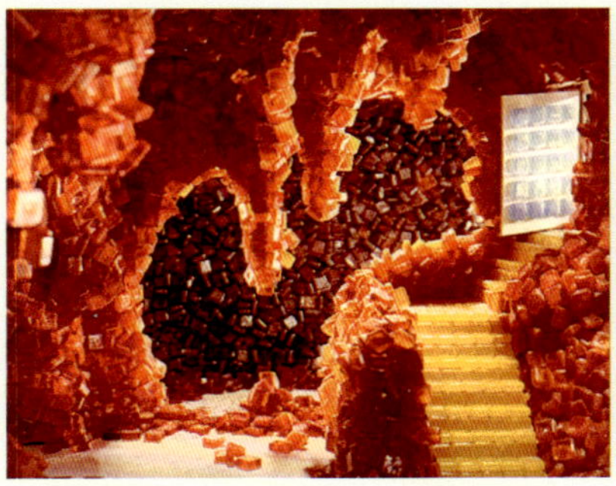
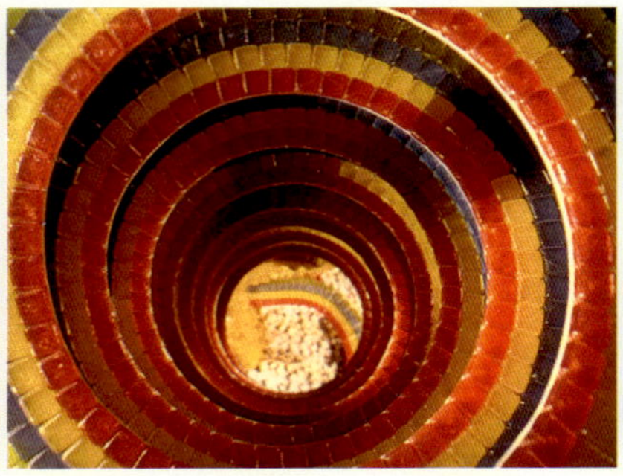
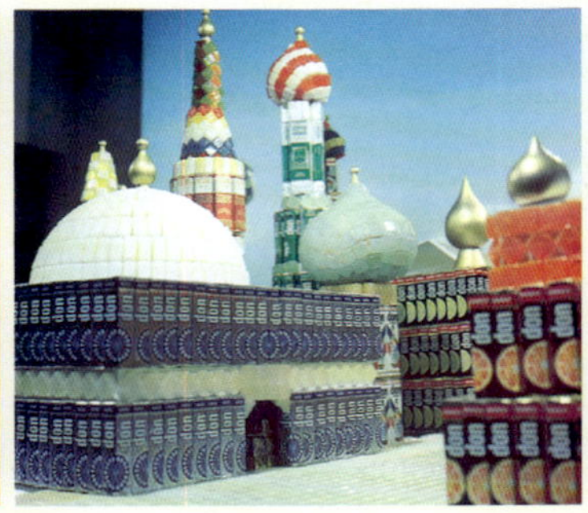
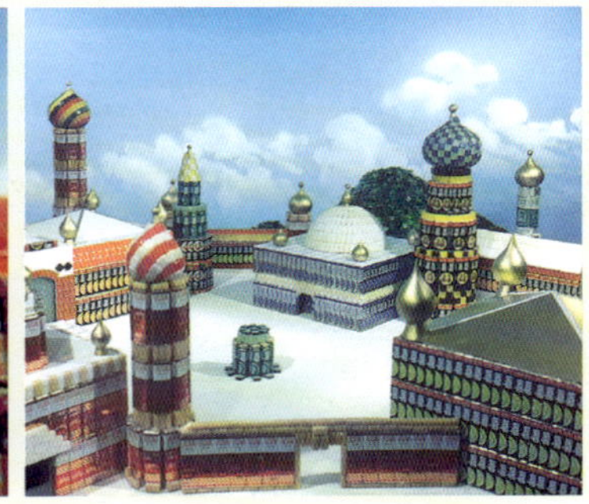
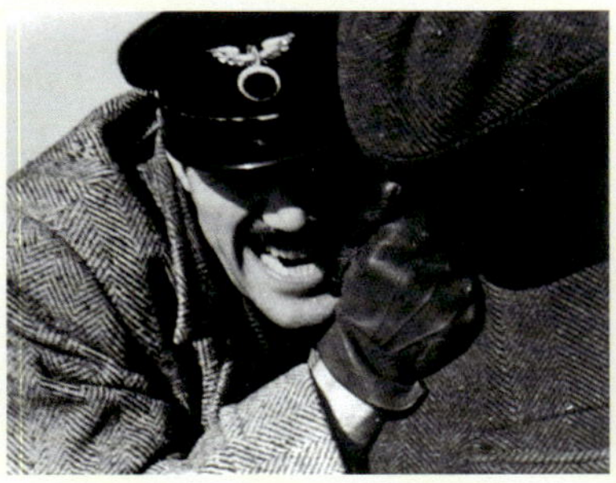
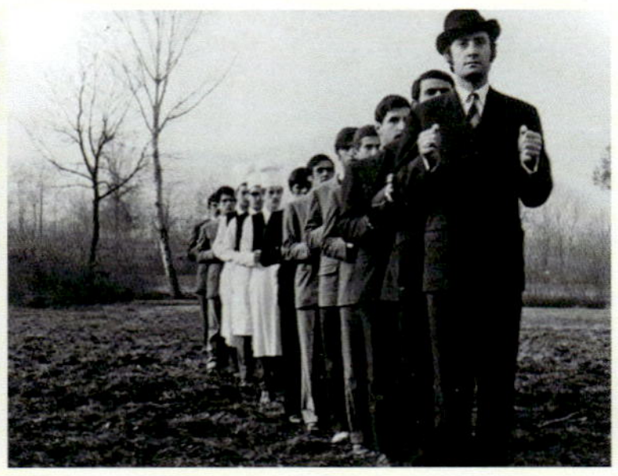
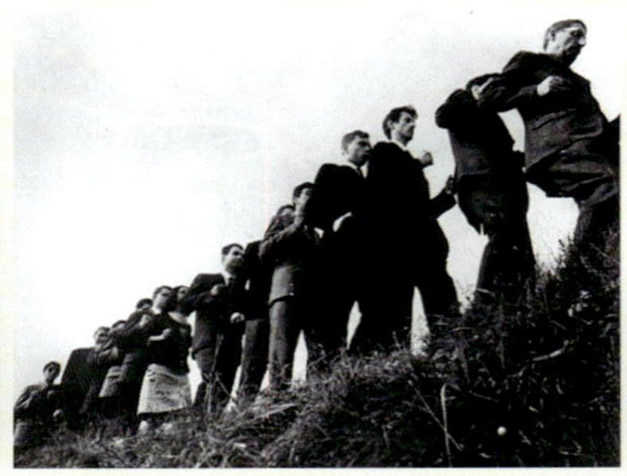
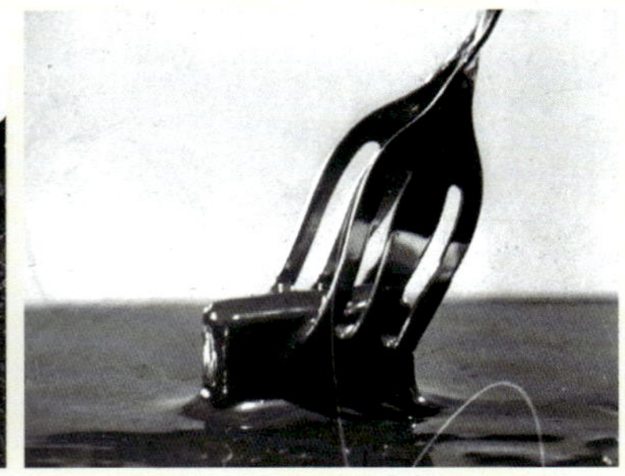
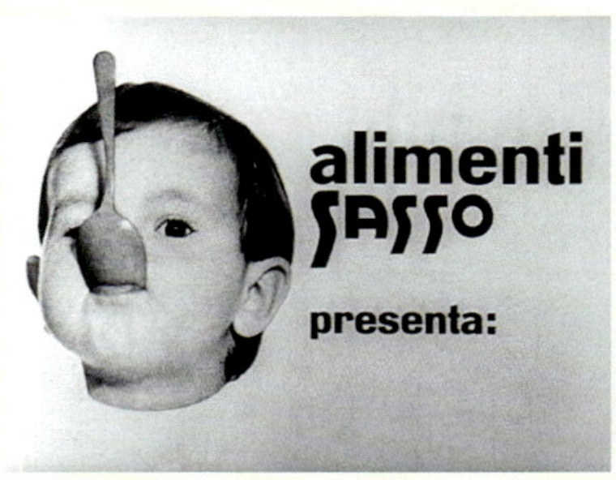
alimenti
SASSO
presenta:
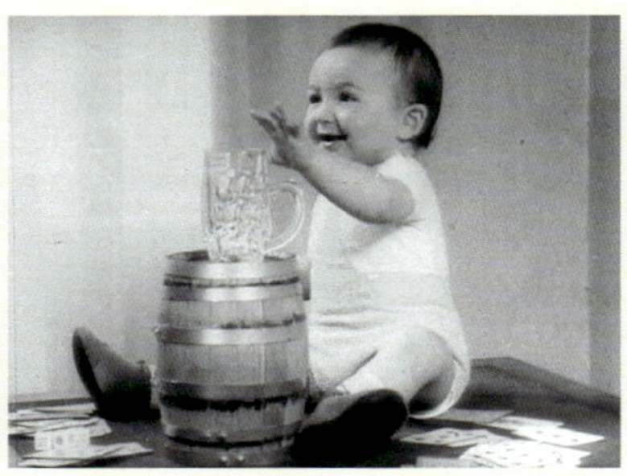
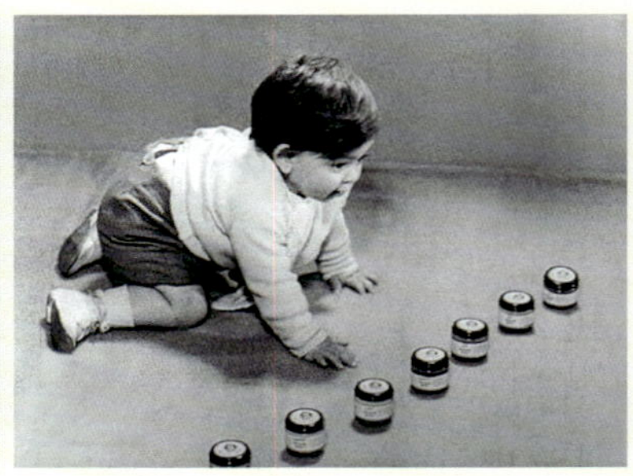
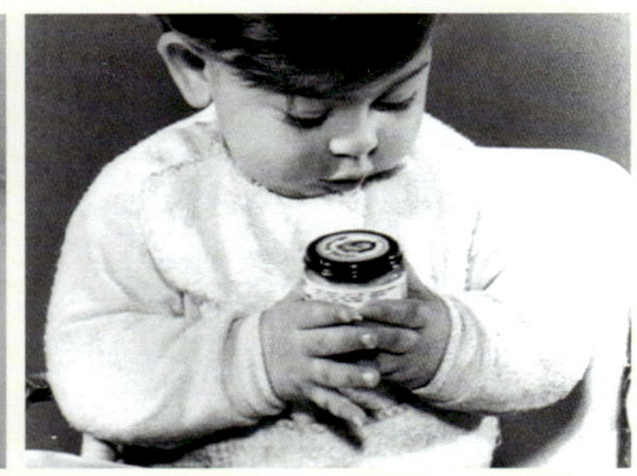
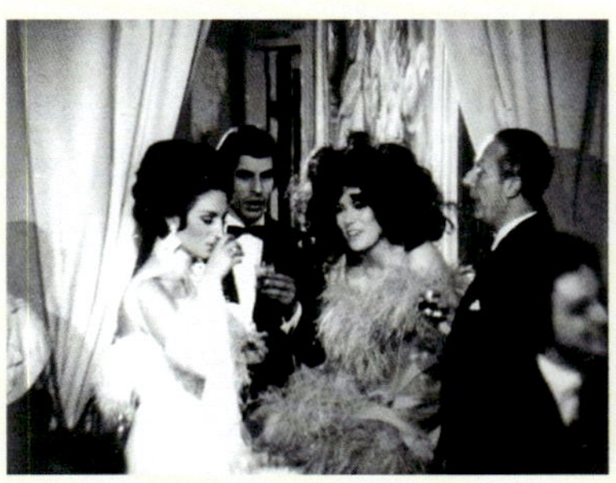
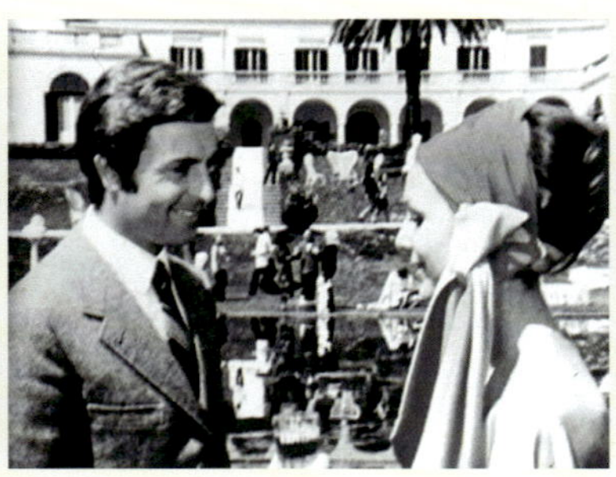
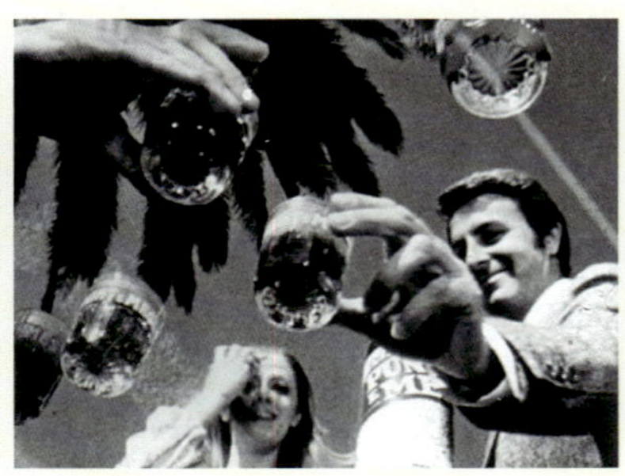
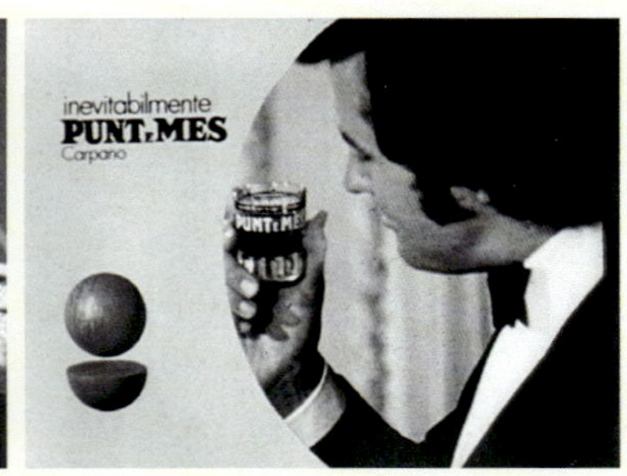
inevitabilmente
PUNT e MES
Carpano
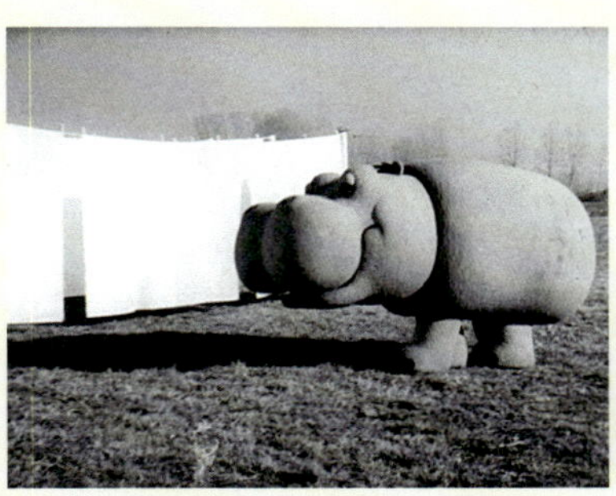
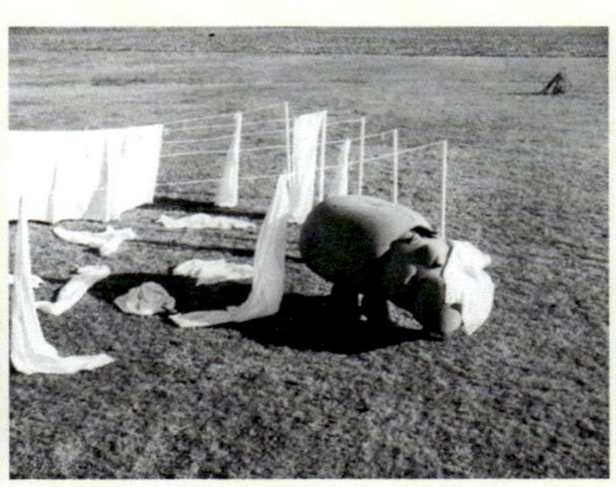
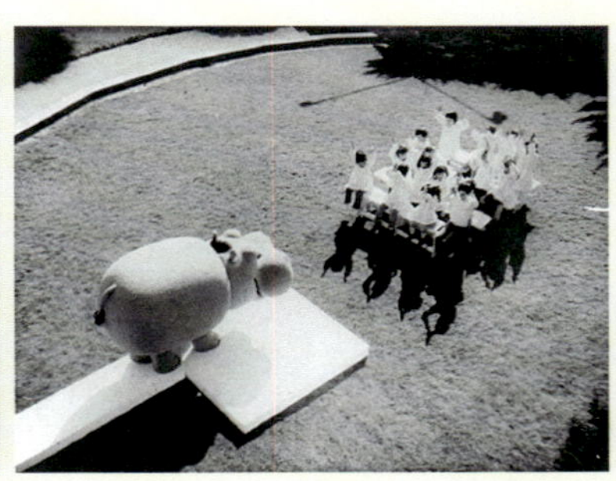
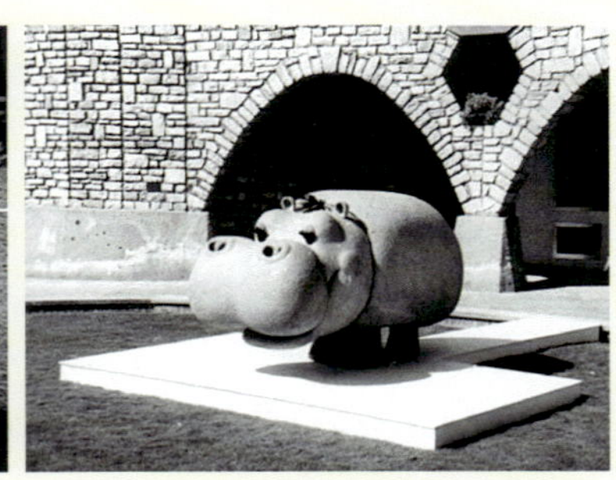

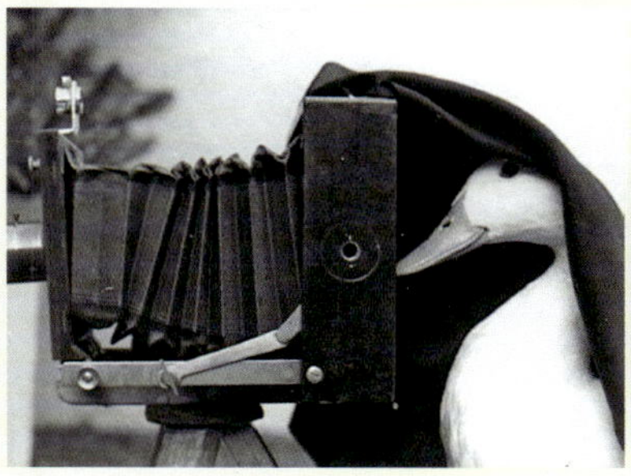
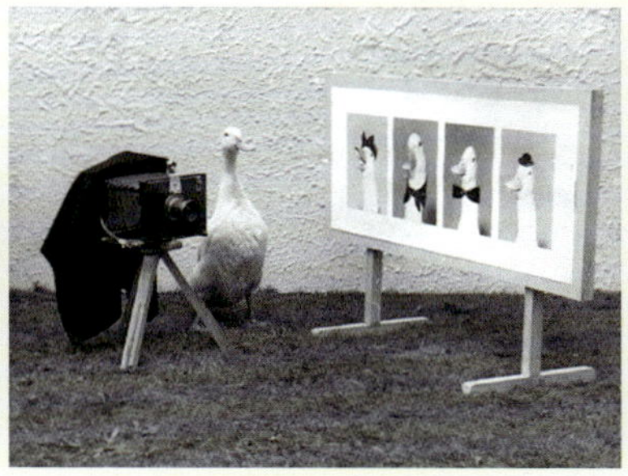
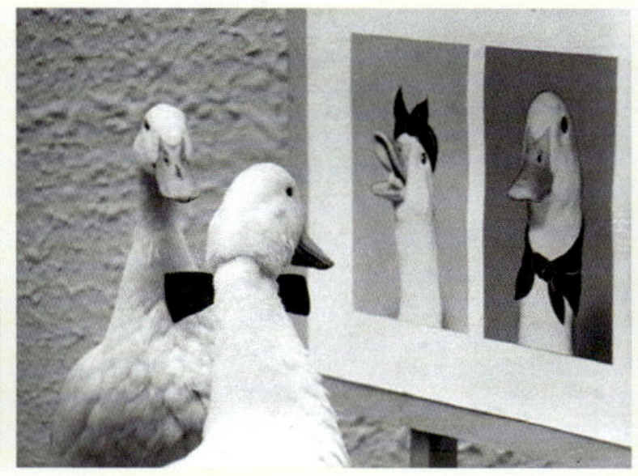
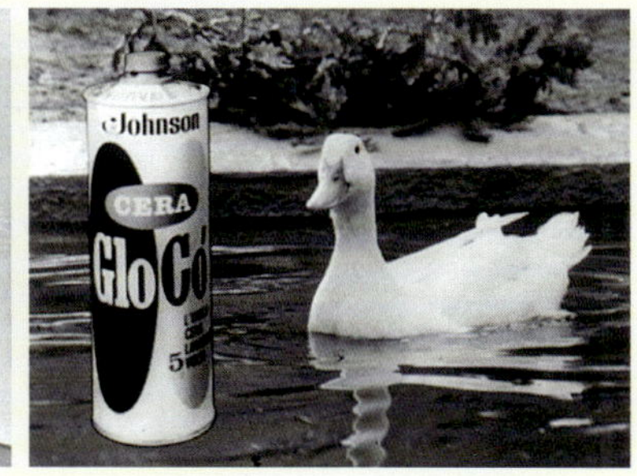
Johnson
CERA
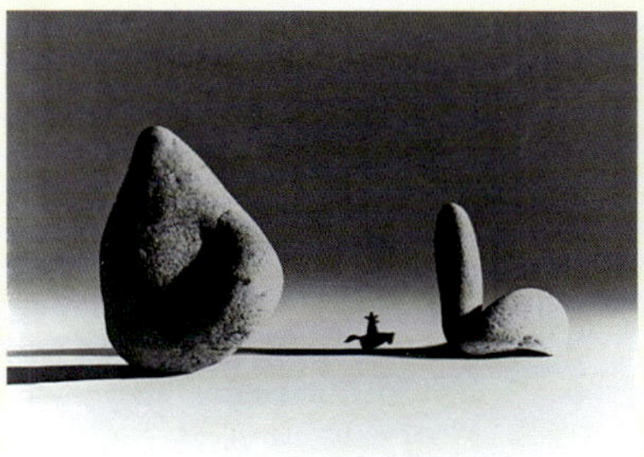
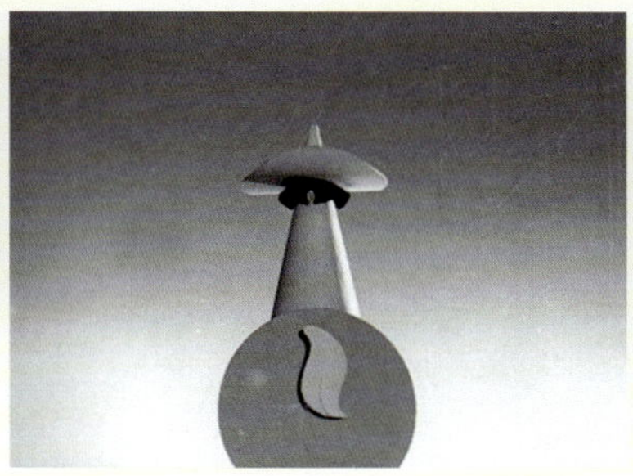
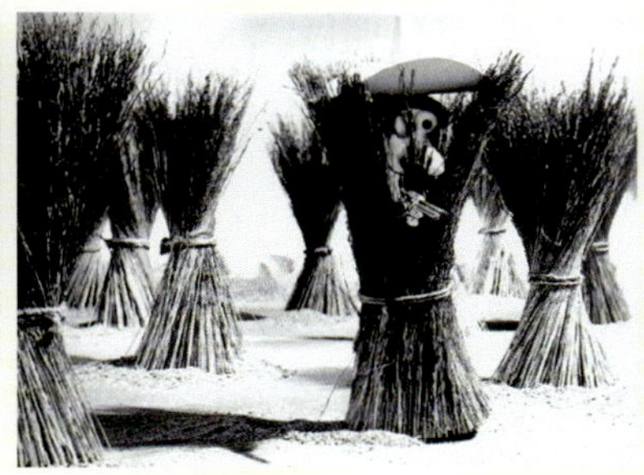
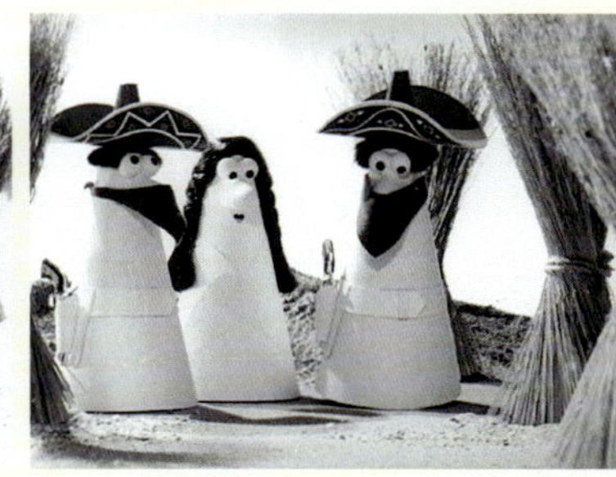
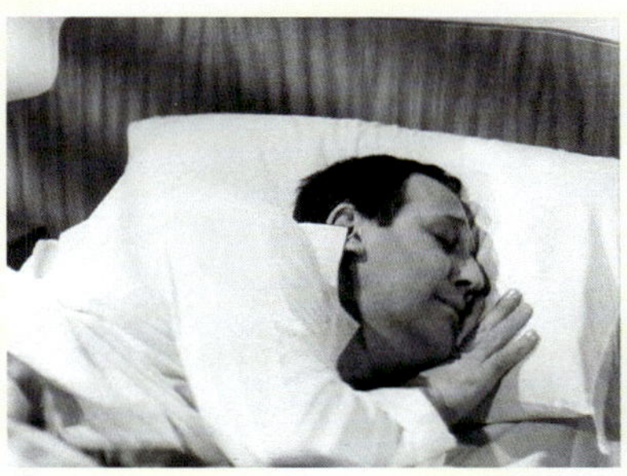
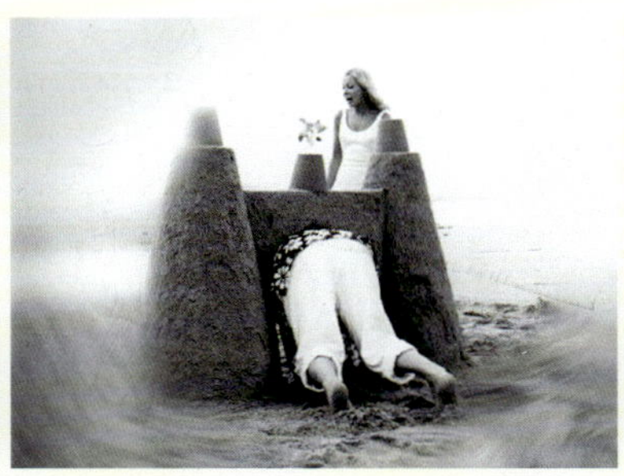
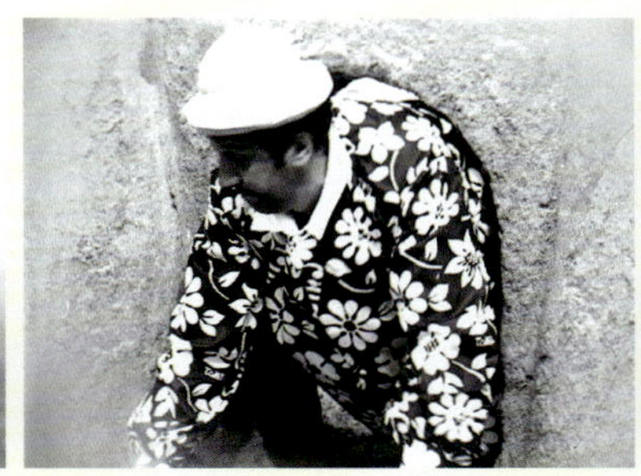
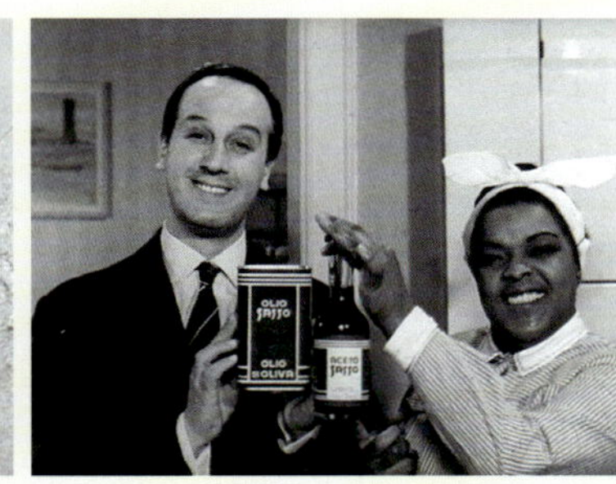
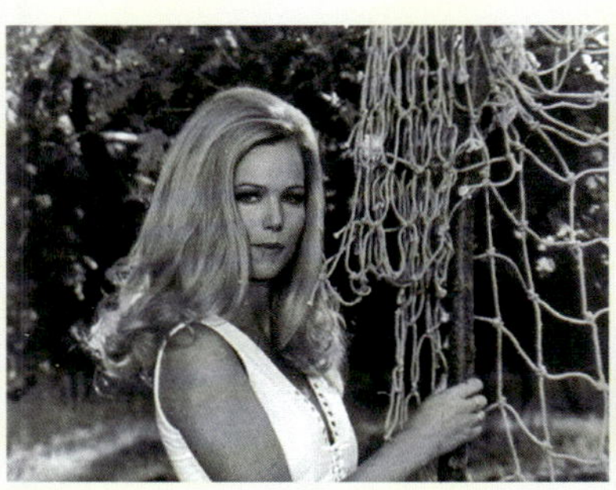
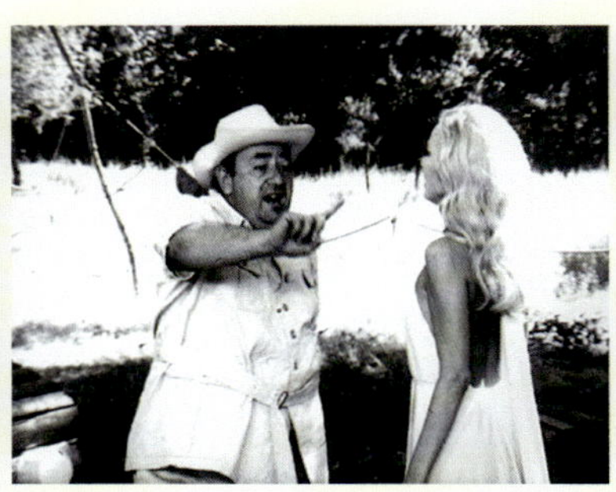
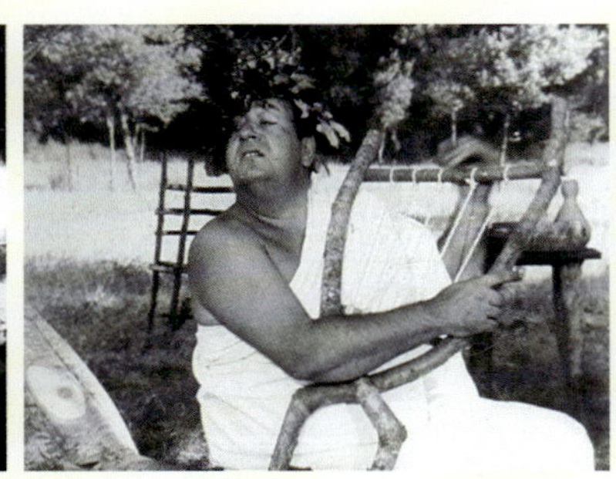
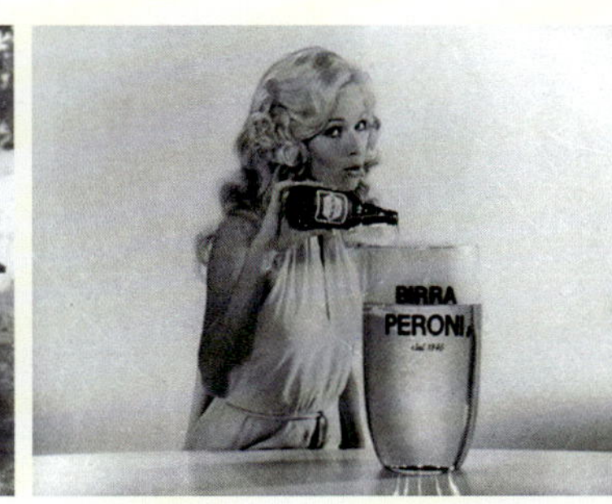
BIRRA
PERONI
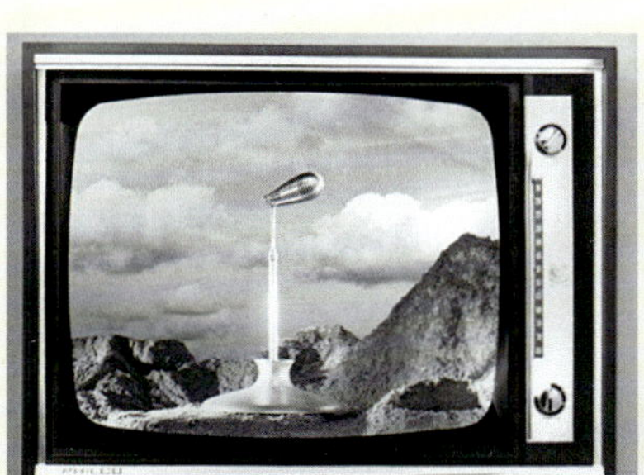
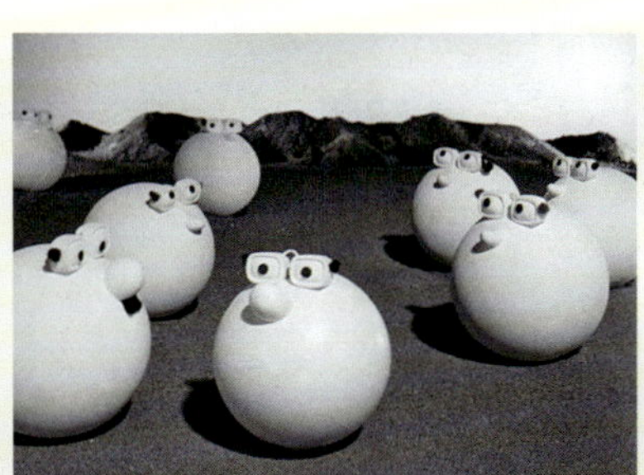
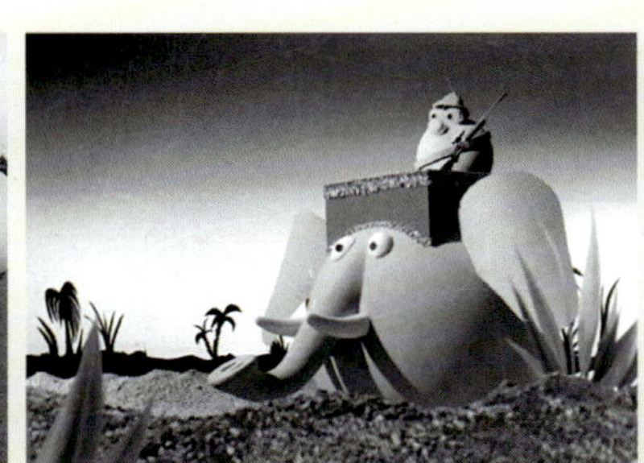
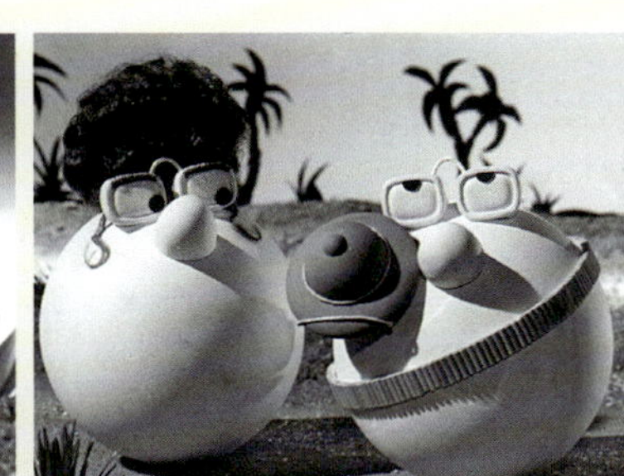

5.

La foto è un po' come gli spaghetti: piace a tutti, certamente però non bisogna sbagliare il sugo

Uno stile ben distinguibile è una comodità creativa. Io ho sempre scelto l'altra strada, perché in fatto di creatività sono curiosissimo. Quando negli anni cinquanta arrivarono il marketing ed il fotocolor, ricordo che il mio obiettivo artistico fu: non avere uno stile. Perché, se io facevo un manifesto, dovevo dire quello che dovevo dire, e cercavo di vedere come avrei potuto esprimermi in tutte le maniere che mi piacevano. Ma ogni tanto ho anche io dei fantasmi che mi girano per la mente: una forma, una materia, la corda, la sfera. Non parliamo delle mani e delle dita, perché ne sono quasi ossessionato (a tal punto da realizzarne delle mostre pittoriche). Quando la ditta di vernici Sikkens mi commissionò, insieme ad altri 9 artisti, un murales, realizzai delle mani nere su uno sfondo bianco, rappresentate nell'atto di misurare lo spazio "a spanne". Un'opera essenziale ma dal deciso impatto visivo.
La fotografia, quando arrivò nel mondo della pubblicità, fu veramente più dell'arrivo dell'aereo nel mondo dei trasporti, consentendo di raggiungere livelli mai avuti nella storia. Però negli ultimi anni la fotografia soffre della sindrome da noia quotidiana. Per me la fotografia è dipingere con la macchina fotografica. Io guardo la fotografia come guardo un disegno, manipolo la fotografia, la lascio integra e me ne servo, ma esattamente come quando disegno un'immagine. Fortunatamente abbiamo poi riscoperto la gioia della foto in bianco e nero, la gioia della foto malfatta. Riscoprire il fascino del non-perfetto: è questa una delle cose estremamente importanti. Avete notato che in generale i ritratti più belli sono in bianco e nero? Perché il colore è il banale quotidiano. Per la fotografia nascere in bianco e nero è stato uno sbaglio, doveva nascere subito a colori. Il bianco e nero è già un'interpretazione artistica, è violento e provocatorio nella sua filosofia monocromatica. Oggi, con l'abuso del colore, ci siamo di nuovi accorti che il bianco e nero è il primo filtrato, la prima metafora creativa dell'uomo.

The photo is a bit like spaghetti: everyone likes it, but you shouldn't get the sauce wrong

A clearly distinguishable style is a creative convenience. I have always chosen the other path, because I am very curious when it comes to creativity. In the 1950s, with the novelties of marketing and photocolor, I remember that my artistic goal was: not to have a style. Because, if I made a poster, I had to say what I had to say, and I tried to see how I could express myself in all the ways I liked. But every now and then I also have ghosts that wander around my mind: a shape, a material, the rope, the sphere. Let's not talk about hands and fingers, because I am almost obsessed with them (to the point of creating pictorial exhibitions on them). When the Sikkens paint company commissioned me to create a mural together with other nine artists, I created black hands on a white background, represented in the act of measuring the space "with hand's span". An essential work, but with a strong visual impact.

When photography arrived in the world of advertising, it was truly more than the arrival of the airplane in the world of transport, allowing to reach levels never seen before. However, in recent years photography has suffered from daily boredom syndrome. For me photography is painting with the camera. I look at the photograph as I look at a drawing, I manipulate the photograph, I leave it intact and make use of it, exactly as when I draw an image. Fortunately, we then rediscovered the joy of the black and white photo, the joy of the poorly taken photo. Rediscovering the charm of the non-perfect: this is one of the most important things. Have you noticed that in general the most beautiful portraits are in black and white? Because colour is everyday's banality. For photography, being born in black and white was a mistake, it should have been born in colour straight away. Black and white is already an artistic interpretation, it is violent and provocative in its monochromatic philosophy. Today, with the abuse of colour, we have once again realized that black and white is the first filter, the first creative metaphor of man.

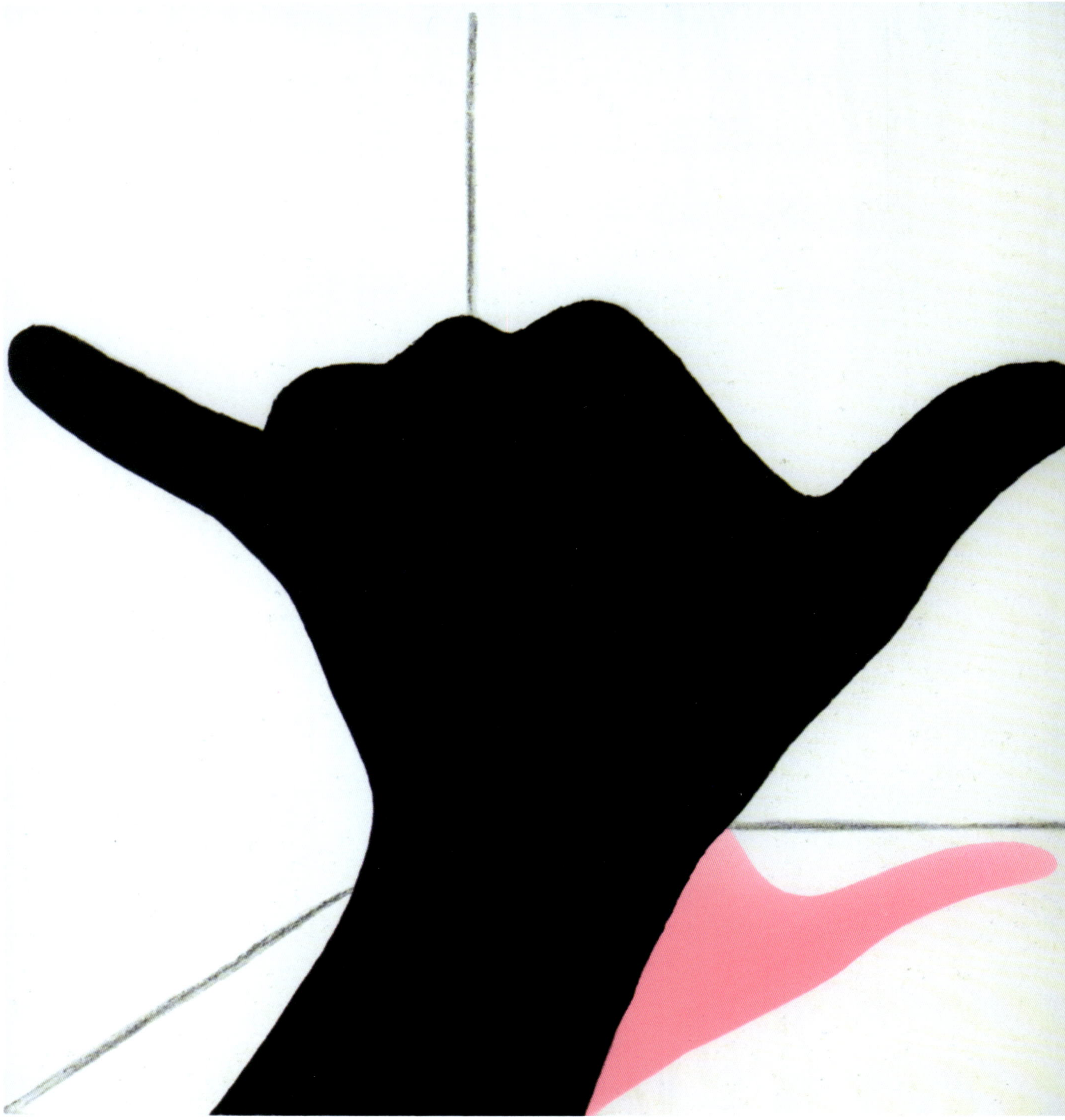

A SPANNE
1982

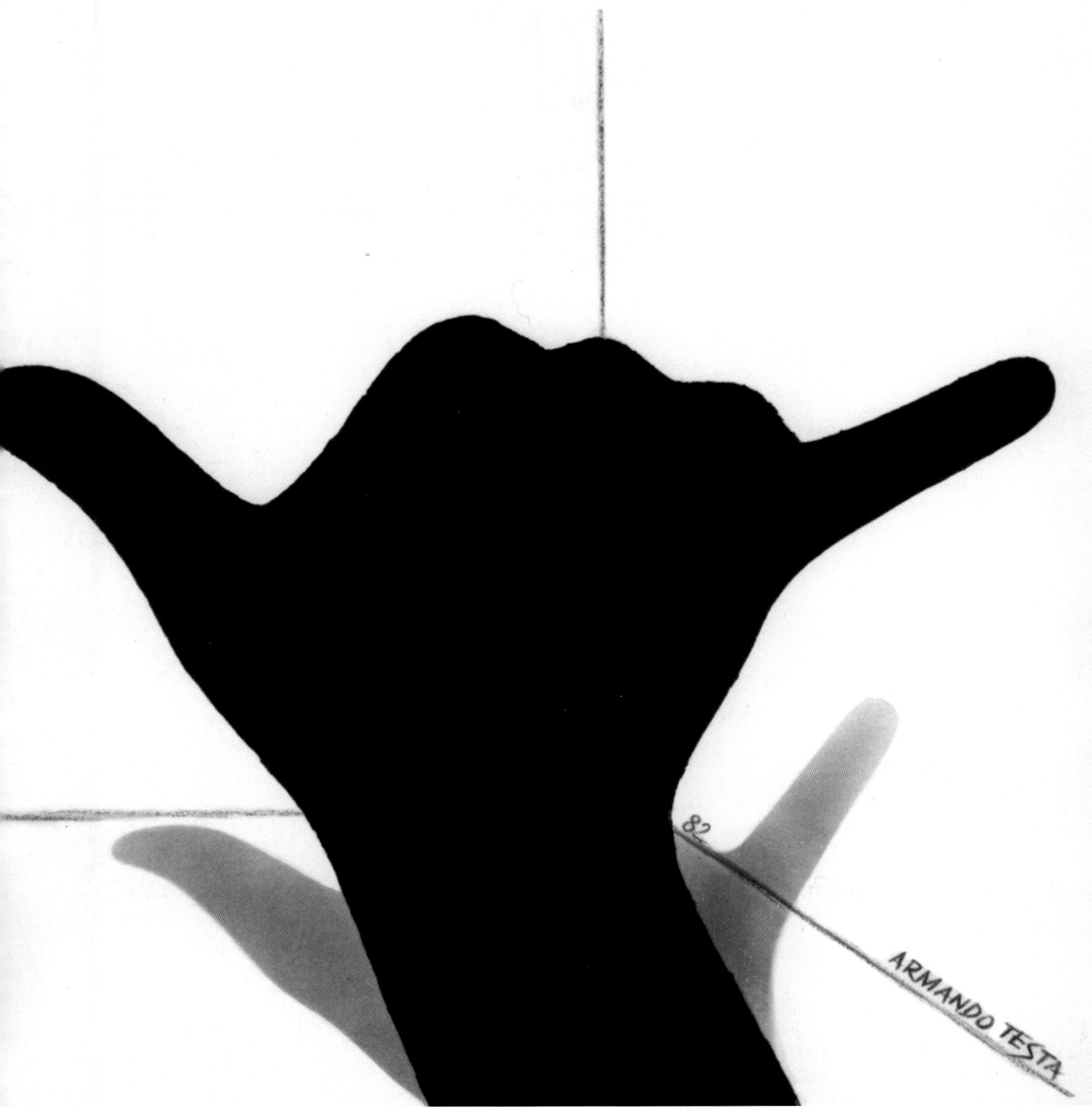
82
ARMANDO TESTA

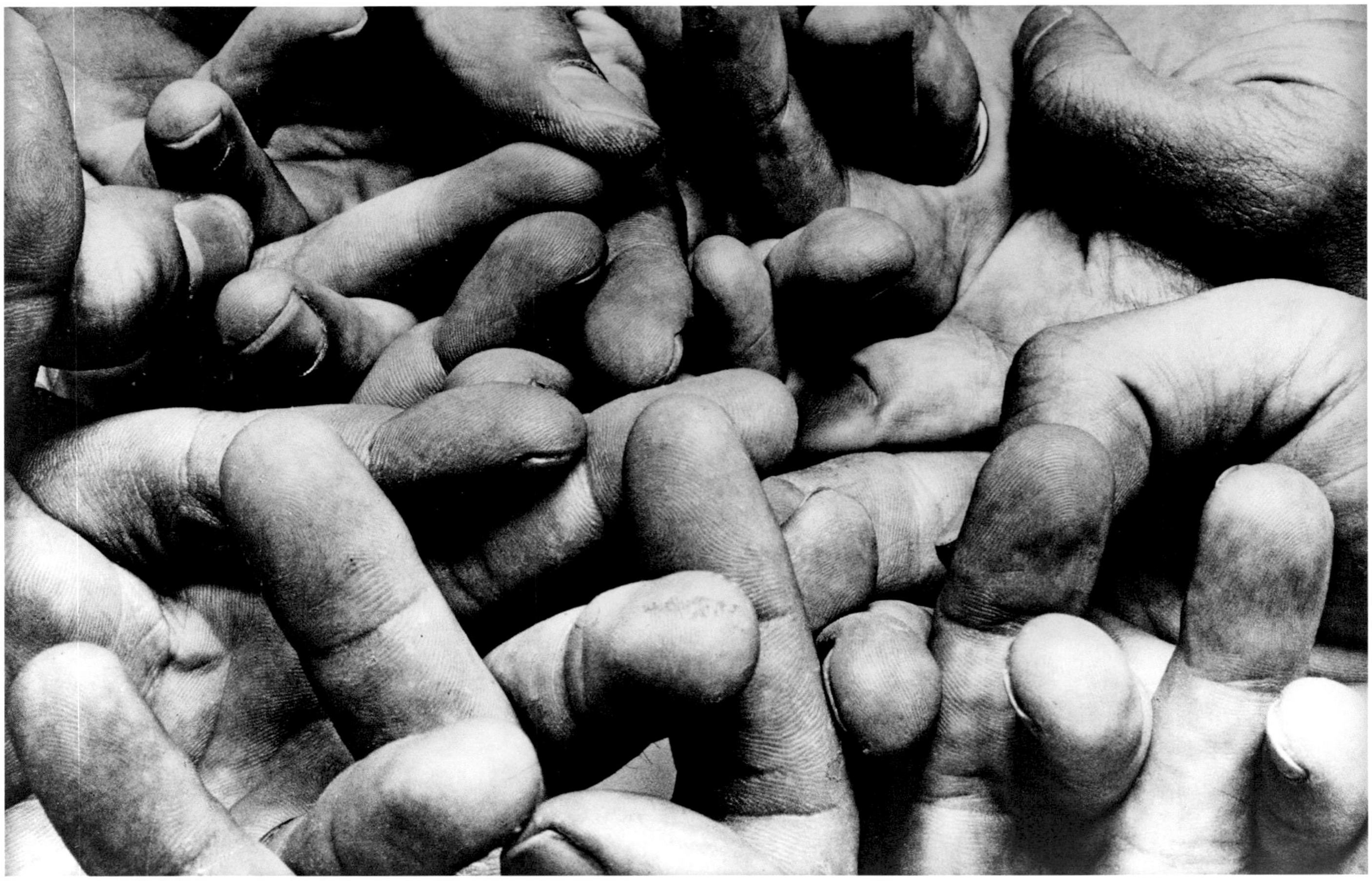

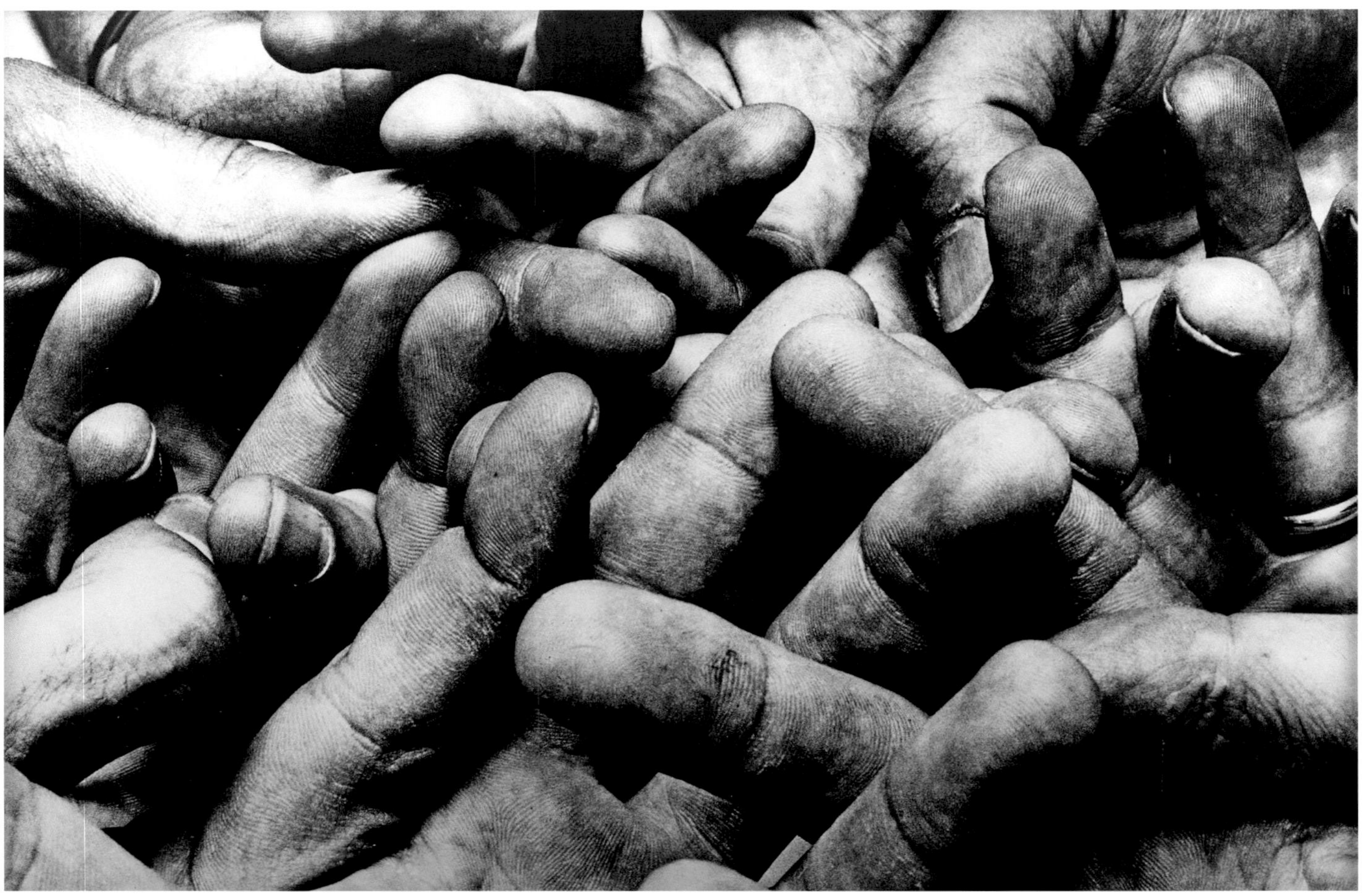

DITA (PERFORMANCE)
1975

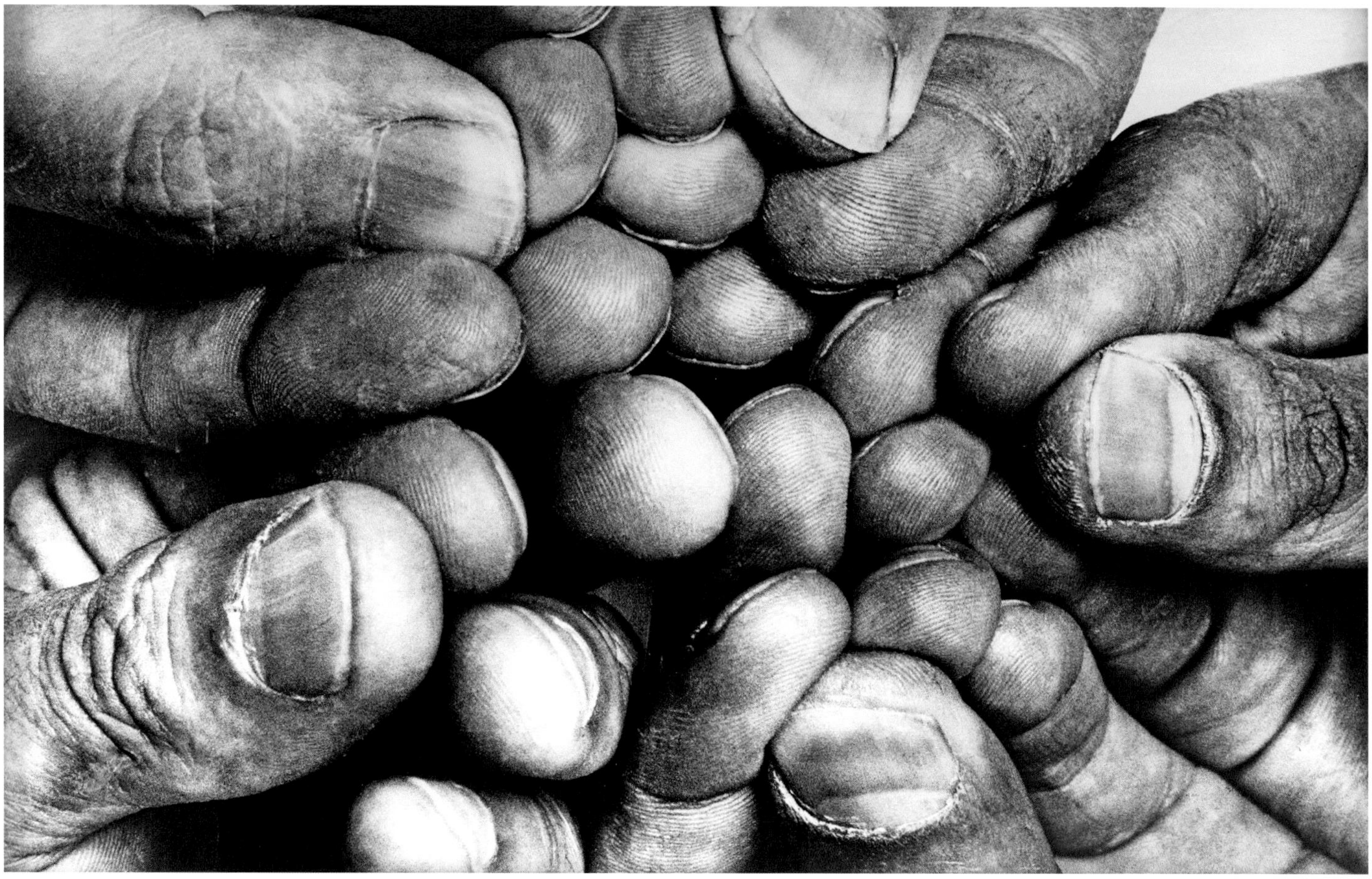

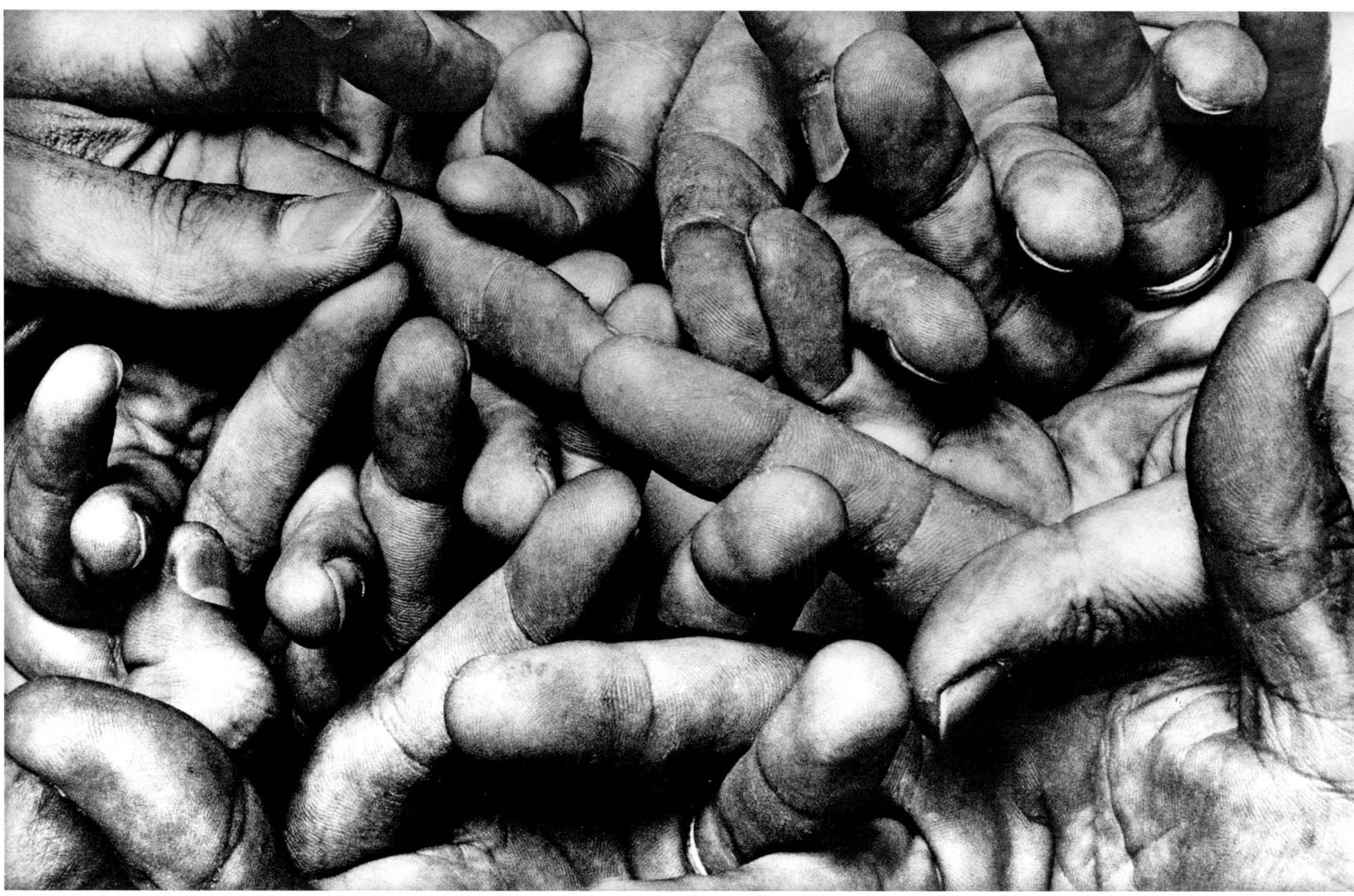

Per molto tempo ho considerato l'astrattismo come un alibi: solo più tardi ho scoperto invece che ero un astratto per istinto [...] Ciò che m'interessava di più era la sintesi

For a long time I considered abstract art as an alibi: only later did I discover that I was an abstract person by instinct [...] What interested me most was synthesis

CINE CLUB
1987

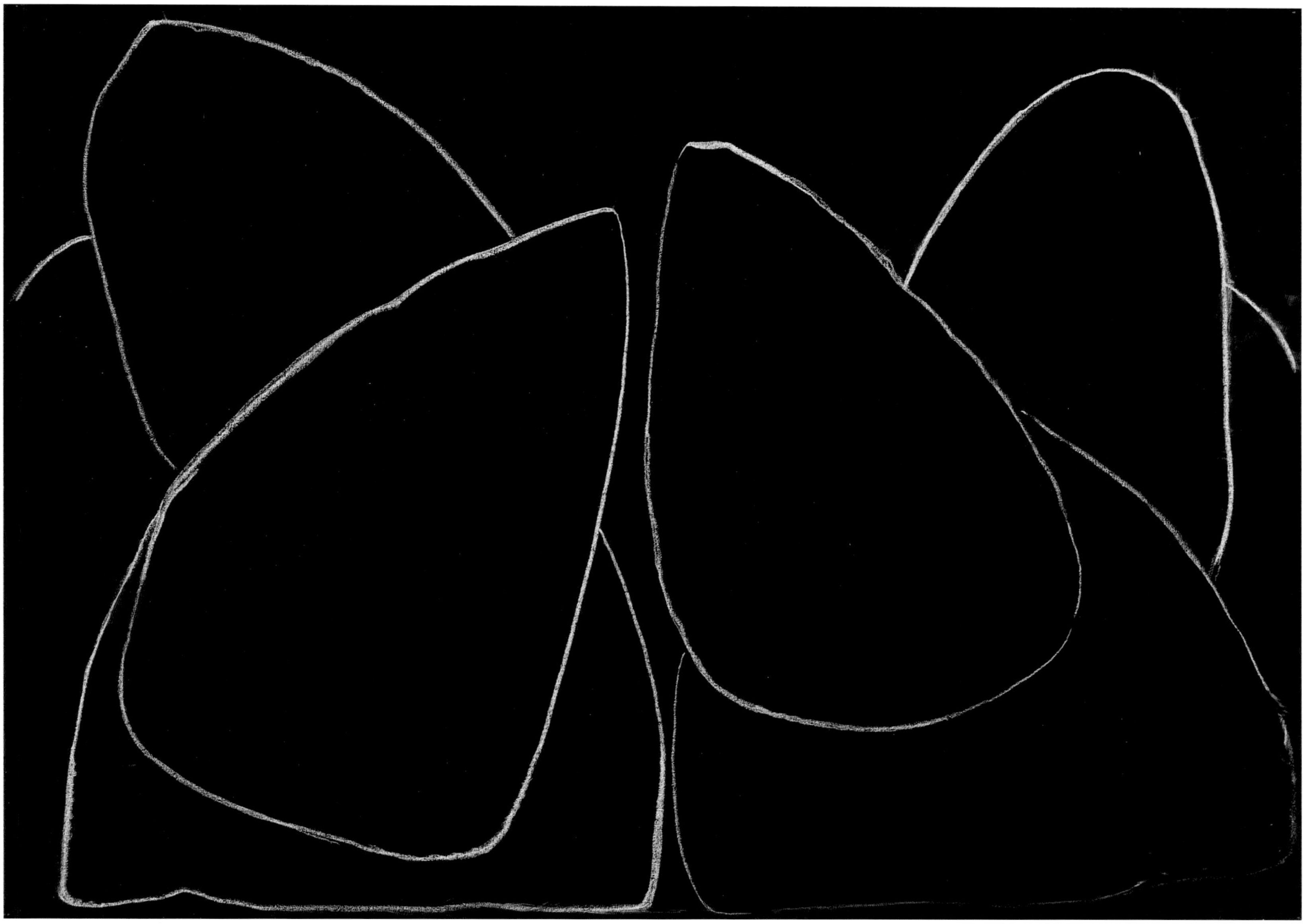

SENZA TITOLO
1984

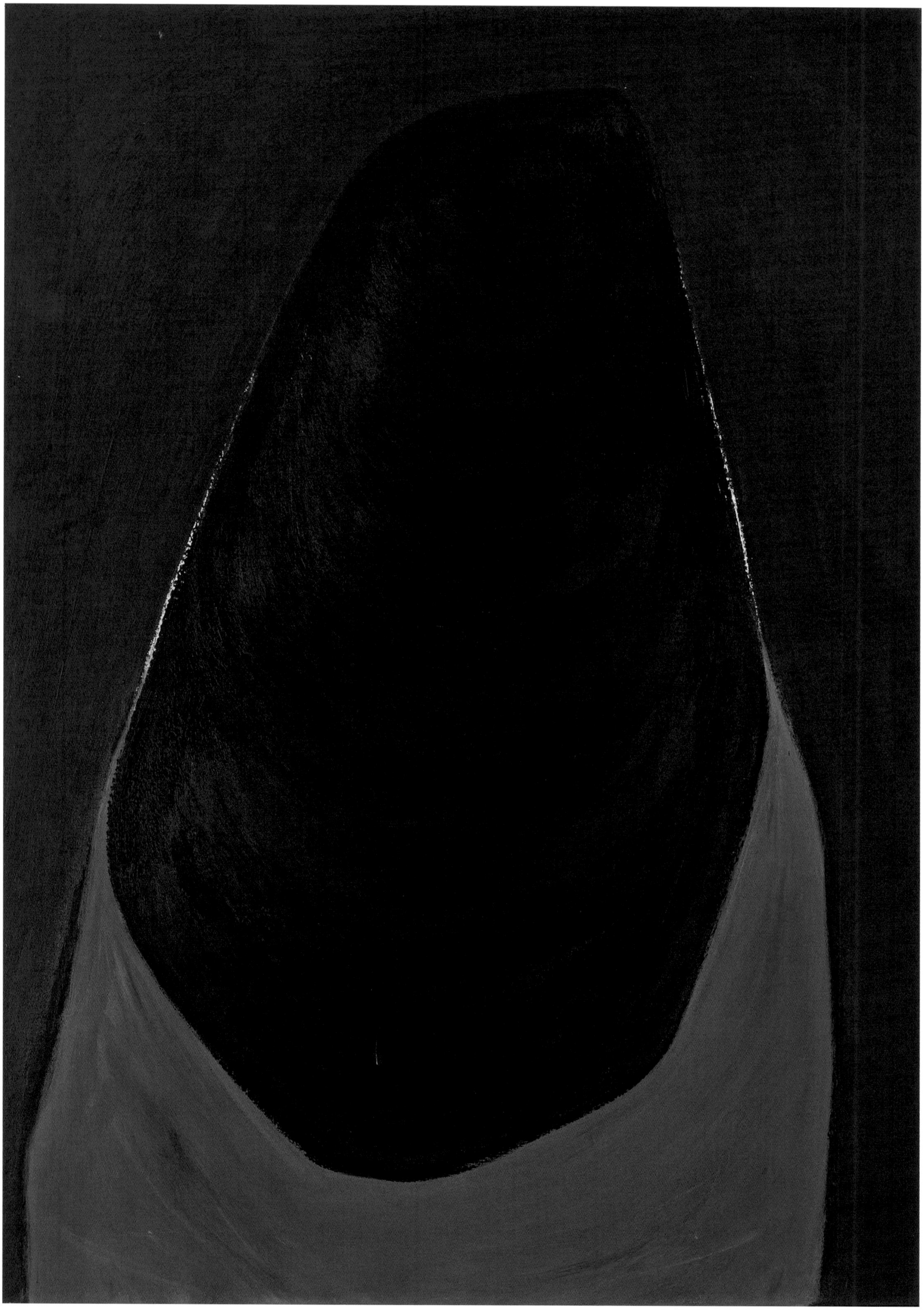

6.

Metamorfosi

Nel 1968, mentre nelle piazze crollavano i miti della tradizione, una vecchia cartolina speditami da un militare fu per me un'occasione rivoluzionaria. Da allora, ogni anno, la cartolina augurale è diventata un momento di divertimento e di ricerca sul banale quotidiano dove due olive diventano una coppia di amanti e dove un pezzo di parmigiano ricorda i faraglioni di Capri. Con lo stesso spirito mi sono divertito a creare delle serigrafie a tiratura limitata in cui un tubo diventa un cane randagio o un dito con l'unghia rossa un gigantesco uccello africano oppure a studiare infinite variazioni sul tema del dito pubblicandole sulle riviste.

È stata una specie di rivolta personale il creare opere non destinate ai muri né ai giornali. Nel mio mestiere devo esaltare quotidianamente il cibo tra posate preziose, bocche avide, piatti scintillanti, ma a volte provo il desiderio di mollare tutto, stringere la mano al kitsch e interpretare spaghetti, frutta, prosciutto e uova in liberi e voluttuosi accostamenti e fare dell'arte visiva in cucina. In questa ironia vedo dei valori grafico-pittorici, perché, per esempio, scopro che il prosciutto è "bello" come materia. Se assume una forma nuova, io lo rivivo in maniera diversa, mi interessa. Quando ho realizzato la poltrona di prosciutto (*La poltrona*, 1978) ero veramente felice. Non solo perché era un'idea realmente originale, ma perché era sontuosa: l'idea di per sé stessa di avvolgersi in doppio petto nel prosciutto era proprio fisicamente nuova. Io propongo questo perché mi sembra di essere agli inizi, di rivivere queste materie. Questi anni di verismo ad oltranza, oggi ci fanno sognare un ritorno ad una creatività più ambigua per rinnovare l'attenzione ed i ricordi; perché il vero quando non è riscattato da una trovata geniale, da una furba stupidità o da una cattiveria voluta, è solo vero qualunque, cioè poco.

Metamorphosis

In 1968, while the traditional myths were collapsing in the streets, I saw an old postcard sent to me by a soldier as a revolutionary opportunity. Since then, every year, the greeting card has become a moment of fun and research into the trivial everyday life, where two olives become a pair of lovers or a piece of parmesan cheese recalls the sea stacks of Capri. In the same spirit, I had fun creating limited edition silk-screen prints in which a tube becomes a stray dog or a finger with a red nail turns into a gigantic African bird, or studying infinite variations on the theme of the finger, publishing them in magazines.

It was a kind of personal revolt to create works not intended for walls or newspapers. In my job I have to exalt food every day between precious cutlery, greedy mouths, glittering plates, but sometimes I feel the desire to give up everything, shake hands with kitsch and interpret spaghetti, fruit, ham and eggs in free and voluptuous combinations, while making visual art in the kitchen. In this irony I see graphic-pictorial values, because, for example, I discover that ham is 'beautiful' as a material. If it takes on a new form, I relive it in a different way, I'm interested. When I made the ham armchair (*La poltrona*, 1978), I was very happy. Not only because it was an original idea, but also because it was sumptuous: the very idea of wrapping yourself double-breasted in ham was physically new. I propose this because it seems to me that I am at the beginning, that I am reliving these subjects. These years of all-out realism make us dream today of a going back to a more ambiguous creativity to renew attention and memories; because the truth, when it is not redeemed by a brilliant idea, by a clever stupidity or by a deliberate malice, is just any truth, that is, not much.

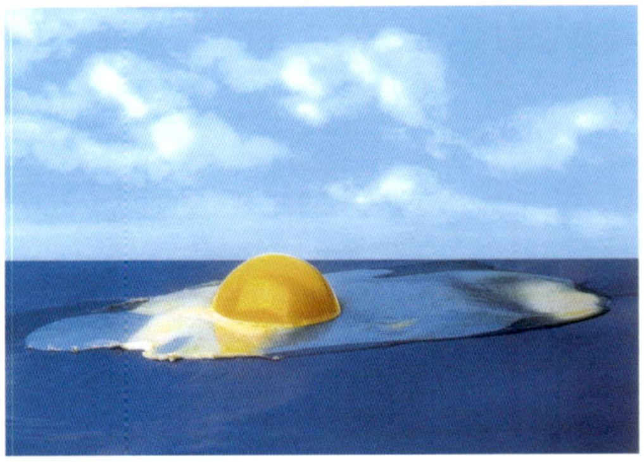
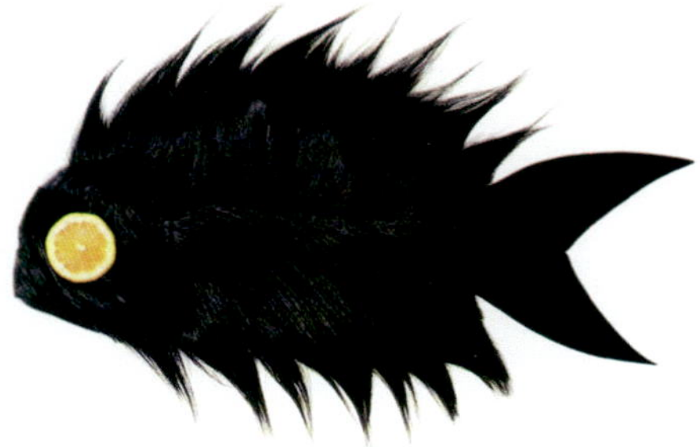
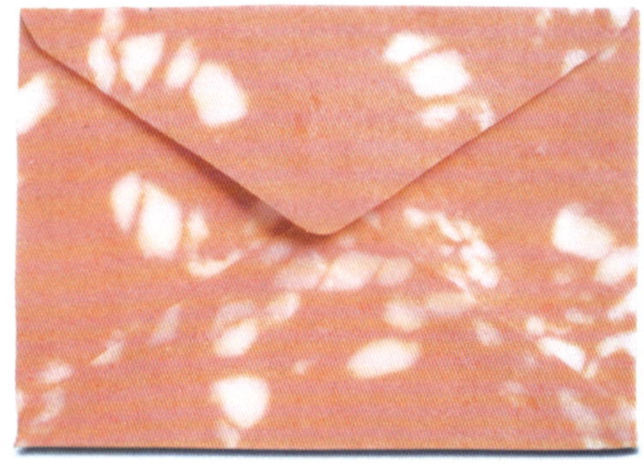
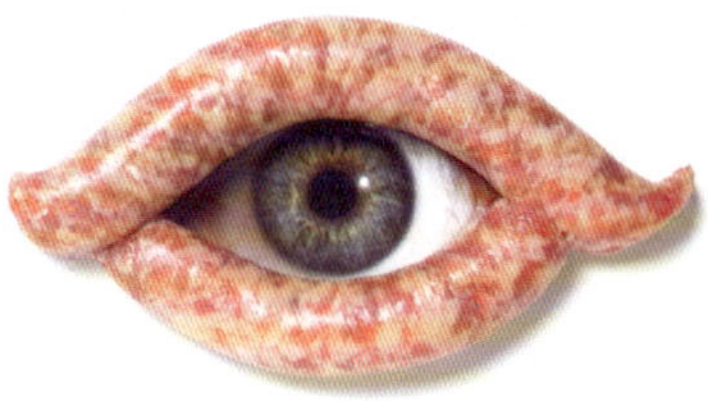
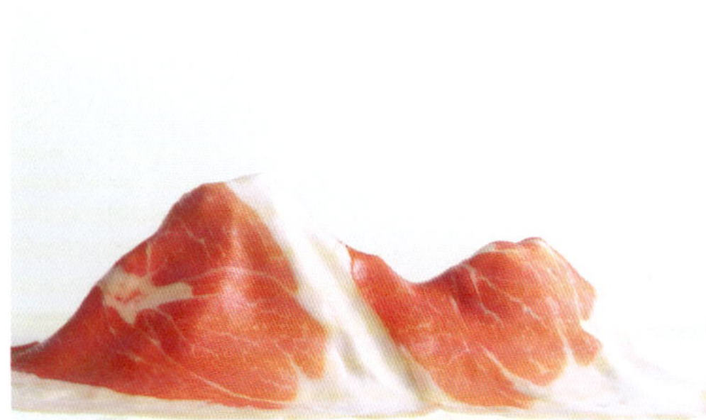
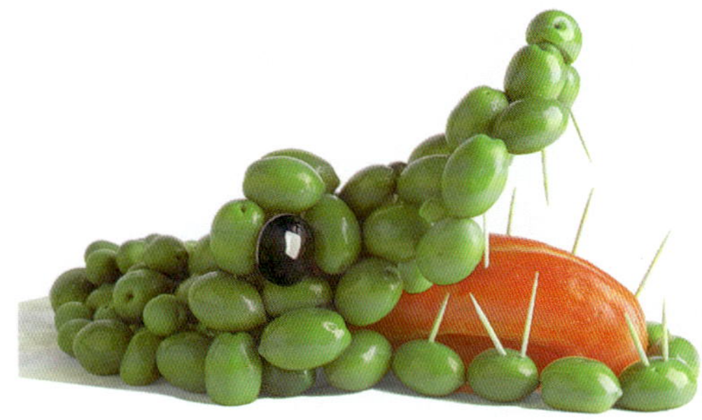
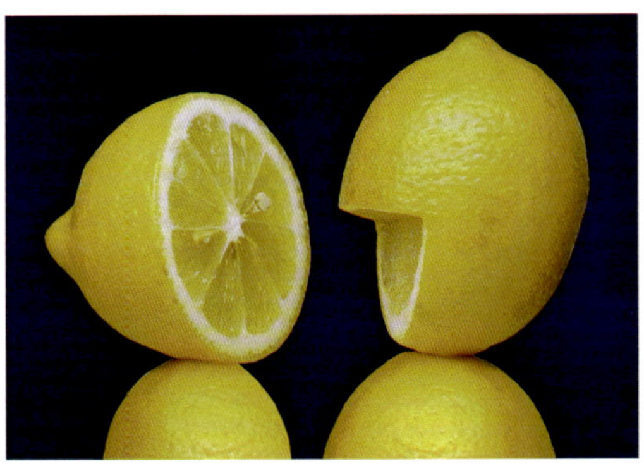
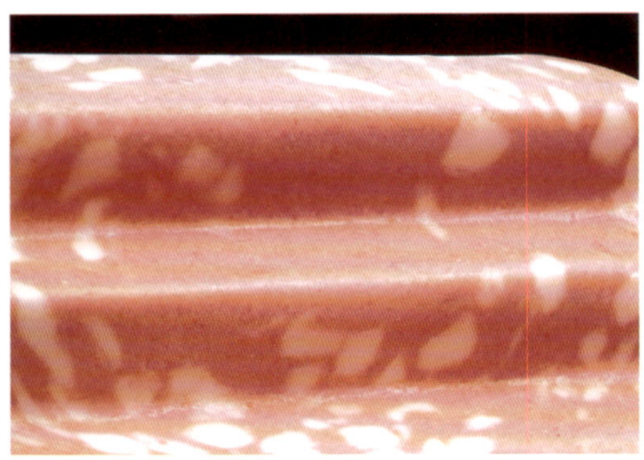
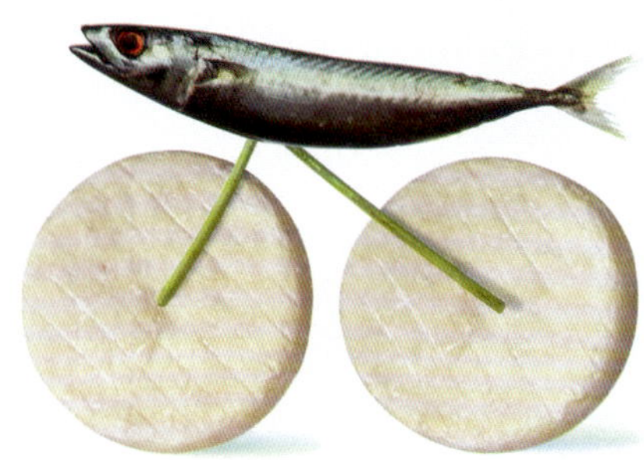
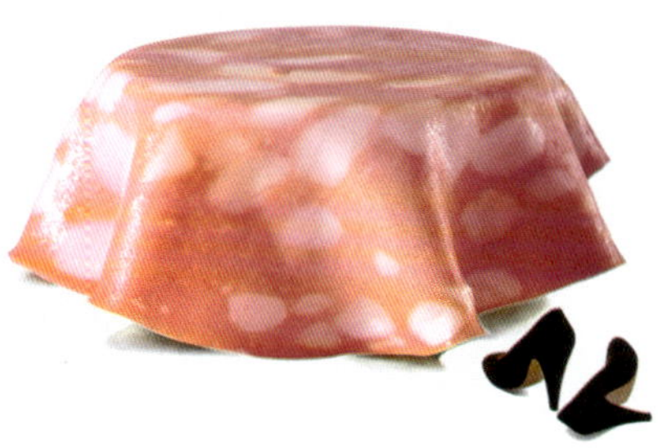
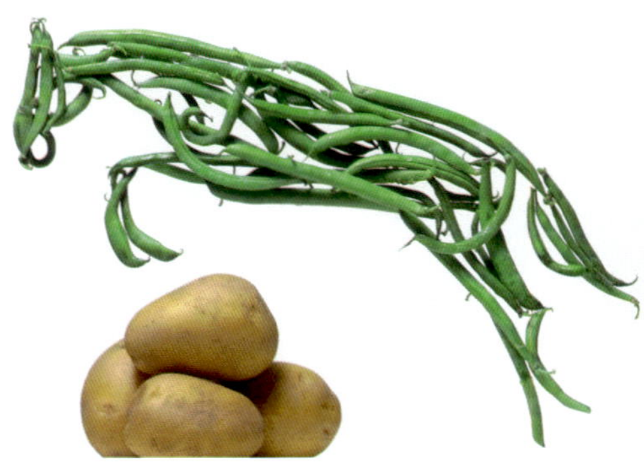
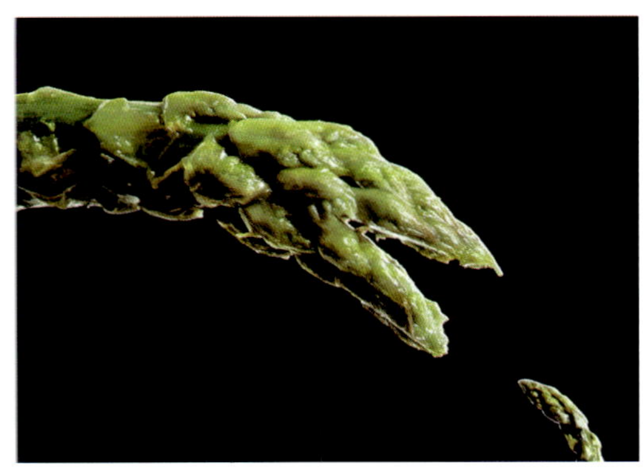

ISOLA DI BREAKFAST
1986

ANCHE L'OCCHIO VUOLE LA SUA PARTE
1981

ESPREMIAMOCI DI PIÙ
1991

TAVOLO CON SCARPINE
1980

SOGLIOLA SIBERIANA
1987

MONTAGNE
1979

SCALA STUZZICANTE
1980

STALLONE SYLVESTRE
1986

INVITO AL PARTY
1980

COCCODRILLO MARINATO
1984

GITA DOMENICALE
1988

NON TI FIDAR DI UN BACIO A MEZZANOTTE
1990

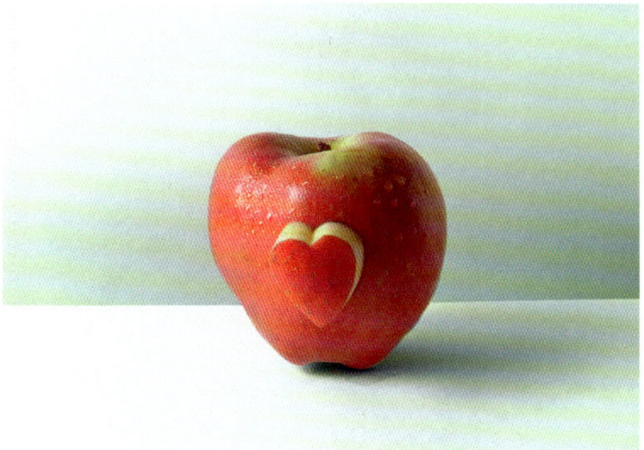
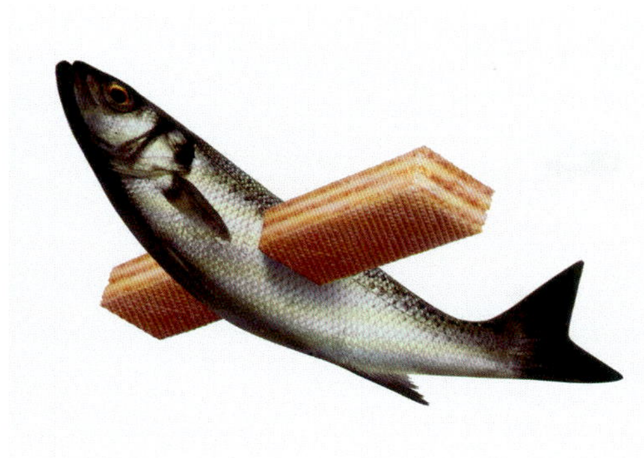
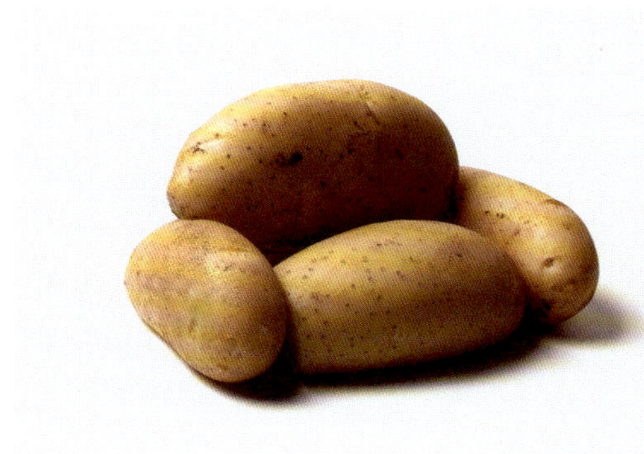
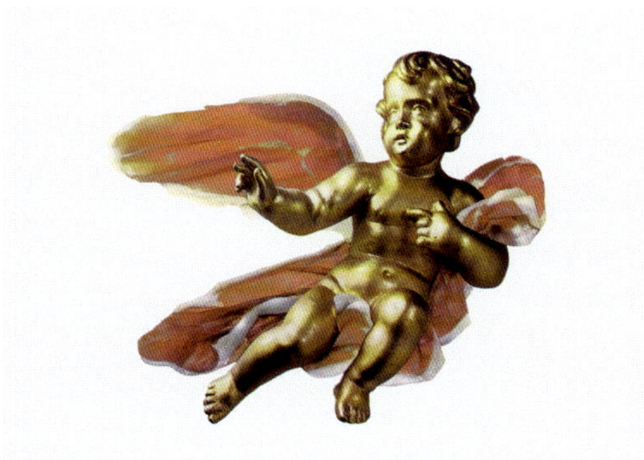
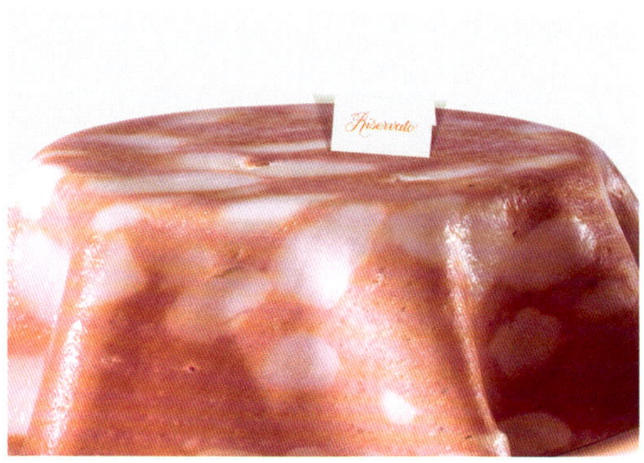

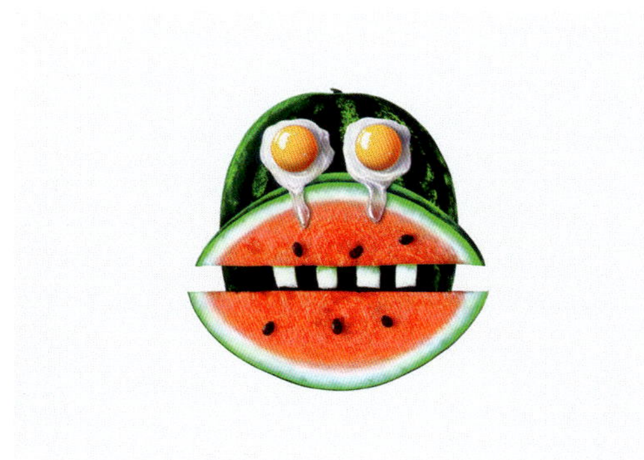
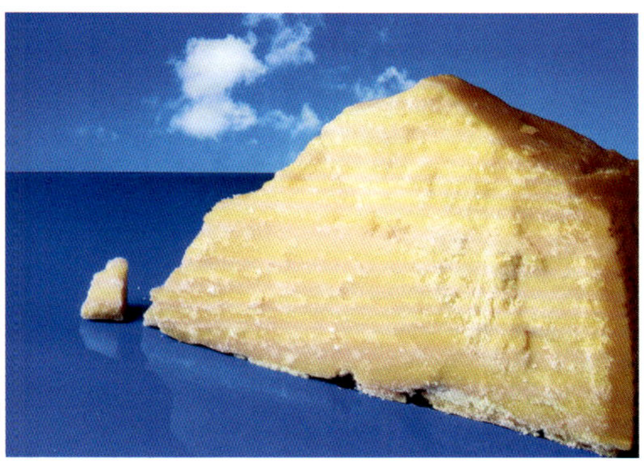
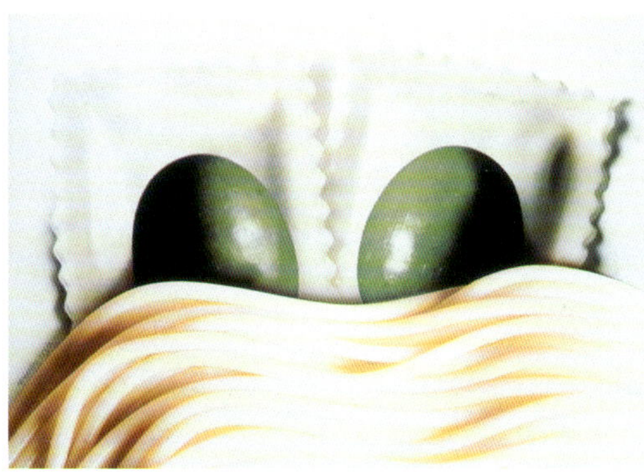
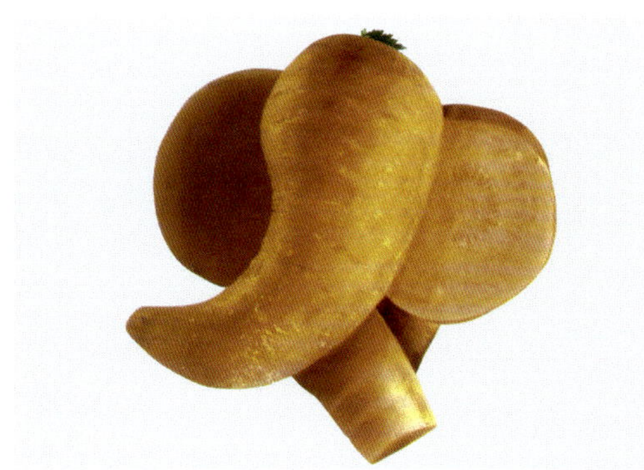
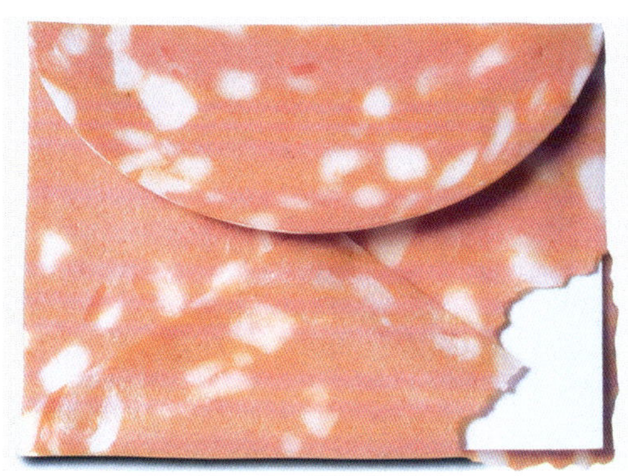
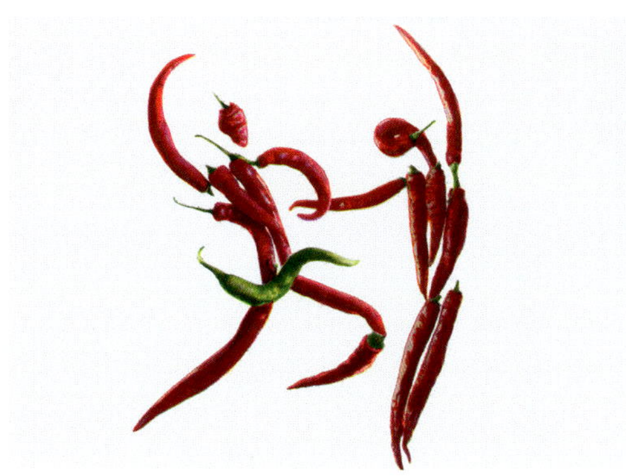
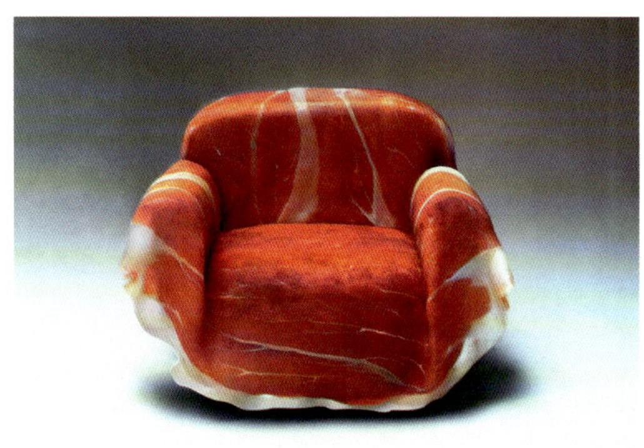

LA MELA
1974

ANGIOLETTO
1982

SALUTI DA CAPRI
1988

MITTENTE ARRABBIATO
1980

ICARO
1988

TAVOLO RISERVATO
1980

AMANTI
1985

SPADACCINI INFIAMMATI
1987

INDUSTRIAL DESIGN
1985

NON ANGURIARMI
1991

ELEFANTE
1986

LA POLTRONA
1978

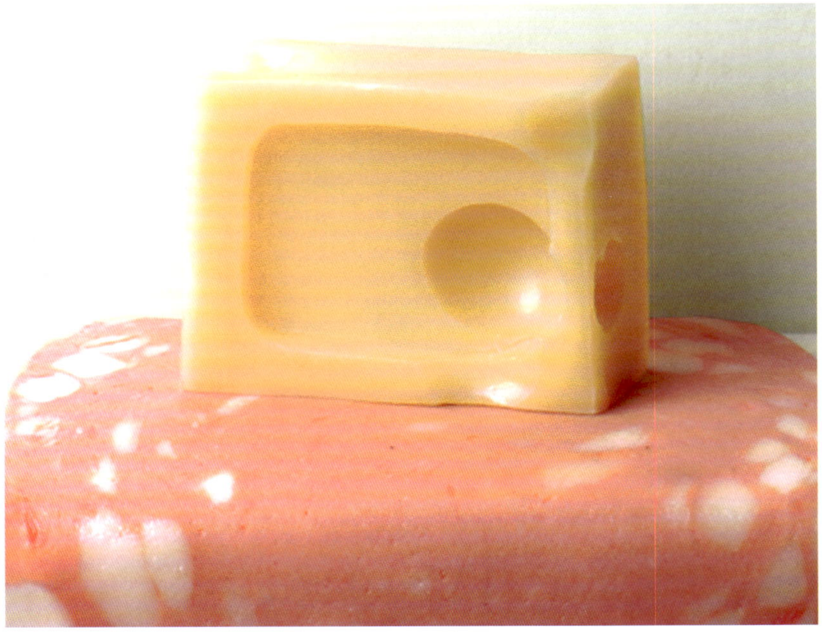

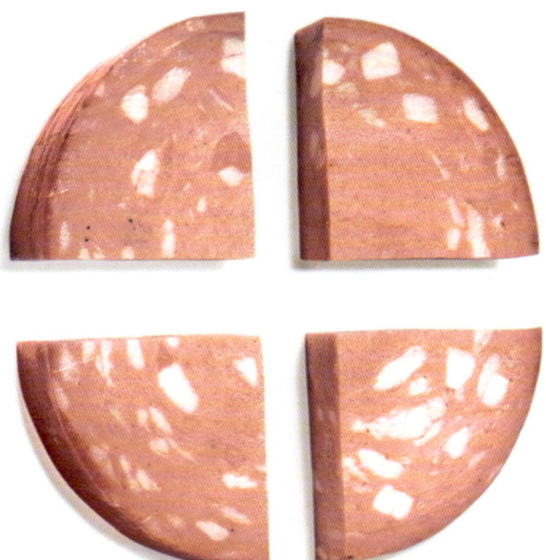

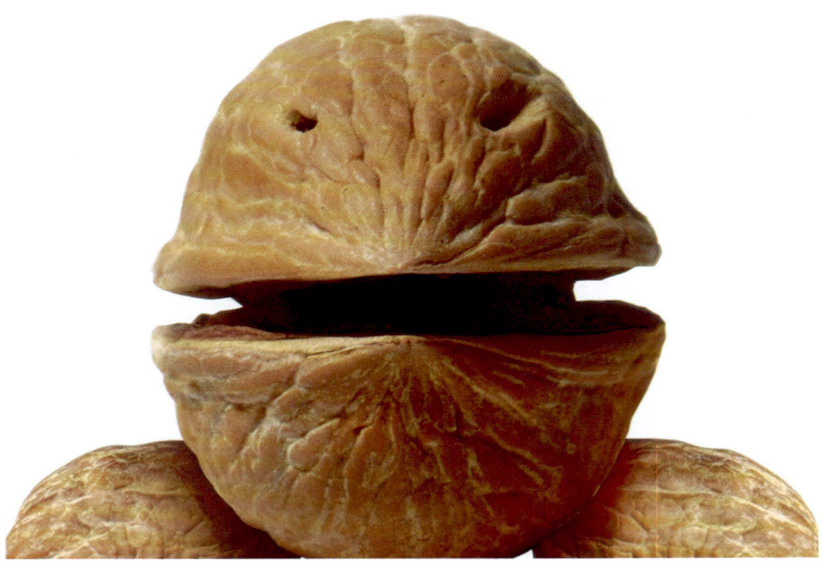

TELEVISORE
1980

LA DIVISIONE DELLA MORTADELLA
1980

NOCERO UMBRO
1991

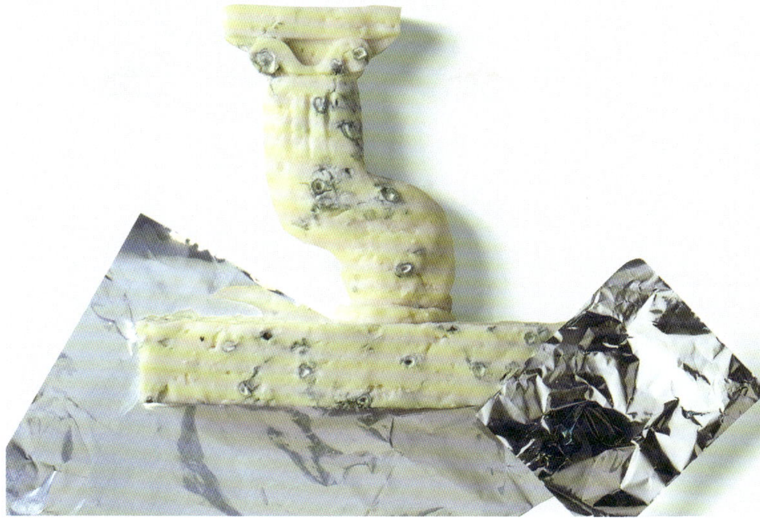

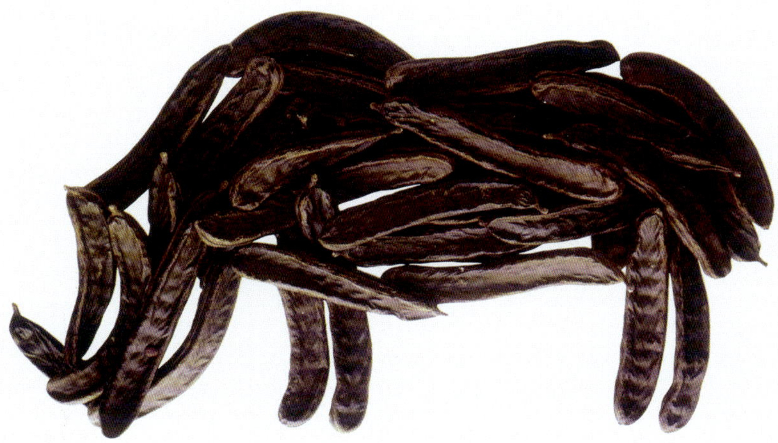

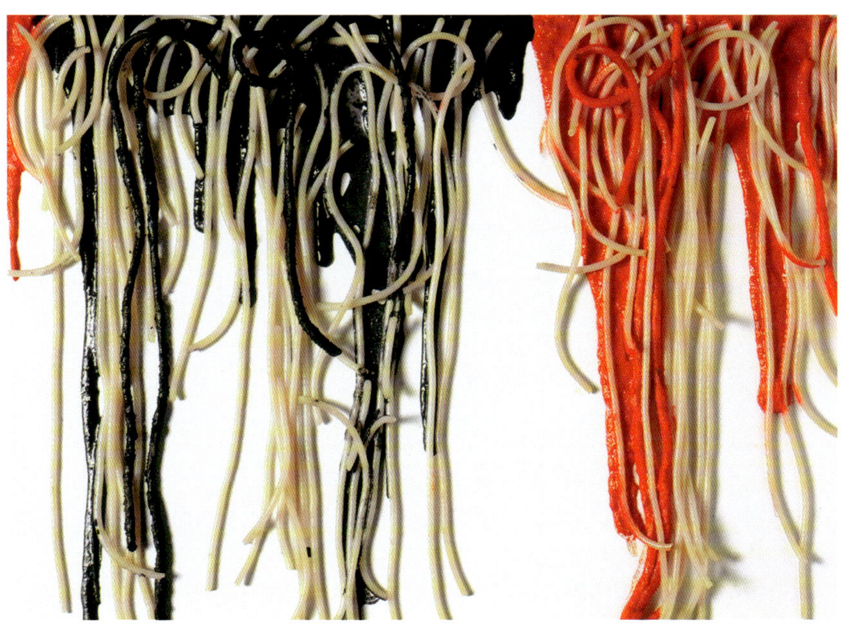

COLONNA DI GORGONZOLA
1980

CREATURA AFRICANA
1986

SPAGHETTI SU TELA
1991

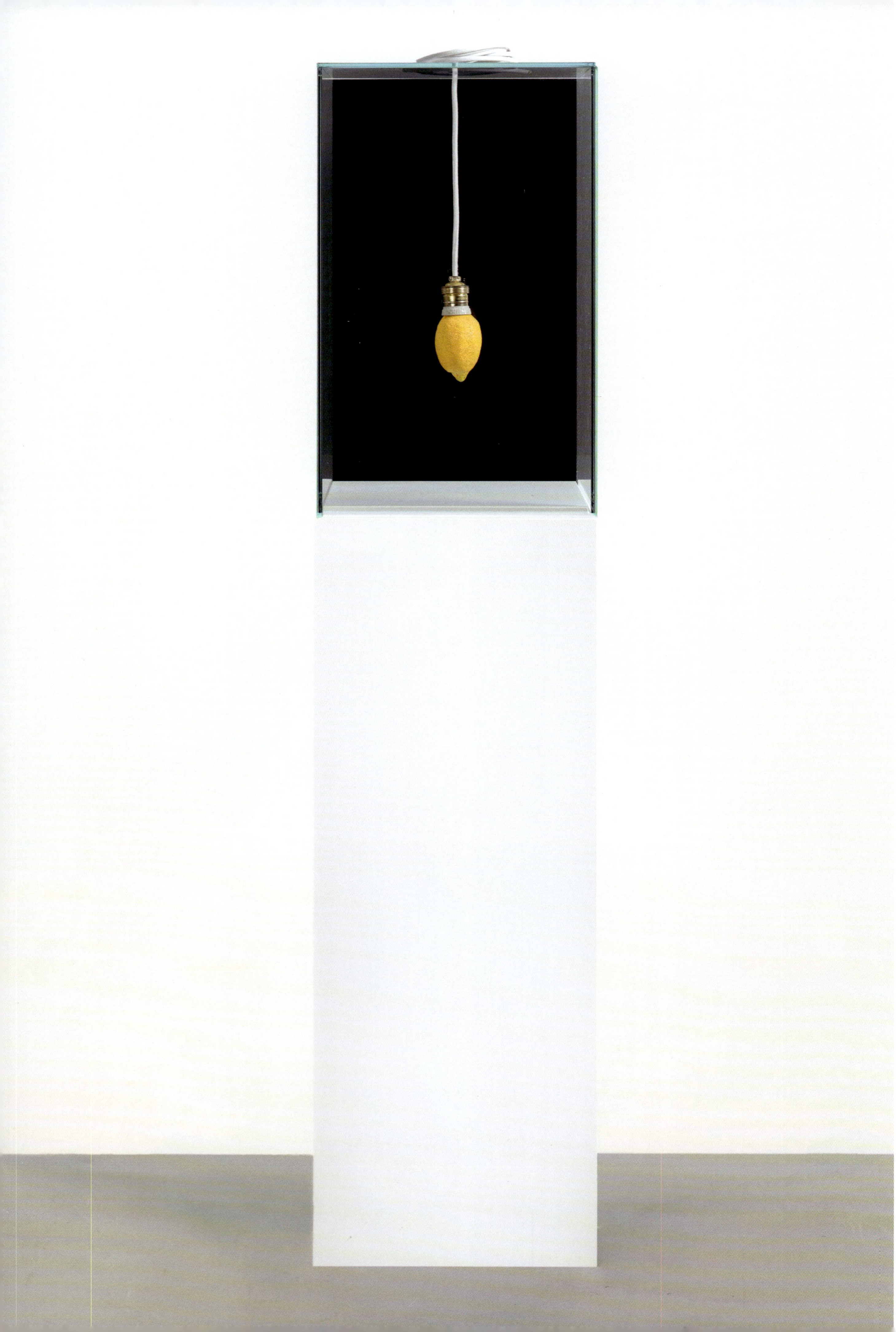

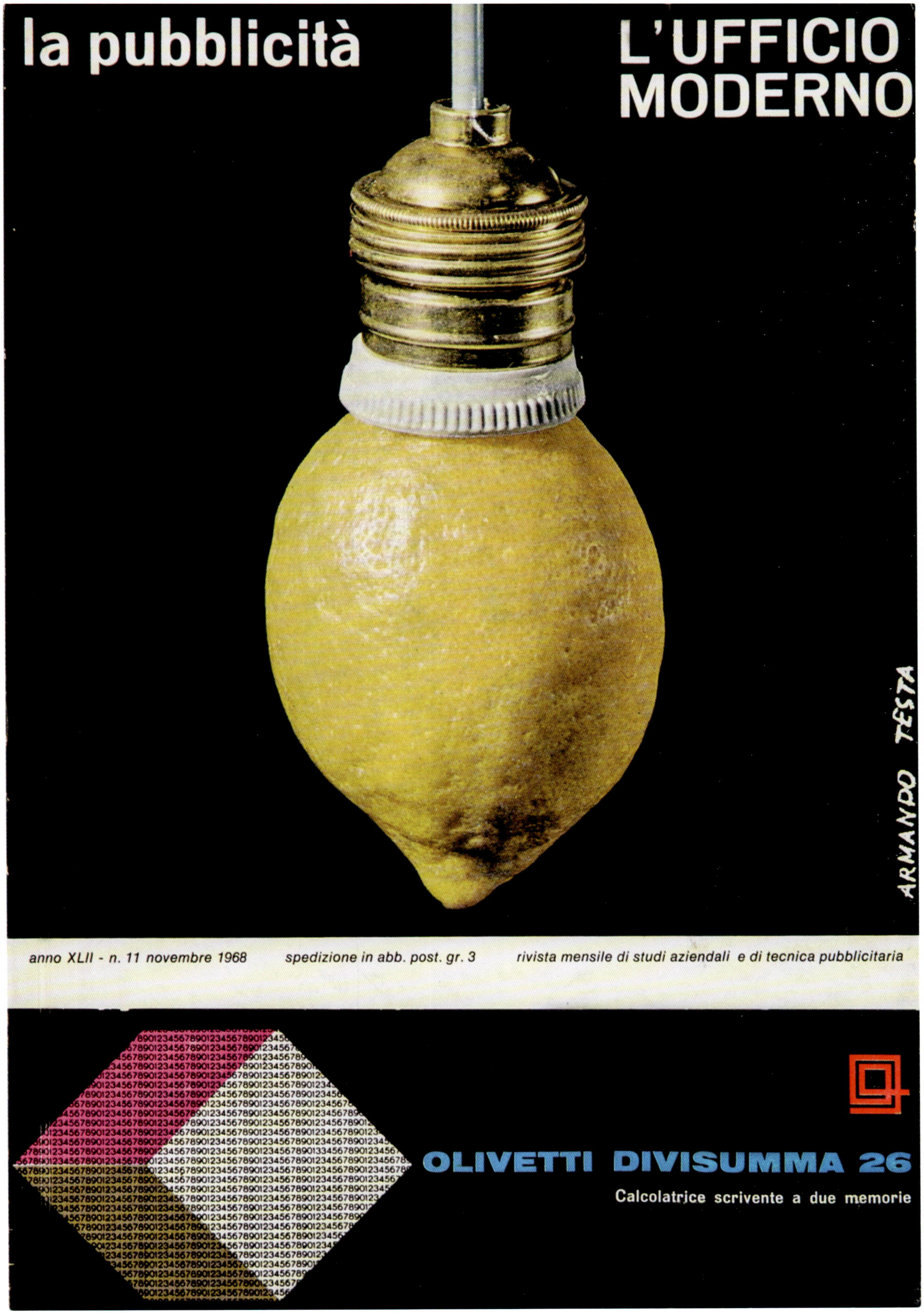

LAMPADINA LIMONE
1968/2017

UFFICIO MODERNO
Novembre | November
1968

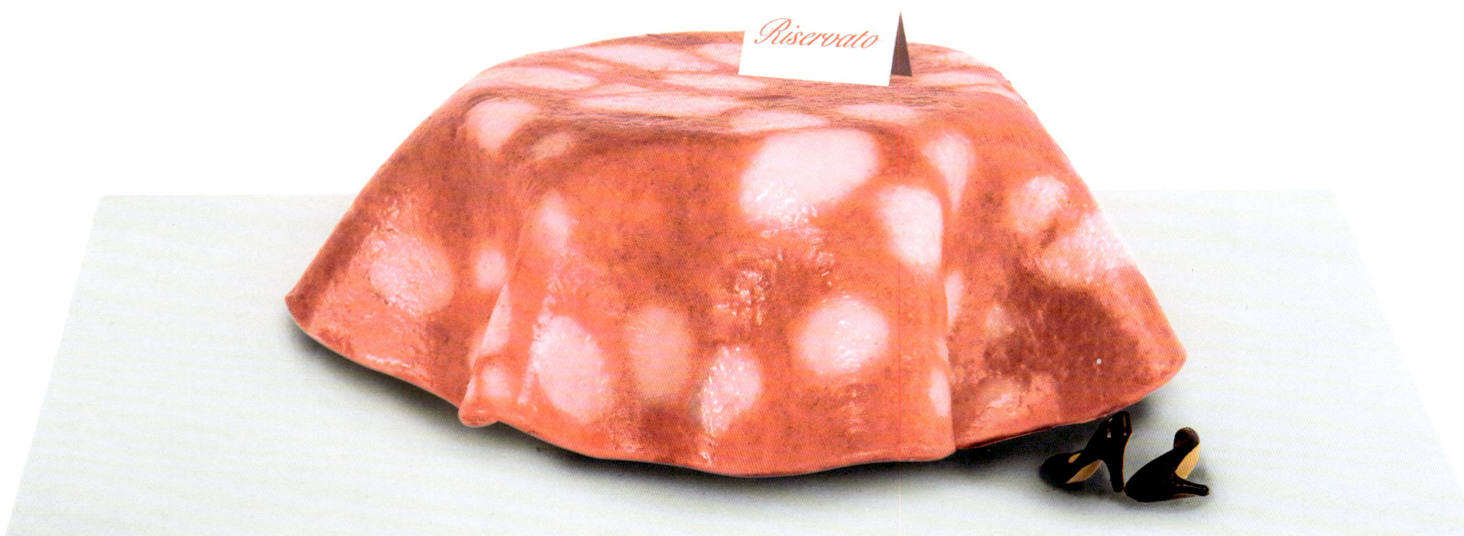
Riservato

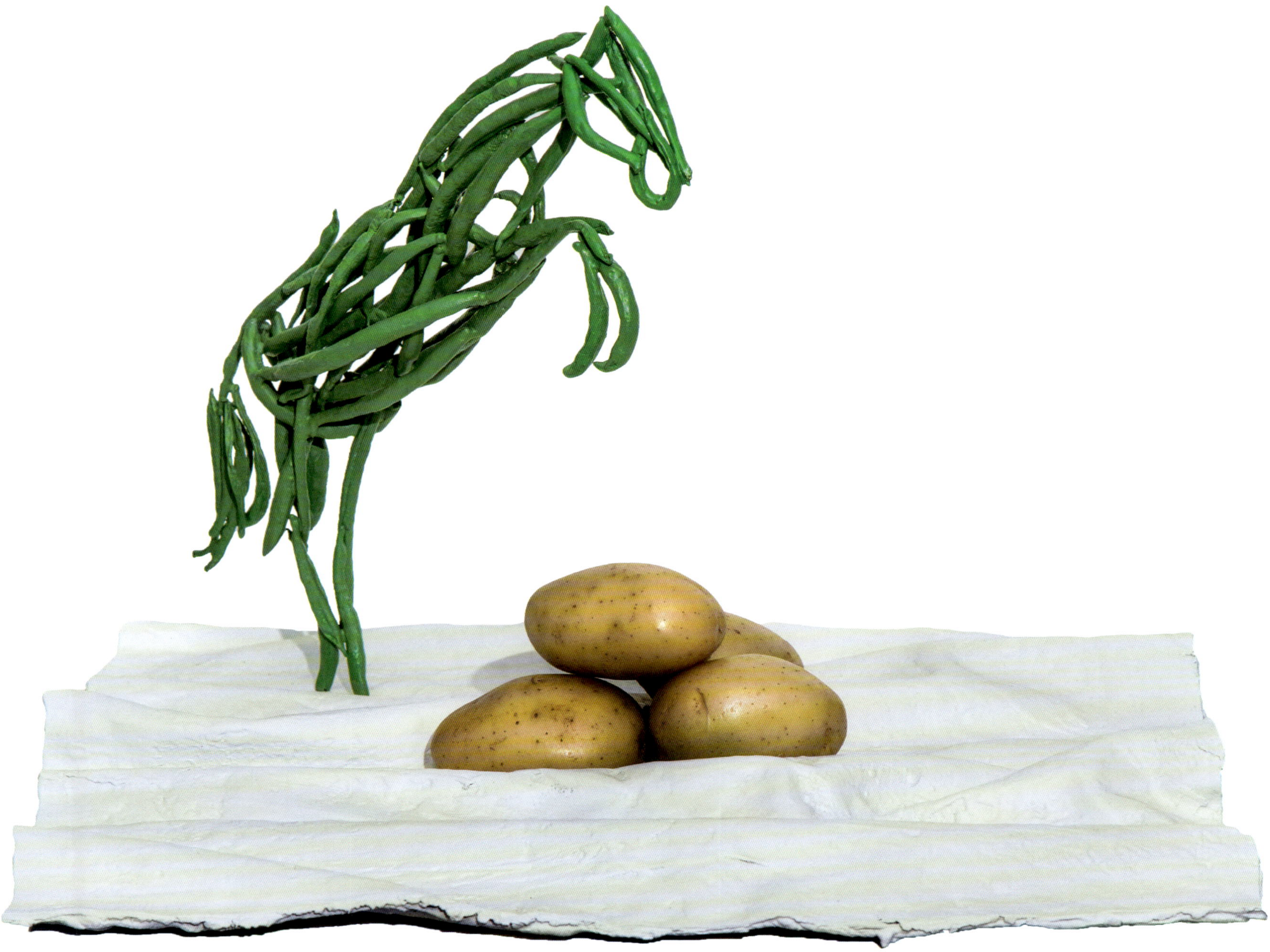

TAVOLO RISERVATO CON SCARPINE
1980/2014

STALLONE SYLVESTRE
1986/2016

MICHETTA ENERGETICA
1968/2017

pagine | pages 128-129
CREATURA AFRICANA
1986/2020

SPADACCINI INFIAMMATI
1987/2016

pagine | pages 130-131
AUGURI CREATIVITY
1975/2020

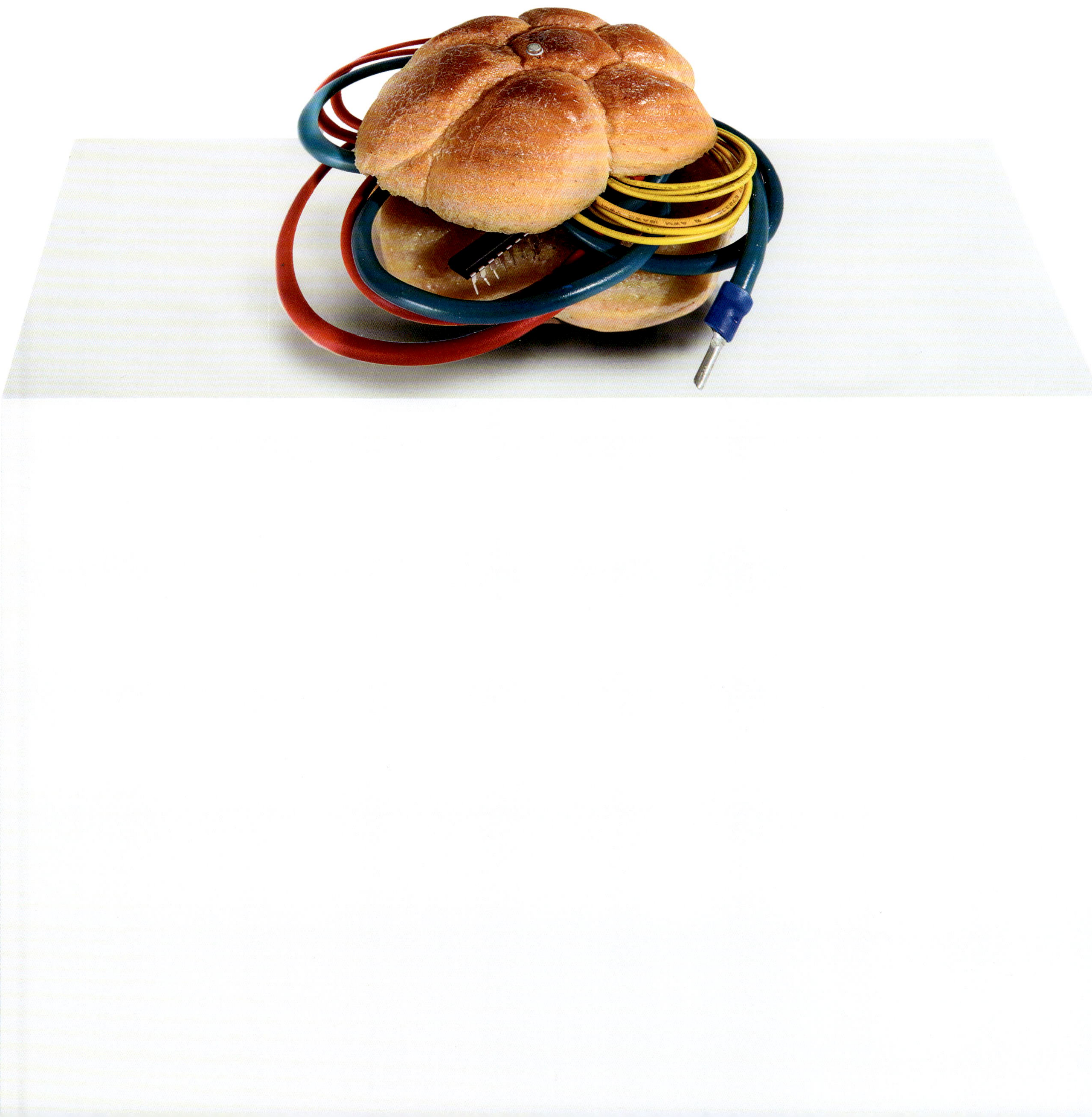

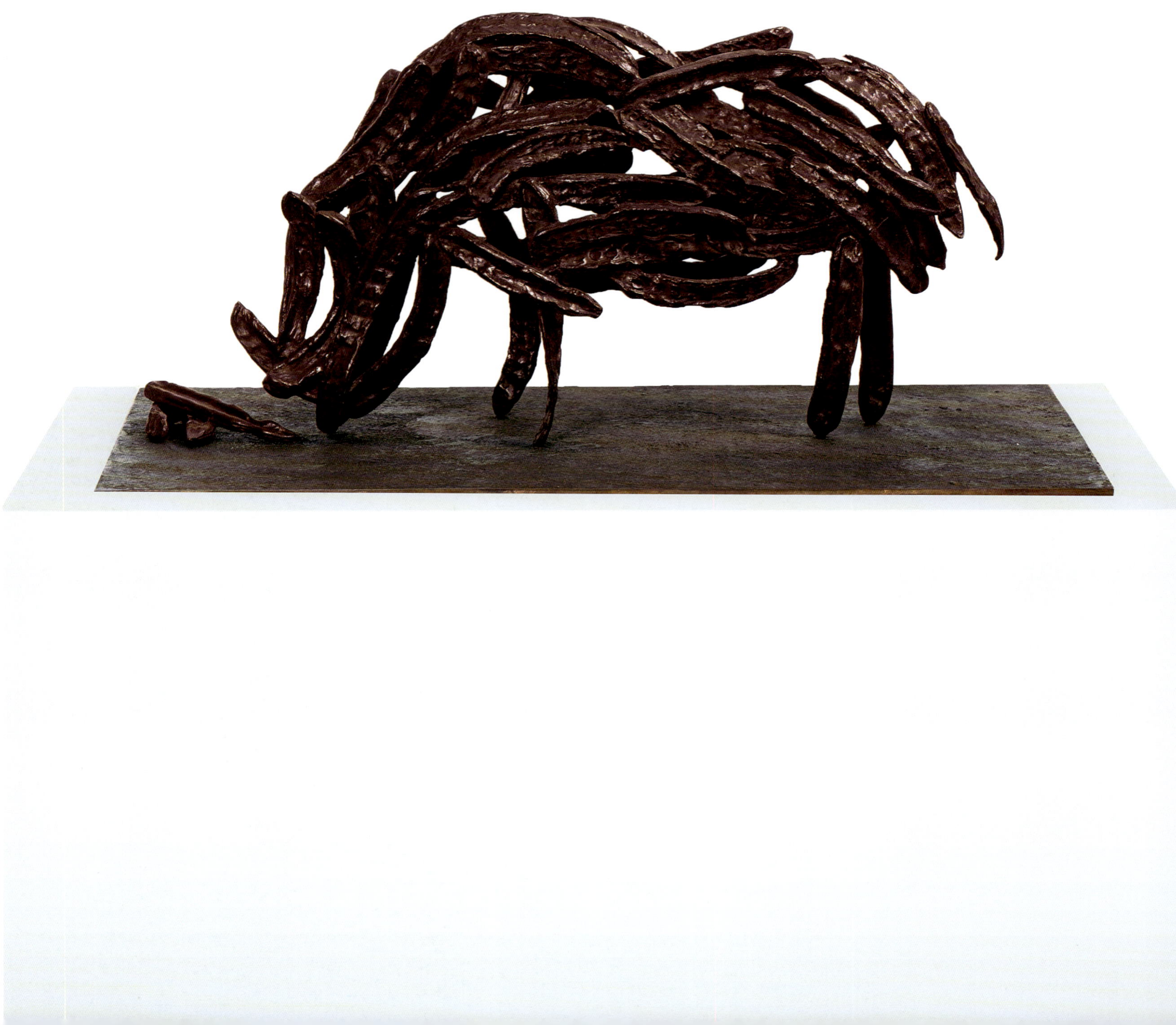

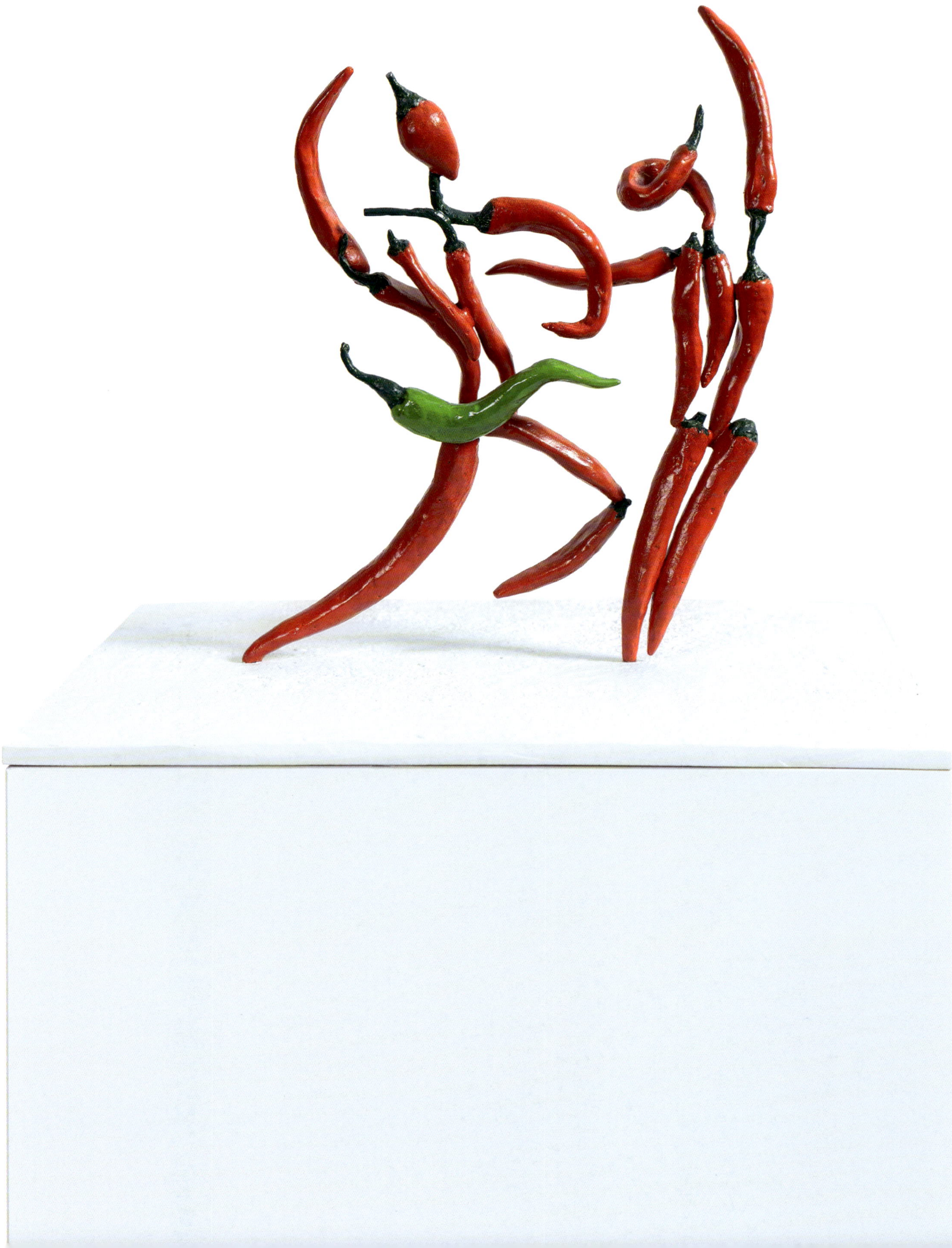

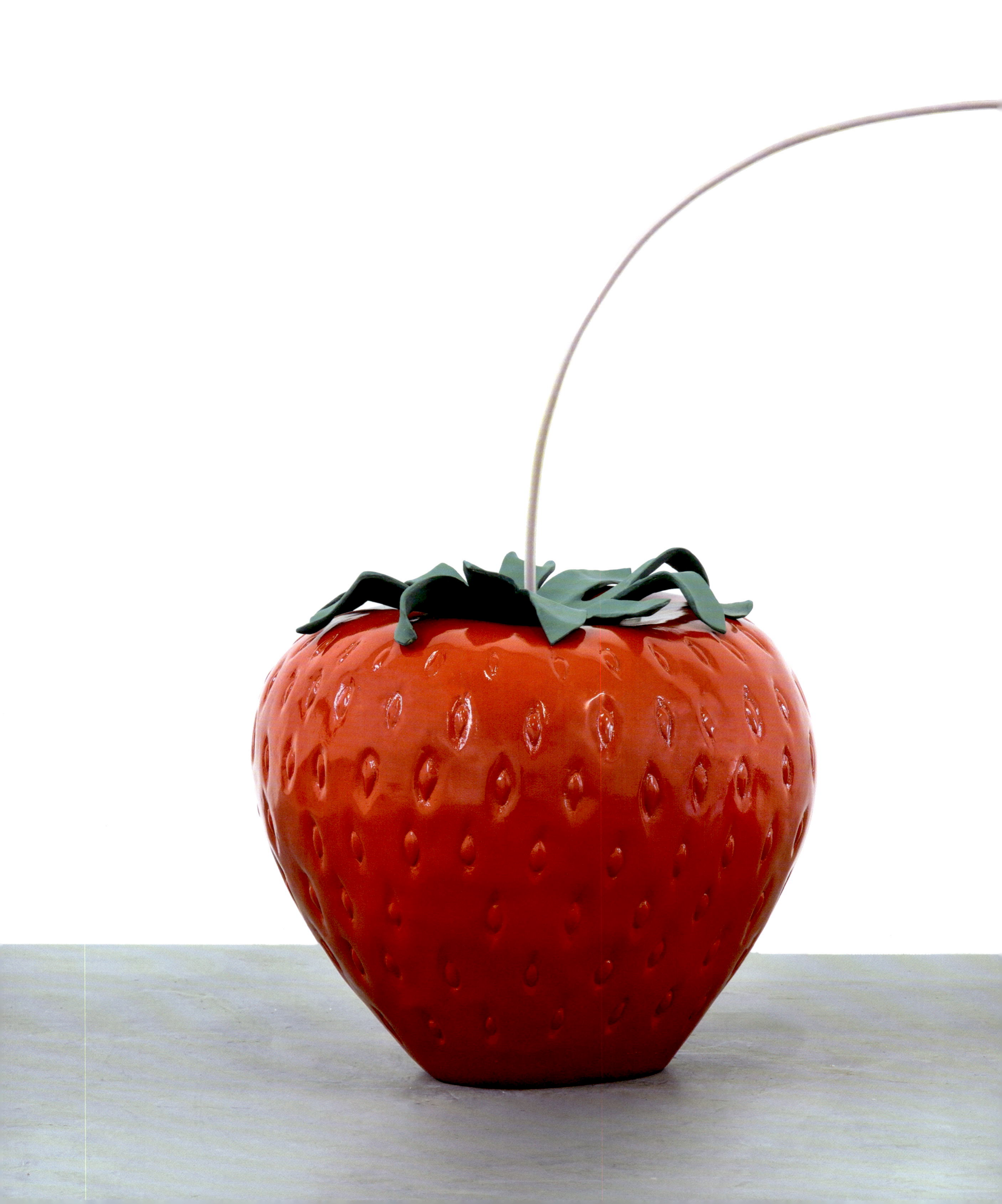

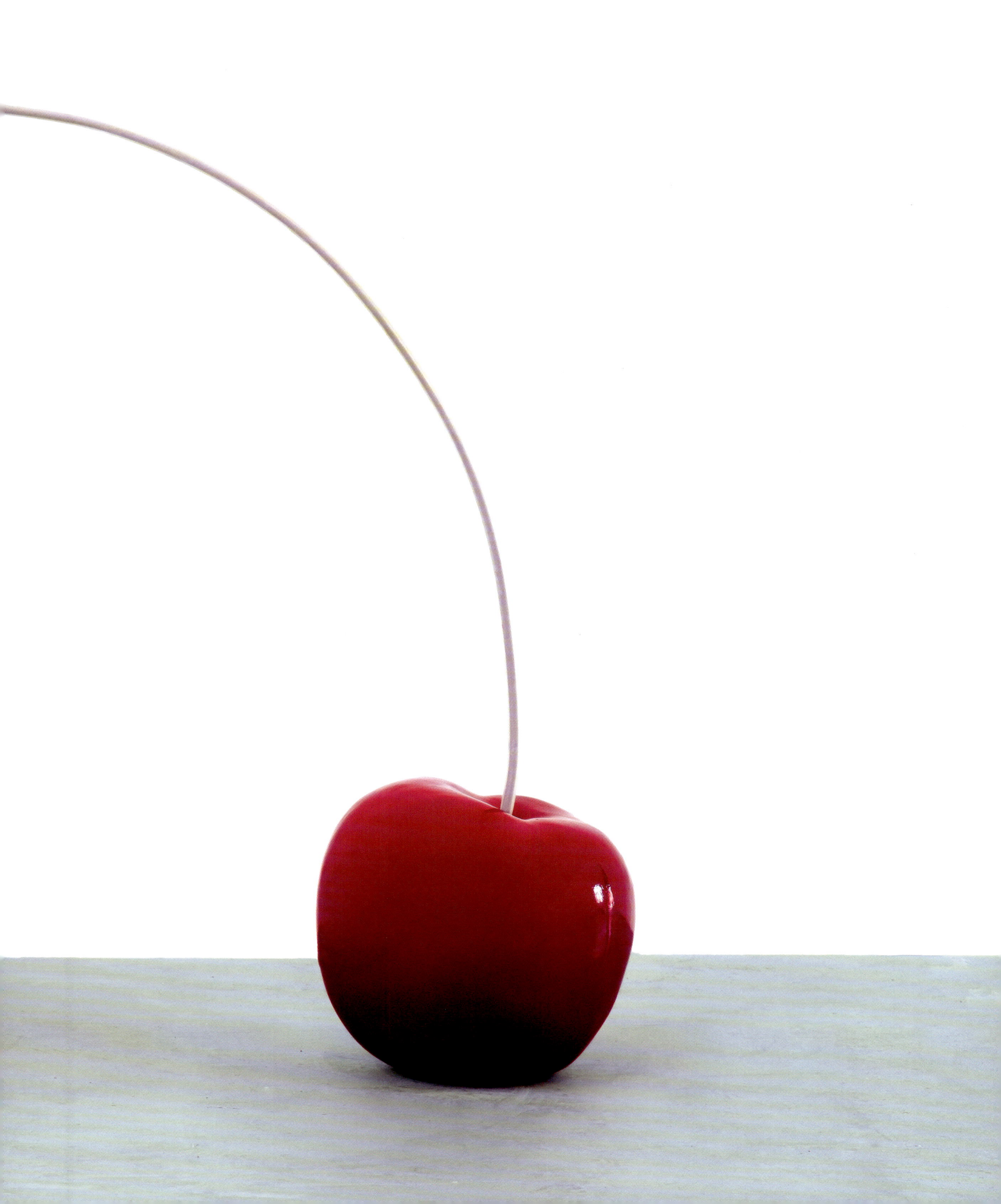

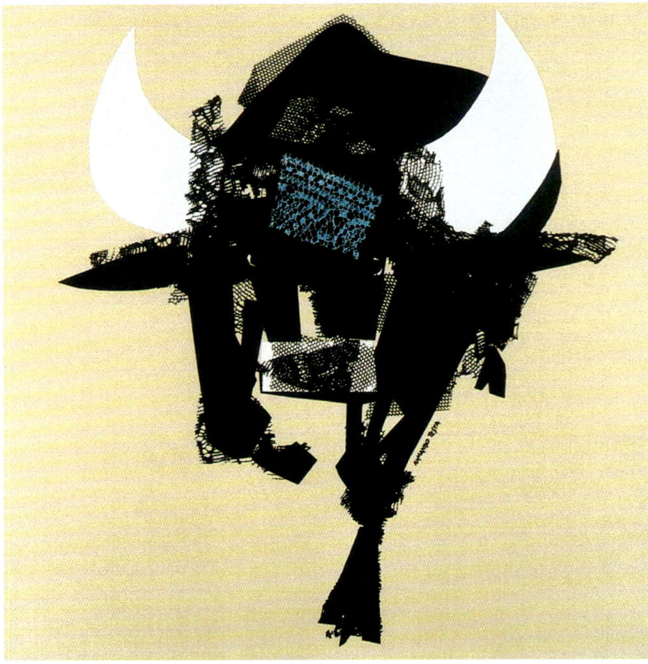

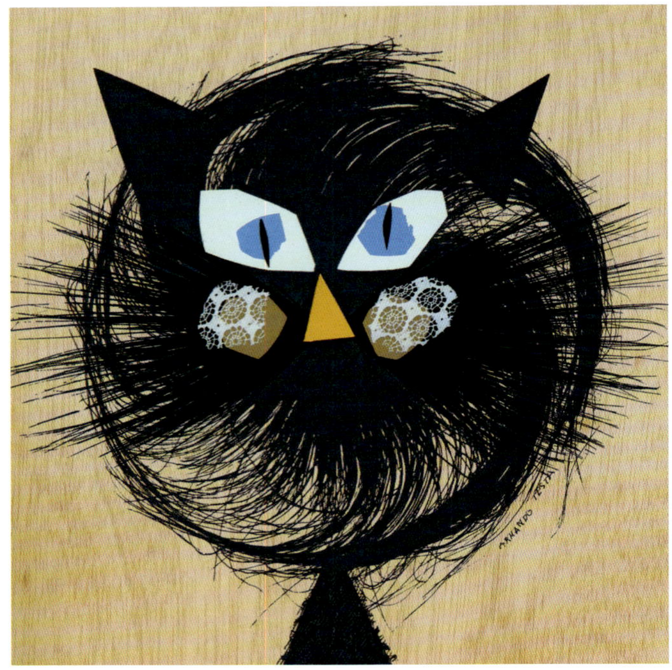

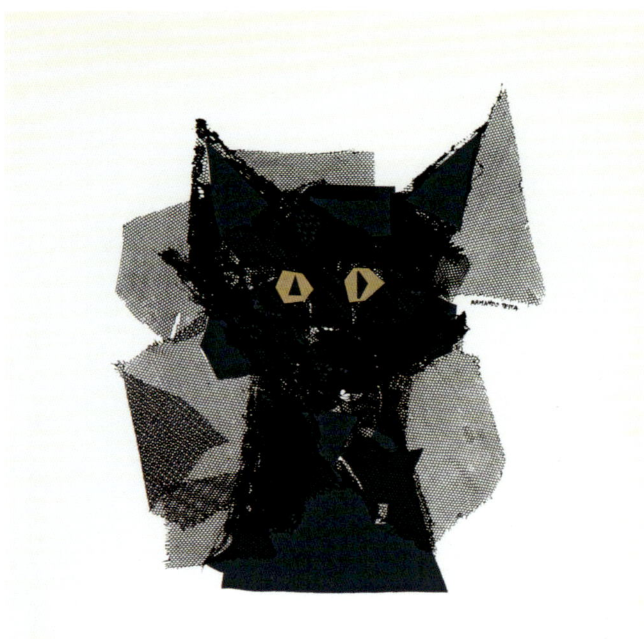

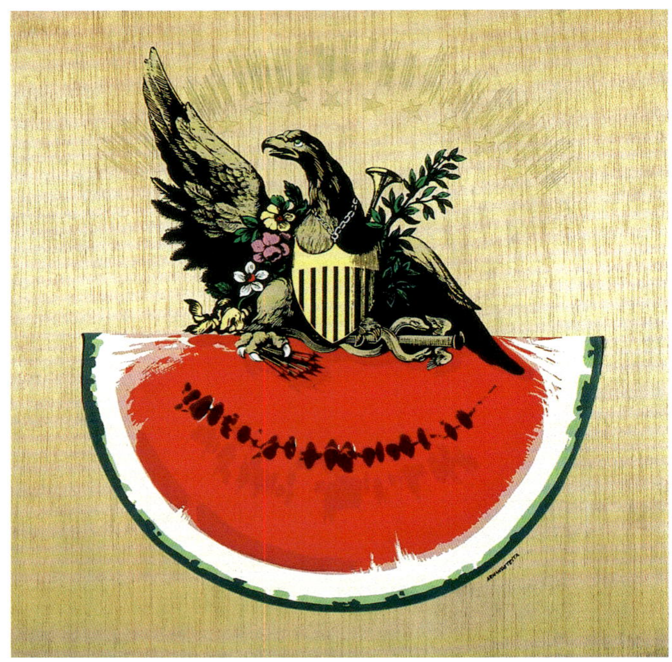

TORO
1959

GATTO 2
1960

GATTO 1
1960

AQUILA AMERICANA
1964

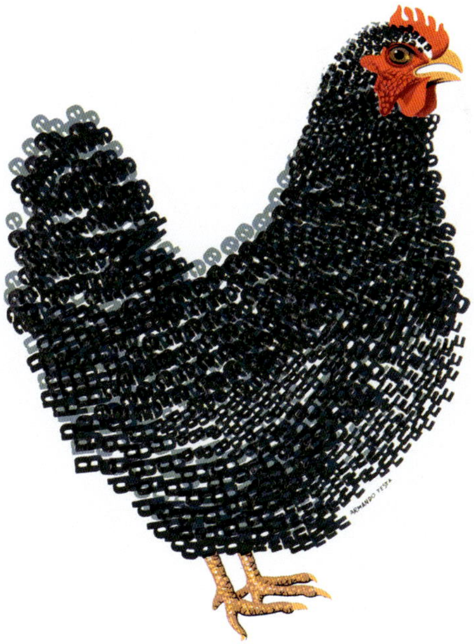

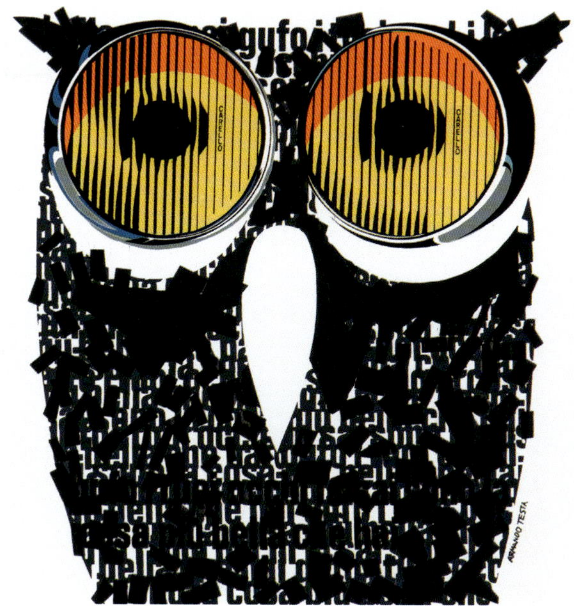

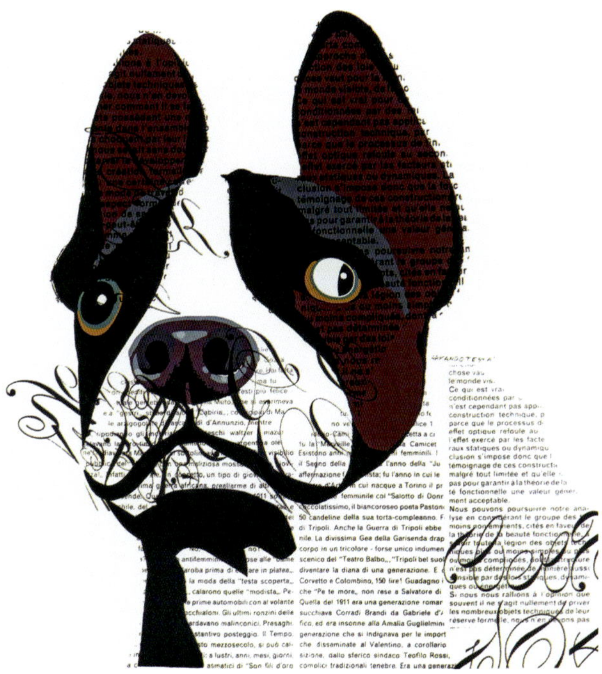

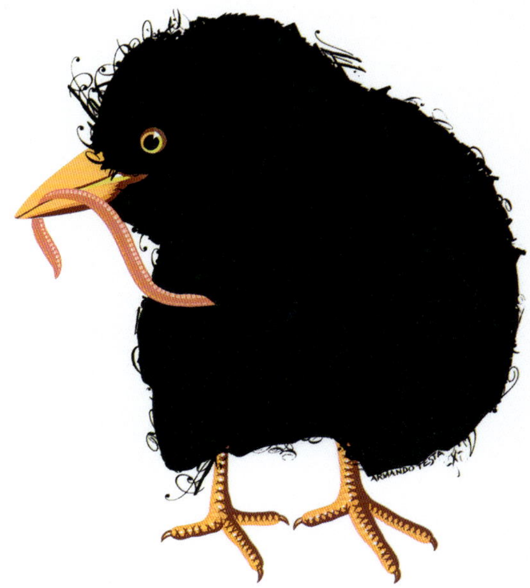

GALLINA TIPOGRAFICA
1965

GUFO
1968

CANE STRABICO
1967

MERLO CON VERME
1969

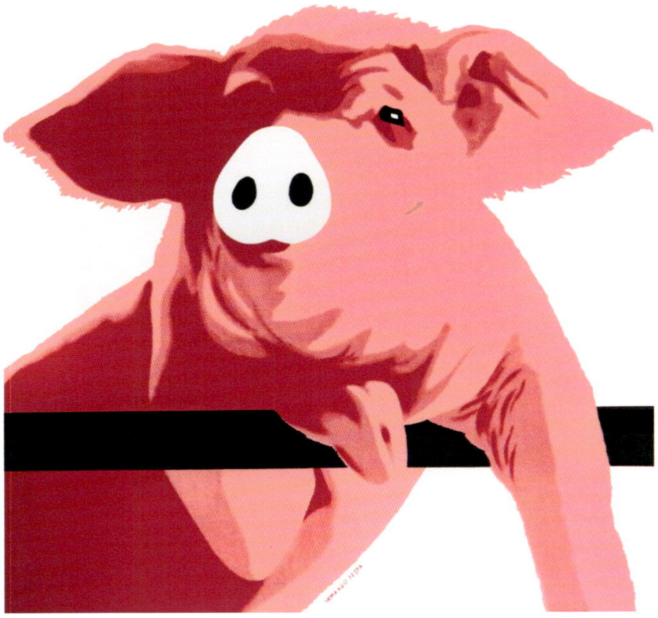

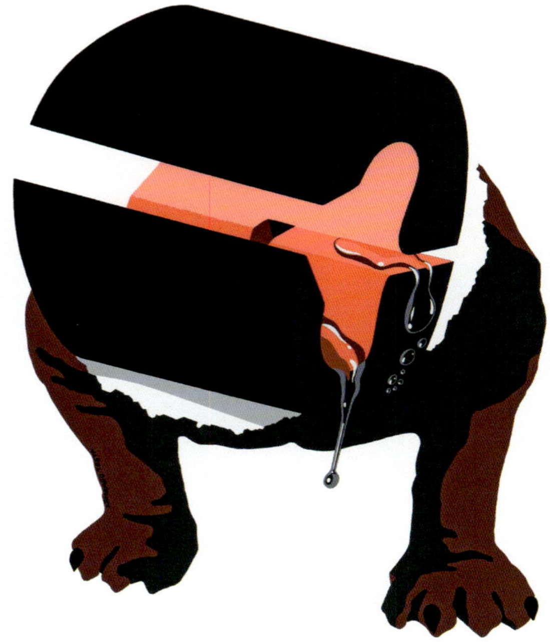

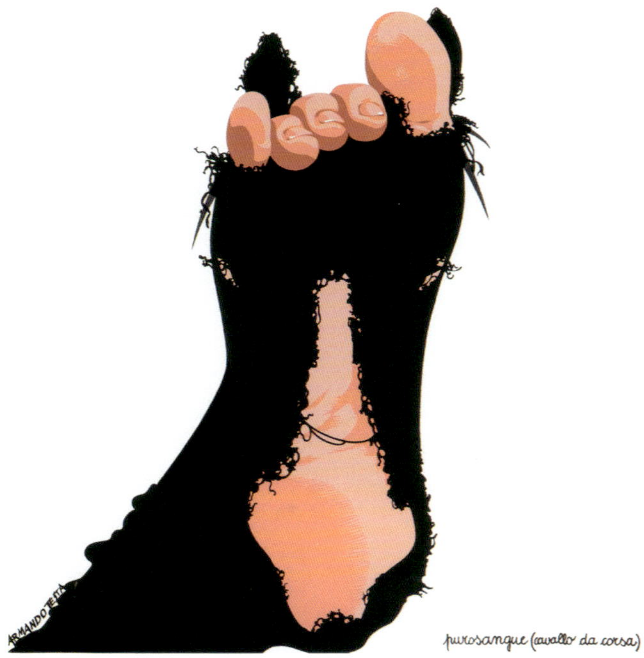

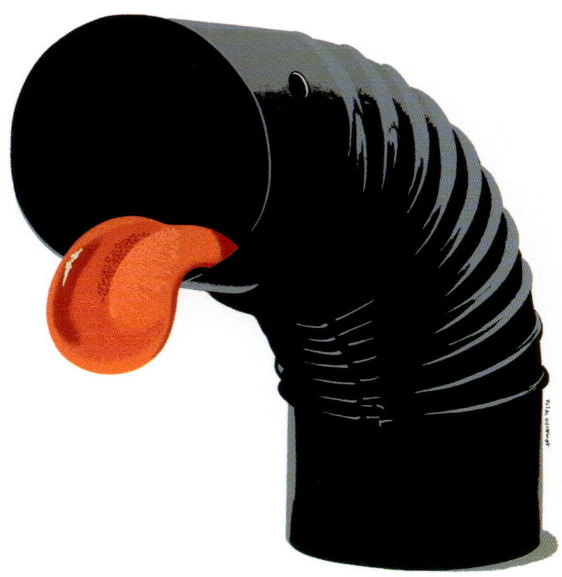

RITRATTO DI GIOVANE PORCO
1969

PUROSANGUE
1970

BULLDOG
1971

CANE RANDAGIO
1972

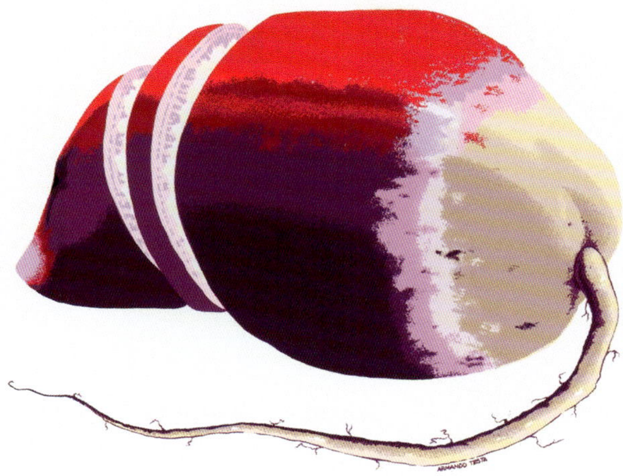

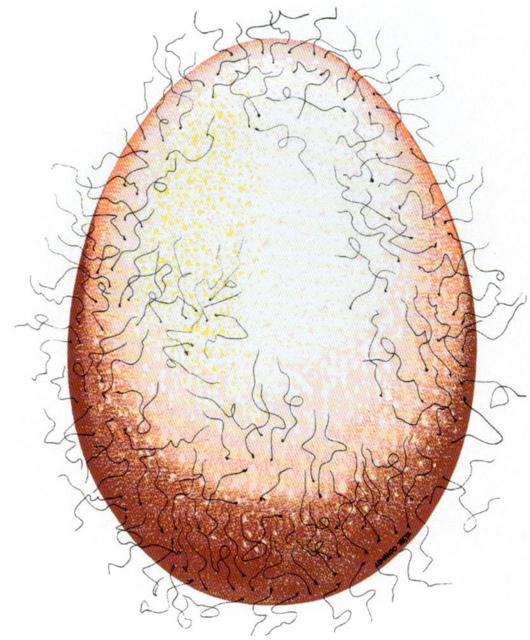

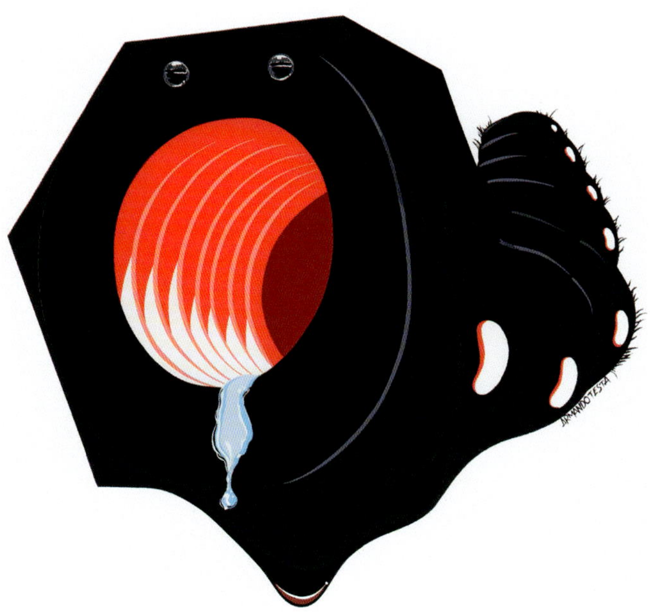

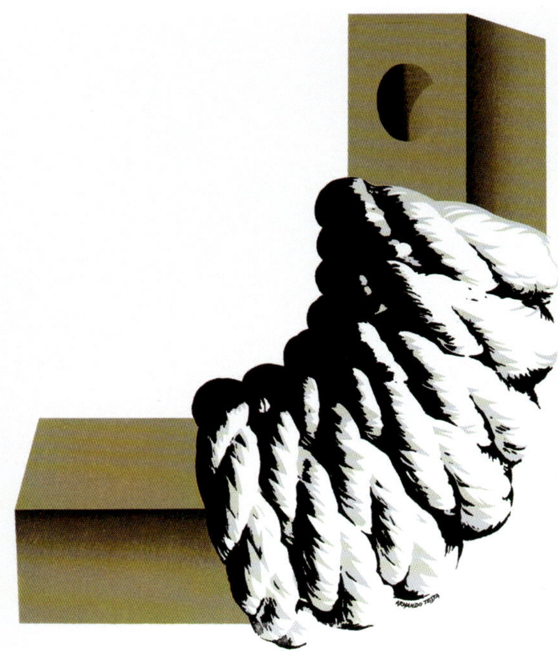

TOPO RAPANELLO
1973

MANCA UN PELO
1975

BRUCO ALLARMATO
1974

BACO DA CORDA
1976

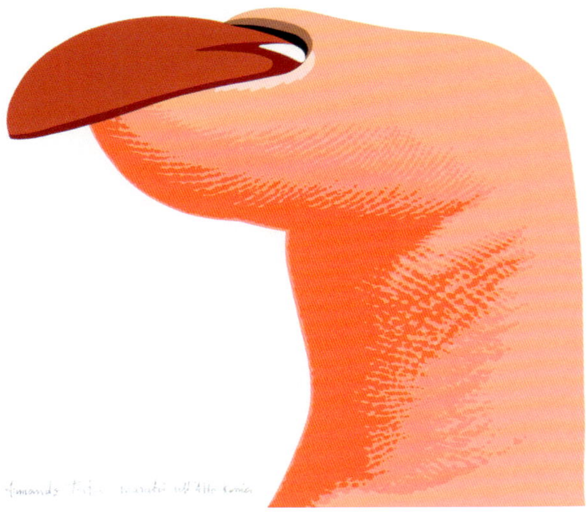

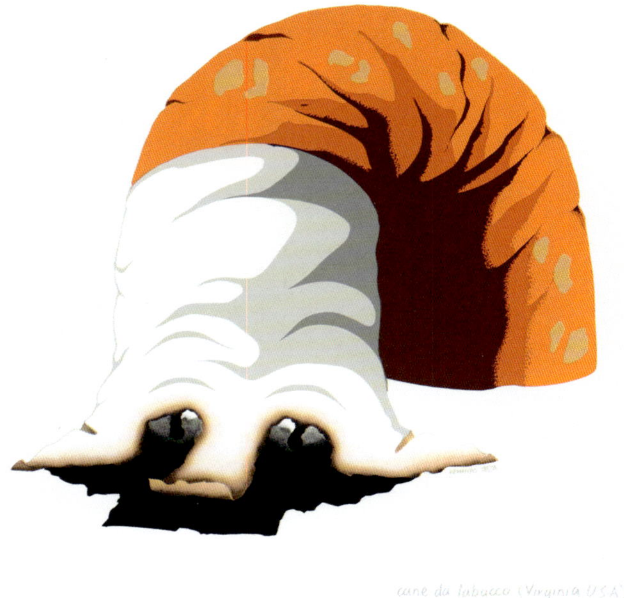

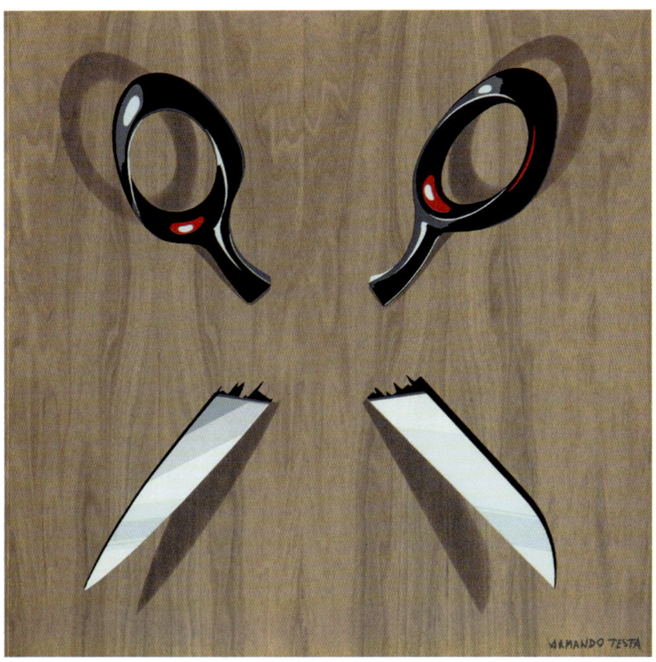

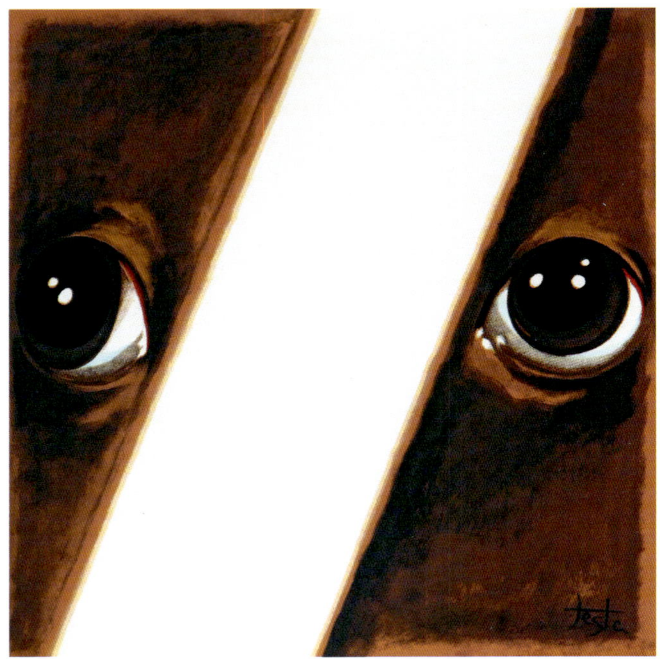

MARABÙ DELL'ALTO KENYA
1977

CANE DA TABACCO
1979

TRICHECO
1978

RITRATTO D'IGNOTO
1980

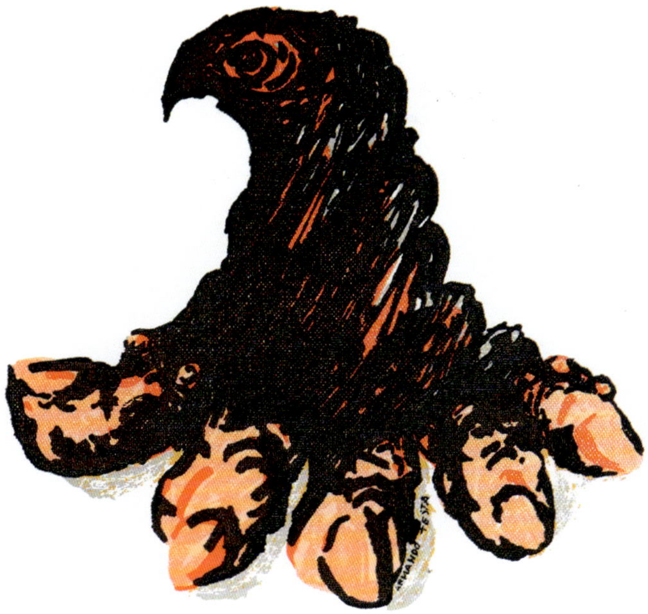

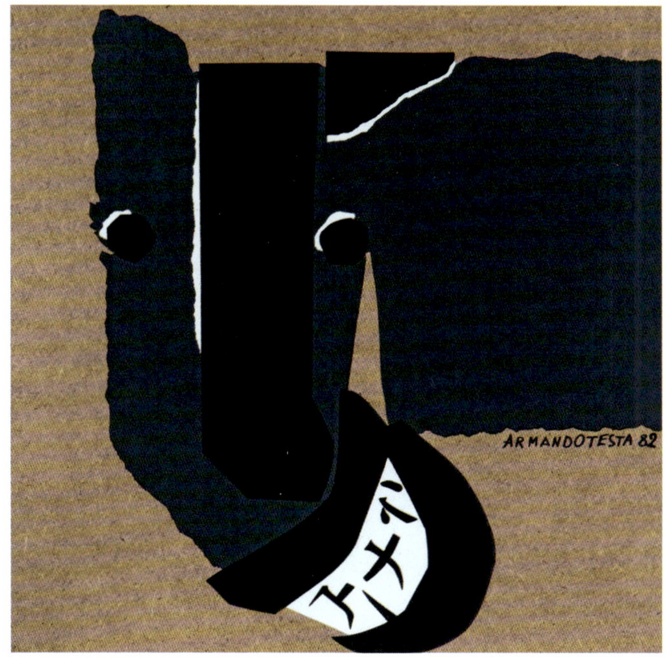

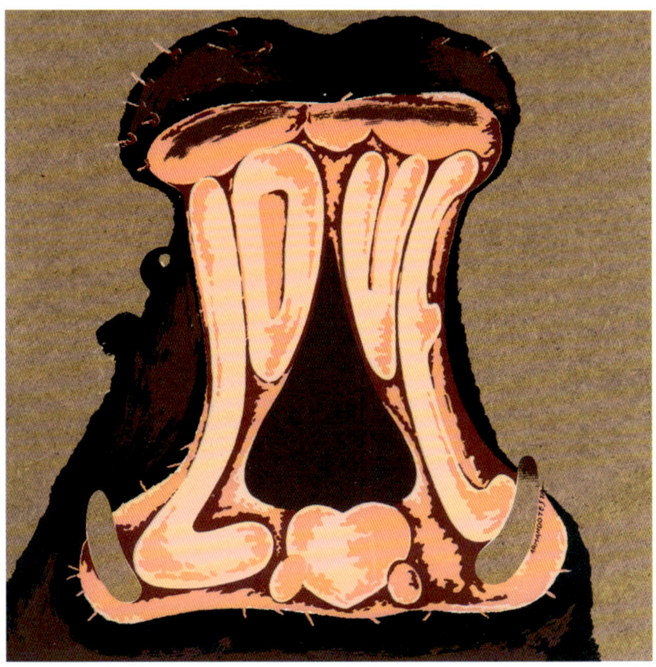

AQUILA ARTRITICA
1981

IPPOPOTAMO INNAMORATO
1982

CAVALLO CHE RIDE CINESE
1982

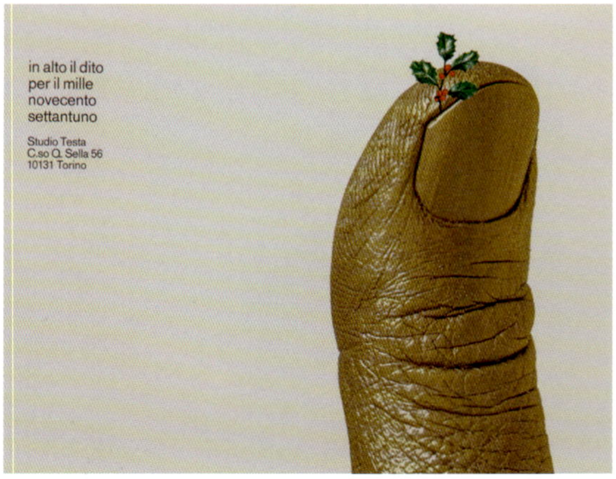

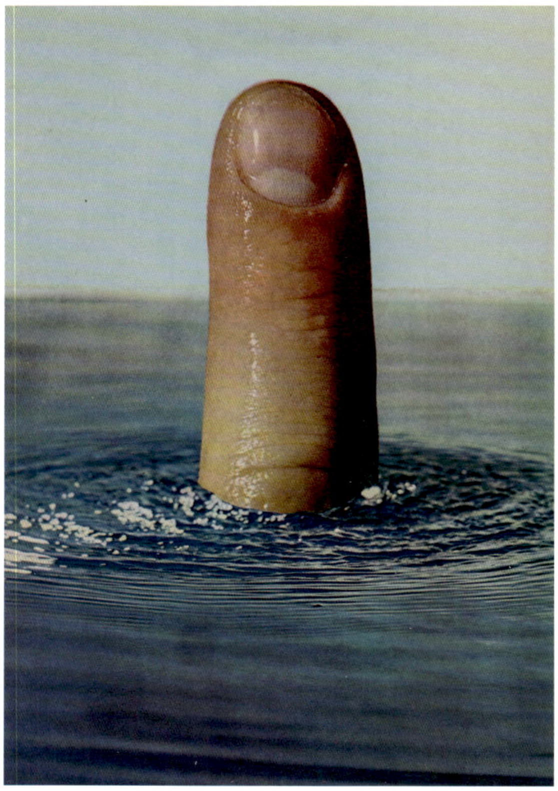

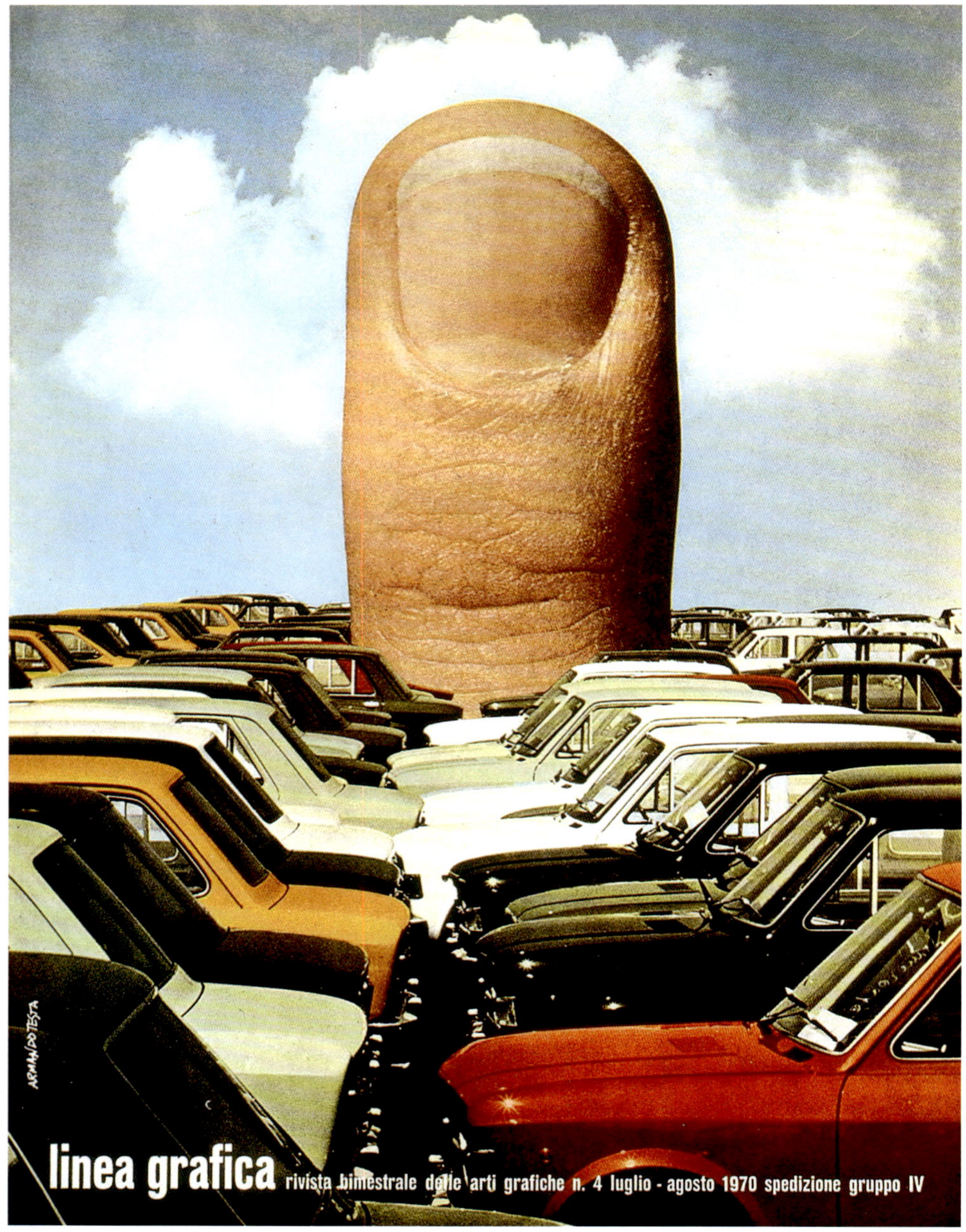

IN ALTO IL DITO
1970

DITO NELL'ACQUA
1969

LINEA GRAFICA
1970

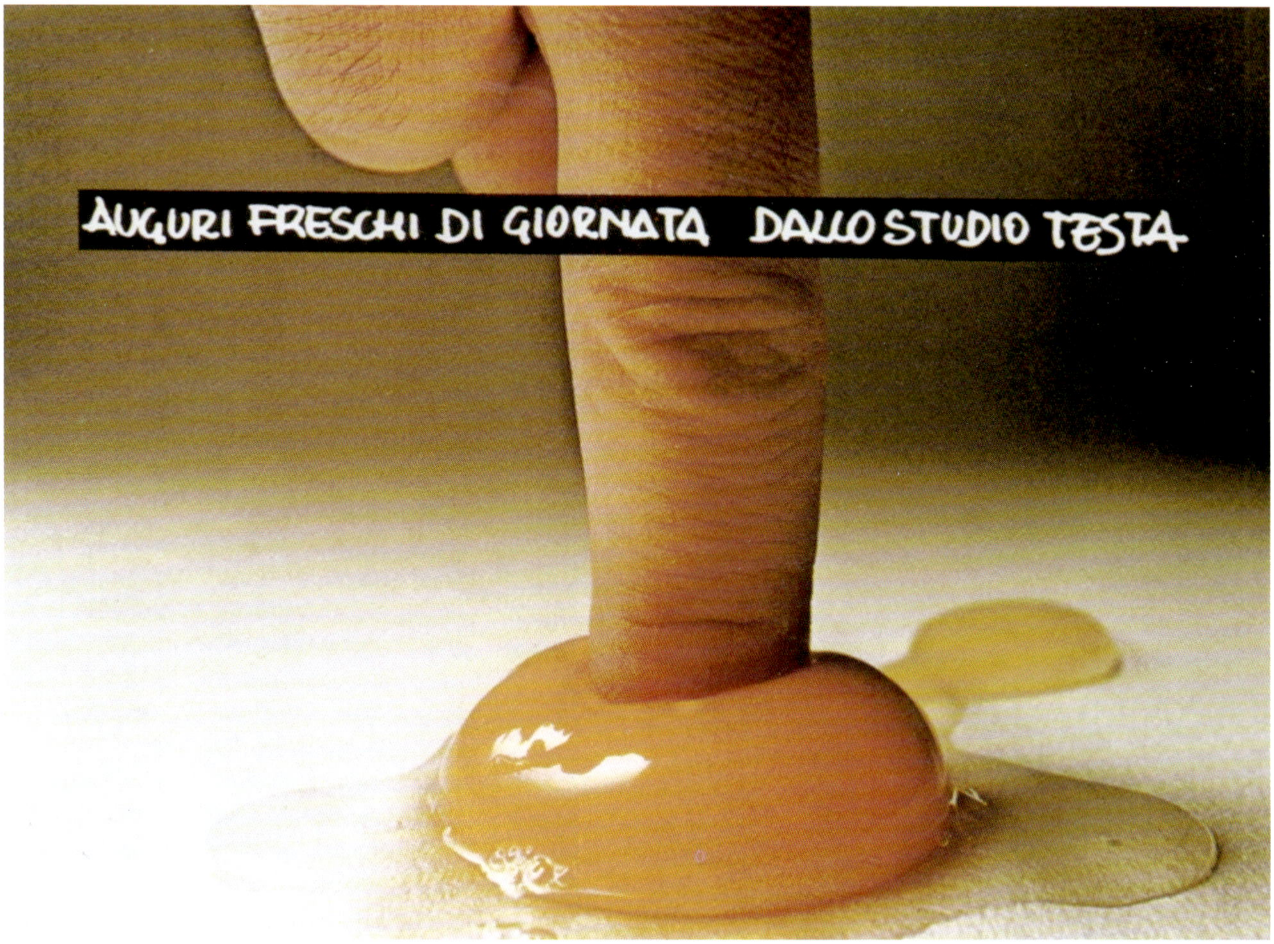

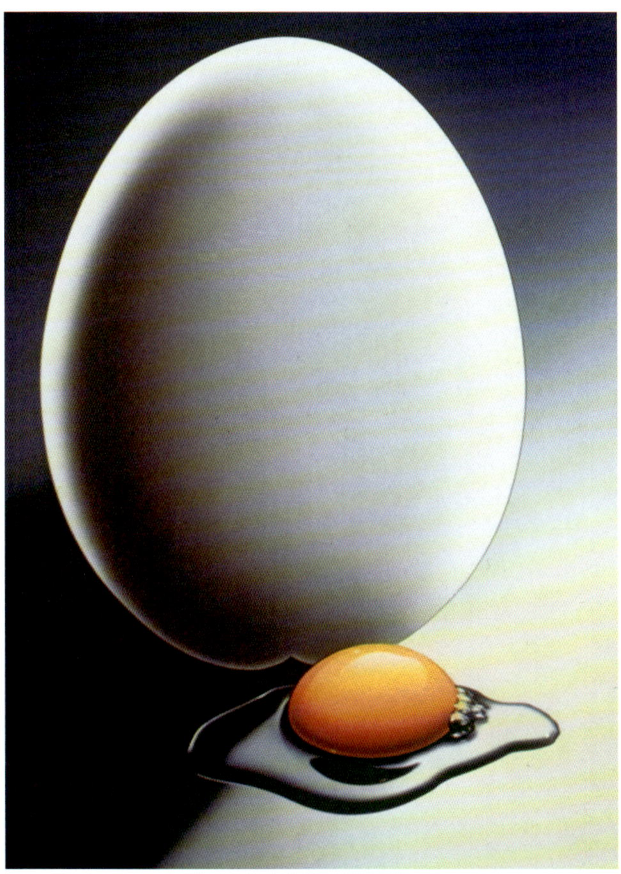

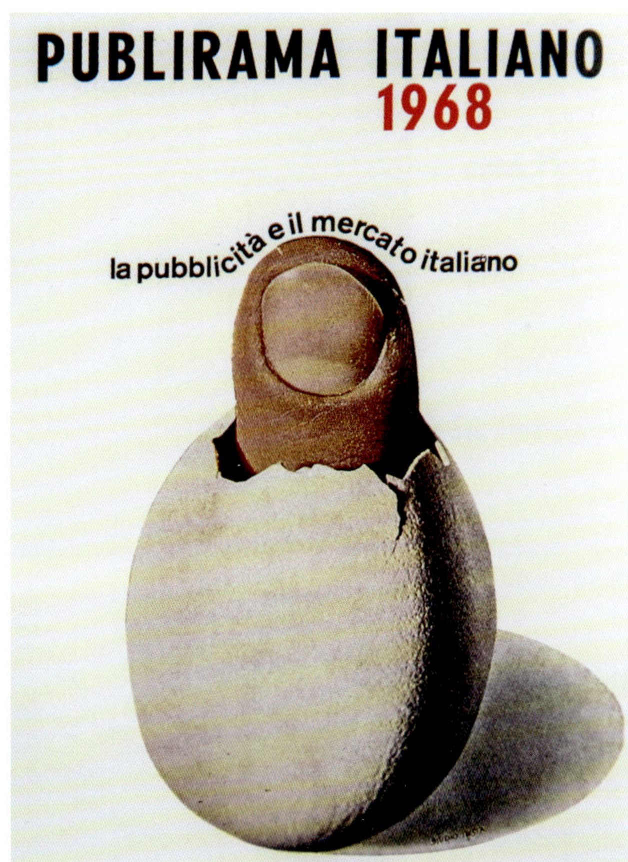

AUGURI FRESCHI DI GIORNATA
1973

L'ANNO NUOVO HA FATTO L'UOVO
1984

PUBLIRAMA
1968

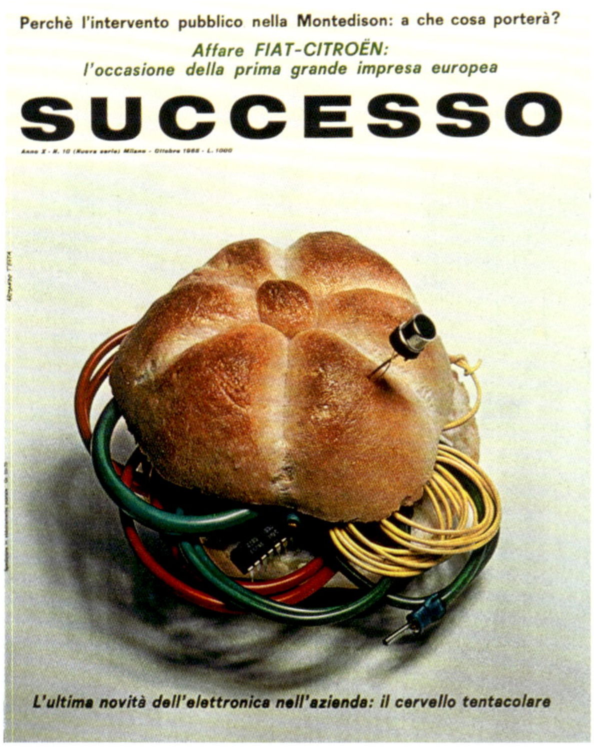

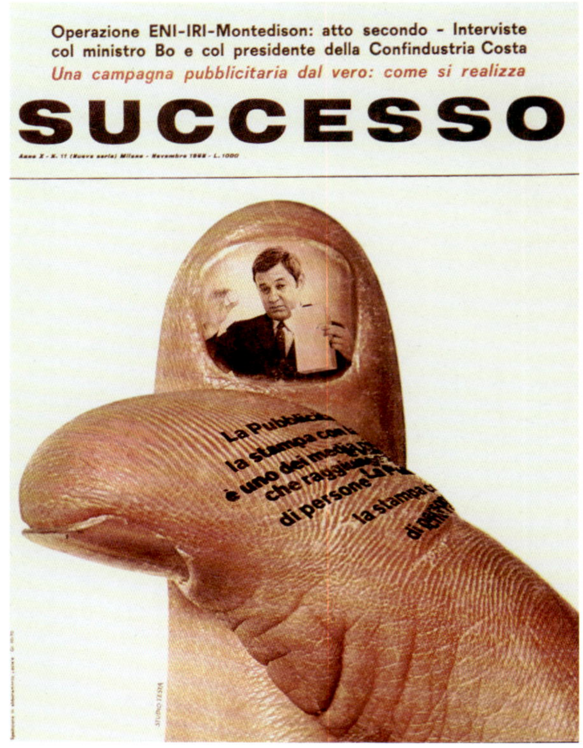

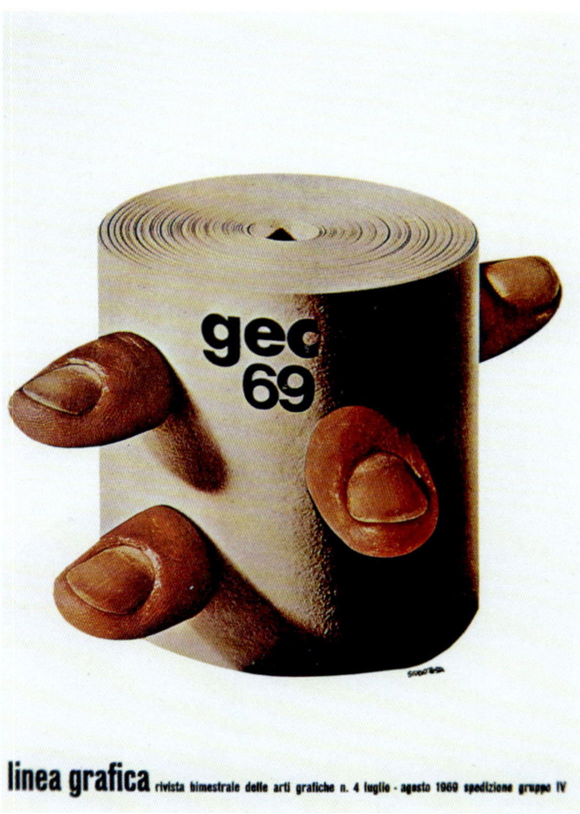

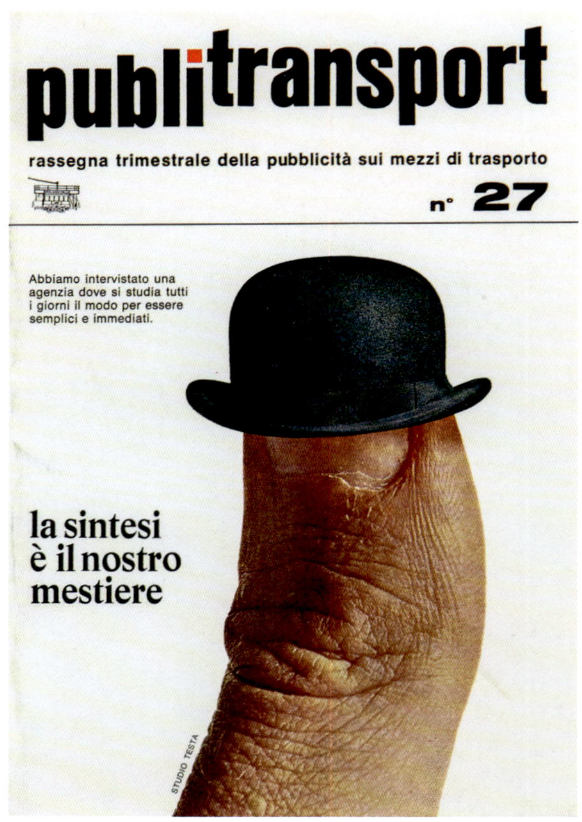

SUCCESSO
Ottobre | October
1968

SUCCESSO
Novembre | November
1968

LINEA GRAFICA
1969

PUBLITRANSPORT 27
1968

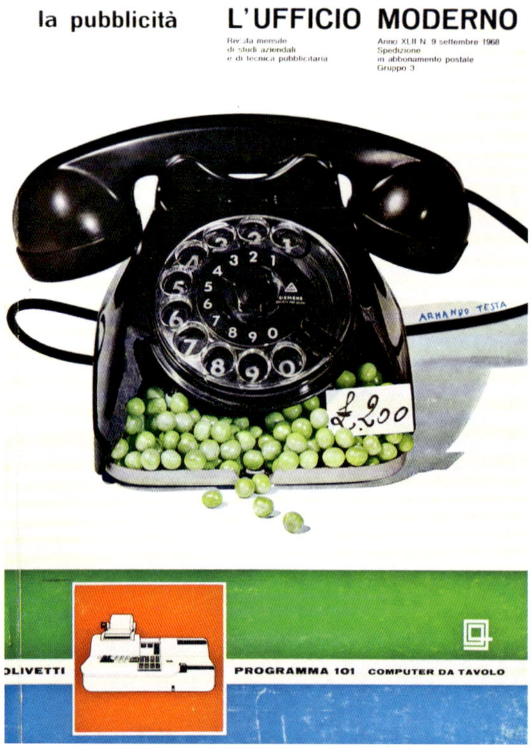

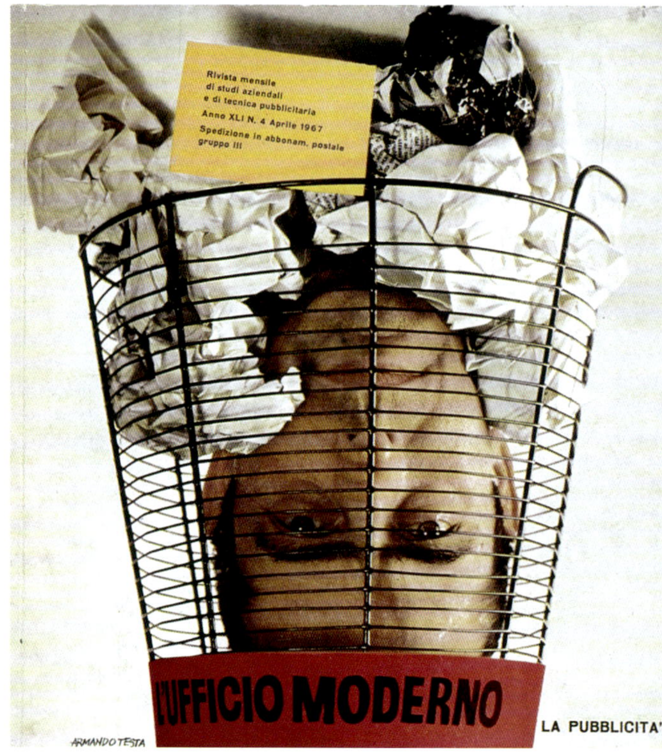

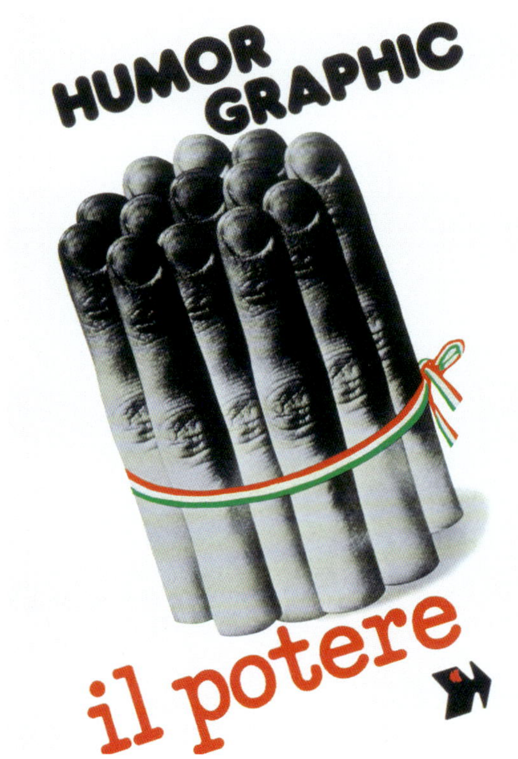

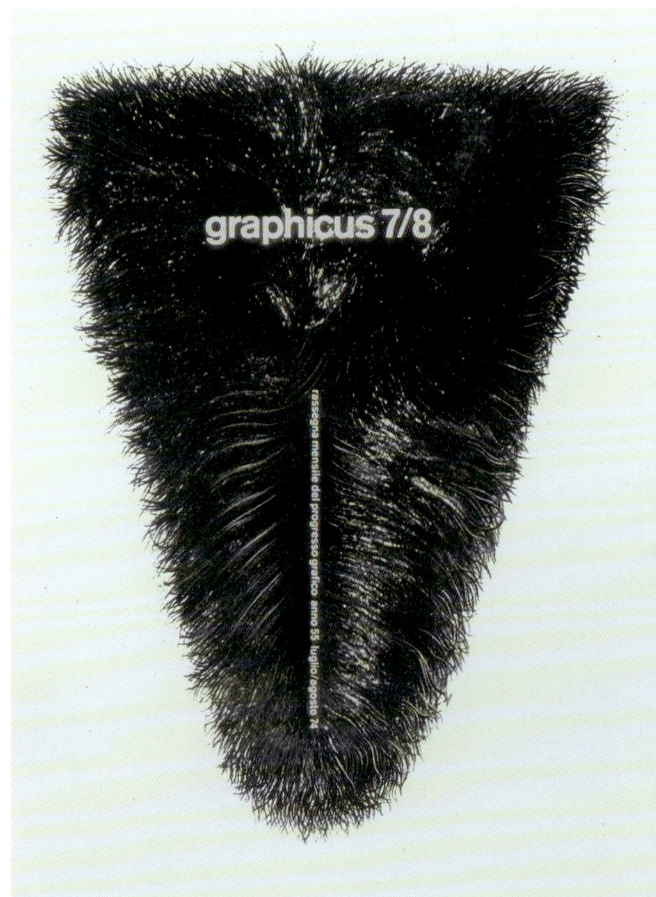

UFFICIO MODERNO
1968

UFFICIO MODERNO
1967

HUMOR GRAPHIC, IL POTERE
1975

GRAPHICUS
1974

7.

Piet, puoi scommetterci!

La cosa più importante nel cartello è sapere ciò che non si deve fare. A furia di eliminare dalla nostra mente vagheggiamenti allettanti ma dispersivi, si arriva a pochissime probabili soluzioni. Studiando ancora queste poche probabili soluzioni si arriva a una soluzione o due. A questo punto comincia la specialità vera del cartellonista: l'idea scelta può sembrare anche facile e non originale, ma si può riscattarla attraverso una armonica composizione e con una controllata struttura coloristica. Ho costruito una vita sulla frase di Mies van der Rohe: "Nel meno c'è il più". Infatti ho sempre avuto un grande amore per le composizioni semplici, però spesso la mia curiosità mi porta a guardare anche segni ed immagini più complicati; magari si tratta di un entusiasmo che dura lo spazio di una sera, ma questo è inevitabile, se si è curiosi. Questa passione per le tendenze più nuove in campo grafico e pittorico e l'amore istintivo per l'arte astratta hanno contribuito a formarmi una cultura. Una cultura non razionalmente costruita, ma che proprio per questo mi consente oggi di trovarmi in una situazione di assoluta libertà rispetto alla "cultura ufficiale". E questo mi permette anche di vedere quanto la grande arte sia stata accomunata dall'essenzialità: dalle Piramidi alla Nike di Samotracia, dal Segno della Croce a Giotto, da Mondrian ai film di Charlot, da Tapiès a Jasper Johns. Una volta, sognai Piet Mondrian che mi diceva: "No, Armando, no. Il marketing c'est bien, mais pas trop. Va bene, ma con moderazione". E continuava: "Il marketing pensa al grande pubblico, tu attieniti alla forma più semplice e più forte". Gli risposi "Piet, puoi scommetterci!", come si dice in America. Ho dato molto al marketing, ma per tutta la vita, dopo quel sogno, la mia ricerca sull'immagine è stata sempre influenzata dall'arte e non solo dal marketing.

Piet, you bet!

The most important thing in creating a poster is to know what you shouldn't do. By eliminating tempting but distracting longings from our minds, we arrive at very few probable solutions. Studying these few probable solutions further leads to a solution or two. This is the point where the real specialty of the poster designer begins: the chosen idea may even seem easy and unoriginal, but it can be redeemed through a harmonious composition and a controlled colour structure. I have built a life on Mies van der Rohe's assertion: 'Less is more'. In fact, I have always had a great love for simple compositions, but my curiosity often leads me to look at more complicated signs and images; perhaps it is an enthusiasm that lasts the space of an evening, but this is inevitable, if you are curious. This passion for the newest trends in the graphic and pictorial field and the instinctive love for abstract art have contributed to forming a culture in me. A culture that is not rationally constructed, but which precisely for this reason allows me today to find myself in a situation of absolute freedom compared to the 'official culture'. And this also allows me to see how much great art has been united by essentiality: from the Pyramids to the Nike of Samothrace, from the Sign of the Cross to Giotto, from Mondrian to Charlie Chaplin's movies, from Tapiès to Jasper Johns. Once, I dreamed of Piet Mondrian telling me: 'No, Armando, no! Marketing c'est bien, mais pas trop. It's okay, but in moderation.' And he continued: 'Marketing thinks of the general public, you must stick to the simplest and strongest form'. I replied 'Piet, you bet!', as they say in America. I have given a lot to marketing, but throughout my life, after that dream, my research into images has always been influenced by art and not just marketing.

SENZA TITOLO
(OMAGGIO A MONDRIAN)
1967/1970

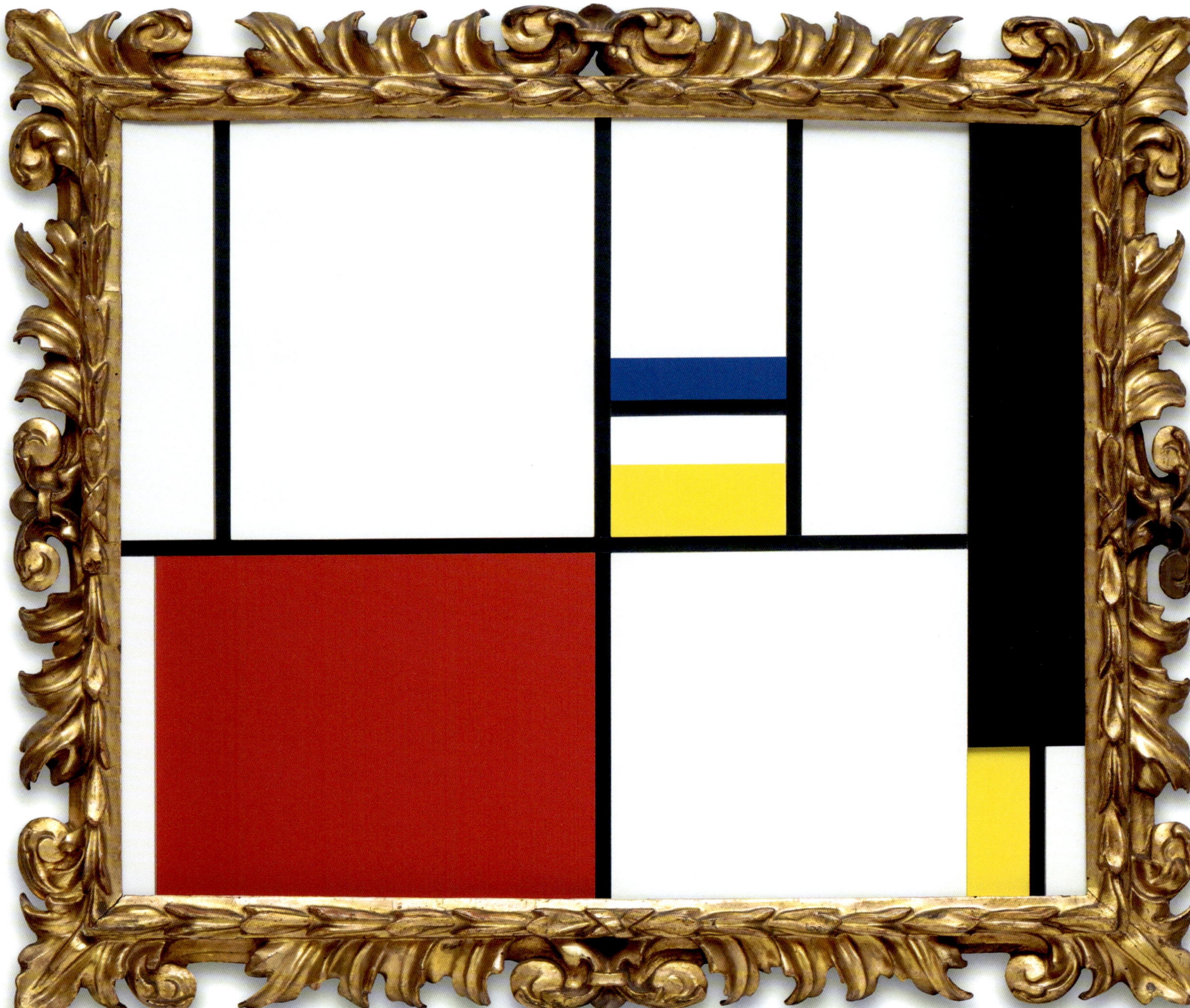

SENZA TITOLO
(OMAGGIO A MONDRIAN)
1967/1971

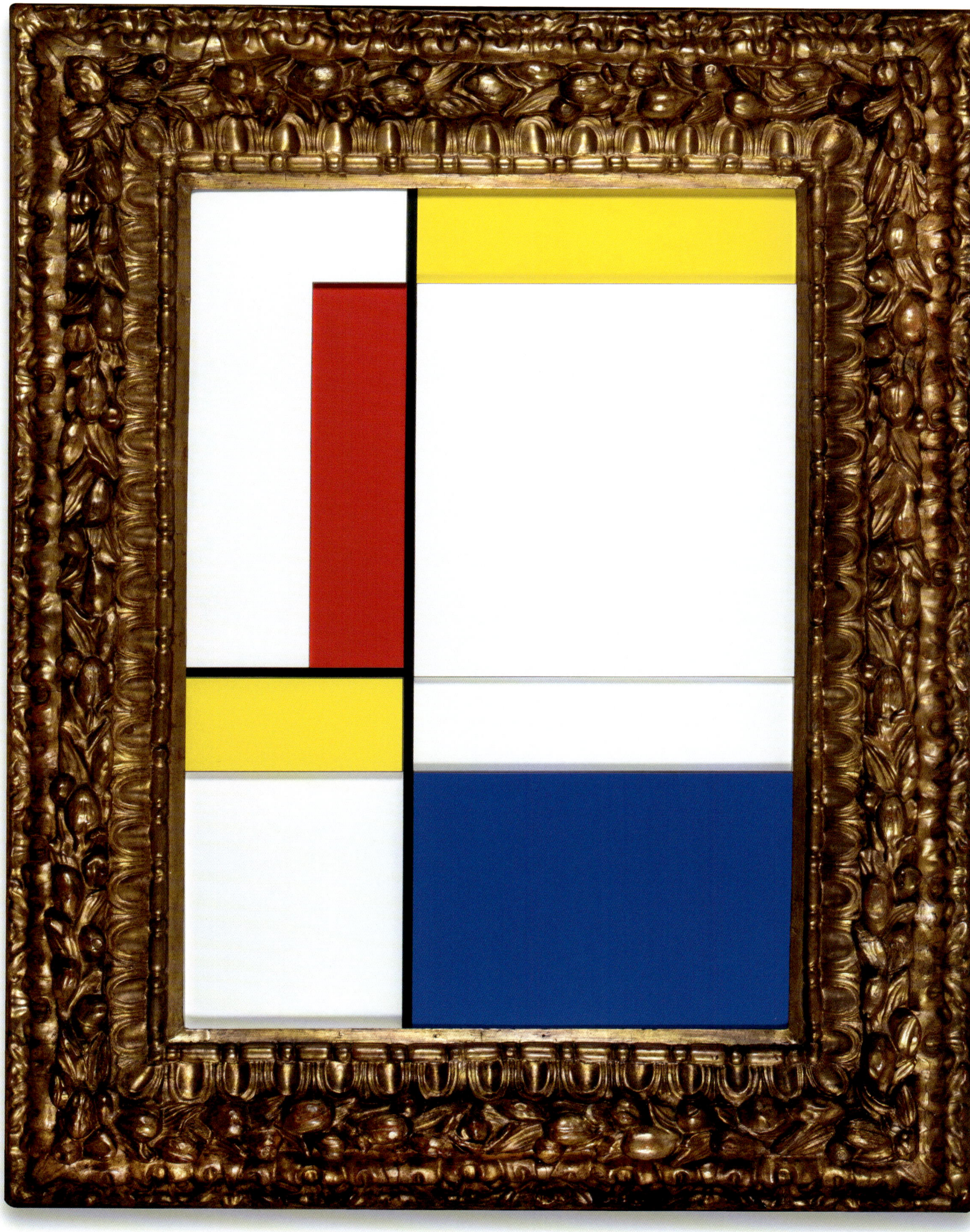

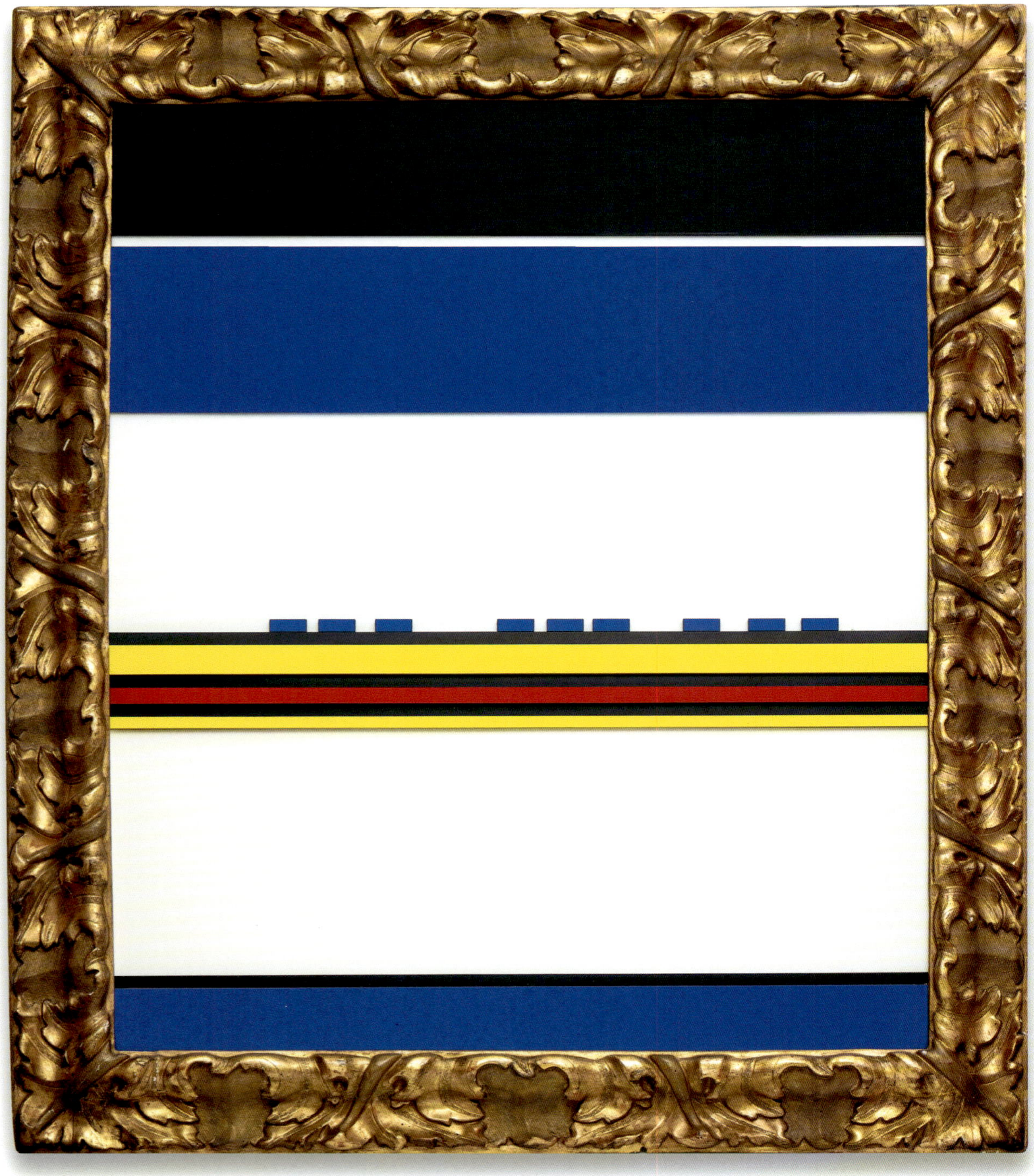

SENZA TITOLO
(OMAGGIO A MONDRIAN)
1967/1988

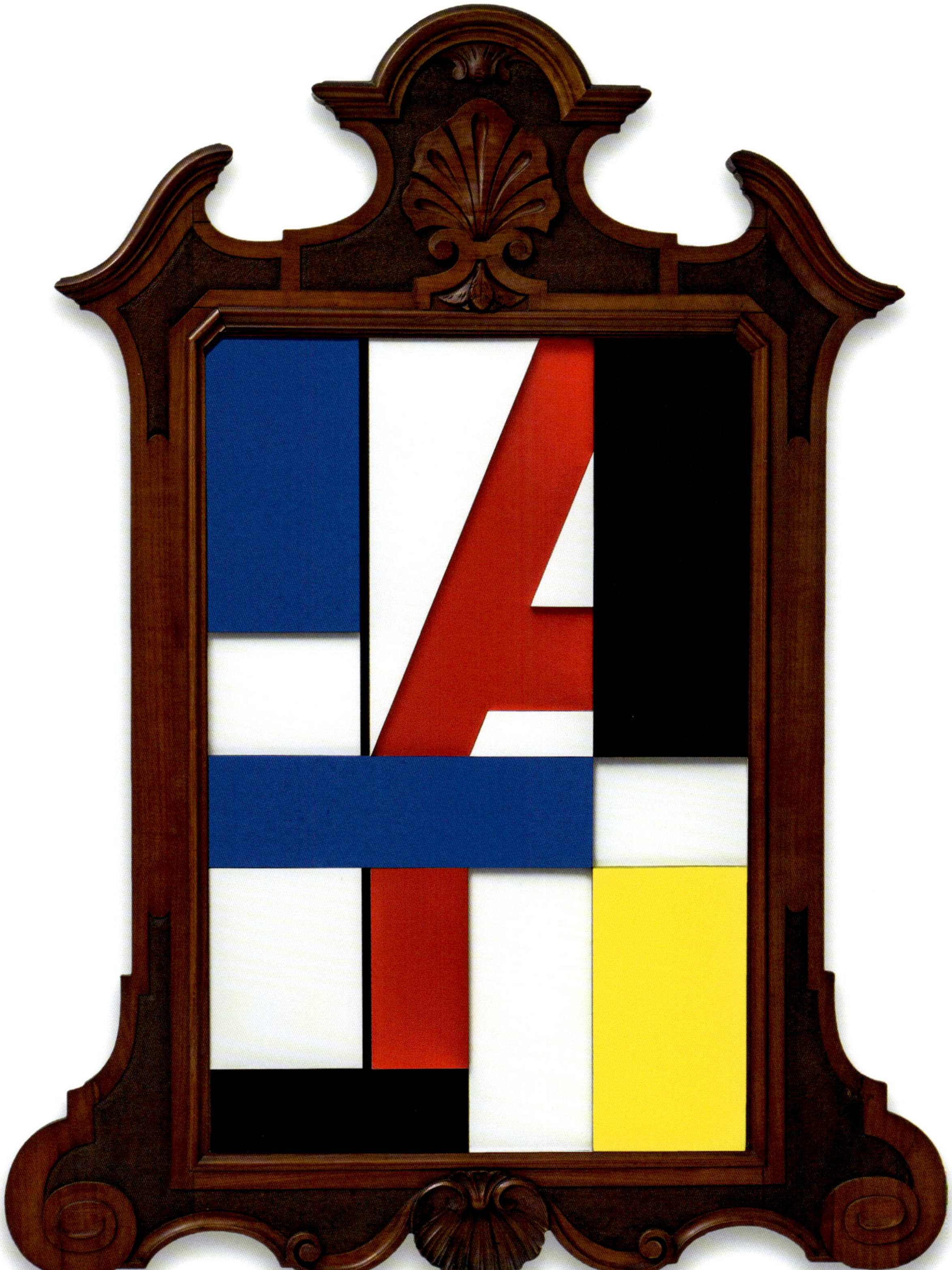

SENZA TITOLO
(OMAGGIO A MONDRIAN)
1967/1985

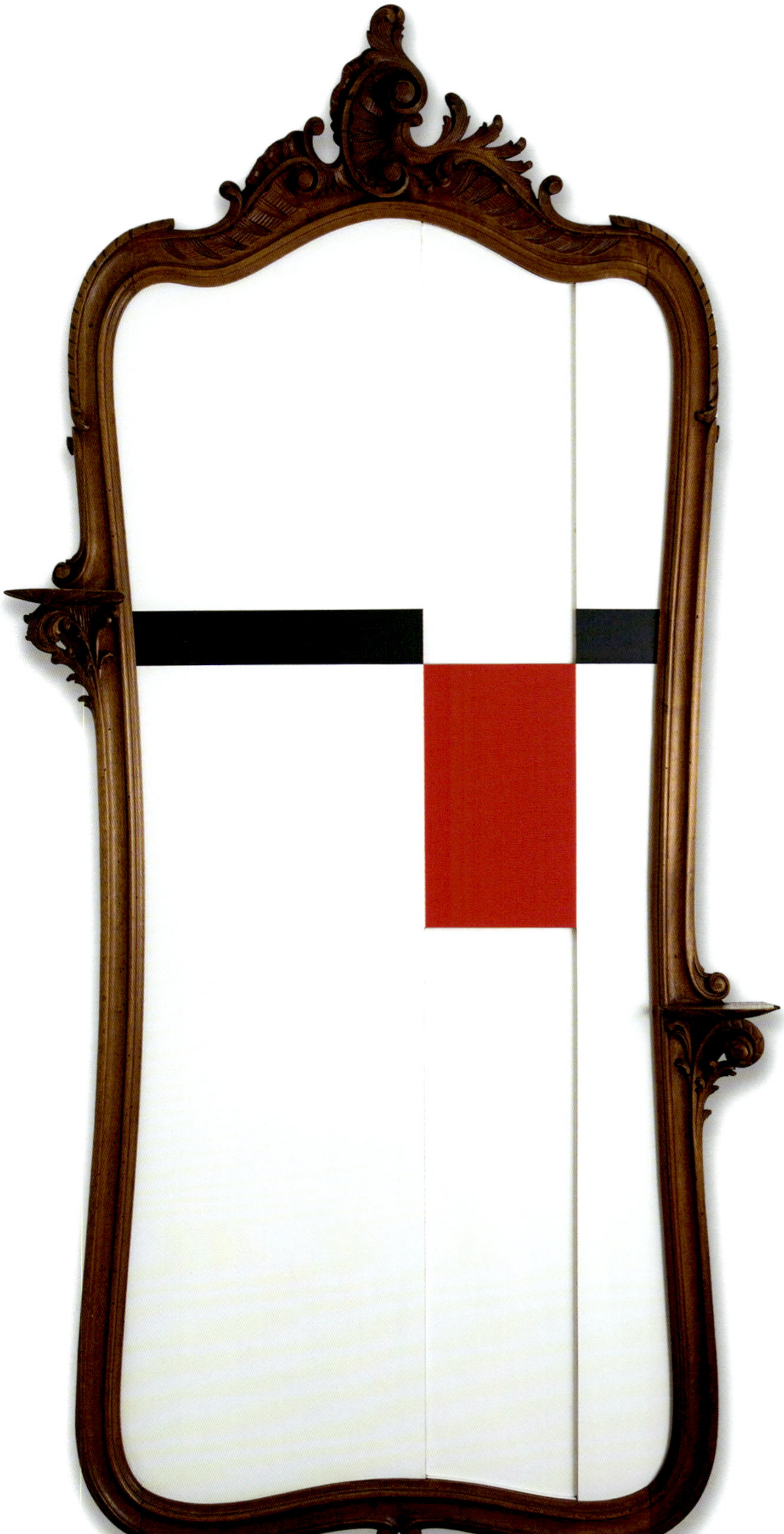

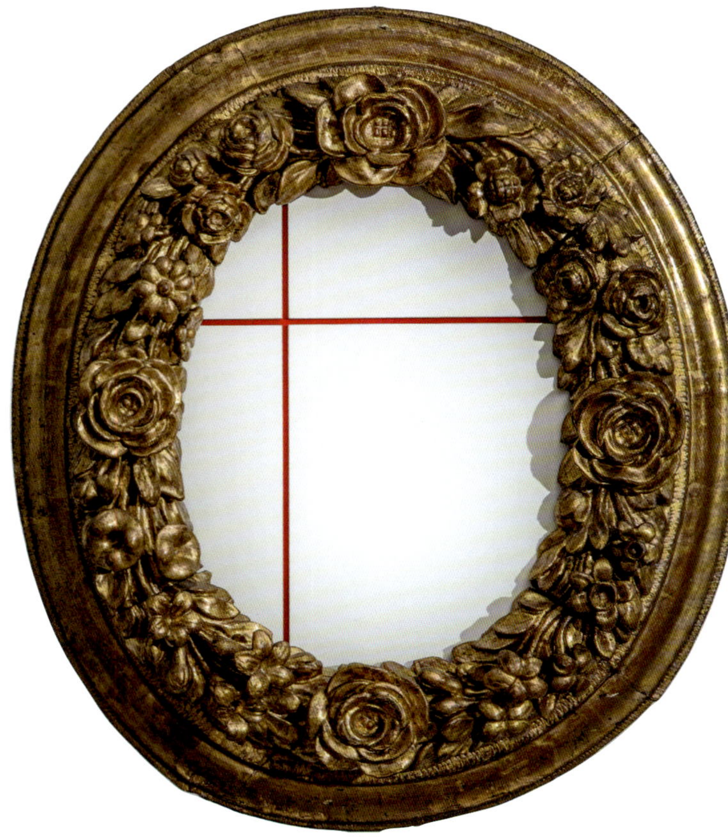

OMAGGIO A MONDRIAN
1967

SENZA TITOLO (OMAGGIO A MONDRIAN)
1967

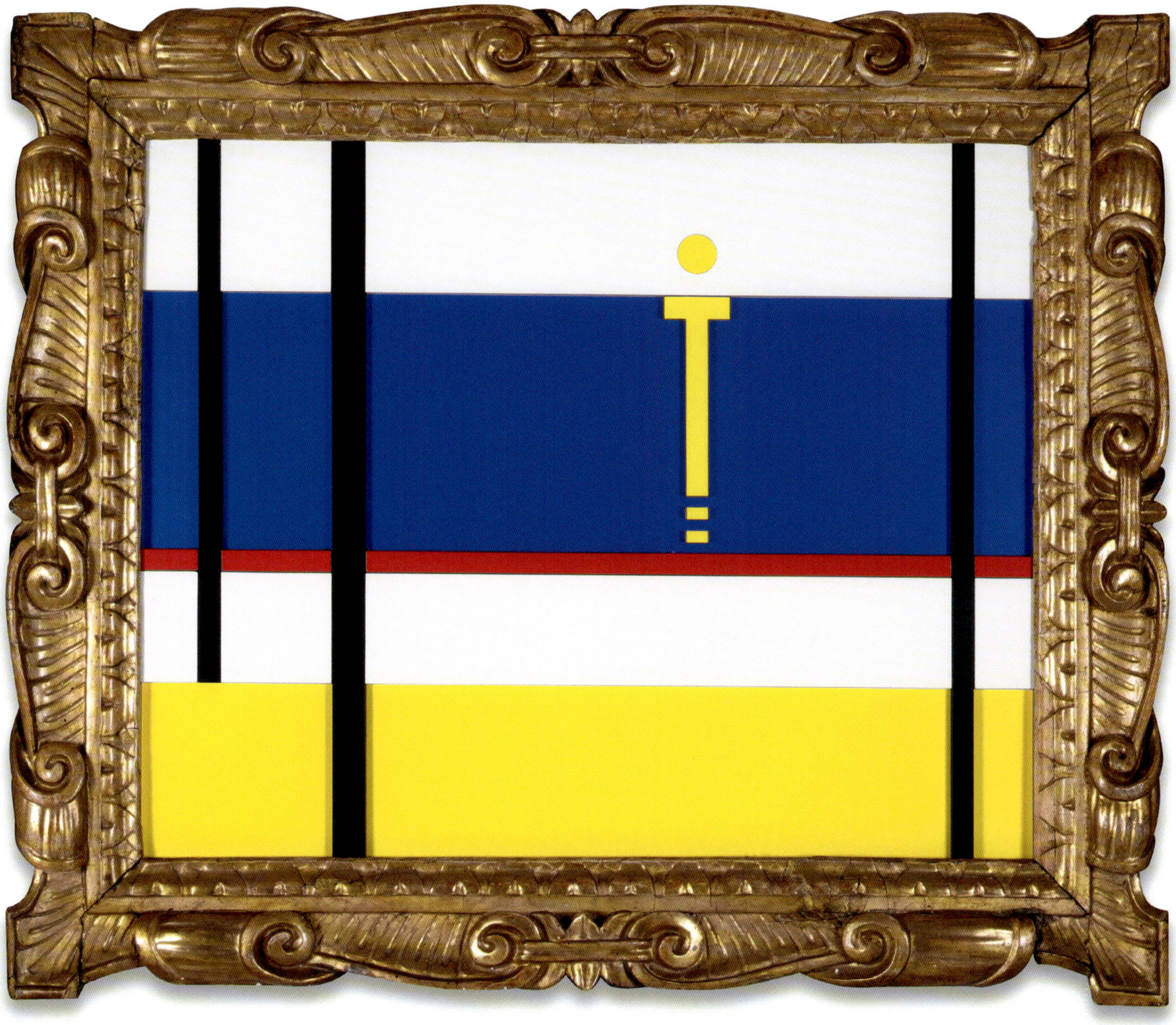

OMAGGIO A MONDRIAN
1967/1968

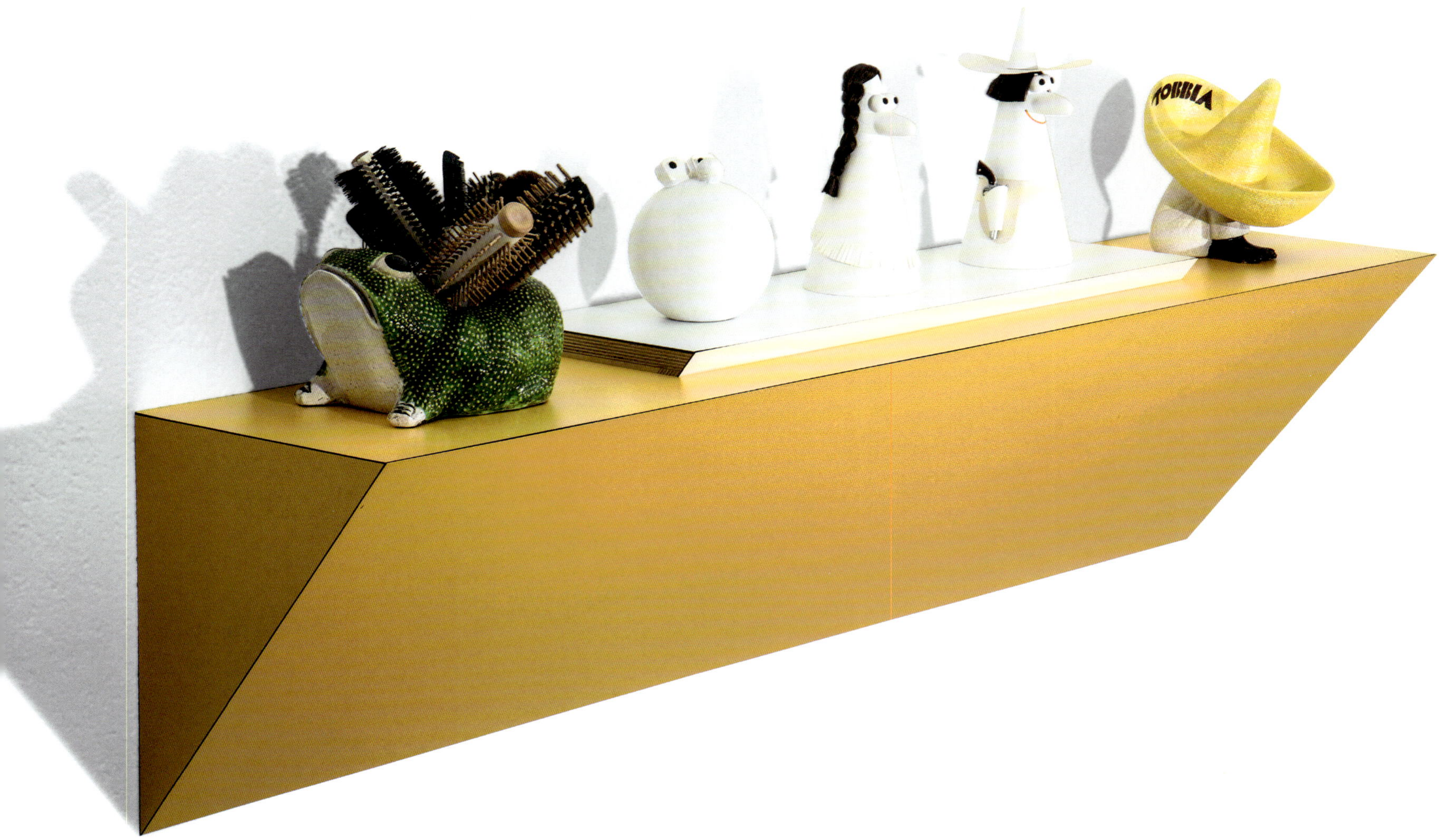

OMAGGIO AD ARMANDO TESTA – HAIM STEINBACH
1996

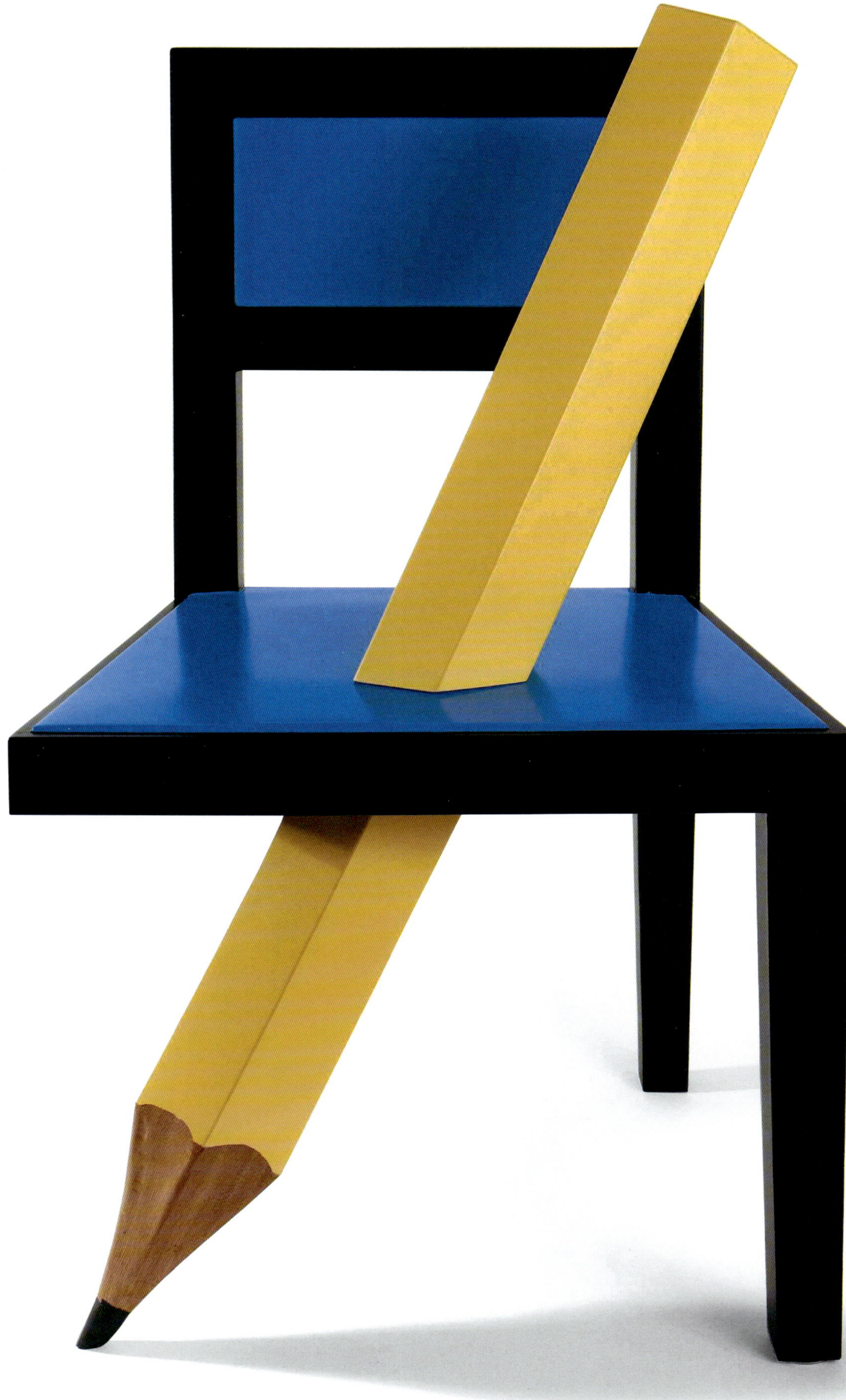

SEDIA CON MATITA
1972

8.

L’ambiguità fa sognare

Da appassionato cartellonista ho sempre guardato la pittura dal mio punto di vista: mi piaceva la semplicità dei primitivi, il chiaroscuro di Caravaggio, il volume di Michelangelo, Daumier, Sironi, fino ad arrivare a Picasso e Hartung. Sempre potenti e sintetici nelle loro espressioni.
Per un pittore passato alla pubblicità, che ha trascorso decenni a realizzare immagini semplici, telegrafiche, immediate ed inequivocabili, precise ed indiscutibili come un buco nei pantaloni, il desiderio di rifarsi una patina di ambiguità, almeno nelle ore libere e nei giorni festivi, è giusto e sano. Nei miei manifesti, nei miei messaggi pubblicitari ho sempre cercato la sintesi, l’impatto espressivo, invidiando talvolta alla cosiddetta arte pura proprio la possibilità di giocare sull’ambiguo. Sono convinto che le immagini che si ricordano di più hanno dentro una componente di sogno e di fantasia. La pittura è una metafora sognante. La pubblicità invece, quasi sempre, propina immagini scontate: siamo accecati dall’ovvio. Tutte le cose sono rappresentate per essere subito capite, è inesistente un qualsiasi velo di margine. In pubblicità, si tratti di un affisso, di uno spot o di una pagina, si può cogliere immediatamente la bontà e la validità di un’idea creativa. In arte è molto più difficile stabilire al primo sguardo, tra dieci quadri dipinti da dieci diversi pittori, qual è il più bello. In pubblicità chi è primo lo è inequivocabilmente, la pittura concede invece molte più evasioni sia a chi la fa sia a chi la giudica. Confesso che qualche volta mi è capitato di guardare dei dipinti e non coglierne subito il valore; per fortuna non molto spesso, altrimenti avrei dubitato di me stesso e sarei andato a cercare conforto dallo psicologo o da Federico Zeri.
La mia è una pittura d’avanguardia e di ricerca. Naturalmente con divertissement. L’ironia è regola di vita, perché tradirla nei miei quadri?
Tra la mia vita di pubblicitario e quella di pittore, per me non ci sono stacchi; e voglio continuare a dipingere, perché è uno dei miei pochi momenti di libertà.

Ambiguity makes you dream

As a passionate poster artist, I have always looked at painting from my point of view: I liked the simplicity of the Primitives, the chiaroscuro of Caravaggio, the volume of Michelangelo, Daumier, Sironi, up to Picasso and Hartung. Always powerful and synthetic in their expressions.

For a painter who moved on to advertising, who spent decades creating simple, telegraphic, immediate and unmistakable images, as precise and indisputable as a hole in his trousers, the desire to restore a patina of ambiguity, at least in his free hours and on holidays, is right and healthy. In my posters, in my advertising messages I have always sought synthesis, expressive impact, sometimes envying so-called pure art precisely the possibility of playing on the ambiguous. I am convinced that the images that are remembered most have a dream and fantasy component within them. Painting is a dreamy metaphor. Advertising, on the other hand, almost always offers obvious images: we are blinded by the obvious. All things are represented to be immediately understood, any veil of margin is non-existent. In advertising, whether it is a poster, a commercial or a page, you can immediately grasp the goodness and validity of a creative idea. In art it is much more difficult to assess at first sight, among ten paintings painted by ten different painters, which is the most beautiful. In advertising, who is the best is unequivocally so, whereas painting allows many more escapes both to those who make it and to those who judge it. I confess that sometimes I have looked at paintings and not immediately grasp their value; luckily not very often, otherwise I would have doubted myself and gone to seek comfort from the psychologist or Federico Zeri.

Mine is an avant-garde and research style of painting. Naturally with *divertissement*. Irony is a rule of life, why betray it in my paintings?

Between my life as an advertiser and that of a painter, for me there is no gap; and I want to go on painting, because it is one of my few moments of freedom.

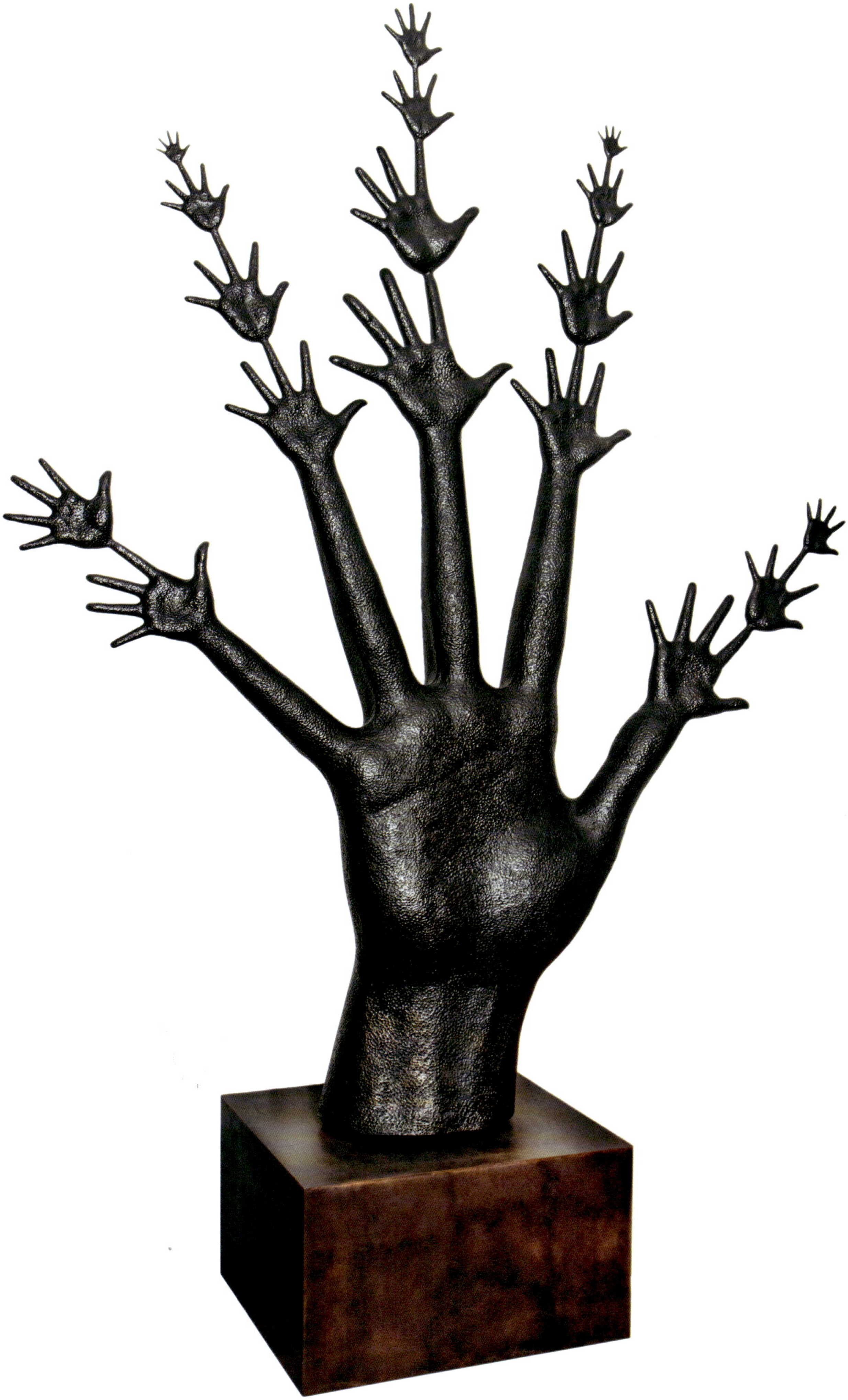

IL TEMPO
Ideazione dell'opera | Concept 1989

TREMAL NAIK
1991

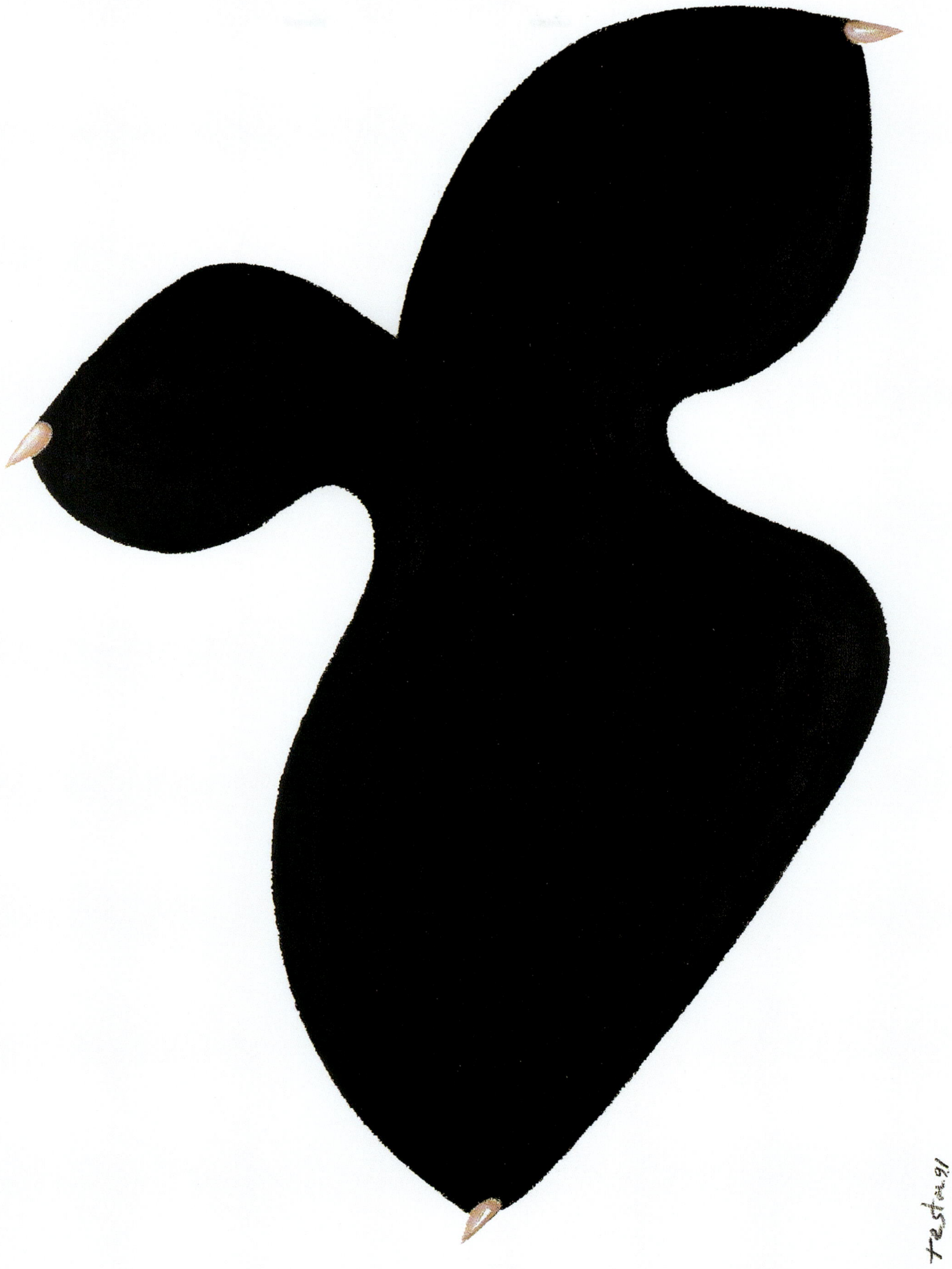
Testa 91

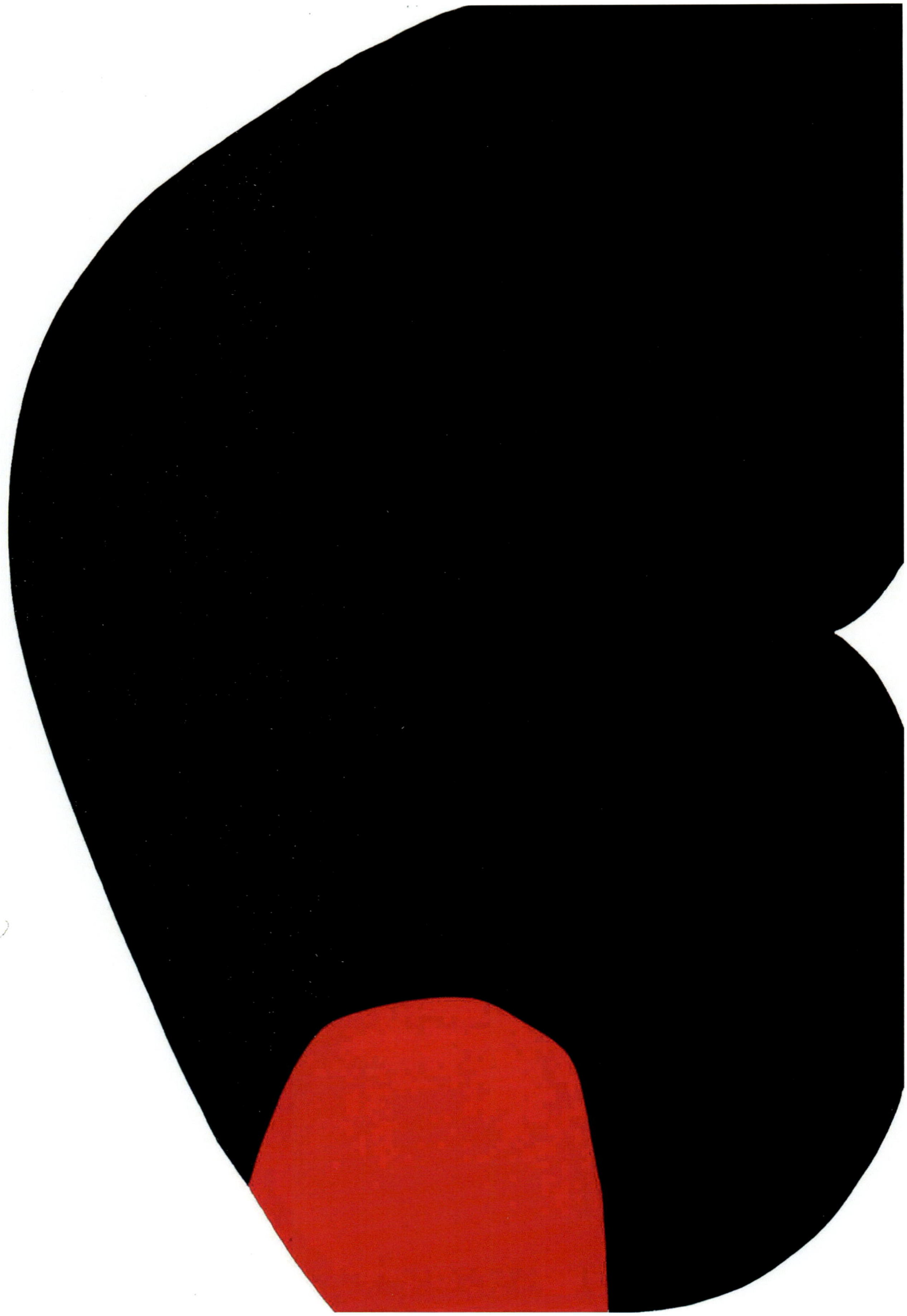

SENZA TITOLO
1991

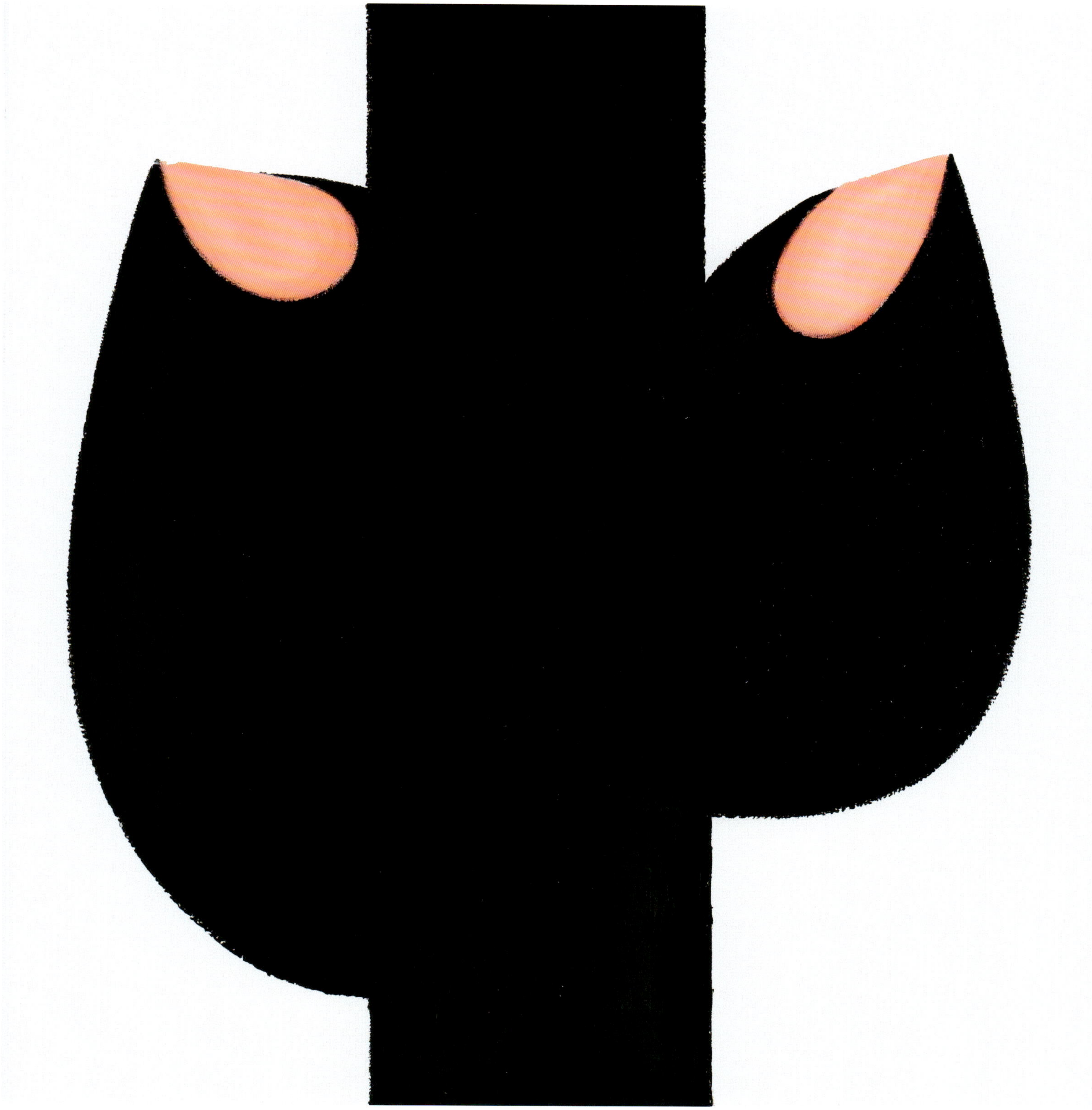

ALBERO DI DITA
1990

In realtà a me i quadri piace guardarli da vicino, in silenzio, annusarli, guardarli di profilo e di dietro, toccargli la cornice, fare tre passi allontanandomi con indifferenza e poi voltarmi di colpo per guardarli ancora. Insomma, vorrei con il quadro un'intimità quasi da camera da letto

I like to look at paintings up close, in silence, smell them, look at them from the side and behind, touch the frame, take three steps away with indifference and then suddenly turn to look at them again. In short, I would like an almost bedroom-like intimacy with the painting

ANGOLO EROTICO
1984

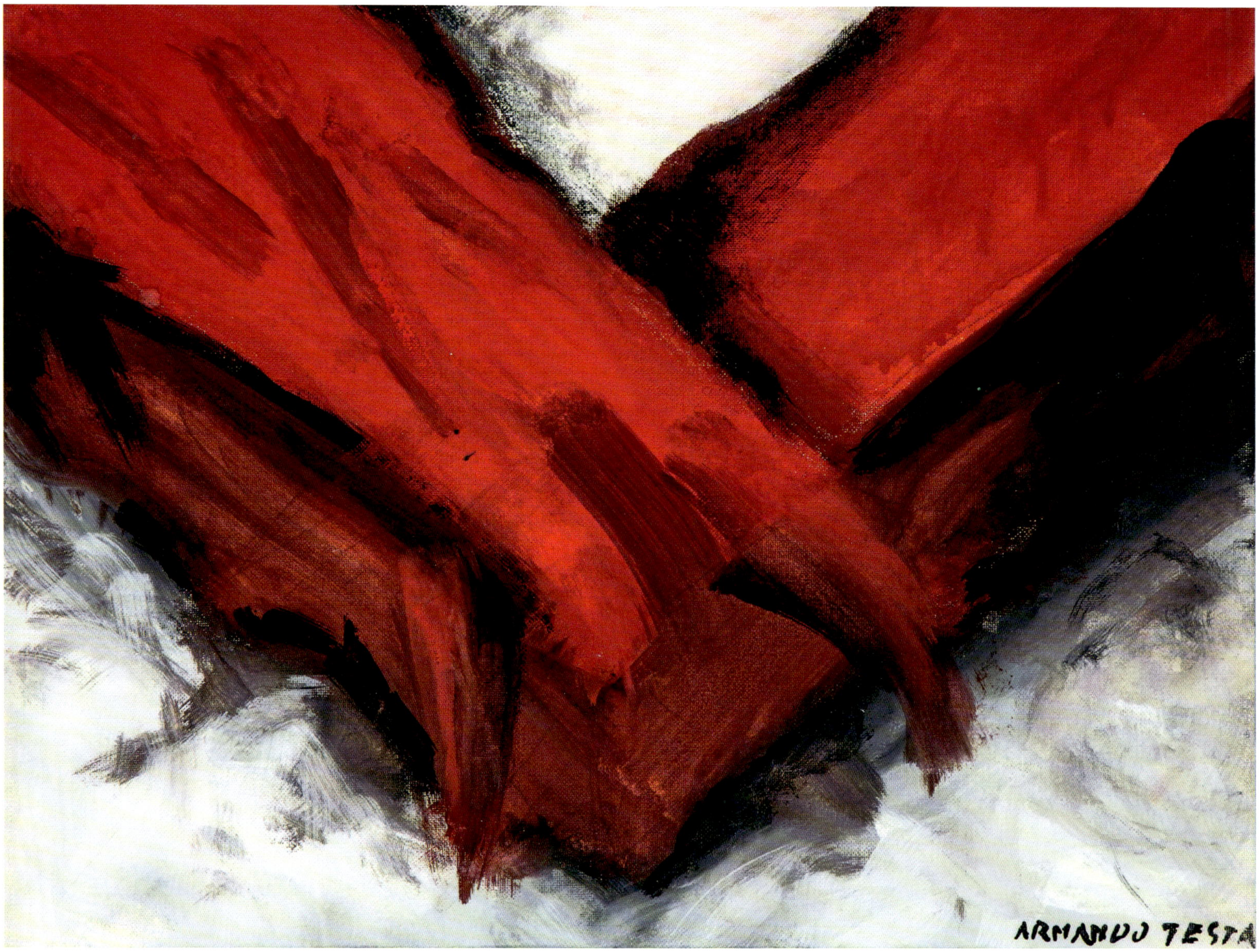
ARMANDO TESTA

MOLTIPLICAZIONE IN ROSSO E NERO
1972

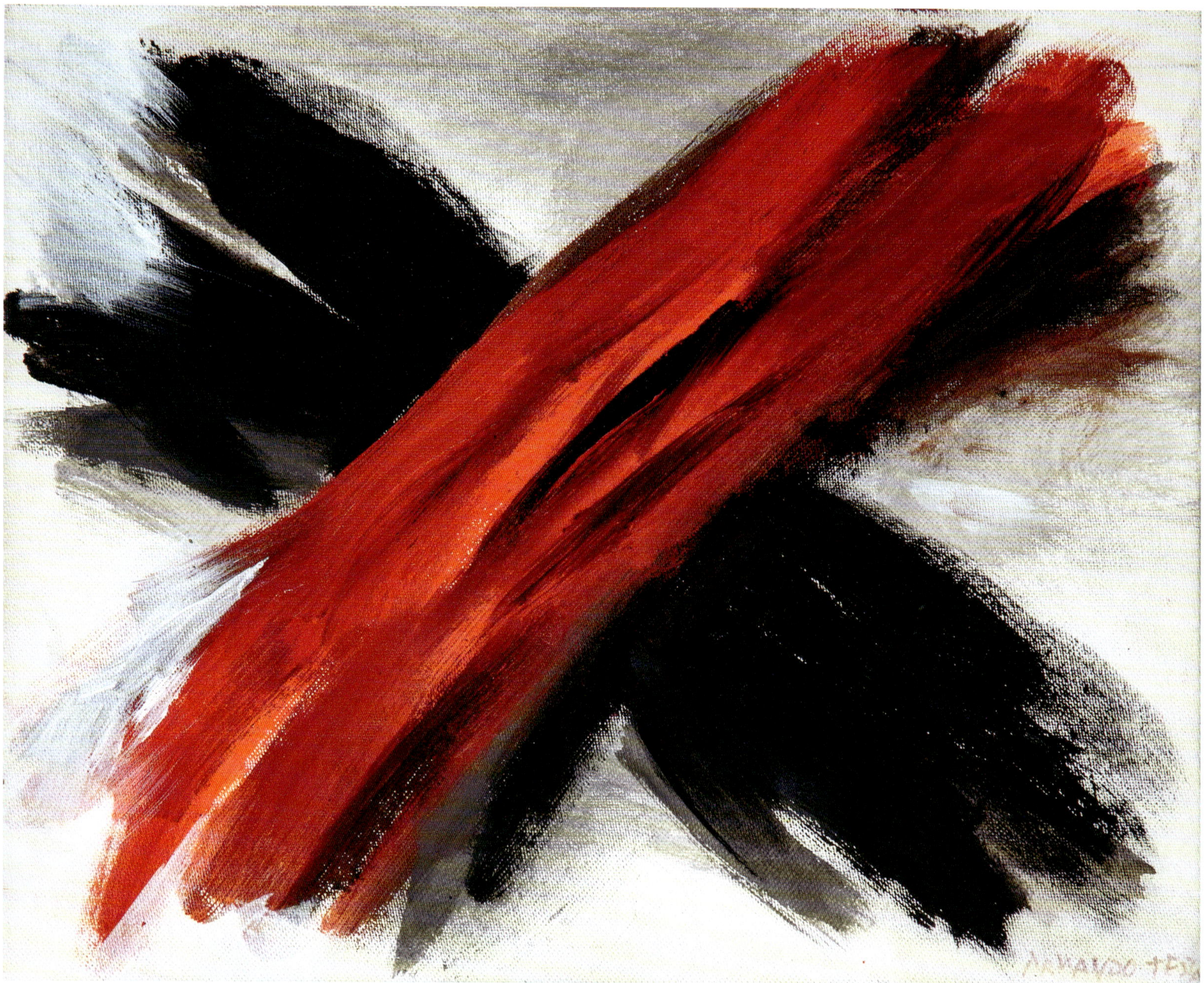

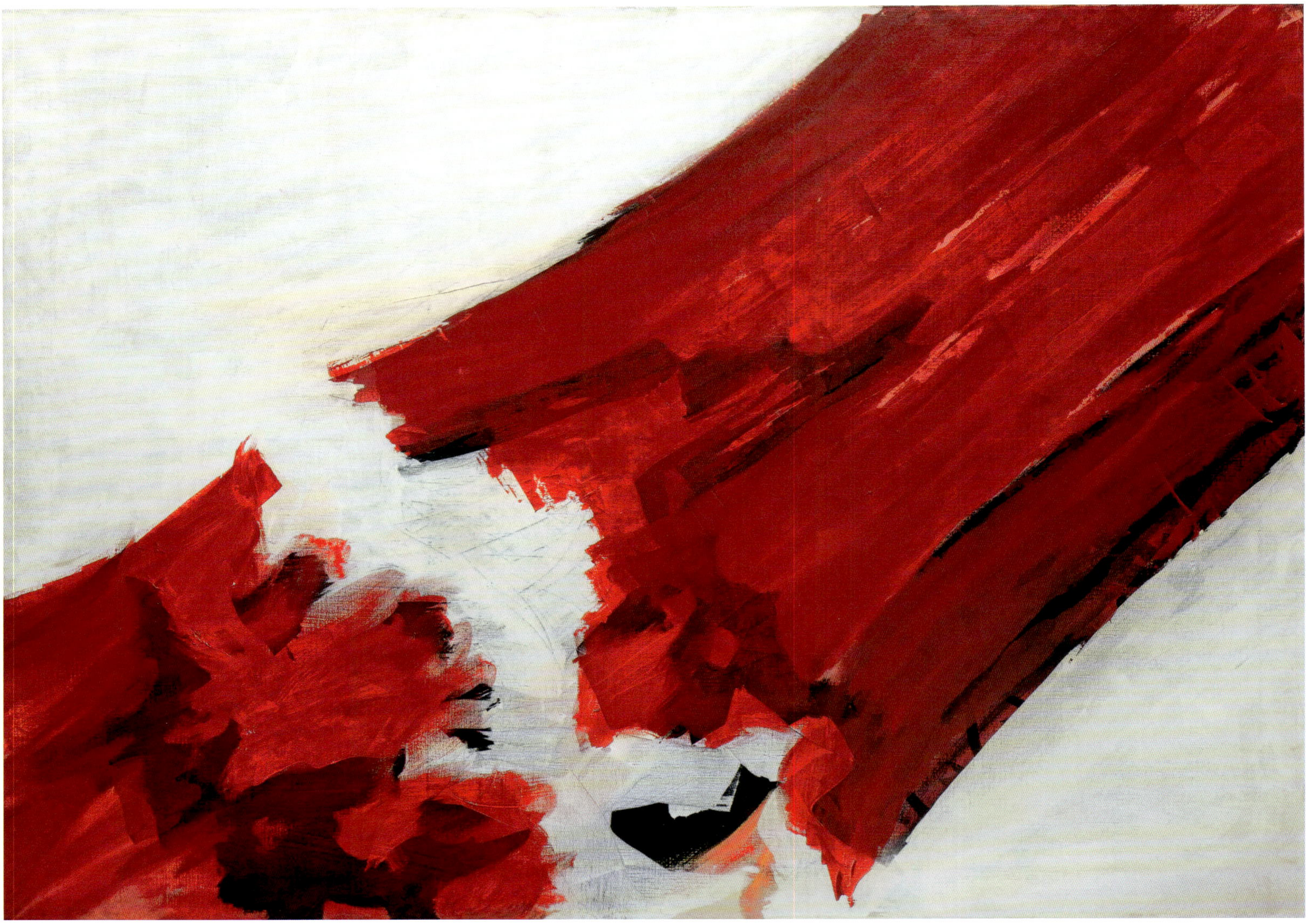

SENZA TITOLO
1985

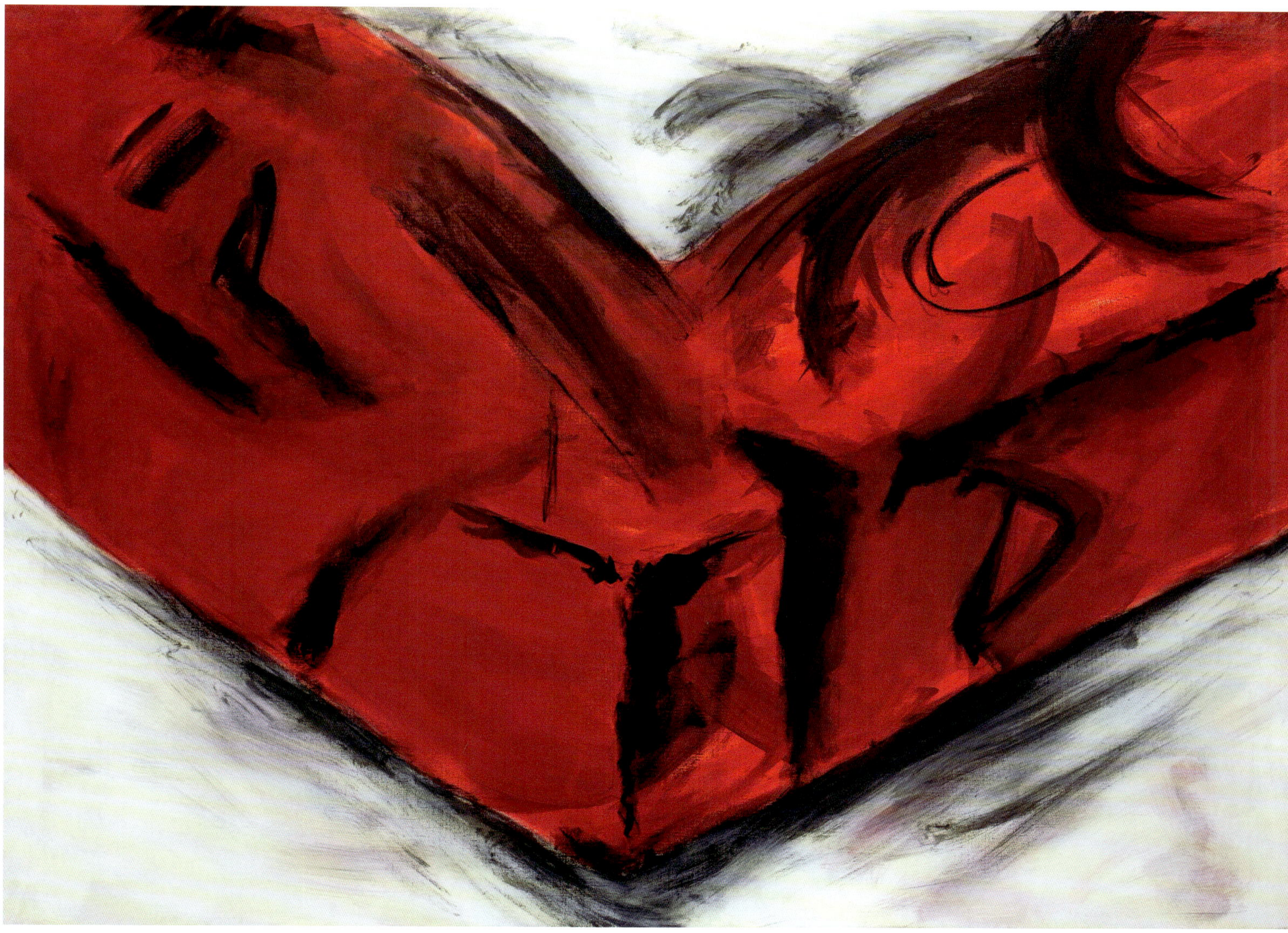

ANGOLO EROTICO
1984

9.

Ossessione

Per avere il massimo di libertà nel disegno, devo avere un tema. Nelle mie ricerche creative, il tema del dito mi ha sempre affascinato. Il dito è protagonista assoluto nella vita dell'uomo e possiede una bellezza formale decisamente superiore all'orecchio e in diretta competizione con l'occhio. Le sue possibilità sembrano senza limiti: ce la si lega al dito; si mette il dito nella piaga; si ha qualcosa sulla punta delle dita. Col dito si indica, si accusa, si chiama, si nega, si conta, si scrive, si legge (seguendo le righe con il dito), si fanno gesti osceni o proibiti dal galateo. Si tocca perfino il cielo con il dito. Nella storia, Nerone mandava a morte i gladiatori col pollice verso; Churchill annunciava al mondo la vittoria con un gesto delle dita. In arte, Omero definiva l'Aurora la dea dalle dita di rosa, e la statua dell'imperatore Augusto lo raffigura con il dito alzato a indicare il mondo, la via. Perfino Dio, il creatore, chiama a sé Adamo, il creato, tendendogli il dito nella Cappella Sistina.

Obsession

To get the highest freedom in design, I must have a theme. In my creative research, the theme of the finger has always fascinated me. The finger is the absolute protagonist in man's life and has a formal beauty that is decidedly superior to the ear and in direct competition with the eye. Its possibilities seem limitless: you can have a finger in every pie, you can cross your fingers, you can have information at your fingertips. With the finger one points, accuses, calls, denies, counts, writes, reads (following the lines with the finger), makes obscene gestures or those prohibited by etiquette. You even touch the sky with your finger. In history, Nero sent gladiators to their deaths with the thumbs down; Churchill announced the victory to the world with a wave of his fingers. In art, Homer defined Aurora as the rosy-fingered goddess, and the statue of Emperor Augustus depicts him with his finger raised to indicate the way to the world. In the Sistine Chapel, even God, the creator, calls Adam, the created, to himself by holding out his finger to him.

NEURORADIOLOGIA
1991

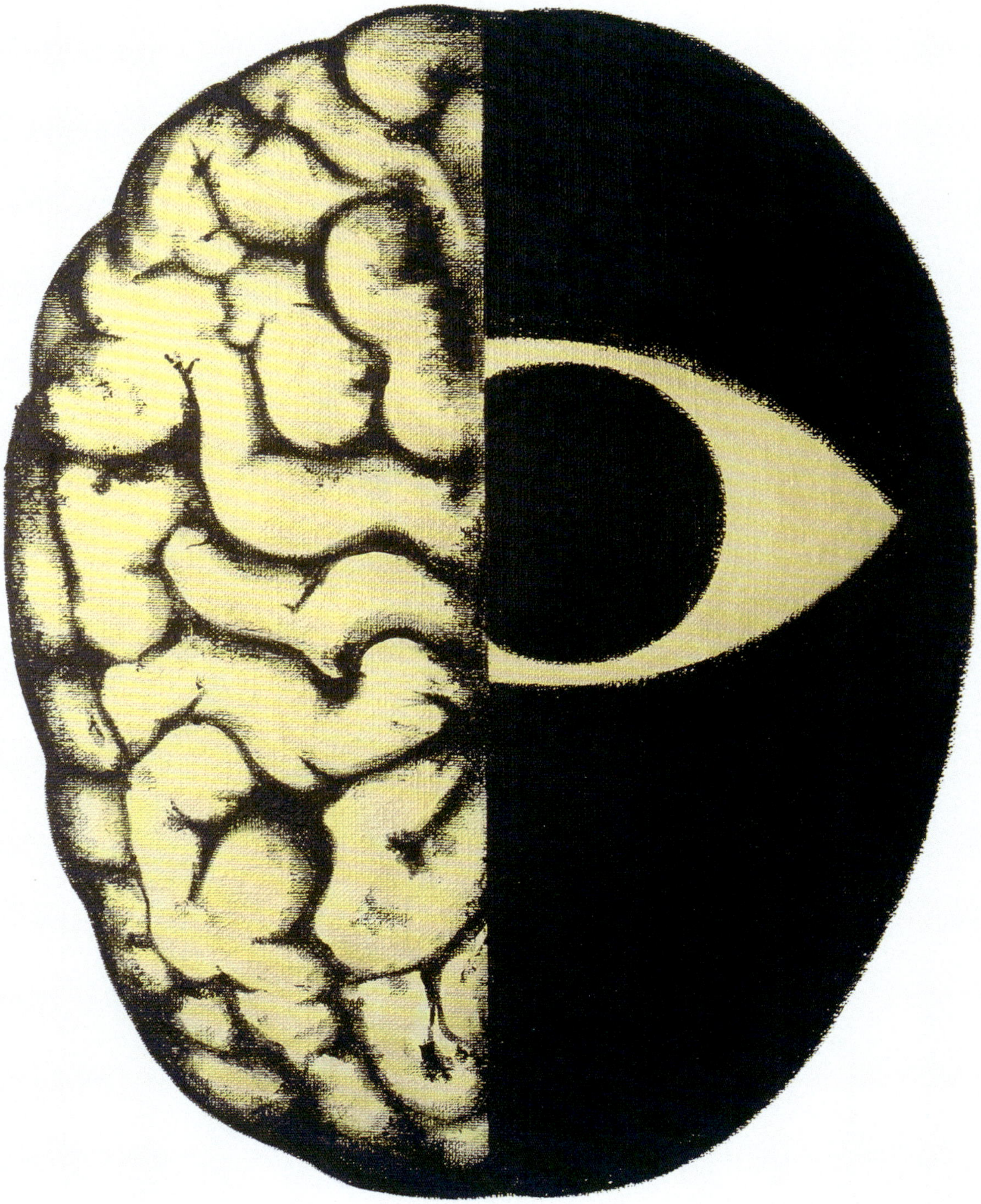

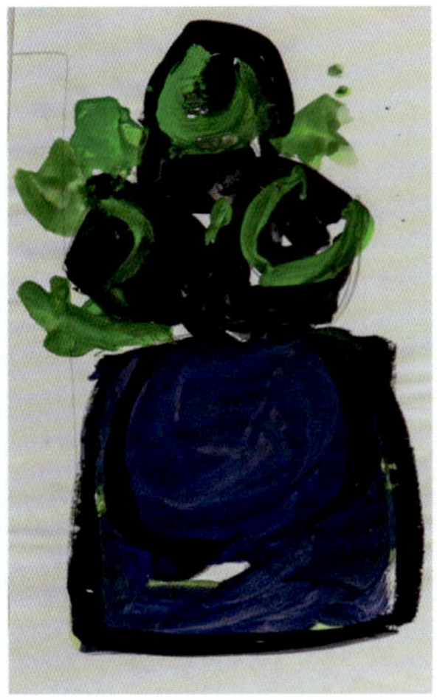

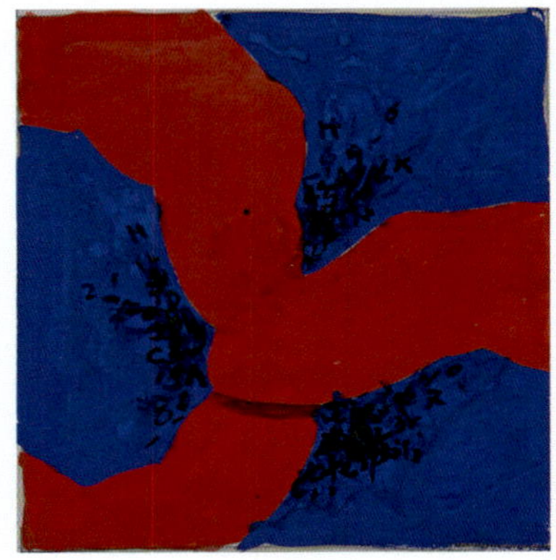

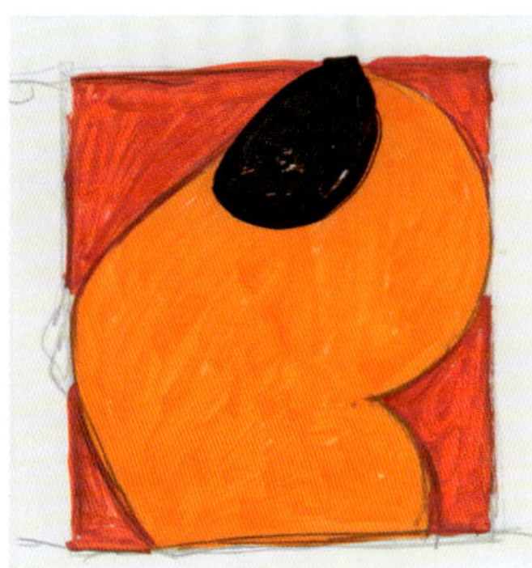

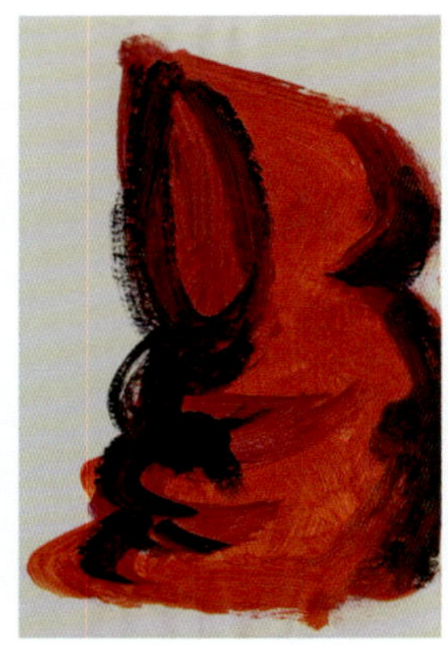

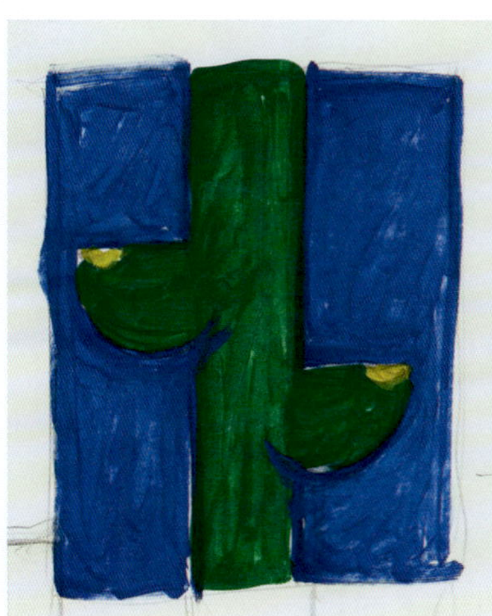

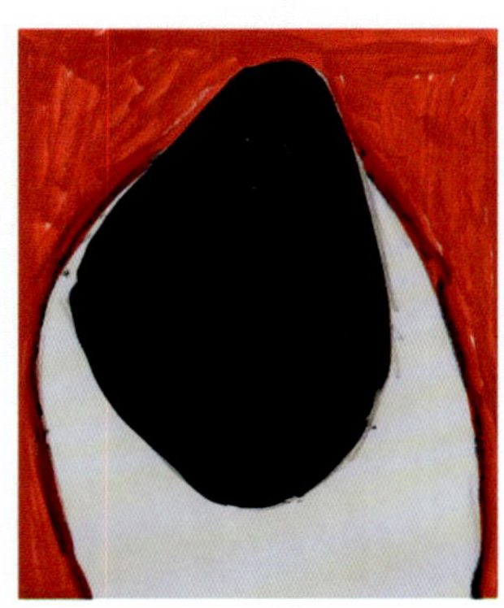

qui e nelle pagine seguenti
here and following pages
INSTALLAZIONE DI 80 DISEGNI
1968/1990

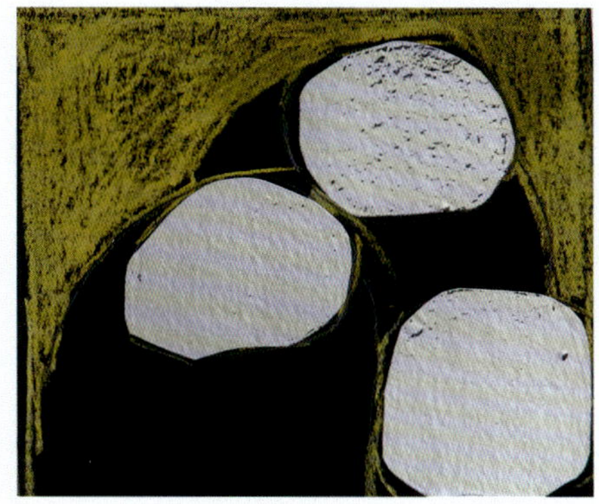

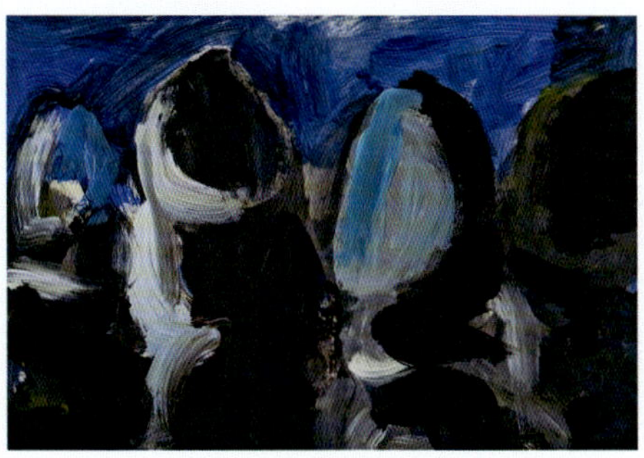

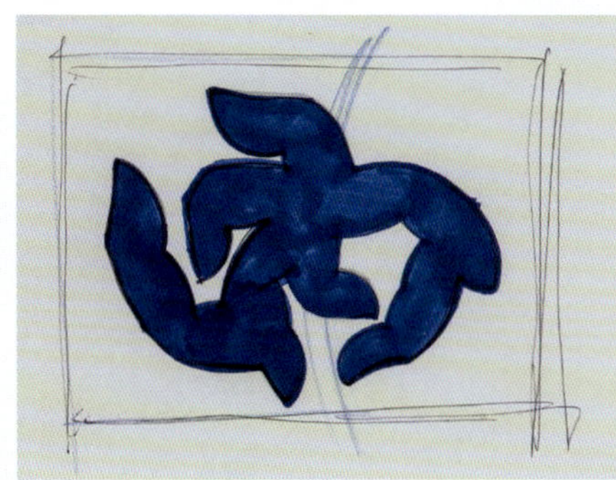

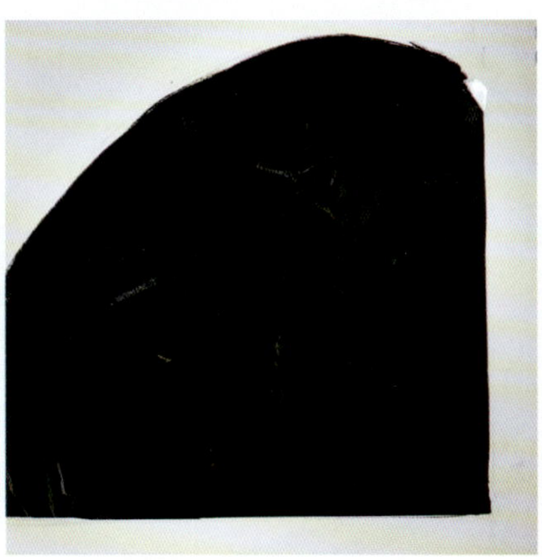

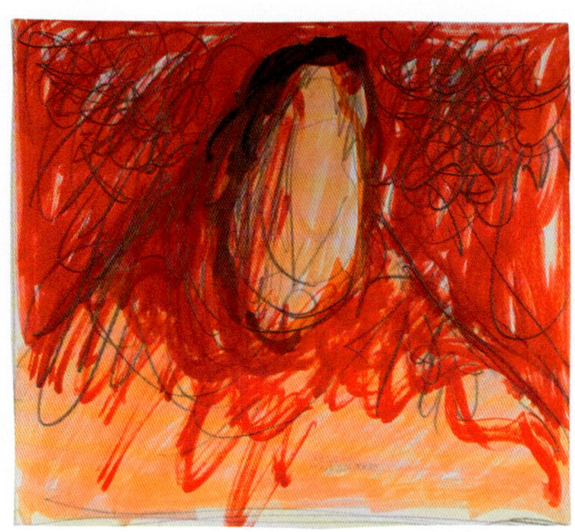

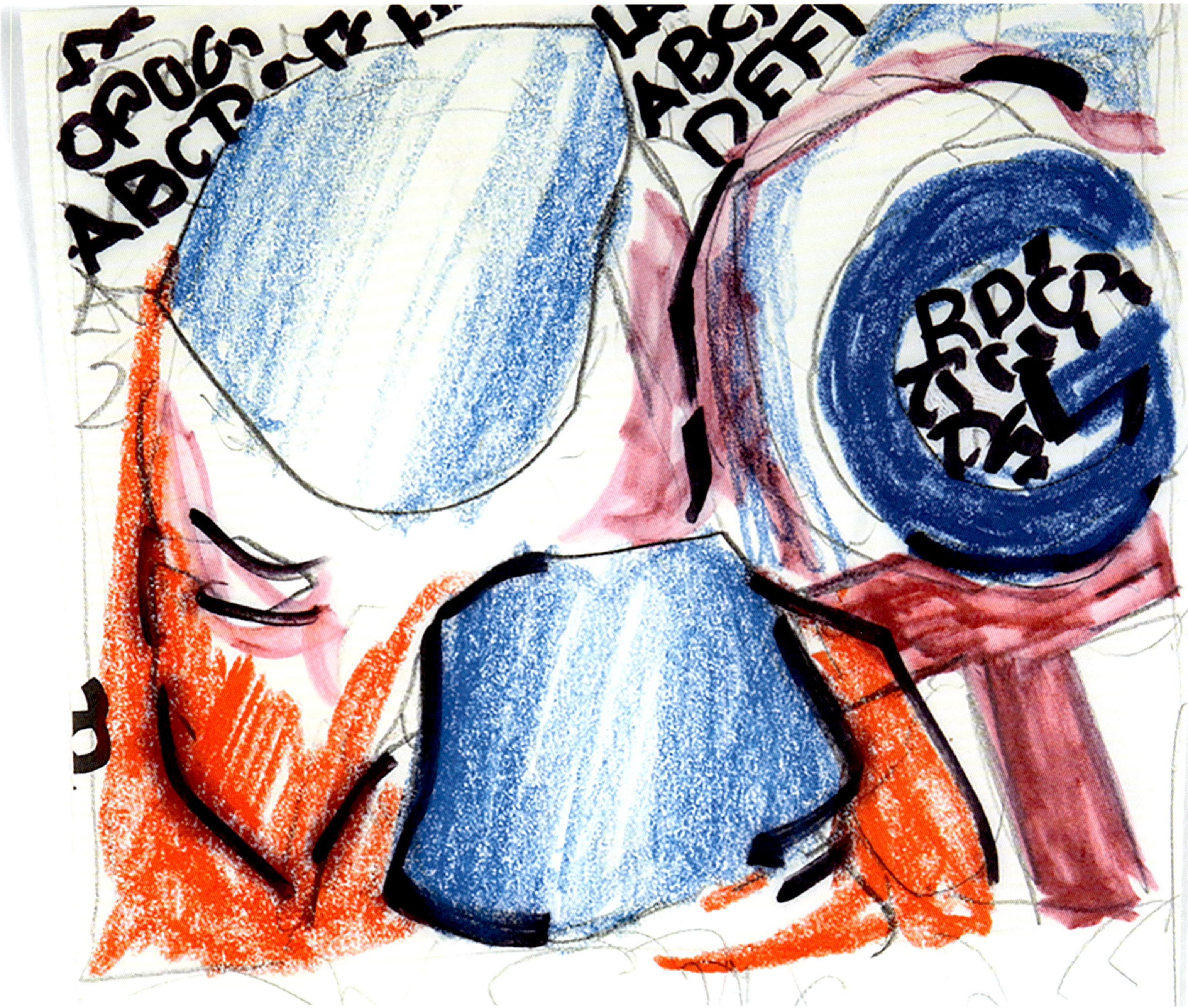

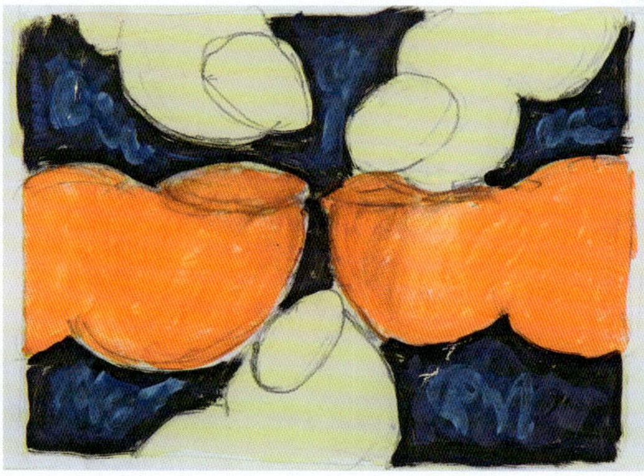

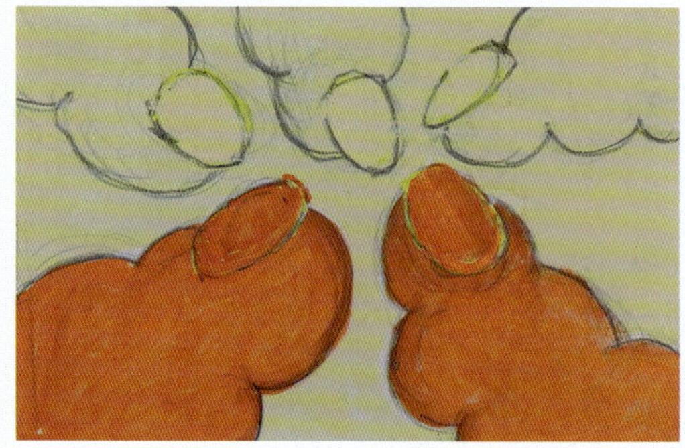

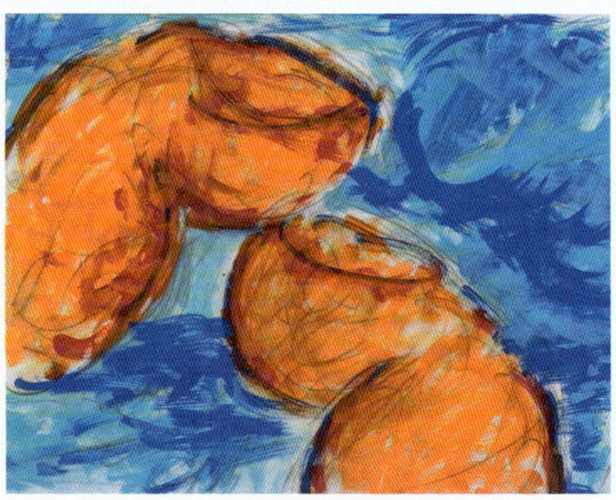

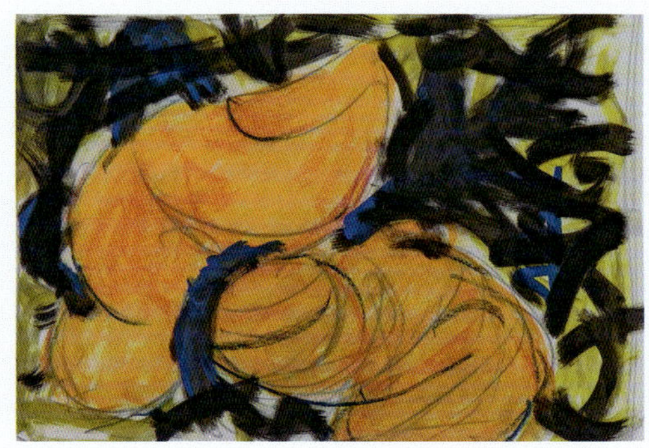

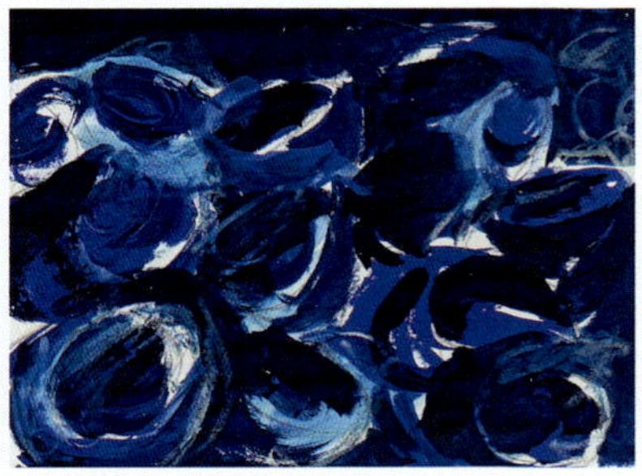

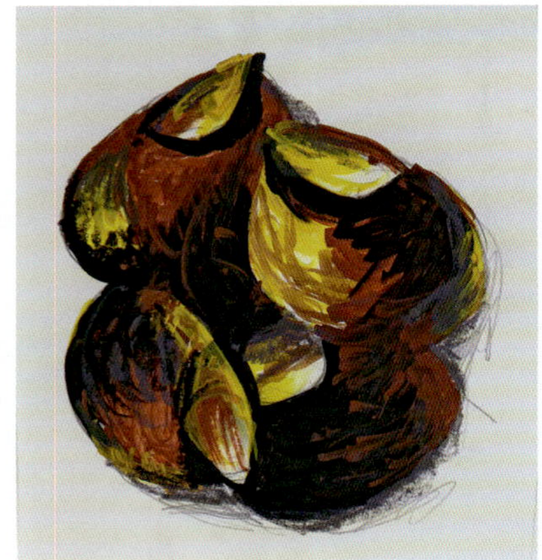

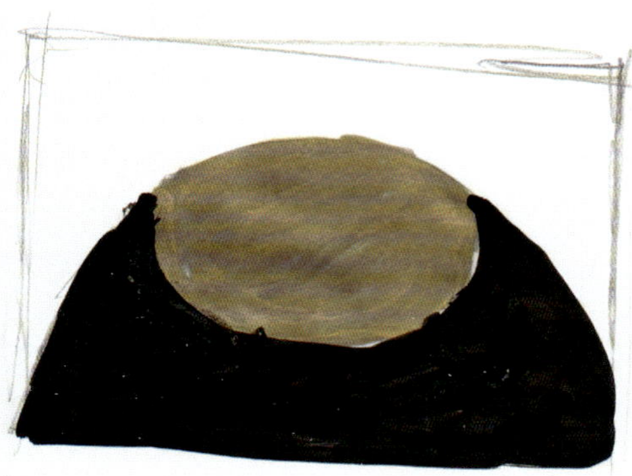

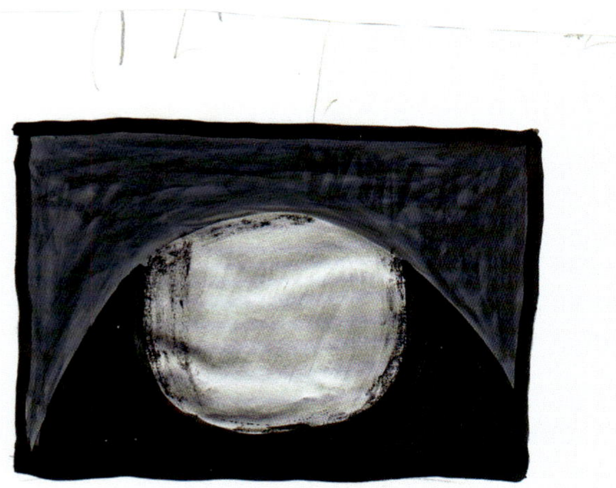

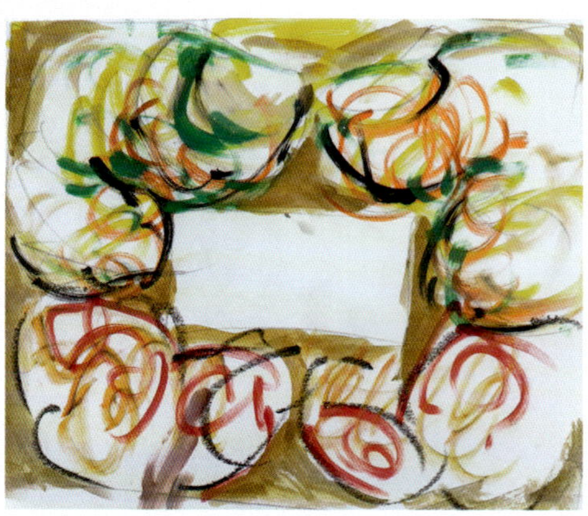

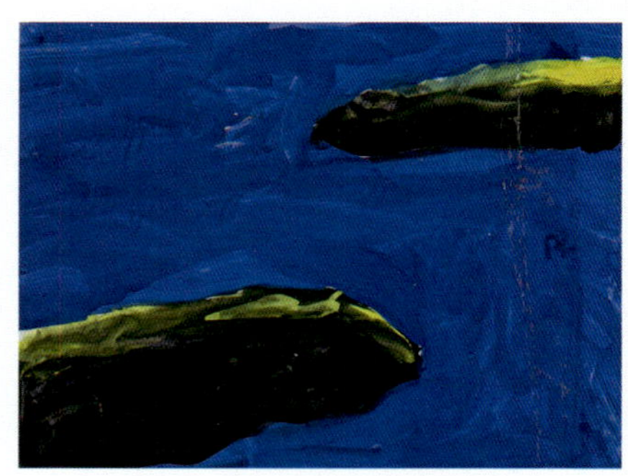

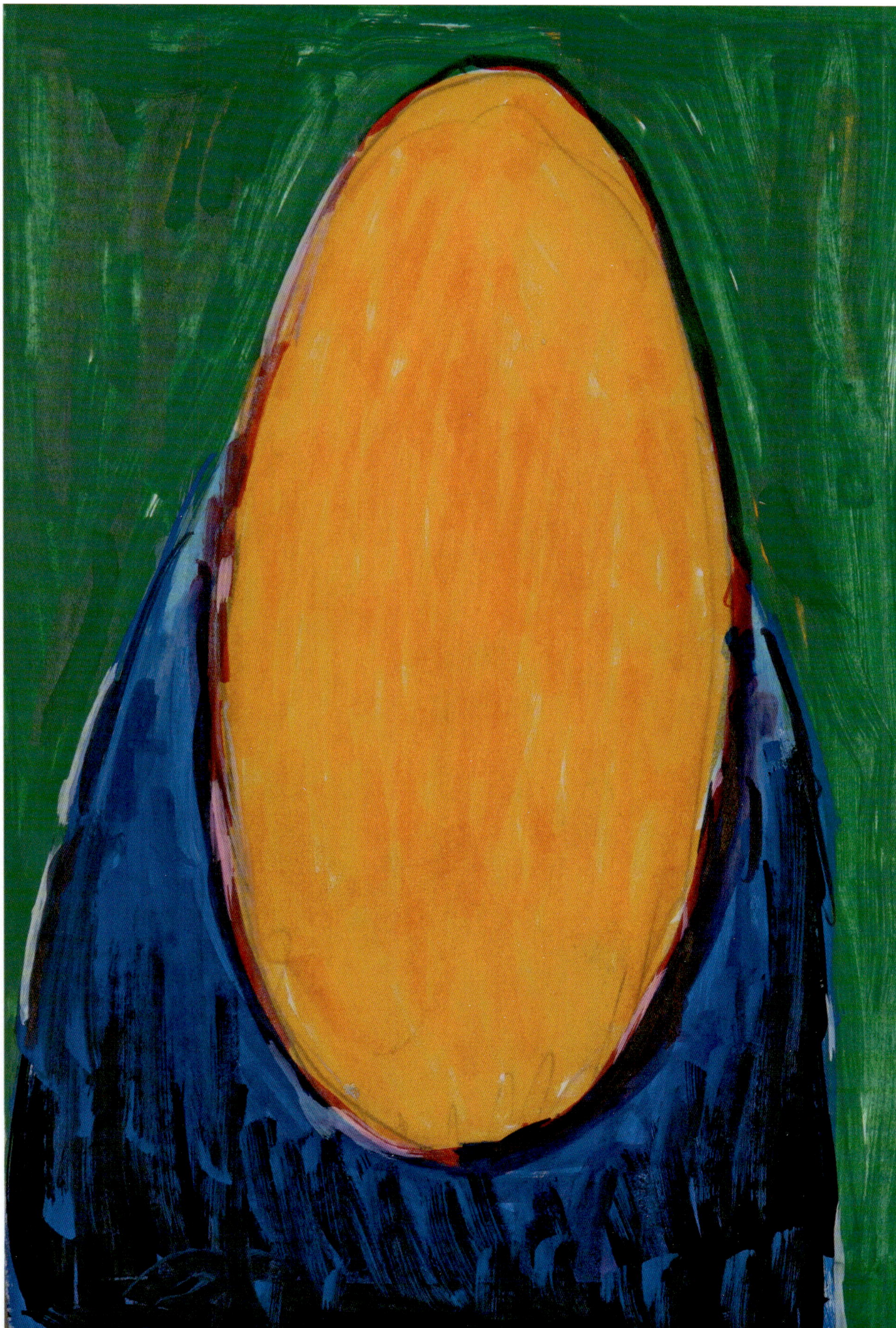

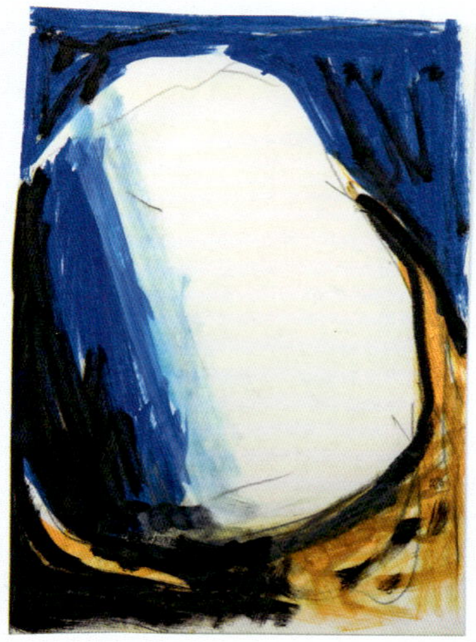

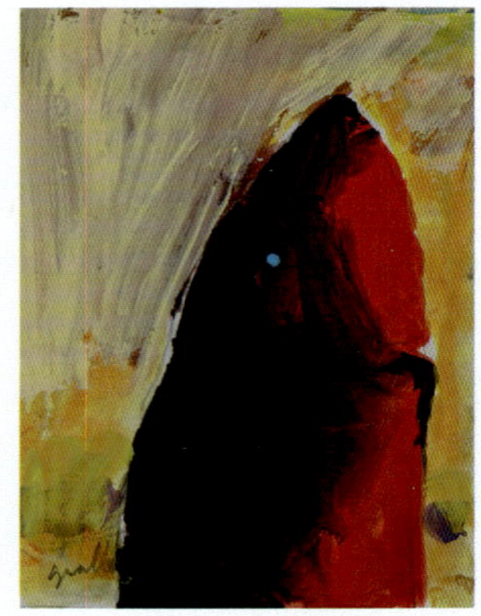

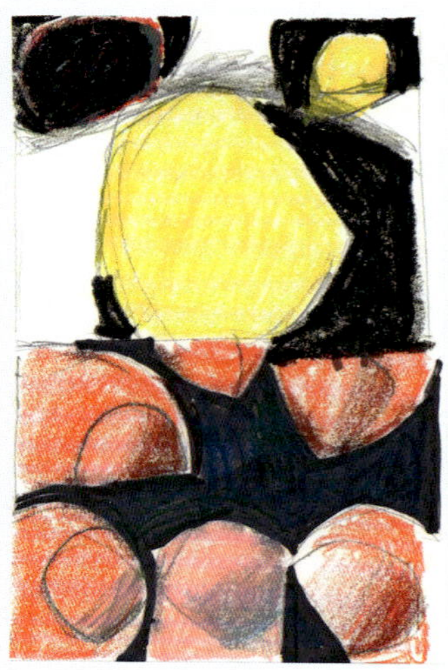

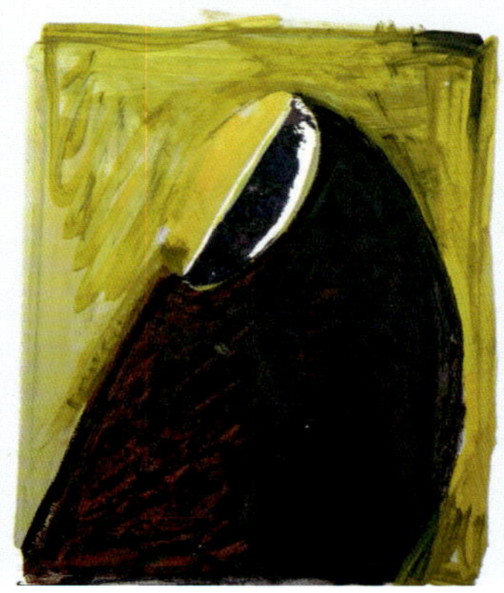

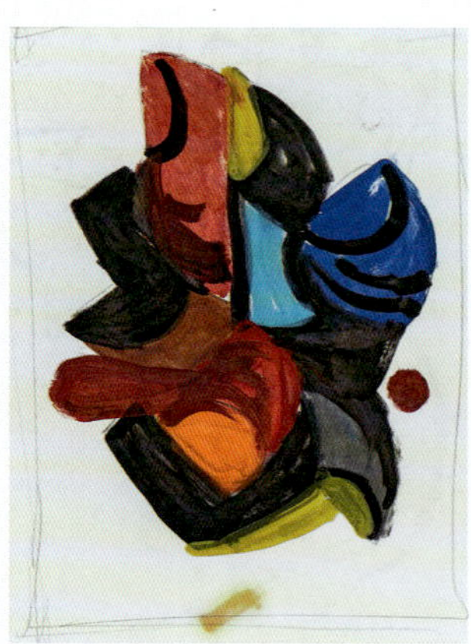

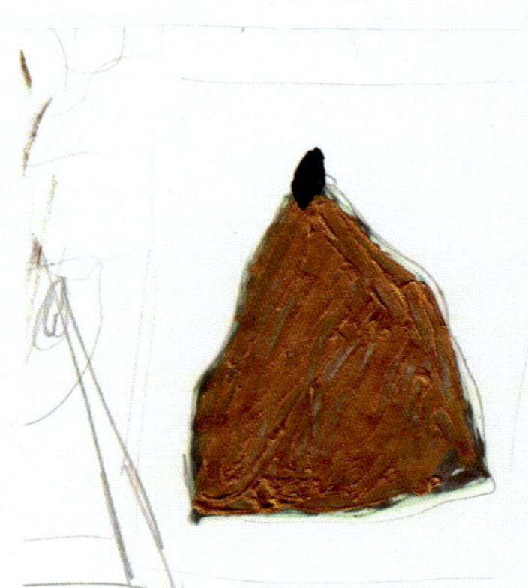

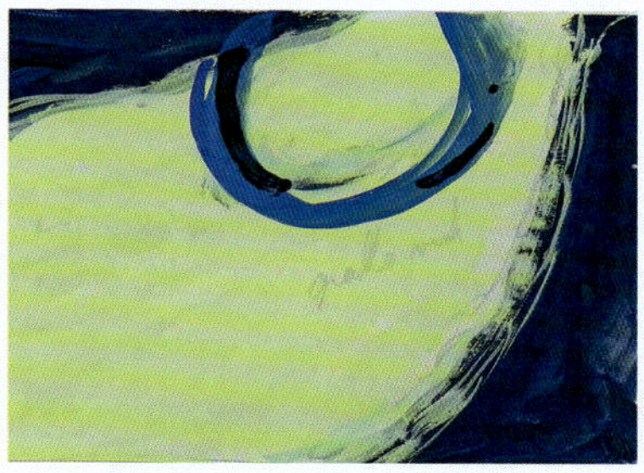

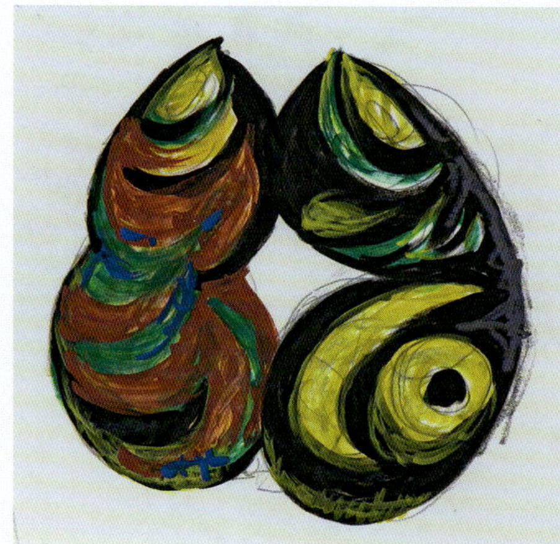

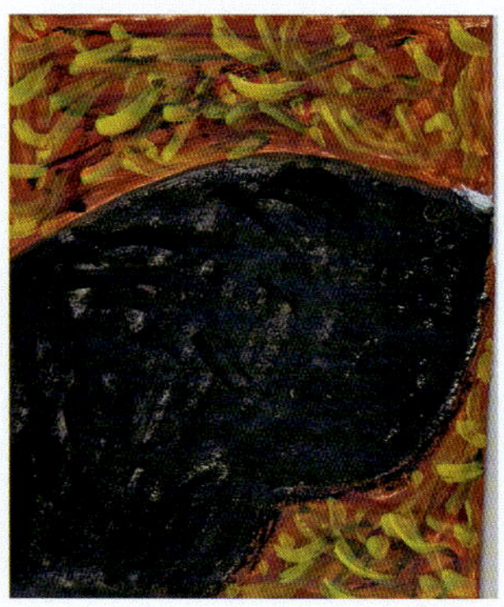

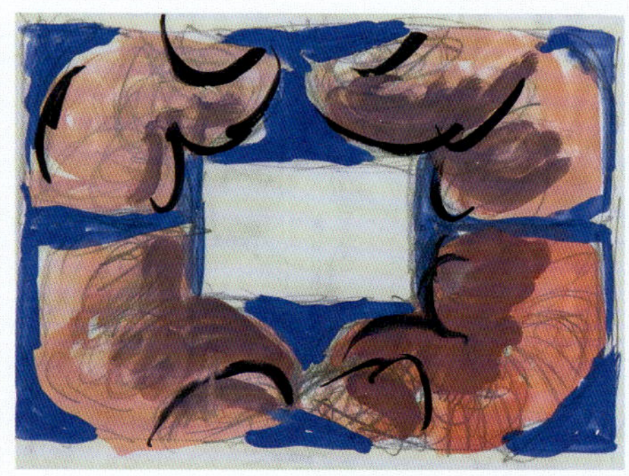

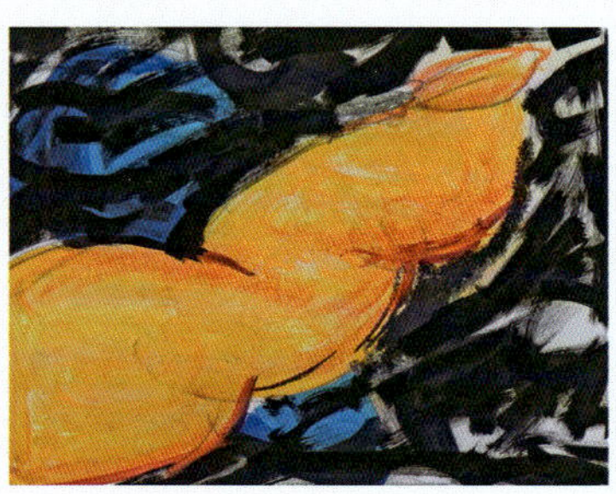

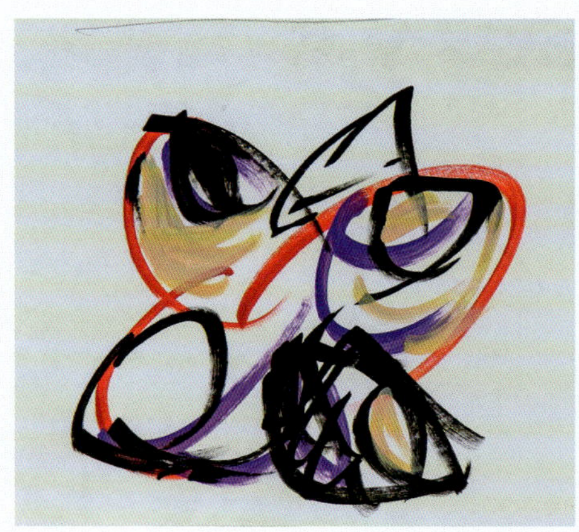

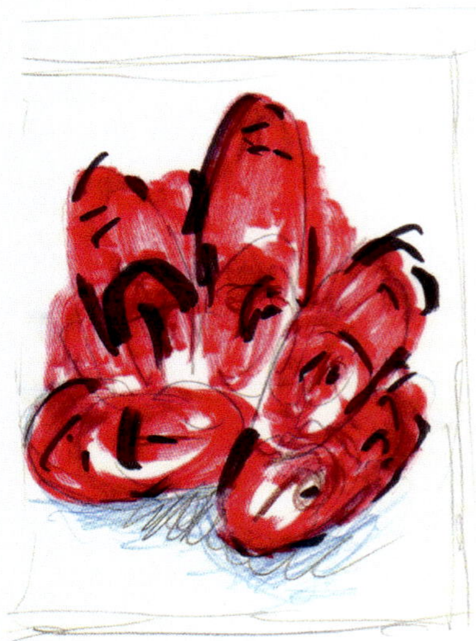

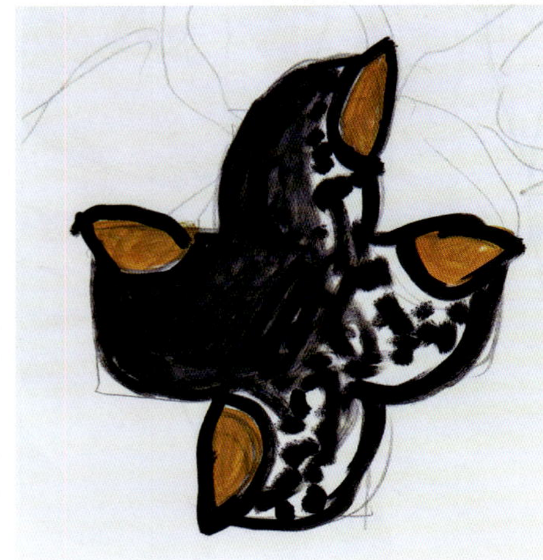

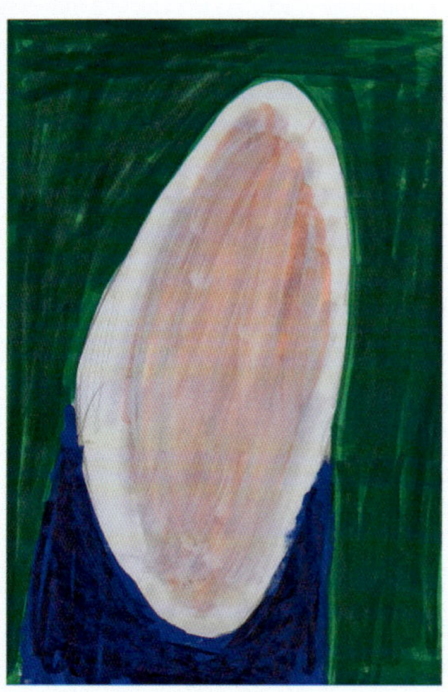

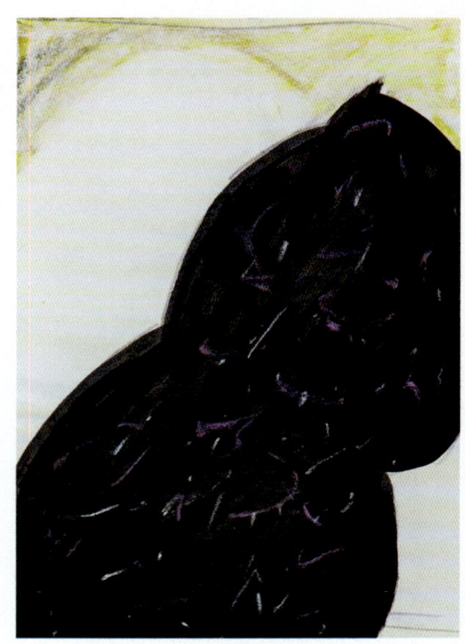

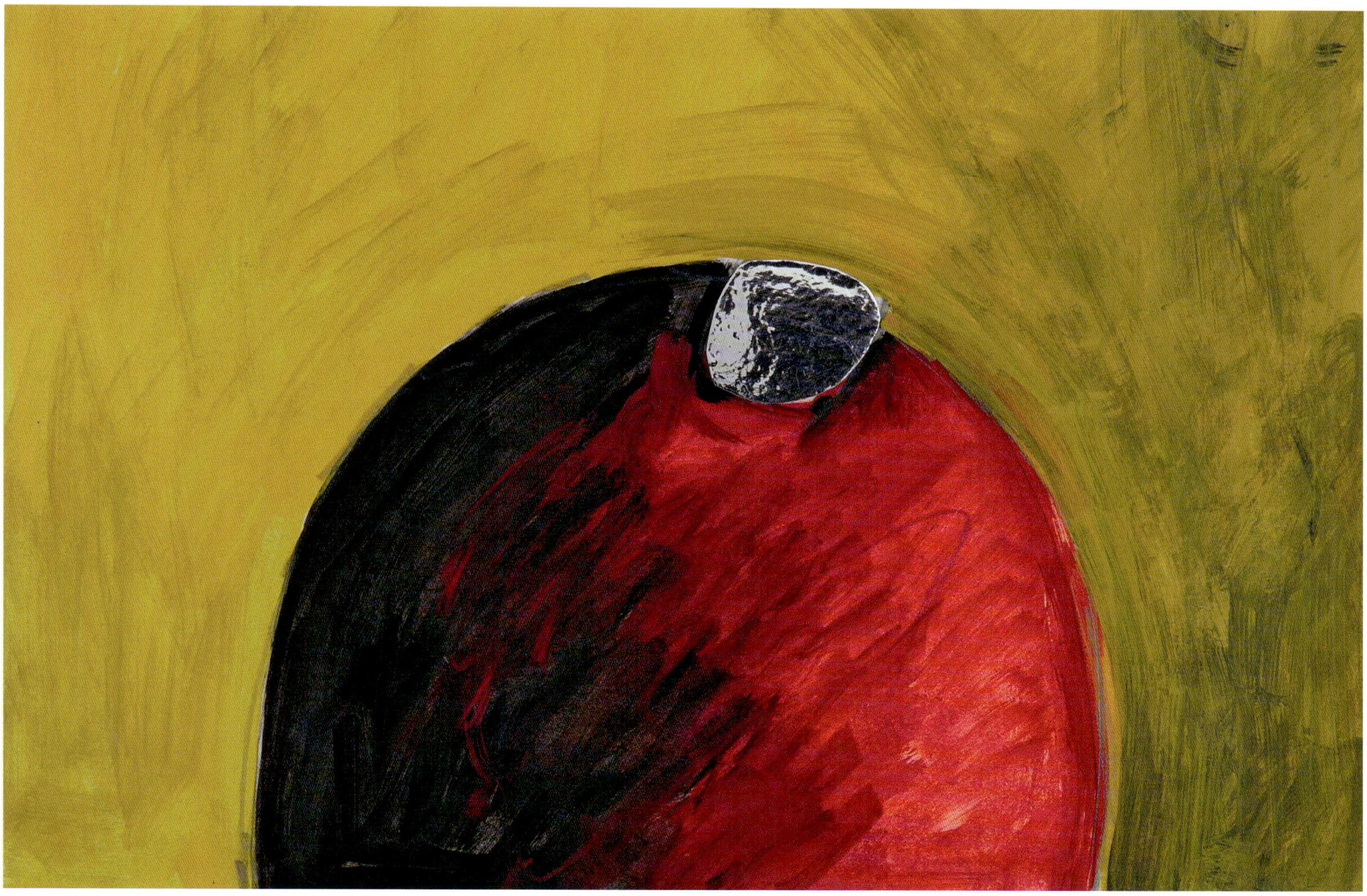

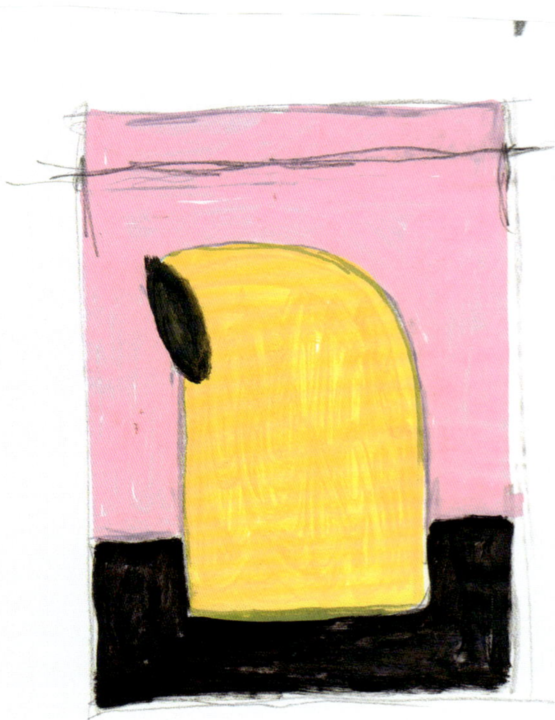

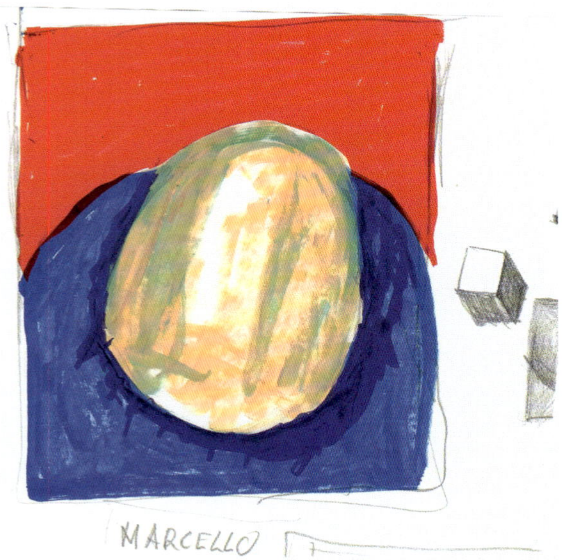

MARCELLO

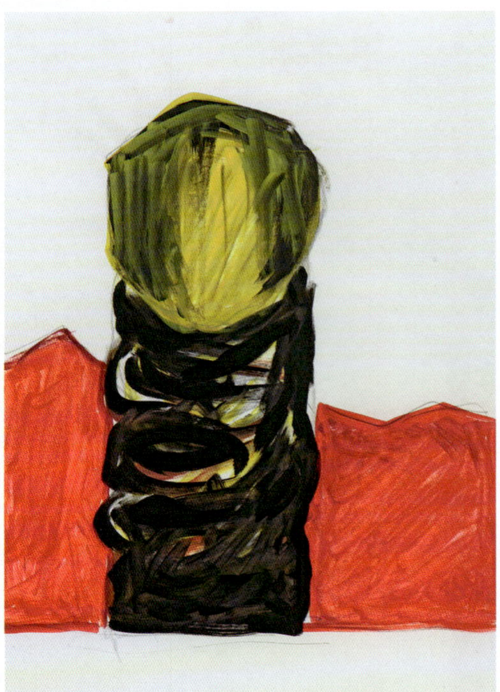

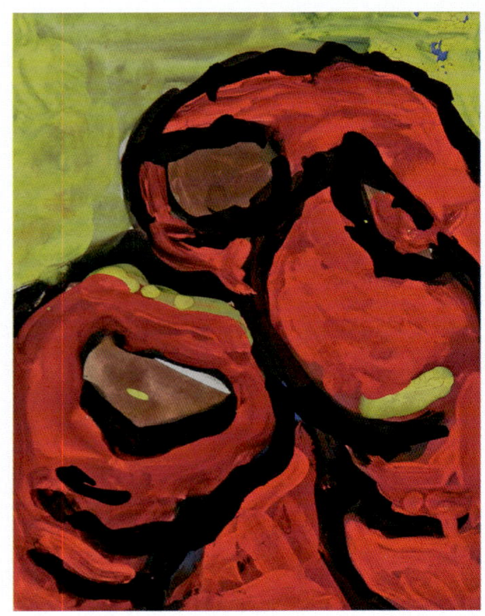

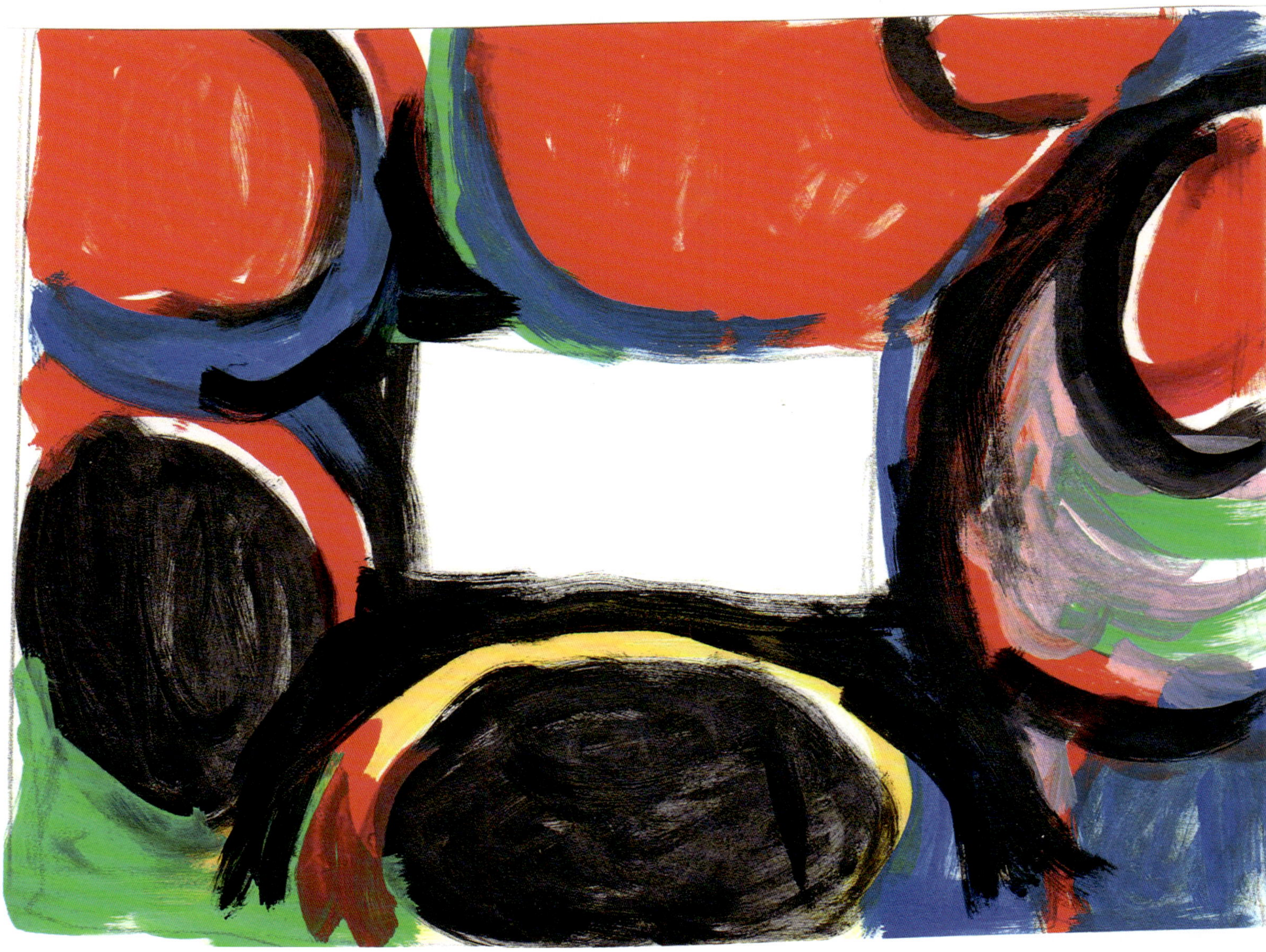

10.

Trasformare un segno in emozione

Mi piacciono i segni elementari della comunicazione visiva dell'uomo: la croce, il cerchio, la diagonale e il moltiplicato. Nella mia pittura potete vedere tutti questi segni rivisitati autonomamente, in maniere e dimensioni diverse. Naturalmente in pittura concedo meno: non mi preoccupo di piacere. Il contrario di ciò che avviene in pubblicità o di quando lavoro alle mie serigrafie. Devo ammettere, che ogni tanto sconfino in "artistismi". Ciò che spero di riuscire a fare però con queste tele è far capire come io passi dal cartellone alla pittura, dall'astratto alla narrazione, sempre fedele ad una sola idea: la sintesi, l'essenzialità. In occasione di una mia mostra alla Mole Antonelliana, Gillo Dorfles ha dato di me la definizione che più forse mi attaglia: "Un visualizzatore globale dei rapporti tra uomo e mondo, tra produzione e consumo, tra creatività pura e creatività finalizzata a uno scopo". Alla base di entrambi i processi creativi si pone comunque la creatività, che richiede allenamento, proprio come per fare i 100 metri, occorre provare e non avere paura di perdere tempo sullo stesso tema.

Il segno, cioè una traccia nera su una superficie, riflette e percorre tutta l'umanità; spesso si pone al servizio figurativo per narrare uomini e cose, simboli e lettere dell'alfabeto, altre volte è fine a se stesso: un segno da giudicare nella sua bellezza senza implicazioni semantiche o evocative. Già nelle antiche civiltà, gli egizi che narravano per immagini erano anticipatori di quella cultura visiva che oggi minaccia la parola scritta. L'essere umano è un grande utilizzatore e inventore di simboli. Io sono sempre stato affascinato dalla croce, uno dei segni più elementari creati dall'uomo. La forza, l'essenzialità della sua forma e la storia che narra nella tradizione religiosa ne fanno l'emblema più significante del mondo. *Strambando* questo simbolo assoluto, ho cercato di trasformare un segno in emozione, alludendo al capo reclinato di Cristo sulla croce, un'immagine che vive da 2000 anni nella memoria dell'uomo.

Transforming a sign into emotion

I like the elementary signs of man's visual communication: the cross, the circle, the diagonal and the multiplied. In my painting you can see all these signs revisited independently, in different ways and dimensions. Naturally in painting I grant less: I don't worry about being liked. The opposite of what happens in advertising or when I work on my silk-screens. I must admit that every now and then I stray into 'artistisms'. What I hope to be able to do with these canvases, however, is to make people understand how I move from poster to painting, from abstract to narrative, always faithful to a single idea: synthesis, essentiality. On the occasion of one of my exhibitions at Mole Antonelliana, Gillo Dorfles gave the definition that perhaps best suits me: 'A global visualizer of the relationships between man and the world, between production and consumption, between pure creativity and creativity aimed at a purpose.' However, the basis of both creative processes is creativity, which requires training, just like running 100 meters. You need to try and not be afraid of wasting time on the same topic.

The sign, that is, a black trace on a surface, reflects and runs through all of humanity; often it puts itself at the figurative service to narrate men and things, symbols and letters of the alphabet, other times it is an end in itself: a sign to be judged in its beauty without semantic or evocative implications. Already in ancient civilizations, the Egyptians who narrated through images were precursors of that visual culture that today threatens the written word. Human beings are great users and inventors of symbols. I have always been fascinated by the cross, one of the most basic signs created by man. The strength, the essentiality of its form and the story it tells in religious tradition make it the most significant emblem in the world. By *jibing* this absolute symbol, I tried to transform a sign into emotion, alluding to the reclining head of Christ on the cross – an image that has lived in the memory of man for 2000 years.

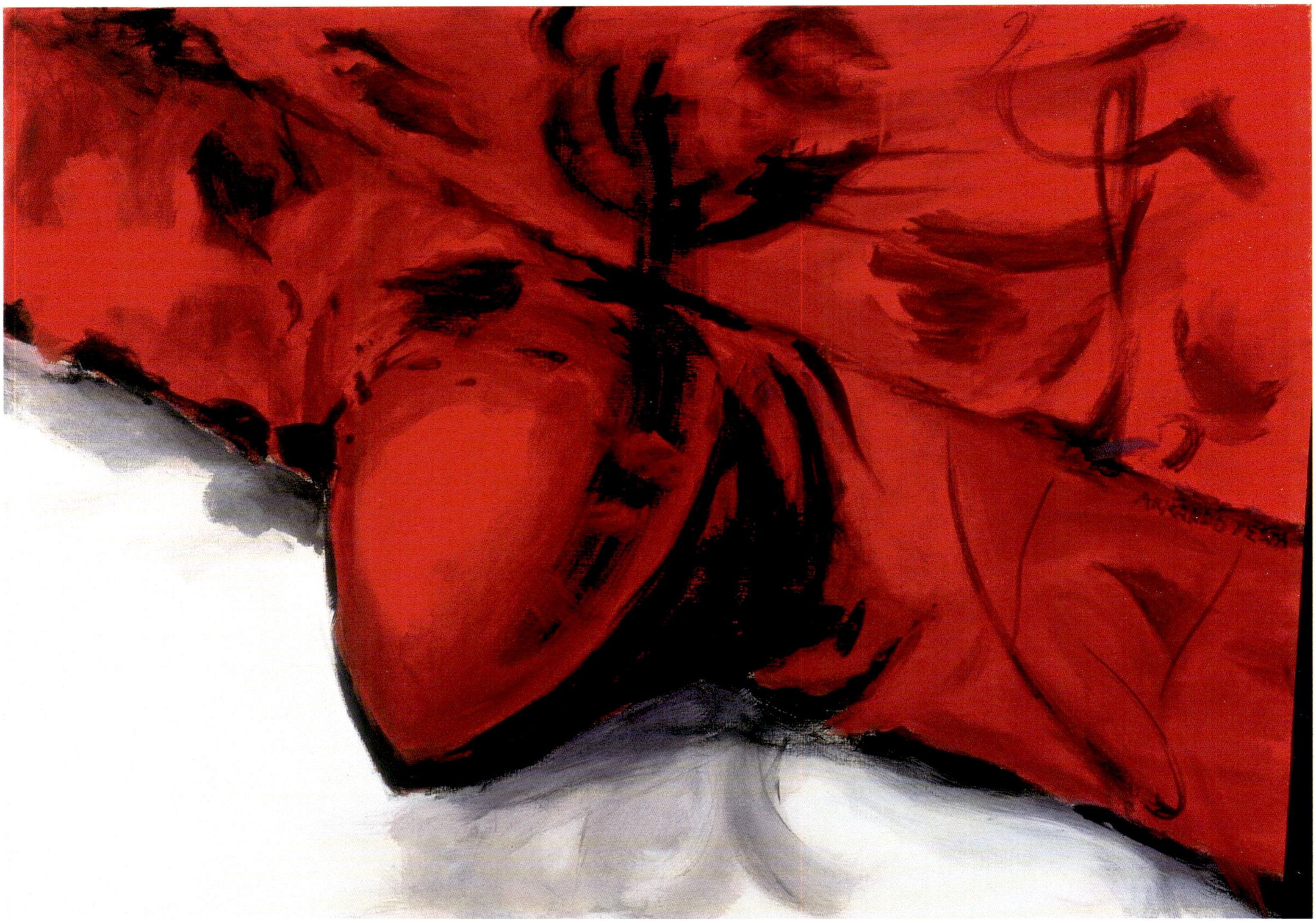

LO STRANIERO
1982

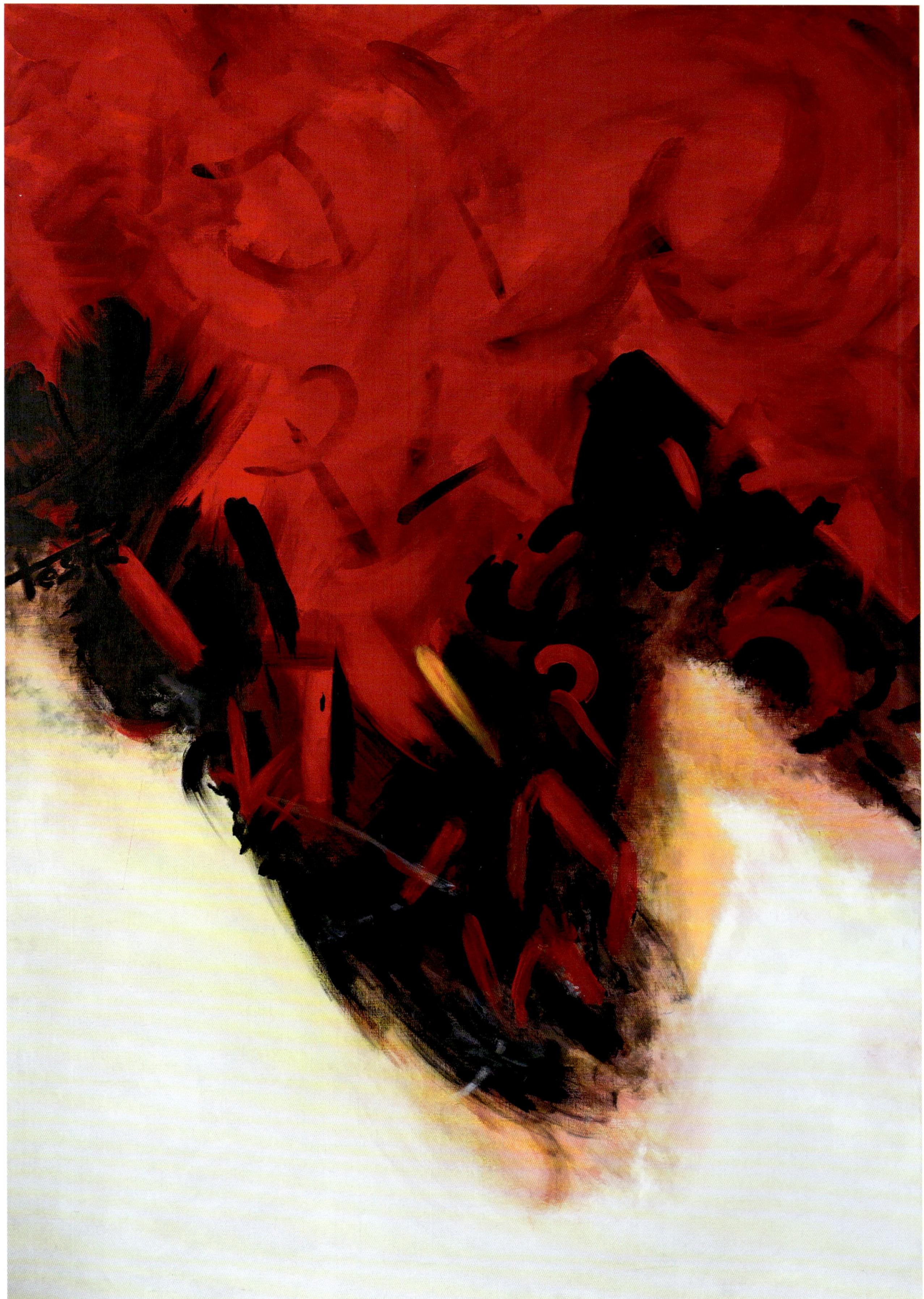

BRAINSTORMING
1985

CASTELLO ROSSO
1982

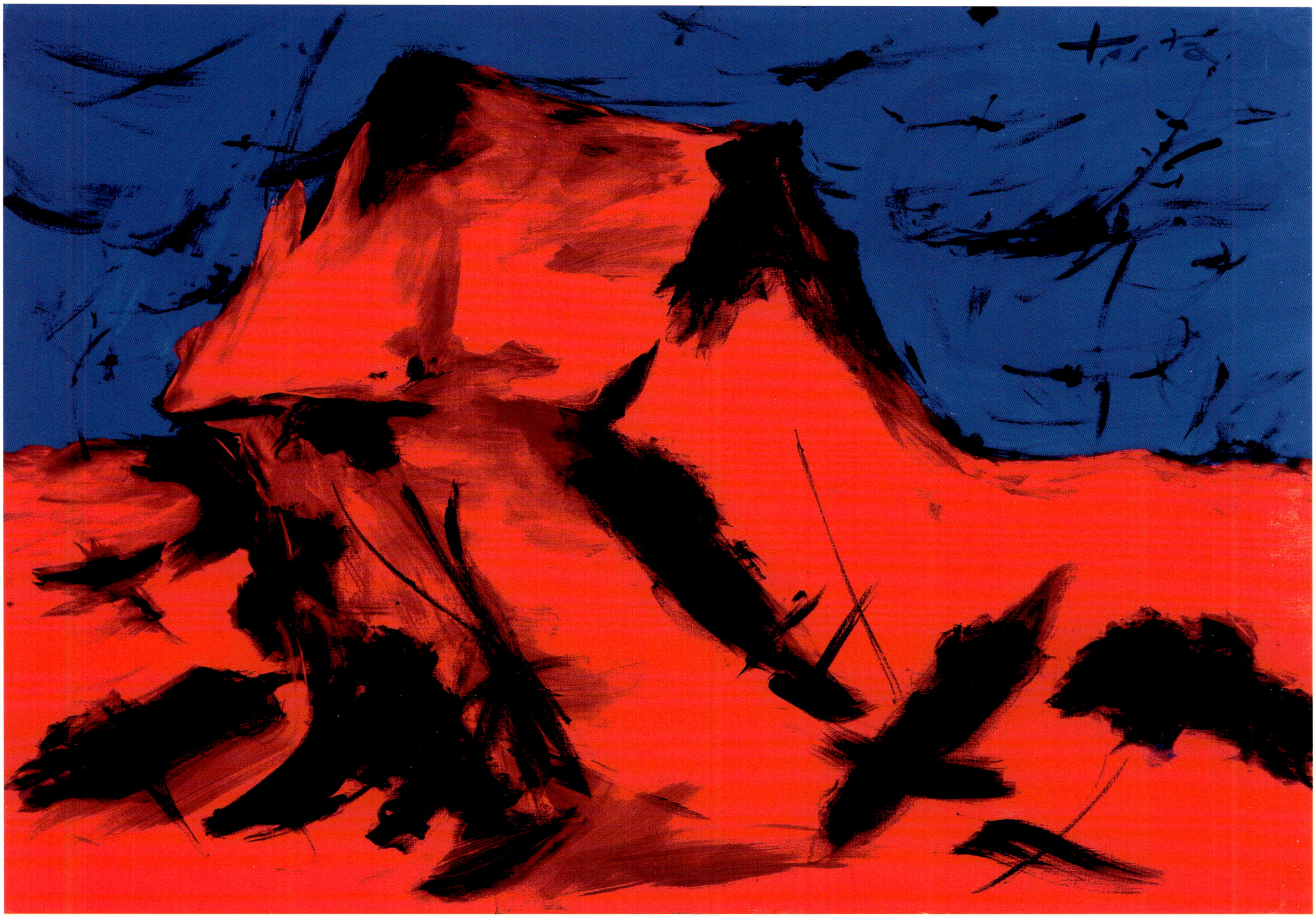

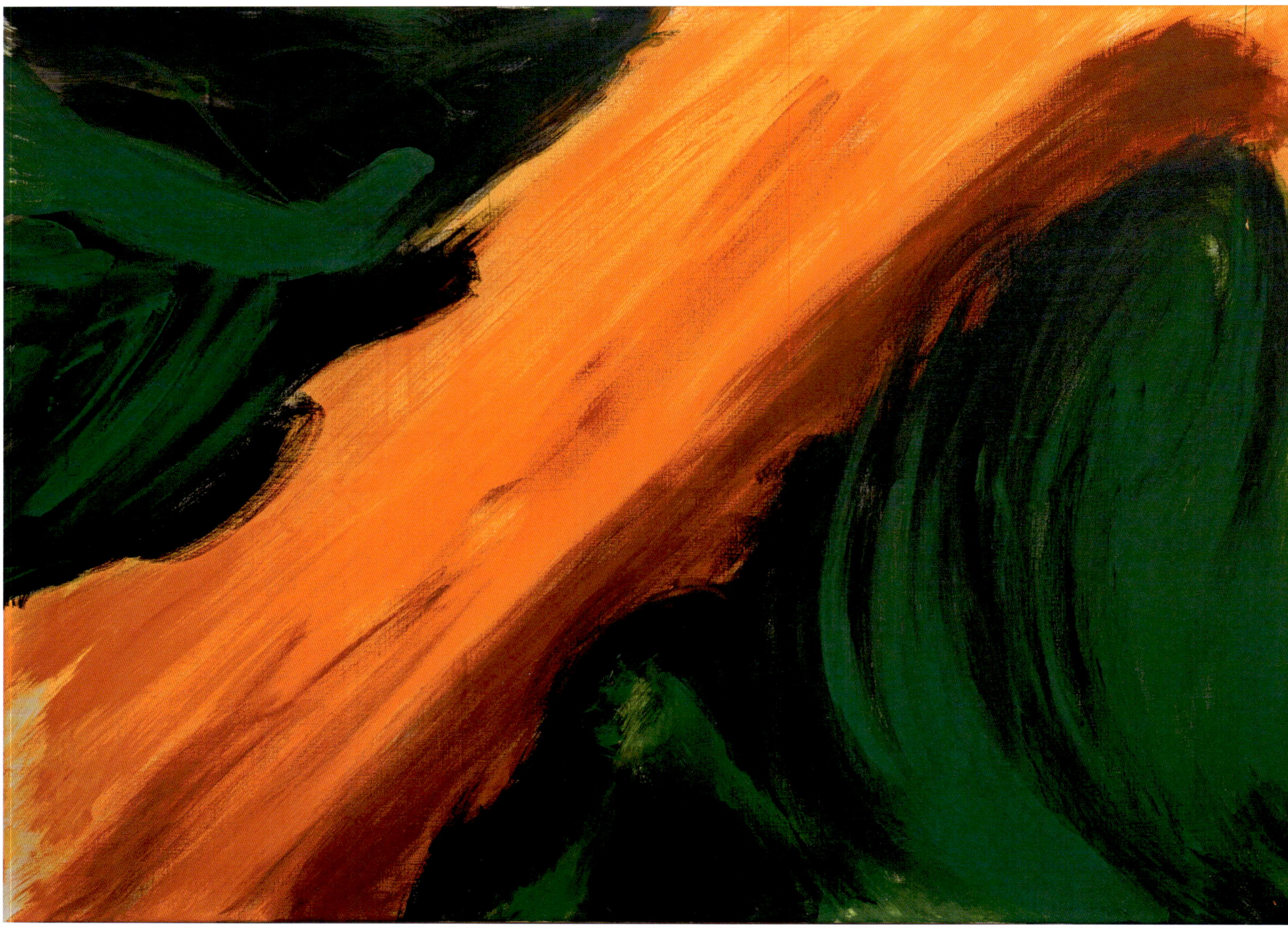

INCONTRARSI IN CENTRO
1983

INCONTRARSI IN CENTRO
1983

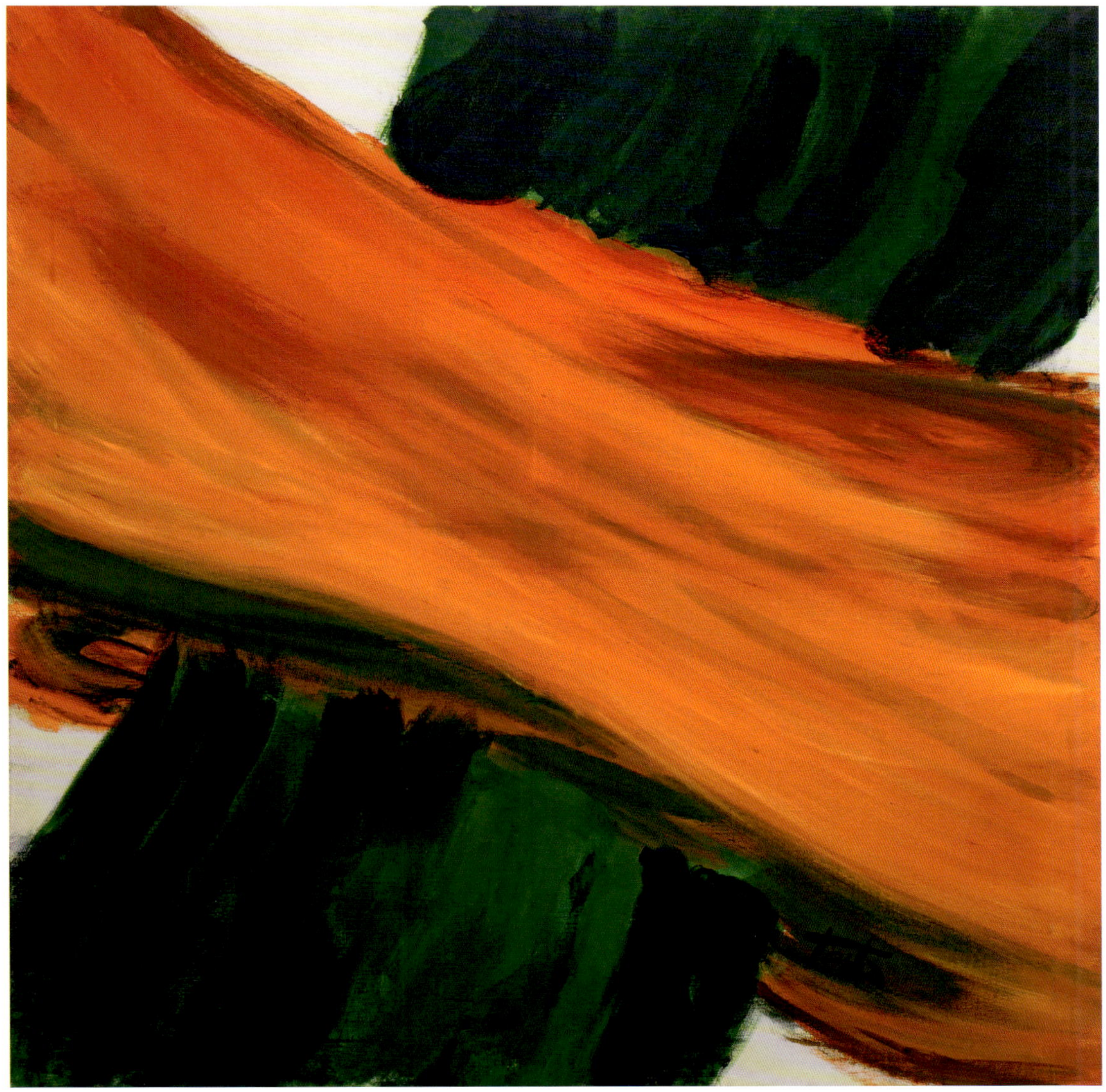

SABBIA GIALLA
SUL MAR NERO
1980/1984

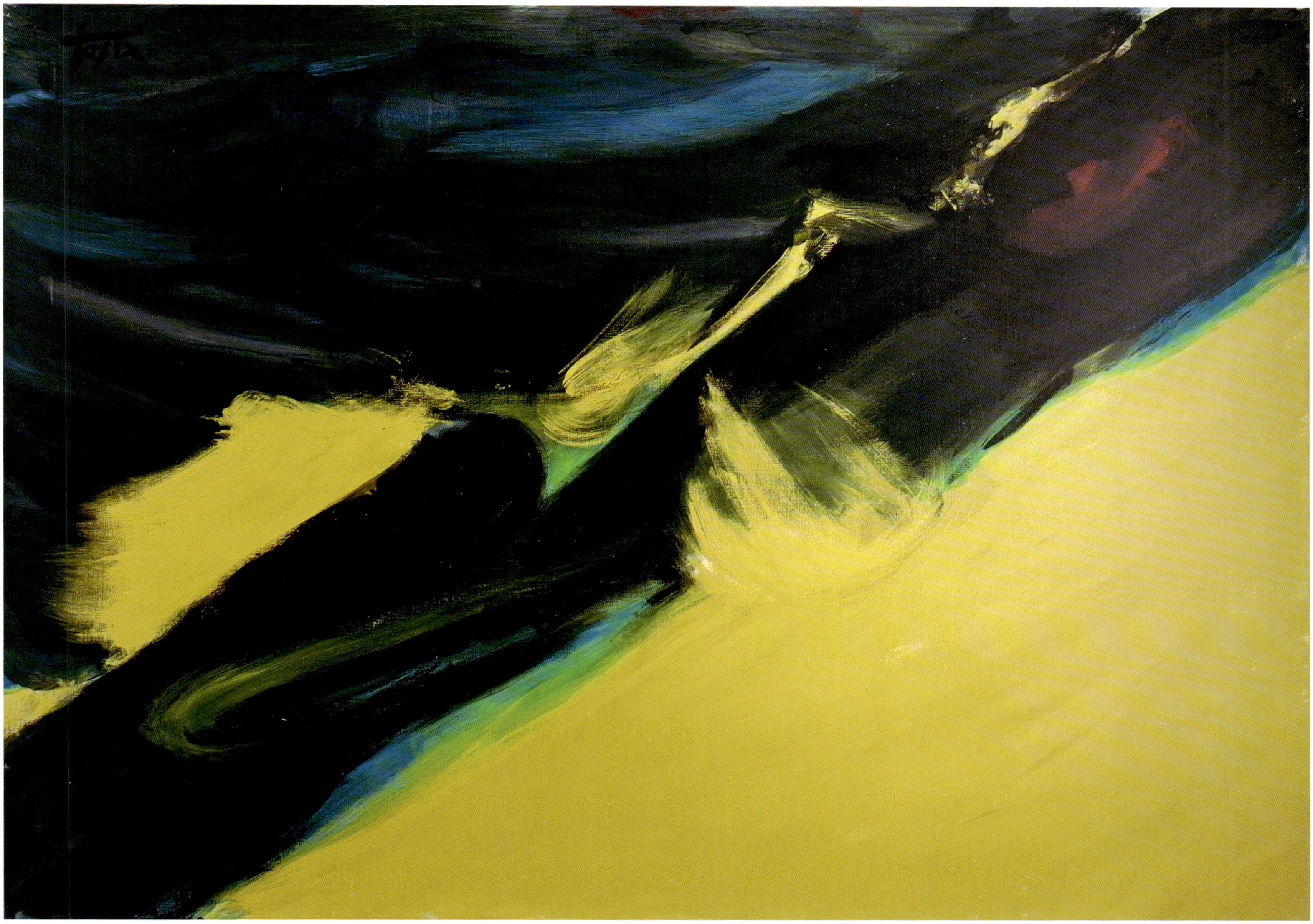

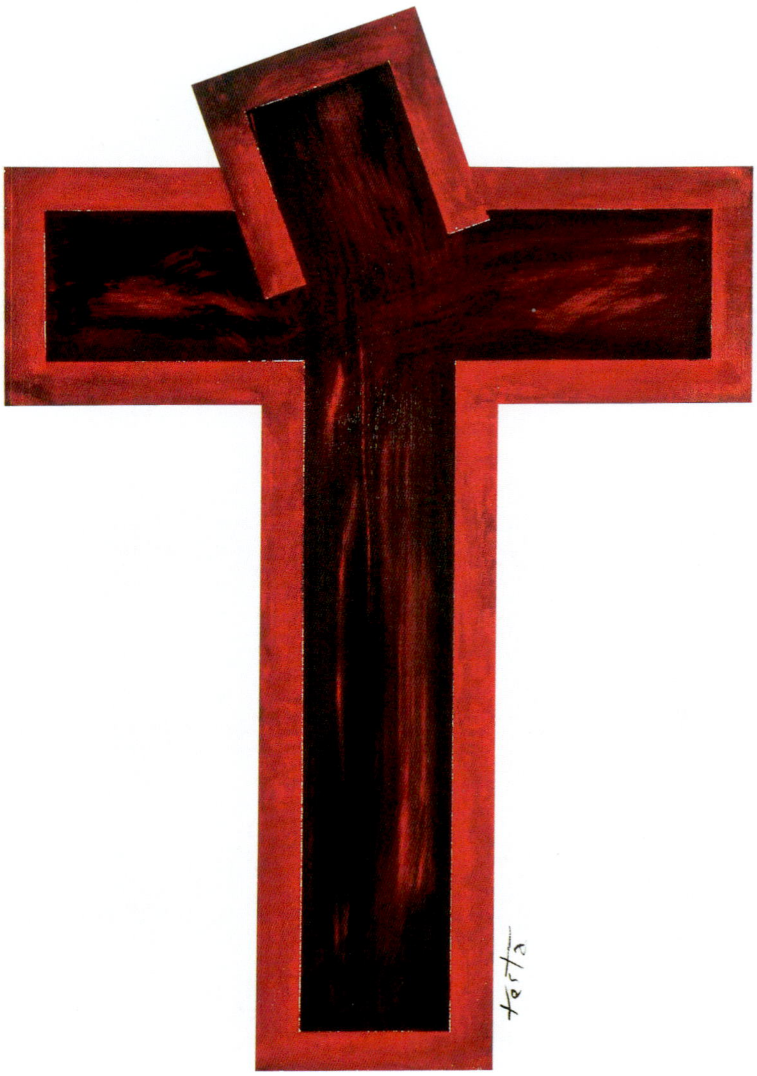

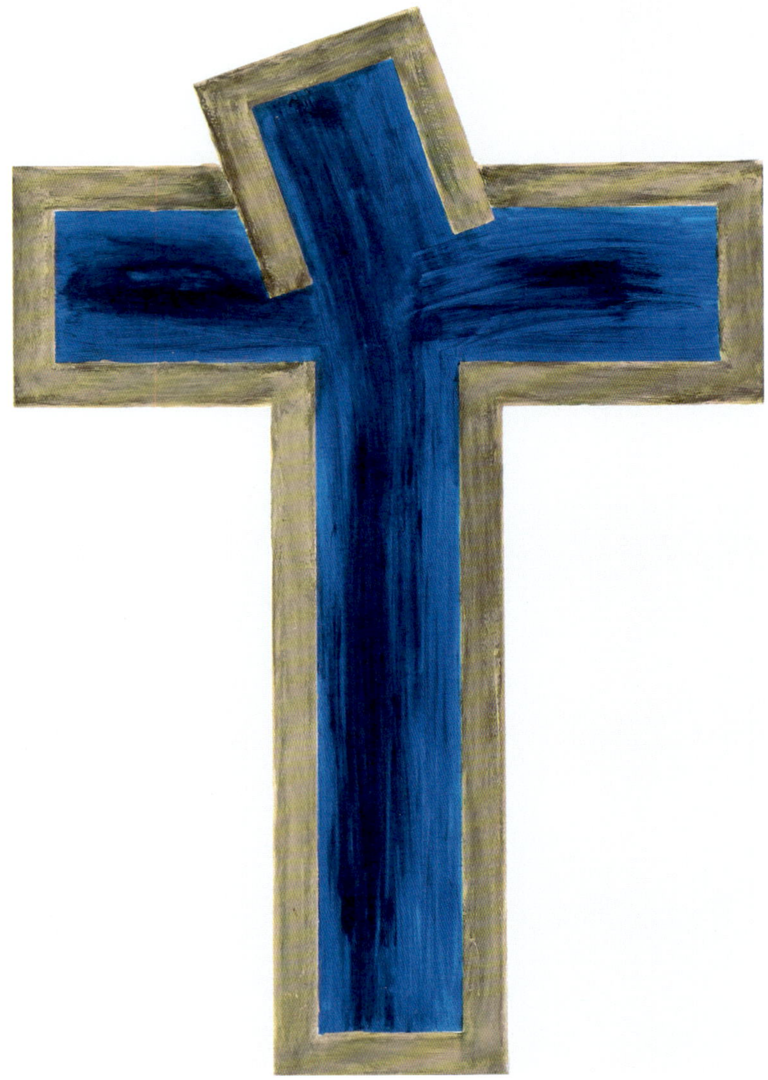

SEGNO
1990

SEGNO
1990

SEGNO
1990

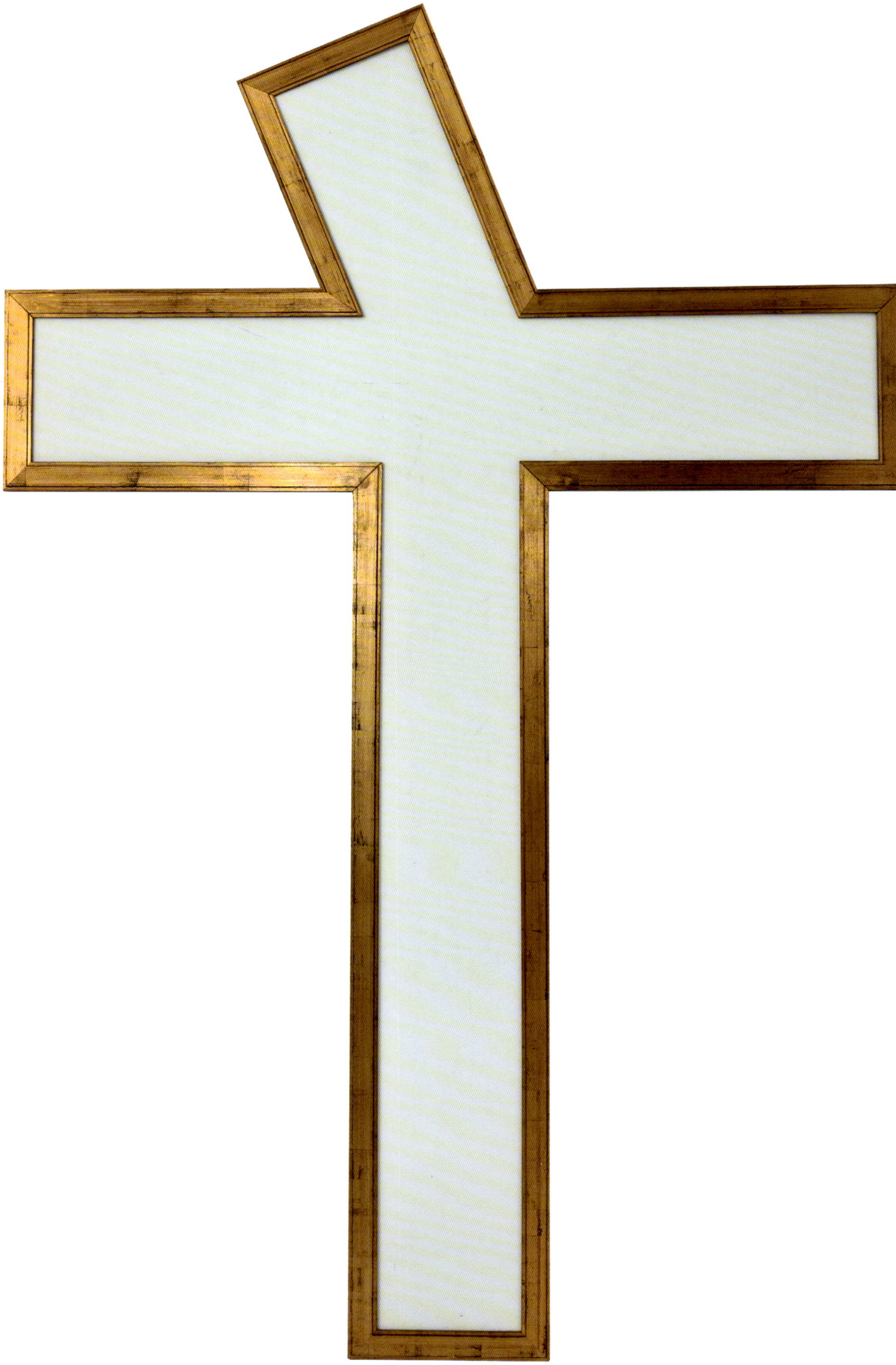

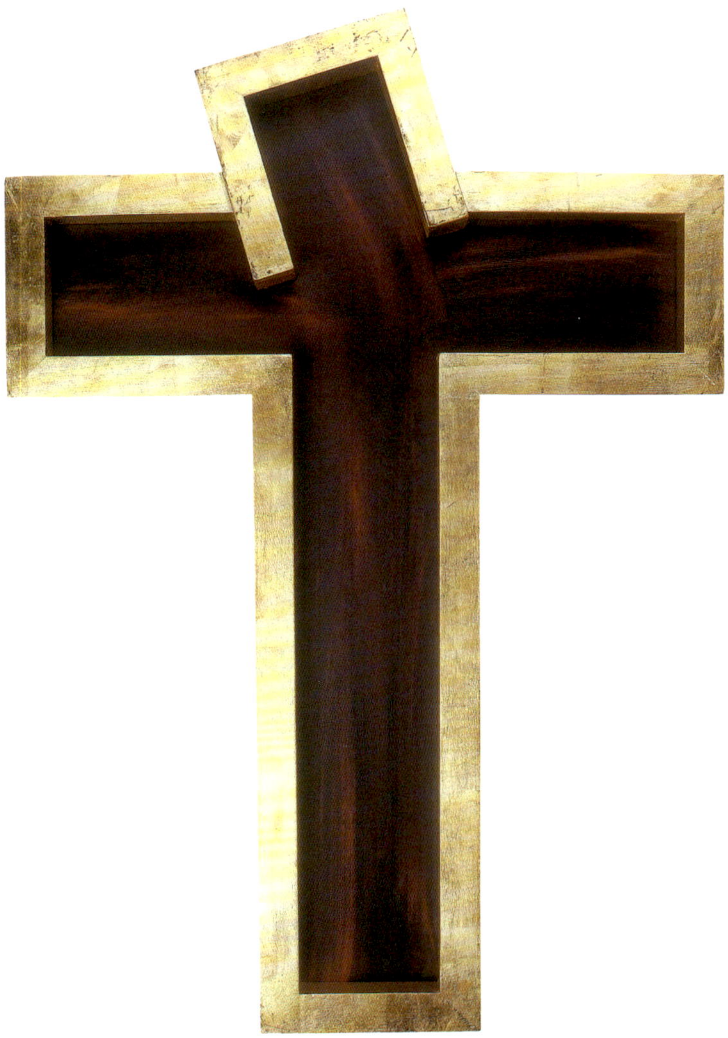

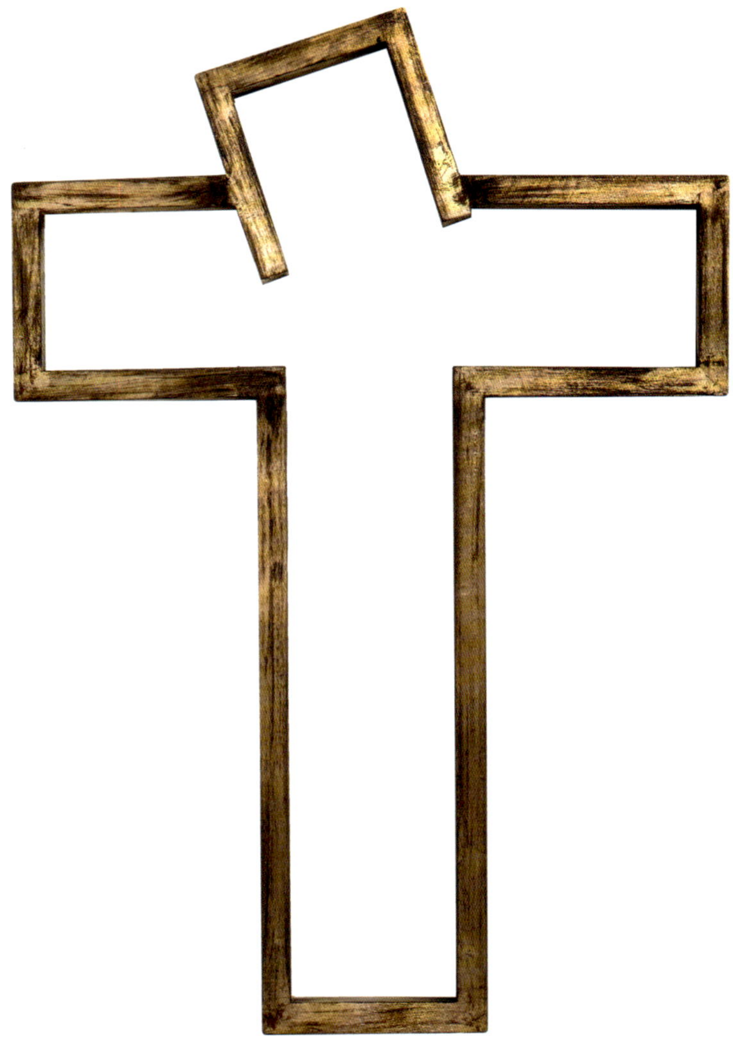

SEGNO
1990

SEGNO
1990

SEGNO
1990

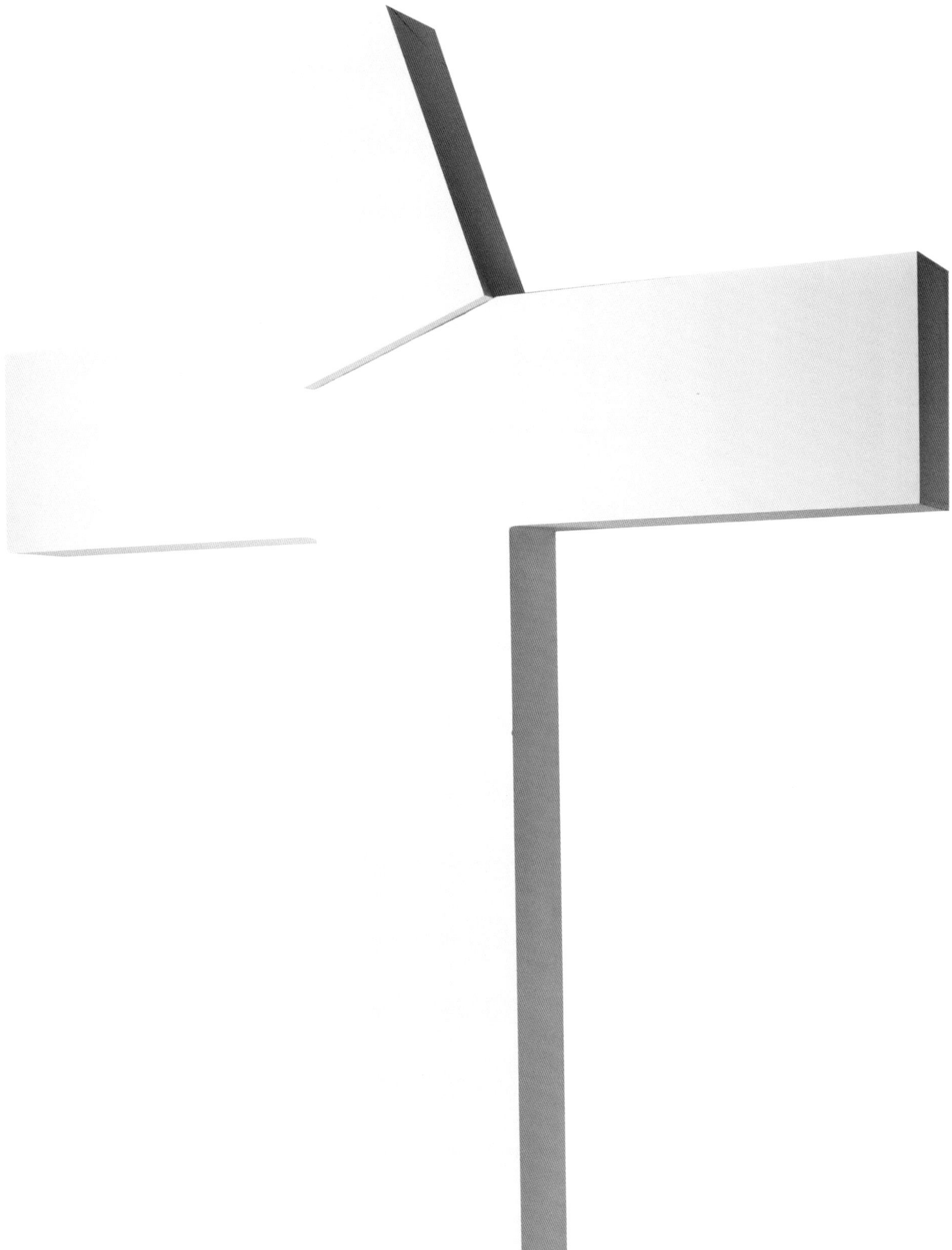

Ho sempre amato la croce per la sua bellezza formale e per la sua forza strutturale al di là del significato religioso che l'accompagna, è uno dei segni più elementari creati dall'uomo. Si tratta di un simbolo assoluto, dove ho cercato di trasformare un segno in emozione, alludendo al capo reclinato di Cristo sulla croce, un'immagine che vive da 2000 anni nella memoria dell'uomo

I have always loved the cross for its formal beauty and for its structural strength beyond the religious meaning that accompanies it, it is one of the most elementary signs created by man. It is an absolute symbol, where I tried to turn a sign into emotion, hinting at the reclining head of Christ on the cross, an image that has lived in the memory of man for 2000 years

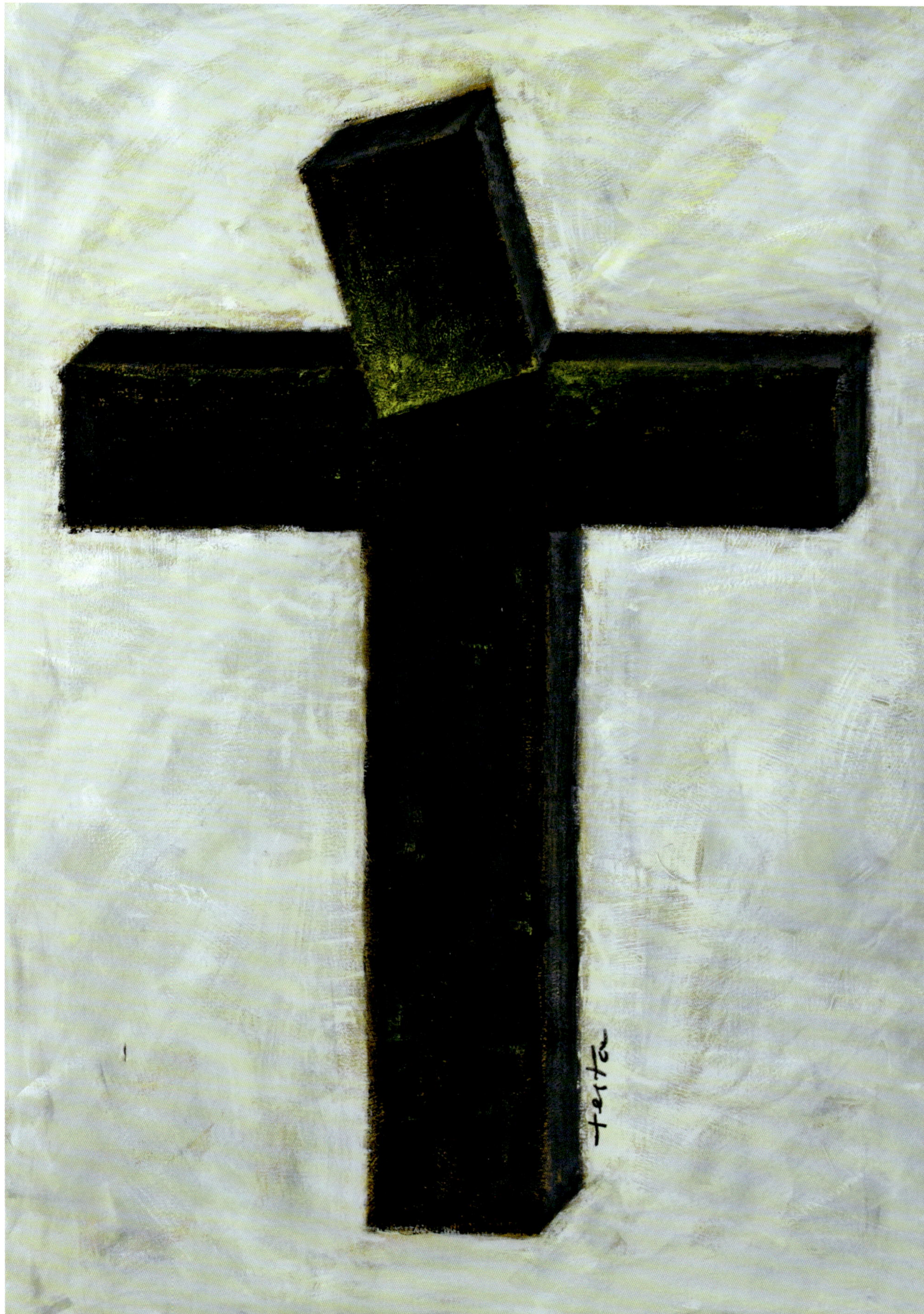

SEGNO
1990

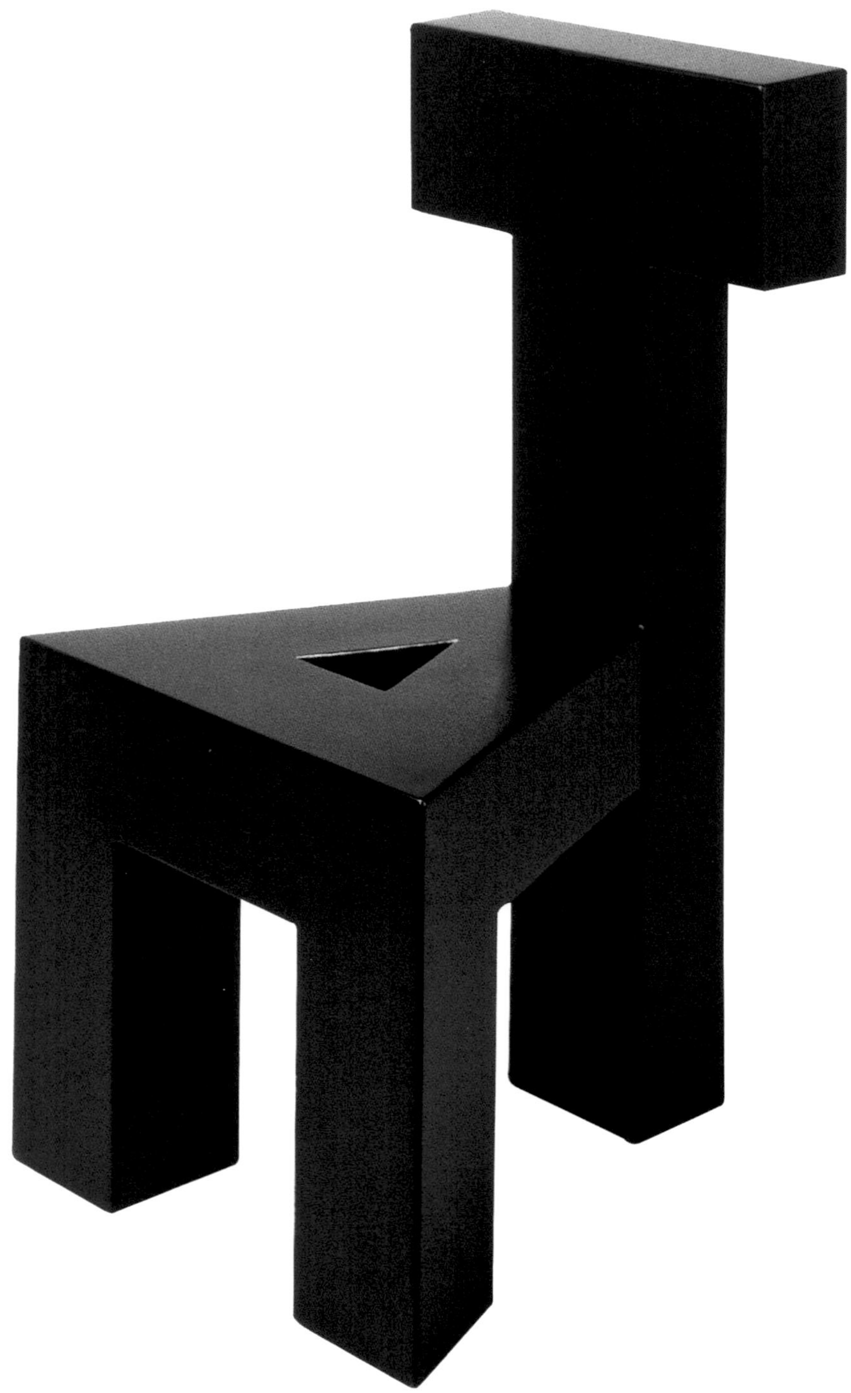

SEDIA AT
1990

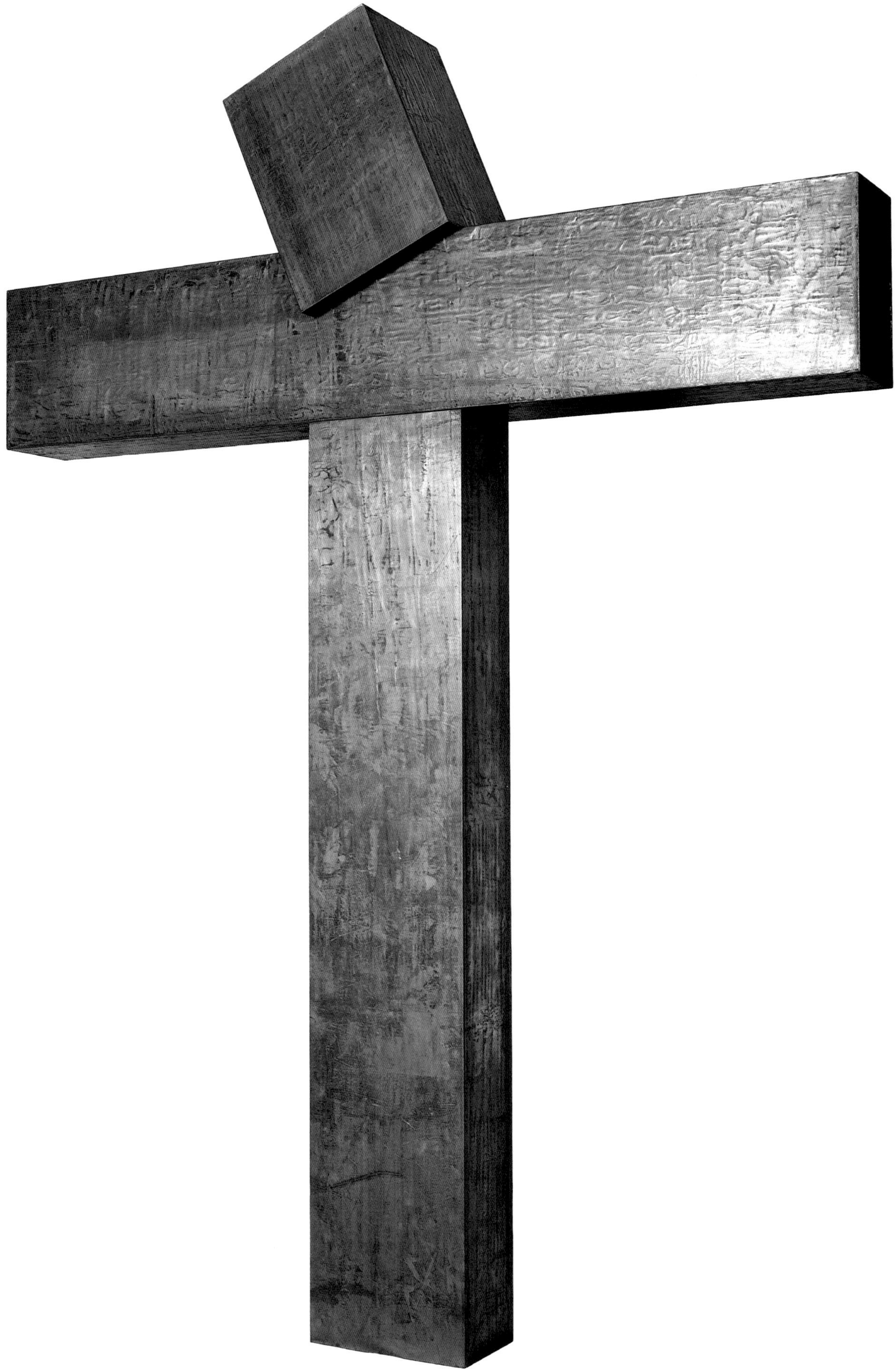

SEGNO
1990

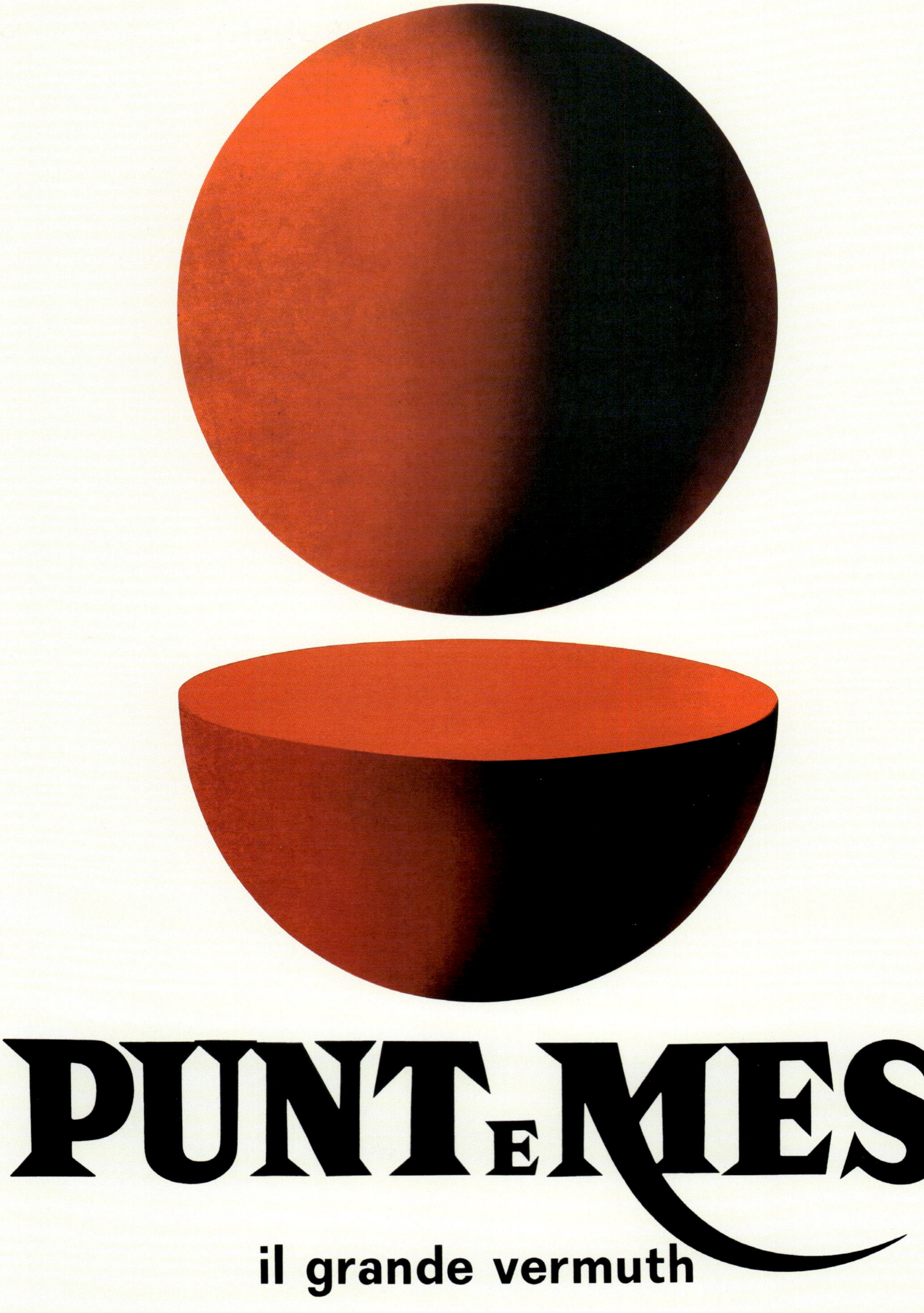
PUNT E MES
il grande vermuth

apparati — appendix

elenco delle opere
list of works

PIANO TERRA, NICCHIA SCALONE | GROUND FLOOR, STAIRCASE NICHE

1. Segno, 1990
Piombo su legno | Lead on wood
250 × 193 × 20 cm
Collezione privata | Private collection

SEZIONE | SECTION 1

2. ICI, 1937
Progetto per un manifesto, acrilico su tela | Project for a poster, acrylic on canvas
200 × 140 cm
Collezione privata | Private collection

3. AEM, 1942
Bozzetto, tecnica mista su cartone intelato | Sketch, mixed media on cardboard on canvas
80 × 60 cm
Collezione privata | Private collection

4. Martini, 1946
Stampa litografica su carta montata su tela e telaio | Lithographic print on paper mounted on canvas and frame
140 × 100 cm
Collezione privata | Private collection

5. Riccadonna, 1948
Stampa litografica su carta montata su tela e telaio | Lithographic print on paper mounted on canvas and frame
200 × 140 cm
Collezione privata | Private collection

6. Due Re Carpano, 1949
Stampa serigrafica su carta montata su tela e telaio | Screen print on paper mounted on canvas and frame
200 × 140 cm
Collezione privata | Private collection

7. Asti Gancia, 1949/1950
Stampa litografica su carta montata su tela e telaio | Lithographic print on paper mounted on canvas and frame
140 × 100 cm
Collezione privata | Private collection

8. Re Carpano - Cavour, 1951
Stampa litografica su carta montata su tela e telaio | Lithographic print on paper mounted on canvas and frame
200 × 140 cm
Collezione privata | Private collection

9. Gotto, 1952
Stampa serigrafica su carta montata su tela | Screen printing on paper mounted on canvas
194 × 133,7 cm
Tiratura illimitata | Unlimited run
Edizione rara | Rare edition
Venezia, Ca' Pesaro - Galleria Internazionale d'Arte Moderna, Donazione Gemma De Angelis Testa, 2022, inv. 4867

10. Leone Pirelli, 1954
Bozzetto, tecnica mista su cartone intelato | Sketch, mixed media on cardboard on canvas
60 × 80 cm
Collezione privata | Private collection

11. Borsalino, 1954
Stampa litografica su carta montata su tela e telaio | Lithographic print on paper mounted on canvas and frame
100 × 70 cm
Collezione privata | Private collection

12. Facis Montecarlo, 1955
Stampa litografica su carta montata su tela e telaio | Lithographic print on paper mounted on canvas and frame
100 × 70 cm
Collezione privata | Private collection

13. Stobbia, 1955
Bozzetto, tecnica mista su cartoncino | Sketch, mixed media on cardboard
100 × 70 cm
Collezione privata | Private collection

14. Lesso Galbani, 1956
Stampa litografica su carta montata su tela e telaio |

Lithographic print on paper mounted
on canvas and frame
100 × 70 cm
Collezione privata | Private collection

15. Rinoceronte Esso, 1956
Stampa litografica su carta montata
su tela e telaio |
Lithographic print on paper mounted
on canvas and frame
100 × 70 cm
Collezione privata | Private collection

16. Facis Bernina Misurina, 1956
Stampa litografica su carta montata
su tela e telaio |
Lithographic print on paper mounted
on canvas and frame
100 × 70 cm
Collezione privata | Private collection

SEZIONE | SECTION 2

17. Elefante Pirelli, 1954
Stampa su lamiera |
Print on sheet metal
133 × 96 cm
Collezione privata | Private collection

18. Elefante Pirelli, 1954
Bozzetto, tecnica mista
su cartoncino | Sketch, mixed
media on cardboard
100 × 70 cm
Collezione privata | Private collection

19. Elefante Pirelli, 1954
Tempera su legno |
Tempera on wood
125 × 115 cm
Collezione privata | Private collection

**20. Elefante Pirelli,
1954/1984**
Stampa litografica su carta montata
su tela e telaio |
Lithographic print on paper mounted
on canvas and frame
99,5 × 71 × 2,3 cm
Venezia, Ca' Pesaro - Galleria
Internazionale d'Arte Moderna,
Donazione Gemma De Angelis Testa, 2022,
inv. 4869

21. Elefante Pirelli, 1954/2000
Serigrafia su legno |
Screen print on wood
125 × 115 cm
Collezione privata | Private collection

22. Elefante Pirelli, 1954/2000
Serigrafia su legno |
Screen print on wood
125 × 115 cm
Collezione privata | Private collection

23. Elefante Pirelli, 1954/2000
Serigrafia su legno |
Screen print on wood
125 × 115 cm
Collezione privata | Private collection

24. Digestivo Antonetto, 1960
Stampa litografica su carta montata
su tela e telaio |
Lithographic print on paper mounted
on canvas and frame
140,5 × 100,7 × 2,8 cm
Tiratura illimitata | Unlimited run
Edizione rara | Rare edition
Venezia, Ca' Pesaro - Galleria
Internazionale d'Arte Moderna,
Donazione Gemma De Angelis Testa, 2022,
inv. 4870

25. Paulista (Fregio), 1960
Stampa su carta montata su tela e telaio |
Print on paper mounted on canvas
and frame
100 × 70 cm
Collezione privata | Private collection

26. Paulista (Tazza), 1962
Stampa su carta montata su tela e telaio |
Print on paper mounted on canvas
and frame
100 × 70 cm
Collezione privata | Private collection

27. Beatrix, 1965
Stampa litografica su carta montata
su tela |
Lithographic print on paper mounted
on canvas
137,7 × 98,7 cm
Tiratura illimitata | Unlimited run
Edizione rara | Rare edition
Venezia, Ca' Pesaro - Galleria
Internazionale d'Arte Moderna,
Donazione Gemma De Angelis Testa, 2022,
inv. 4868

28. Paulista (Caballero e Carmencita), 1966
Stampa su carta montata
su tela e telaio |
Print on paper mounted on canvas
and frame
140 × 100 cm
Collezione privata | Private collection

29. Stilla, 1966
Stampa litografica su carta montata
su tela e telaio |
Lithographic print on paper mounted
on canvas and frame
140 × 100 cm
Collezione privata | Private collection

30. Peroni, 1968
Stampa litografica su carta montata
su tela e telaio |
Lithographic print on paper mounted
on canvas and frame
140 × 100 cm
Collezione privata | Private collection

31. Sanpellegrino Bitter, 1977
Stampa su carta montata su tela e telaio |
Print on paper mounted on canvas
and frame
140 × 100 cm
Collezione privata | Private collection

32. Sanpellegrino Aranciata, 1979
Stampa su carta montata su tela e telaio |
Print on paper mounted on canvas
and frame
140 × 100 cm
Collezione privata | Private collection

SEZIONE | SECTION 3

33. Tedoforo, 1958
Progetto per un manifesto, stampa
su carta montata su tela e telaio |
Project for a poster, print on paper
mounted on canvas and frame
140 × 100 cm
Collezione privata | Private collection

34. XVII Olimpiade, 1959
Bozzetto, tecnica mista su tela |
Sketch, mixed media on canvas
80 × 60 cm
Collezione privata | Private collection

35. Particolare di Commissariato di P. S., 1962
Fotografia, progetto editoriale
per rivista d'arte "Imago" |
Photograph, editorial project
for the art magazine *Imago*
22 × 16,5 cm
Collezione privata | Private collection

36. Contro la fame nel mondo, 1963
Stampa su carta montata su tela e telaio |
Print on paper mounted on canvas and frame
100 × 70 cm
Collezione privata | Private collection

37. Aiutiamoli, 1967
Stampa su carta montata su tela e telaio |
Print on paper mounted on canvas and frame
140 × 100 cm
Collezione privata | Private collection

38. Studio per Non sprecare, 1968
Collage su cartoncino |
Collage on cardboard
50 × 35 cm
Collezione privata | Private collection

39. Vota No, 1970
Armando Testa e | and Aldo Lanfranco
Stampa su carta montata
su tela e telaio |
Print on paper mounted on canvas and
frame
100 × 70 cm
Collezione privata | Private collection

40. Studio per Chiare, fresche e dolci acque (Campagna contro l'inquinamento delle acque), 1971
Litografia | Lithographic print
47,5 × 33,5 cm
Collezione privata | Private collection

41. Il dissenso culturale nei paesi dell'est, 1978
Stampa su carta montata su tela e telaio |
Print on paper mounted on canvas and
frame
100 × 70 cm
Collezione privata | Private collection

42. Amnesty International, 1979
Stampa su carta montata su tela e telaio |
Print on paper mounted on canvas
and frame
100 × 70 cm
Collezione privata | Private collection

43. Einstein, 1979
Stampa su carta montata su tela e telaio |
Print on paper mounted on canvas
and frame
100 × 70 cm
Collezione privata | Private collection

44. Studio per Croce Rossa, 1981
Tecnica mista su cartoncino |
Mixed media on cardboard
40 × 35 cm
Collezione privata | Private collection

45. Studio per Croce Rossa, 1981
Acrilico su cartoncino |
Acrylic on cardboard
34,5 × 24 cm
Collezione privata | Private collection

46. Nel castello di Kafka, 1983
Stampa su carta montata su tela e telaio |
Print on paper mounted on canvas
and frame
100 × 70 cm
Collezione privata | Private collection

47. Studio per Pubbliche Assistenze, 1986
Acrilico su cartone intelato |
Acrylic on cardboard on canvas
34,5 × 24,5 cm
Collezione privata | Private collection

48. Pubbliche Assistenze, 1986
Stampa su carta montata su tela e telaio |
Print on paper mounted on canvas
and frame
100 × 70 cm
Collezione privata | Private collection

49. Studio per Centro antiveleni, 1986
Matita su carta |
Pencil on paper
34,5 × 26,5 cm
Collezione privata | Private collection

50. Studio per Centro antiveleni, 1986
Tecnica mista su carta |
Mixed media on paper
19,5 × 16 cm
Collezione privata | Private collection

51. Studio per Campagna contro il fumo, 1986/1987
Matita su carta | Pencil on paper
27 × 24,5 cm
Collezione privata | Private collection

52. Studio per Amnesty International, 1987
Acrilico su carta |
Acrylic on paper
23,5 × 17 cm
Collezione privata | Private collection

53. Studio per Amnesty International, 1987
Matita su carta | Pencil on paper
32 × 23 cm
Collezione privata | Private collection

54. Amnesty International, 1987
Stampa su carta montata
su tela e telaio |
Print on paper mounted on canvas
and frame
70 × 50 cm
Collezione privata | Private collection

55. Giovanna d'Arco, 1989
Stampa su carta montata su tela e telaio |
Print on paper mounted on canvas
and frame
100 × 70 cm
Collezione privata | Private collection

56. Torino '90, 1990
Stampa su carta montata su tela e telaio |
Print on paper mounted on canvas
and frame
100 × 70 cm
Collezione privata | Private collection

57. Studio per Sanitas Domi, 1990
Acrilico su cartoncino |
Acrylic on cardboard
50 × 35 cm
Collezione privata | Private collection

58. Studio per Il cuore nella madre e nel feto, 1990
Tecnica mista su carta |
Mixed media on paper
29,5 × 21 cm
Collezione privata | Private collection

59. Studio per serigrafia Unicef, 1991
Collage, tecnica mista su carta |
Collage, mixed media on paper
29,7 × 21 cm
Collezione privata | Private collection

60. Studio per serigrafia Unicef, 1991
Collage, tecnica mista su carta |
Collage, mixed media on paper
32 × 21 cm
Collezione privata | Private collection

61. Studio per Campagna contro l'alcool (mothers against drunk drivers), 1991
Tecnica mista su carta |
Mixed media on paper
31,5 × 23 cm
Collezione privata | Private collection

62. Studio per Campagna contro l'alcool (mothers against drunk drivers), 1991
Tecnica mista su carta |
Mixed media on paper
31 × 20 cm
Collezione privata | Private collection

63. Studio per rifugio del cane randagio, 1991
Collage, tecnica mista su cartoncino |
Collage, mixed media on cardboard
34,5 × 31 cm
Collezione privata | Private collection

SEZIONE | SECTION 4

64. Punt e Mes, 1960
Stampa litografica su carta montata su tela |
Lithographic print on paper mounted on canvas
198,5 × 137,2 cm
Venezia, Ca' Pesaro - Galleria Internazionale d'Arte Moderna, Donazione Gemma De Angelis Testa, 2022, inv. 4866

65. Uno e Mezzo, 1960
Fiberglass | Fiberglass
120 × 60 cm
Collezione privata | Private collection

66. Uno e Mezzo, 1960
Acrilico su tela | Acrylic on canvas
100 × 70 cm
Collezione privata | Private collection

67. Uno e Mezzo, 1960
Acrilico su tela | Acrylic on canvas
105 × 77 cm
Collezione privata | Private collection

68. Uno e Mezzo, 1960
Acrilico su tela | Acrylic on canvas
200 × 140 cm
Collezione privata | Private collection

69. Caballero & Carmencita, 1965
Gesso e tecnica mista |
Plaster and mixed media
25 × 11 × 11 cm
Venezia, Ca' Pesaro - Galleria Internazionale d'Arte Moderna, Donazione Gemma De Angelis Testa, 2022, inv. 4872

70. Papalla, 1966
Alluminio e gesso |
Aluminium and plaster
diam. 13, h 14 cm
Venezia, Ca' Pesaro - Galleria Internazionale d'Arte Moderna, Donazione Gemma De Angelis Testa, 2022, inv. 4871

71. Pippo, 1966/1993
Fiberglass e tecnica mista |
Fiberglass and mixed media
130 × 220 × 100 cm
Collezione privata | Private collection

72. Gessetto, 1978/2020
Ed. 2/9, gesso, resina e smalto |
Ed. 2/9, plaster, resin and varnish
110 × 30 × 30 cm
Collezione privata | Private collection

Carosello

Carpano, Appuntamenti di Punt e Mes, 1964
Saiwa, Il Signor Rossi, 1964
Facis, Ogni uomo corre contento, 1965
Lavazza, Amore a prima vista, 1965
Lavazza, Amore a prima vista, Ospedale, 1965
Lavazza, Gelosia Paulista, 1965
Saiwa, Il Treno, 1966
Philco, Papalla, La mietitura degli spaghetti, 1966
Saiwa, Con Ritz non si è mai soli, 1967
Johnson & Son Italiana, La famiglia dei piumati, 1968
Perugina, Caramelle Don, Benvenuti a Fredduria, 1968
Lines, Pippo e i Fantasmi, 1969
Lines, Pippo vieni a giocare, 1969
Citterio, Una storia d'amore, 1978

SEZIONE | SECTION 5

73. Dita (Performance), 1975
Fotografia | Photograph
125 × 195 cm
Collezione privata | Private collection

74. Dita (Performance), 1975
Fotografia | Photograph
125 × 195 cm
Collezione privata | Private collection

75. Dita (Performance), 1975
Fotografia | Photograph
125 × 195 cm
Collezione privata | Private collection

76. Dita (Performance), 1975
Fotografia | Photograph
125 × 195 cm
Collezione privata | Private collection

77. A spanne, 1982
Murales | Wall painting
400 × 950 cm
Collezione privata | Private collection
Opera inedita, realizzata su disegno di |
Unpublished work, created from a design by Armando Testa da |
by Indaco Wall Design

78. Senza titolo, 1984
Acrilico su tela | Acrylic on canvas
140 × 100 cm
Collezione privata | Private collection

79. Cine club, 1987
Cere e smalto su tela |
Waxes and varnish on canvas
70 × 100 cm
Collezione privata | Private collection

SEZIONE | SECTION 6

80. Toro, 1959
Serigrafia su seta, edizione limitata non numerata |
Silk-screen print, limited edition not numbered
35 × 35 cm
Collezione privata | Private collection

81. Gatto 1, 1960
Serigrafia su cartoncino, edizione limitata non numerata |
Screen print on cardboard, limited edition not numbered
35 × 35 cm
Collezione privata | Private collection

82. Gatto 2, 1960
Serigrafia su legno, edizione limitata non numerata |
Screen print on wood, limited edition not numbered
35 × 35 cm
Collezione privata | Private collection

83. Aquila Americana, 1964
Serigrafia su legno, edizione limitata non numerata |
Screen print on wood, limited edition not numbered
42 × 42 cm
Collezione privata | Private collection

84. Gallina Tipografica, 1965
Serigrafia su seta, edizione limitata non numerata |
Silk-screen print, limited edition not numbered
42 × 42 cm
Collezione privata | Private collection

85. Cane strabico, 1967
Serigrafia su seta, edizione limitata non numerata |
Silk-screen print, limited edition not numbered
35 × 35 cm
Collezione privata | Private collection

86. Cane strabico, 1967
Serigrafia su seta | Silk-screen
35 × 35 cm
Edizione limitata | Limited edition
Venezia, Ca' Pesaro - Galleria Internazionale d'Arte Moderna, Donazione Gemma De Angelis Testa, 2022, inv. 4878

87. Ufficio Moderno, 1967
Copertina | Cover
A4
Collezione privata | Private collection

88. Gufo, 1968
Serigrafia su seta, edizione limitata non numerata |
Silk-screen print, limited edition not numbered
35 × 35 cm
Collezione privata | Private collection

89. Gufo, 1968
Serigrafia su seta | Silk-screen
35 × 35 cm
Edizione limitata | Limited edition
Venezia, Ca' Pesaro - Galleria Internazionale d'Arte Moderna, Donazione Gemma De Angelis Testa, 2022, inv. 4879

90. Ufficio Moderno, Settembre | September 1968
Copertina | Cover
A4
Collezione privata | Private collection

91. Ufficio Moderno, Novembre | November 1968
Copertina | Cover
A4
Collezione privata | Private collection

92. Publirama, 1968
Copertina | Cover
A4
Collezione privata | Private collection

93. Publitransport 27, 1968
Copertina | Cover
23,5 × 17 cm
Collezione privata | Private collection

94. Successo, Ottobre | October 1968
Copertina | Cover
32,8 × 25,8 cm
Collezione privata | Private collection

95. Successo, Novembre | November 1968
Copertina | Cover
32,8 × 25,8 cm
Collezione privata | Private collection

96. Lampadina Limone, 1968/2017
Ed. 1/50, tecnica mista |
Ed. 1/50, mixed media
14 × 6,5 × 6 cm
Collezione privata | Private collection

97. Michetta Energetica, 1968/2017
Ed. 1/9, tecnica mista |
Ed. 1/9, mixed media
10,5 × 12,5 × 14 cm
Collezione privata | Private collection

98. Merlo con verme, 1969
Serigrafia su seta, edizione limitata non numerata |
Silk-screen print, limited edition not numbered
35 × 35 cm
Collezione privata | Private collection

99. Ritratto di giovane porco, 1969
Serigrafia su seta, edizione limitata non numerata |
Silk-screen print, limited edition not numbered
35 × 35 cm
Collezione privata | Private collection

100. Dito nell'acqua, 1969
Cartolina | Postcard
11 × 15 cm
Collezione privata | Private collection

101. Linea Grafica, 1969
Copertina | Cover
29,9 × 23,4 cm
Collezione privata | Private collection

102. Linea Grafica, 1970
Copertina | Cover
29,9 × 23,4 cm
Collezione privata | Private collection

103. In alto il dito, 1970
Cartolina | Postcard
15 × 11 cm
Collezione privata | Private collection

104. Purosangue, 1970
Serigrafia su seta, edizione limitata non numerata |
Silk-screen print, limited edition not numbered
35 × 35 cm
Collezione privata | Private collection

105. Bulldog, 1971
Serigrafia su seta, edizione limitata non numerata |
Silk-screen print, limited edition not numbered
35 × 35 cm
Collezione privata | Private collection

106. Cane randagio, 1972
Serigrafia su seta, edizione limitata non numerata |
Silk-screen print, limited edition not numbered
35 × 35 cm
Collezione privata | Private collection

107. Auguri freschi di giornata, 1973
Cartolina | Postcard
11 × 15 cm
Collezione privata | Private collection

108. Topo rapanello, 1973
Serigrafia su seta, edizione limitata non numerata |
Silk-screen print, limited edition not numbered
35 × 35 cm
Collezione privata | Private collection

109. Bruco allarmato, 1974
Serigrafia su seta, edizione limitata non numerata |
Silk-screen print, limited edition not numbered
35 × 35 cm
Collezione privata | Private collection

110. Graphicus, 1974
Copertina | Cover
A4
Collezione privata | Private collection

111. La mela, 1974
Ed. 1/9 del 2000, stampa lambda a colori montata su alluminio |
Ed. 1/9 from 2000, colour lambda print mounted on aluminium
47 × 67 cm
Collezione privata | Private collection

112. Humor Graphic, Il Potere, 1975
Copertina | Cover
A4
Collezione privata | Private collection

113. Manca un pelo, 1975
Serigrafia su seta, edizione limitata non numerata |
Silk-screen print, limited edition not numbered
35 × 35 cm
Collezione privata | Private collection

114. Auguri Creativity, 1975/2020
Ed. 2/9 vernice su ottone, plastica e alluminio |
Ed. 2/9 paint on brass, plastic and aluminium
fragola | strawberry
75 × 54 cm;
ciliegia | cherry 48 × 55;
installazione | installation
h 75 × 200 cm
Collezione privata | Private collection

115. Baco da corda, 1976
Serigrafia su seta, edizione limitata non numerata |
Silk-screen print, limited edition not numbered
35 × 35 cm
Collezione privata | Private collection

116. Marabù dell'alto Kenya, 1977
Armando Testa e | and Gemma De Angelis Testa
Serigrafia su seta, edizione limitata non numerata |
Silk-screen print, limited edition not numbered
35 × 35 cm
Collezione privata | Private collection

117. Tricheco, 1978
Serigrafia su legno, edizione limitata non numerata |
Silk-screen print on wood, limited edition not numbered
35 × 35 cm
Collezione privata | Private collection

118. La poltrona, 1978
Ed. 1/9 del 2000, stampa lambda a colori montata su alluminio |
Ed. 1/9 from 2000, colour lambda print mounted on aluminium
47 × 67 cm
Collezione privata | Private collection

119. La poltrona
Ideazione dell'opera originale |
Original design 1978
Esemplare | Specimen 2/2000
(in totale 9 esemplari con date di stampa diverse | 9 total specimens with different production dates)
Stampa lambda | Lambda print
47 × 67 × 2 cm
Venezia, Ca' Pesaro - Galleria Internazionale d'Arte Moderna, Donazione Gemma De Angelis Testa, 2022, inv. 4880

120. Montagne, 1979
Ed. 1/9 del 2000, stampa lambda a colori montata su alluminio |
Ed. 1/9 from 2000, colour lambda print mounted on aluminium
47 × 67 cm
Collezione privata | Private collection

121. Cane da tabacco, 1979
Serigrafia su seta, edizione limitata non numerata |
Silk-screen print, limited edition not numbered
35 × 35 cm
Collezione privata | Private collection

122. Ritratto d'ignoto, 1980
Serigrafia su seta, edizione limitata non numerata |
Silk-screen print, limited edition not numbered
35 × 35 cm
Collezione privata | Private collection

123. Colonna di gorgonzola, 1980
Ed. 1/9 del 2000, stampa lambda a colori montata su alluminio |
Ed. 1/9 from 2000, colour lambda print mounted on aluminium
47 × 67 cm
Collezione privata | Private collection

124. Invito al party, 1980
Ed. 1/9 del 2000, stampa lambda a colori montata su alluminio |
Ed. 1/9 from 2000, colour lambda print mounted on aluminium
47 × 67 cm
Collezione privata | Private collection

125. La divisione, 1980
Ed. 1/9 del 2000, stampa lambda a colori montata su alluminio |
Ed. 1/9 from 2000, colour lambda print mounted on aluminium
47 × 67 cm
Collezione privata | Private collection

126. Mittente arrabbiato, 1980
Ed. 1/9 del 2000, stampa lambda a colori montata su alluminio |
Ed. 1/9 from 2000, colour lambda print mounted on aluminium
47 × 67 cm
Collezione privata | Private collection

127. Scala stuzzicante, 1980
Ed. 1/9 del 2000, stampa lambda a colori montata su alluminio |
Ed. 1/9 from 2000, colour lambda print mounted on aluminium
47 × 67 cm
Collezione privata | Private collection

128. Tavolo con scarpine, 1980
Ed. 1/9 del 2000, stampa lambda a colori montata su alluminio |
Ed. 1/9 from 2000, colour lambda print mounted on aluminium
47 × 67 cm
Collezione privata | Private collection

129. Tavolo con scarpine
Ideazione dell'opera originale |
Original design 1980
Esemplare | Specimen 2/2000
(in totale 9 esemplari con date di stampa diverse | 9 total specimens with different production dates)
Stampa lambda su alluminio |
Lambda print on aluminium
47 × 47 × 2 cm
Venezia, Ca' Pesaro - Galleria Internazionale d'Arte Moderna, Donazione Gemma De Angelis Testa, 2022, inv. 4881

130. Tavolo riservato, 1980
Ed. 1/9 del 2000, stampa lambda a colori montata su alluminio |
Ed. 1/9 from 2000, colour lambda print mounted on aluminium
47 × 67 cm
Collezione privata | Private collection

131. Televisore, 1980
Ed. 1/9 del 2000, stampa lambda a colori montata su alluminio |
Ed. 1/9 from 2000, colour lambda print mounted on aluminium
47 × 67 cm
Collezione privata | Private collection

132. Tavolo riservato con scarpine, 1980/2014
Ed. 1/9, tecnica mista |
Ed. 1/9, mixed media
9,5 × 19,5 × 20 cm
Collezione privata | Private collection

133. Anche l'occhio vuole la sua parte, 1981
Ed. 1/9 del 2000, stampa lambda a colori montata su alluminio |
Ed. 1/9 from 2000, colour lambda print mounted on aluminium
47 × 67 cm
Collezione privata | Private collection

134. Aquila artritica, 1981
Serigrafia su tessuto, edizione limitata non numerata |
Screen print on fabric, limited edition not numbered
35 × 35 cm
Collezione privata | Private collection

135. Ippopotamo innamorato, 1982
Serigrafia su legno, edizione limitata non numerata |
Silk-screen print on wood, limited edition not numbered
35 × 35 cm
Collezione privata | Private collection

136. Cavallo che ride cinese, 1982
Serigrafia su legno, edizione limitata non numerata |
Silk-screen print on wood, limited edition not numbered
35 × 35 cm
Collezione privata | Private collection

137. Angioletto, 1982
Ed. 1/9 del 2000, stampa lambda a colori montata su alluminio |
Ed. 1/9 from 2000, colour lambda print mounted on aluminium
47 × 67 cm
Collezione privata | Private collection

138. L'anno nuovo ha fatto l'uovo, 1984
Cartolina | Postcard
15 × 11 cm
Collezione privata | Private collection

139. Coccodrillo marinato, 1984
Ed. 1/9 del 2000, stampa lambda a colori montata su alluminio |
Ed. 1/9 from 2000, colour lambda print mounted on aluminium
47 × 67 cm
Collezione privata | Private collection

140. Amanti, 1985
Ed. 1/9 del 2000, stampa lambda a colori montata su alluminio |
Ed. 1/9 from 2000, colour lambda print mounted on aluminium
47 × 67 cm
Collezione privata | Private collection

141. Industrial Design, 1985
Ed. 1/9 del 2000, stampa lambda a colori montata su alluminio |
Ed. 1/9 from 2000, colour lambda print mounted on aluminium
47 × 67 cm
Collezione privata | Private collection

142. Creatura Africana, 1986
Ed. 1/9 del 2000, stampa lambda a colori montata su alluminio |
Ed. 1/9 from 2000, colour lambda print mounted on aluminium
47 × 67 cm
Collezione privata | Private collection

143. Elefante, 1986
Ed. 1/9 del 2000, stampa lambda a colori montata su alluminio |
Ed. 1/9 from 2000, colour lambda print mounted on aluminium
47 × 67 cm
Collezione privata | Private collection

144. Isola di Breakfast, 1986
Ed. 1/9 del 2000, stampa lambda a colori montata su alluminio |
Ed. 1/9 from 2000, colour lambda print mounted on aluminium
47 × 67 cm
Collezione privata | Private collection

145. Stallone Sylvestre, 1986
Ed. 1/9 del 2000, stampa lambda a colori montata su alluminio |
Ed. 1/9 from 2000, colour lambda print mounted on aluminium
47 × 67 cm
Collezione privata | Private collection

146. Stallone Sylvestre, 1986/2016
Ed. 1/9, bronzo dipinto |
Ed. 1/9, painted bronze
31,5 × 42 × 41,5 cm
Collezione privata | Private collection

147. Creatura Africana, 1986/2020
Ed. 2/9, bronzo |
Ed. 2/9, bronze
31 × 68 × 39 cm
Collezione privata | Private collection

148. Sogliola siberiana, 1987
Ed. 1/9 del 2000, stampa lambda a colori montata su alluminio |
Ed. 1/9 from 2000, colour lambda print mounted on aluminium
47 × 67 cm
Collezione privata | Private collection

149. Spadaccini Infiammati, 1987
Ed. 1/9 del 2000, stampa lambda a colori montata su alluminio |
Ed. 1/9 from 2000, colour lambda print mounted on aluminium
47 × 67 cm
Collezione privata | Private collection

150. Spadaccini Infiammati, 1987/2016
Ed. 3/9, bronzo dipinto |
Ed. 3/9, painted bronze
31 × 21 × 2,5 cm
Collezione privata | Private collection

151. Gita domenicale, 1988
Ed. 1/9 del 2000, stampa lambda a colori montata su alluminio |
Ed. 1/9 from 2000, colour lambda print mounted on aluminium
47 × 67 cm
Collezione privata | Private collection

152. Icaro, 1988
Ed. 1/9 del 2000, stampa lambda a colori montata su alluminio |
Ed. 1/9 from 2000, colour lambda print mounted on aluminium
47 × 67 cm
Collezione privata | Private collection

153. Saluti da Capri, 1988
Ed. 1/9 del 2000, stampa lambda a colori montata su alluminio |
Ed. 1/9 from 2000, colour lambda print mounted on aluminium
47 × 67 cm
Collezione privata | Private collection

154. Non ti fidar di un bacio a mezzanotte, 1990
Ed. 1/9 del 2000, stampa lambda a colori montata su alluminio |
Ed. 1/9 from 2000, colour lambda print mounted on aluminium
47 × 67 cm
Collezione privata | Private collection

155. Espremiamoci di più, 1991
Ed. 1/9 del 2000, stampa lambda a colori montata su alluminio |
Ed. 1/9 from 2000, colour lambda print mounted on aluminium
47 × 67 cm
Collezione privata | Private collection

156. Nocero umbro, 1991
Ed. 1/9 del 2000, stampa lambda a colori montata su alluminio |
Ed. 1/9 from 2000, colour lambda print mounted on aluminium
47 × 67 cm
Collezione privata | Private collection

157. Non anguriarmi, 1991
Ed. 1/9 del 2000, stampa lambda a colori montata su alluminio |
Ed. 1/9 from 2000, colour lambda print mounted on aluminium
47 × 67 cm
Collezione privata | Private collection

158. Spaghetti su tela, 1991
Ed. 1/9 del 2000, stampa lambda a colori montata su alluminio |
Ed. 1/9 from 2000, colour lambda print mounted on aluminium
47 × 67 cm
Collezione privata | Private collection

SEZIONE | SECTION 7

159. Omaggio a Mondrian, 1967
Formica e cornice in legno dorato |
Formica and giltwood frame
195 × 90 × 13,5 cm
Venezia, Ca' Pesaro - Galleria Internazionale d'Arte Moderna, Donazione Gemma De Angelis Testa, 2022, inv. 4874

160. Senza titolo (Omaggio a Mondrian), 1967
Formica e cornice in legno dorato |
Formica and giltwood frame
51 × 45,5 × 9,5 cm
Venezia, Ca' Pesaro - Galleria Internazionale d'Arte Moderna, Donazione Gemma De Angelis Testa, 2022, inv. 4875

161. Omaggio a Mondrian, 1967/1968
Formica colorata con cornice lignea del XVI secolo |
Coloured formica with wooden frame from the 16th century
80 × 104 cm
Collezione privata | Private collection

162. Senza titolo (Omaggio a Mondrian), 1967/1970
Formica colorata con cornice lignea del XVIII secolo | Coloured formica with wooden frame from the 18th century
80 × 93 cm
Collezione privata | Private collection

163. Senza titolo (Omaggio a Mondrian), 1967/1971
Formica colorata con cornice lignea del XVII secolo |
Coloured formica with wooden frame from the 17th century
128 × 103 cm
Collezione privata | Private collection

164. Senza titolo (Omaggio a Mondrian), 1967/1985
Formica colorata con cornice lignea del XIX secolo |
Coloured formica with wooden frame from the 19th century
141,5 × 104,5 cm
Collezione privata | Private collection

165. Senza titolo (Omaggio a Mondrian), 1967/1988
Formica colorata con cornice lignea del XVII secolo | Coloured formica with wooden frame from the 17th century
140 × 122 cm
Collezione privata | Private collection

166. Sedia con matita, 1972
Legno dipinto | Painted wood
86 × 48 × 45 cm
Collezione privata | Private collection

167. Omaggio ad Armando Testa – Haim Steinbach, 1996
Tecnica mista (legno, formica, spazzole, gesso e ceramica) |
Mixed media (wood, formica, brushes, plaster and ceramic)
61 × 145 × 29,2 cm
Collezione privata | Private collection

SEZIONE | SECTION 8

168. Moltiplicazione in rosso e nero, 1972
Acrilico su cartone intelato |
Acrylic on cardboard on canvas
24 × 30 cm
Collezione privata | Private collection

169. Angolo erotico, 1984
Acrilico su tela | Acrylic on canvas
140 × 200 cm
Collezione privata | Private collection

170. Angolo erotico, 1984
Acrilico su cartone intelato |
Acrylic on cardboard on canvas
30 × 40 cm
Collezione privata | Private collection

171. Senza titolo, 1985
Acrilico su tela | Acrylic on canvas
140 × 200 cm
Collezione privata | Private collection

172. Il tempo
Ideazione dell'opera |
Concept 1989
Scultura | Sculpture 1/2009
(in totale 5 esemplari con date di produzione diverse | a total of 5 with different production dates)
Bronzo con patina nera e base in corten | Bronze with black patina, corten base
249 × 202 × 35 cm (senza base | without base)
Misure | Size base: 42 × 75 × 65 cm
Venezia, Ca' Pesaro - Galleria Internazionale d'Arte Moderna, Donazione Gemma De Angelis Testa, 2022, inv. 4882

173. Albero di dita, 1990
Acrilico su tela | Acrylic on canvas
100 × 100 cm
Collezione privata | Private collection

174. Dito Star, 1990
Acrilico su tela | Acrylic on canvas
100 × 70 cm
Collezione privata | Private collection

175. Tremal Naik, 1991
Acrilico su tela | Acrylic on canvas
200 × 140 cm
Collezione privata | Private collection

176. Senza titolo, 1991
Acrilico su tela | Acrylic on canvas
200 × 140 cm
Collezione privata | Private collection

SEZIONE | SECTION 9

177-231. Installazione di 80 disegni, 1968/1990
Tecnica mista su carta |
Mixed media on paper
42 × 35 cm
Collezione privata | Private collection

232. Neuroradiologia, 1991
Acrilico su tela | Acrylic on canvas
100 × 70 cm
Collezione privata | Private collection

SEZIONE | SECTION 10

233. Sabbia gialla sul Mar Nero, 1980/1984
Acrilico su tela | Acrylic on canvas
140 × 200 cm
Collezione privata | Private collection

234. Lo Straniero, 1982
Acrilico su tela | Acrylic on canvas
140 × 200 cm
Collezione privata | Private collection

235. Castello Rosso, 1982
Acrilico su tela | Acrylic on canvas
140 × 200 cm
Collezione privata | Private collection

236. Incontrarsi in centro, 1983
Acrilico su tela | Acrylic on canvas
140 × 200 cm
Collezione privata | Private collection

237. Incontrarsi in centro, 1983
Acrilico su tela | Acrylic on canvas
150 × 150 cm
Collezione privata | Private collection

238. Brainstorming, 1985
Acrilico su tela | Acrylic on canvas
200 × 140 cm
Collezione privata | Private collection

239. Segno, 1990
Legno dipinto | Painted wood
205 × 150 × 15 cm
Collezione privata | Private collection

240. Segno, 1990
Acrilico su tela | Acrylic on canvas
140 × 100 cm
Collezione privata | Private collection

241. Segno, 1990
Tecnica mista | Mixed media
100 × 74 cm
Collezione privata | Private collection

242. Segno, 1990
Legno dipinto | Painted wood
100 × 70 cm
Collezione privata | Private collection

243. Segno, 1990
Acrilico su tela | Acrylic on canvas
100 × 70 cm
Collezione privata | Private collection

244. Segno, 1990
Acrilico su tela | Acrylic on canvas
100 × 70 cm
Collezione privata | Private collection

245. Segno, 1990
Tela su legno | Canvas on wood
233 × 156 × 35 cm
Collezione privata | Private collection

246. Sedia AT, 1990
Legno dipinto | Painted wood, ed. 83/100
93 × 45 × 55 cm
Venezia, Ca' Pesaro - Galleria
Internazionale d'Arte Moderna,
Donazione Gemma De Angelis Testa, 2022,
inv. 4873

mostre personali
solo exhibitions

1972
Armando Testa, Muzeum Plakatu w Wilanowie, Warszawa, giugno | June.

1984
Armando Testa. Pubblicità e pittura, PAC – Padiglione d'Arte Contemporanea, Milano, 6 dicembre 1984 – 7 gennaio 1985 | December 6, 1984 – January 7, 1985.

1985
Armando Testa. Il segno e la pubblicità, Mole Antonelliana, Torino, 25 luglio – 13 novembre | July 25 – November 13.

1986
Armando Testa. Prestigiatore visivo, Maison Gerboiler, La Salle, Aosta, giugno – luglio | June – July.

1987-1988
Armando Testa. 40 Years of Italian Creative Design, Parson School of Design Exhibition Center, New York City, 20 maggio – 30 giugno | May 20 – June 30; Otis Art Institute of Parson School of Design Exhibition Center, Los Angeles, aprile | April 1988.

Armando Testa, Galleria d'Arte Niccoli, Parma, 3 ottobre – 5 novembre | October 3 – November 5.

1989
Armando Testa, Lincoln Center Gallery, Fort Collins, settembre – ottobre | September – October.

Armando Testa. 40 anos de creatividad italiana, Circulo de Bellas Artes, Madrid, 28 settembre – 22 ottobre | September 28 – October 22.

Armando Testa e la fotografia, Galleria Target, Torino, 4-30 ottobre | October 4-30.

1993
Armando Testa. Una retrospettiva, Palazzo Strozzi, Firenze, 9 maggio – 11 luglio | May 9 – July 11.

Armando Testa. Posters from the Collection, Israel Museum, Jerusalem, settembre – gennaio | September – January.

2001
Armando Testa, Castello di Rivoli Museo d'Arte Contemporanea, Rivoli, Torino, 12 febbraio – 13 maggio | February 12 – May 13; Castel Sant'Elmo, Napoli, 28 settembre – 25 novembre | September 28 – November 25.

2004
Armando Testa, Istituto Italiano di Cultura, Londra, giugno – luglio | June – July.

2010
Armando Testa. Il design delle idee, PAC – Padiglione Arte Contemporanea, Milano, 13 aprile – 13 giugno | April 13 – June 13.

2015
Inaugurazione scultura pubblica, *Sintesi 59*, piazza VIII dicembre Torino, 27 ottobre | October 27.

2017
Tutti gli "ismi" di Armando Testa, Mart – Museo di arte moderna e contemporanea di Trento e Rovereto, 22 luglio – 15 ottobre | July 22 – October 15.

2018
Armando Testa. Punto e Basta, Galleria Lia Rumma, Milano, 19 aprile – 1 giugno | April 19 – June 01.

2018-2019
Tutti gli "ismi" di Armando Testa, Sale Chiablese dei Musei Reali di Torino, 25 ottobre – 19 marzo | October 25 – March 19.

2019
Omaggio ad Armando Testa, Frieze Masters London in collaborazione con | in collaboration with Galleria Continua, 3-6 ottobre | October 3-6.

mostre collettive selezionate
selected group exhibitions

2006

Il modo italiano, Italian design and avant-garde in the 20th Century, The Montreal Museum of Fine Arts, 4 maggio – 27 agosto 2006 | May 4 – August 27, 2006; Royal Ontario Museum, Toronto, 21 ottobre 2006 – 7 gennaio 2007 | October 21, 2006 – January 7, 2007; Mart – Museo di Arte Contemporanea di Trento e Rovereto, 3 marzo – 3 giugno 2007 | March 3 – June 3, 2007.

2007

Pinot Gallizio e il suo tempo. 1953 – 1964, Palazzo Mostre e Congressi, Alba, 21 gennaio – 1 maggio | January 21 – May 1.

Zurich HB, Incontri Grafici 1945 – 1970, Centro Culturale Svizzero, Milano, 17 maggio – 28 giugno | May 17 – June 28.

Manifesti passioni e sentimenti, 60 anni di pubblicità e propaganda nella collezione di manifesti Dino Villani, Castello di Rivoli, Museo della Pubblicità, Rivoli–Torino, 8 marzo – 29 aprile | March 8 – April 29.

InBertarelli.com, Comunicazione pubblicitaria, grafica e arte. La Raccolta Bertarelli 1927– 2007, Castello Sforzesco, Milano.

2008

Il mito della velocità. Arte, motori e società nell'Italia del '900, Palazzo delle Esposizioni, Roma, 19 febbraio – 18 maggio | February 19 – May 18.

2010

Il grande gioco, forme d'arte in Italia 1947 – 1989, Rotonda della Besana, Milano, 19 febbraio – 9 maggio | February 19 – May 9.

Keep your seat: stai al tuo posto, GAM – Galleria Civica d'Arte Moderna e Contemporanea di Torino, 25 febbraio – 9 maggio | February 25 – May 9.

2012

Gli anni del boom – venti anni di arte in Piemonte – 1946– 1966, Palazzo Mathis, Bra, 8 settembre – 4 novembre | September 8 – November 4.

Triennale Design Museum, 5° edizione grafica, la Triennale, Milano, 14 aprile 2012 – 28 febbraio 2013 | April 14, 2012 – February 28, 2013.

2013

La rinascita: storie dell'Italia che ce l'ha fatta a cura di Davide Rampello, Palazzo Mazzetti, Asti, 22 giugno – 3 novembre | June 22 – November 3.

2015

Traces: documento e testimonianza nell'arte contemporanea italiana, Biblioteca Nazionale Universitaria, Torino, 7 novembre – 9 dicembre | November 7 – December 9.

Arts & Food – Rituali dal 1851, Triennale di Milano, 9 aprile – 1 novembre | April 9 – November 1.

2017

Crossroads, Italia e America, dalla ricostruzione al boom economico (1945-1965), Museo Nazionale dell'Automobile, Torino, 28 marzo – 25 giugno | March 28 – June 25.

bibliografia selezionata
selected bibliography

Testi di Armando Testa
Texts by Armando Testa

1960
s.t. | *n.t.*, in " Serigrafia", n. 19, Milano, ottobre | October.

La pubblicità ha già pagato i debiti alla pittura, in "Terme e Riviere", Milano, ottobre | October.

1963
Cartellone romantico e cartellone operativo, in "Pagina", Milano, giugno | June.

Pubblicitario, intervista con Armando Testa, in "Le Stagioni", Torino, autunno | Autumn.

1964
Il domatore delle immagini , in "Parete", Milano, ottobre | October.

1965
Sasso, in "Sipradue", Torino, 6 giugno | June 6.

1966
Il manifesto in piazza della scienza, in "L'Ufficio Moderno", Milano, giugno | June.

1968
La sintesi è il nostro mestiere, in "Publitransport", Milano, aprile - giugno | April - June.

1970
I muri di D'Errico, in "Graphicus", Torino, marzo | March.

1971
L'impiego dell'infanzia nella pubblicità e i suoi riflessi, La parola a: Armando Testa, in "L'Ufficio Moderno", Milano, ottobre | October.

1974
Milton Glaser perché fai così, in "Strategia", Milano, 15 ottobre | October 15.

1976
La stella che sgrida Ping-Pong, in "Pubblicità Domani", Milano, 2 marzo | March 2.

Lettera di Testa a Ping-Pong, in "Pubblicità Domani", Milano, 17 giugno | June 17.

Guido Novarro, quell'intelligente uomo di Oneglia, in "Il Secolo XIX", Genova, 5 agosto | August 5.

1979
Berlino 79: La creatività nella pubblicità esterna, in "Publitransport", Milano, aprile - giugno | April - June.

A Step Toward a Better Future, in "Campaign Europe", London, dicembre | December.

1980
La grafica italiana: avanguardia o retroguardia?, in "Publirama Italiano 1979", Milano, maggio | May.

La dimostrazione e l'esclamazione, in "Gran Baazar", Milano, novembre - dicembre | November - December.

1981
Il manifesto, in "L'ufficio Moderno", Milano, luglio | July.

Sgobbona non molto ciarliera, in "La Stampa", Torino, 19 ottobre | October 19.

A questo punto bisogna ribellarsi, in "Pubblicità Domani", Milano, ottobre | October.

1982
Pubblicità in Italia, in "Pubblicità in Italia 81/82", Milano, gennaio | January.

L'immagine, in "Selezione del Reader's Digest", Milano, febbraio | February.

Tutto quello che avreste voluto sapere sui Media, in "Il Millimetro", Milano, febbraio | February.

Back in the Street: Cross Socializing with Italdesign, in *Italian Re-Evolution: Design in Italian Society in the Eighties*, La Jolla Museum of Contemporary Art, San Diego.

Aiuto, affondiamo nei marchi, in "Campagne", Milano, novembre - dicembre | November - December.

Quei gran figli di Utamaro, in "Nuovo 2", Milano, dicembre | December.

1983
Due personaggi han fatto Irruzione sulla scena del manifesto: Fotocolor e Manifesto, in "Parete", Milano, 8 marzo | March 8.

Dalla parte di chi guarda. Dove me lo metto?, in "Il Giornale dell'Arte", Torino, maggio | May.

Dalla parte di chi guarda. A Venezia mi vergognavo per Andy, in "Il Giornale dell'Arte", Torino, giugno | June.

Dalla parte di chi guarda. Così piccolo e già Craxi, in "Il Giornale dell'Arte", Torino, luglio - agosto | July - August.

Dalla parte di chi guarda. Mele in faccia per tutti, in "Il Giornale dell'Arte", Torino, settembre | September.

Dalla parte di chi guarda. Burri non esagerare con il miele!, in "Il Giornale dell'Arte", Torino, ottobre | October.

Dalla parte di chi guarda. Non masturbarsi con lo zoom, in "Il Giornale dell'Arte", Torino, novembre | November.

Dalla parte di chi guarda. Son contento di essere andato, in "Il Giornale dell'Arte", Torino, dicembre | December.

Dalla réclame al marketing, in "Il Millimetro", Milano, dicembre | December.

1984

Dalla parte di chi guarda. Italiani cretini e carosellari, in "Il Giornale dell'Arte", Torino, gennaio | January.

Dalla parte di chi guarda. Aiuto! Affondiamo nei marchi, in "Il Giornale dell'Arte", Torino, febbraio | February.

Dalla parte di chi guarda. Se ti fa schifo è bello, in "Il Giornale dell'Arte", Torino, marzo | March.

Dalla parte di chi guarda. Il formato è come il ring, in "Il Giornale dell'Arte", Torino, aprile| April.

Dalla parte di chi guarda. Nigeria: sembra Cellini. Che vergogna!, in "Il Giornale dell'Arte", Torino, maggio | May.

Dalla parte di chi guarda. New York New York e ritorno, in "Il Giornale dell'Arte", Torino, giugno | June.

Dalla parte di chi guarda. Citazionisti, anacronisti e tirolesi, in "Il Giornale dell'Arte", Torino, luglio - agosto | July - August.

Dalla parte di chi guarda. Piuttosto che far del male, in "Il Giornale dell'Arte", Torino, settembre | September.

Dalla parte di chi guarda. Guardoni a Venezia, in "Il Giornale dell'Arte", Torino, ottobre | October.

Dalla parte di chi guarda. Neo-selvaggi e neo-copioni, in "Il Giornale dell'Arte", Torino, novembre | November.

La pubblicità italiana è di buon gusto?, in "Notizie dall'Italia", Torino, novembre | November.

Dalla parte di chi guarda. Guttuso piace, piace, dai dai stappa un Guttuso!, in "Il Giornale dell'Arte", Torino, dicembre | December.

1985

Dalla parte di chi guarda. Baci d'altura, in "Il Giornale dell'Arte", Torino, gennaio | January.

Parlami del fondo bianco, in "Il Direttore Commerciale", Milano, gennaio - febbraio | January - February.

Dalla parte di chi guarda. L'angoscia nelle natiche, in "Il Giornale dell'Arte", Torino, febbraio | February.

Dalla parte di chi guarda. Gli immarcescibili, in "Il Giornale dell'Arte", Torino, marzo | March.

Quando Graphicus illuminava Torino, in "Graphicus", Torino, marzo | March.

Dalla parte di chi guarda. Può una macchina rifarsi una vita?, in "Il Giornale dell'Arte", Torino, aprile | April.

Dalla parte di chi guarda. Cuori ingrati, in "Il Giornale dell'Arte", Torino, maggio | May.

Pagine e spot, in *L'Italie aujourd'hui. Aspects de la création italienne de 1970 à 1985,* Villa Arson, Nice.

Dalla parte di chi guarda. Di mamma ce n'è una sola: sulla subway riappare la mom, in "Il Giornale dell'Arte", Torino, giugno | June.

Dalla parte di chi guarda. Conte Panza, leggendola ho pianto, in "Il Giornale dell'Arte", Torino, luglio - agosto | July - August.

Dalla parte di chi guarda. Questo quadro ha il culo basso, in "Il Giornale dell'Arte", Torino, settembre | September.

Dalla parte di chi guarda. Anche la cornice vuole le sua parte, in "Il Giornale dell'Arte", Torino, ottobre | October.

Dalla parte di chi guarda. Baciami New York, in "Il Giornale dell'Arte", Torino, novembre | November.

Dalla parte di chi guarda. Manzoni, Morandi, Maradona, in "Il Giornale dell'Arte", Torino, dicembre | December.

1986

Dalla parte di chi guarda. Morandi ha indovinato il positioning, in "Il Giornale dell'Arte", Torino, gennaio | January.

Un radiatore a forma di cuore, in "Ricerca e Innovazione", Milano, gennaio | January.

La libertà di fare due mestieri, in "Strategia", Milano, febbraio | February.

Dalla parte di chi guarda. Questo quadro non mi dice niente!, in "Il Giornale dell'Arte", Torino, febbraio | February.

Dalla parte di chi guarda. Che burlone quell'Edvard Munch!, in "Il Giornale dell'Arte", Torino, marzo | March.

Sul muro non si è mai soli, in "Strategia", Milano, 9 aprile | April 9.

Dalla parte di chi guarda. Modernariato, Modernuzzo, Modernazzone, in "Il Giornale dell'Arte", Torino, aprile | April.

Sul cavalletto la pubblicità ossessiva, in "Futurismo a Venezia", supplemento a | supplement for "La Stampa", Torino, 8 maggio | May 8.

Dalla parte di chi guarda. Sarà bello, non sarà bello?, in "Il Giornale dell'Arte", Torino, maggio | May.

Dalla parte di chi guarda. In week-end con Piero della Francesca, in "Il Giornale dell'Arte", Torino, giugno | June.

Dalla parte di chi guarda. Fatti un segno e non scordarlo mai, in "Il Giornale dell'Arte", Torino, luglio - agosto | July - August.

Dalla parte di chi guarda. Arte e ginecologia, in "Il Giornale dell'Arte", Torino, settembre | September.

Dalla parte di chi guarda. Soli soli in galleria, in "Il Giornale dell'Arte", Torino, ottobre | October.

Dalla parte di chi guarda. La réclame è diventata di moda, in "Il Giornale dell'Arte", Torino, novembre | November.

Dalla parte di chi guarda. Il martirio continua, in "Il Giornale dell'Arte", Torino, dicembre | December.

1987

Dalla parte di chi guarda. Ronnie, attento al colore!, in "Il Giornale dell'Arte", Torino, gennaio | January.

Dalla parte di chi guarda. Cossiga presidente e designer, in "Il Giornale dell'Arte", Torino, febbraio | February.

Andy Warhol ci mancherà?, in "Vernissage - Il Giornale dell'Arte", Torino, marzo | March.

Puntiamo a una Torino più frivola, in "Trovare Torino", supplemento a | supplement for "La Stampa", Torino, marzo | March.

Dalla parte di chi guarda. L'abitudine è più forte dell'Aids, in "Il Giornale dell'Arte", Torino, aprile | April.

Dalla parte di chi guarda. Un sedere è sempre un sedere, in "Il Giornale dell'Arte", Torino, maggio | May.

Picasso, Avedon, Burri, Digestivo Antonetto, in "Hurrà Hurrà Spot", Milano, maggio | May.

Io, che ho insegnato, in "Epoca", Milano, 18 giugno | June 18.

Come si entra nel mondo della pubblicità, in AA.VV., *Come si entra nel mondo del Marketing*, Mondadori, Milano.

Dalla parte di chi guarda. Cannes + Basilea = troppo, in "Il Giornale dell'Arte", Torino, luglio - agosto | July - August.

Dalla parte di chi guarda. Moglie e marito: chi è più moderno?, in "Il Giornale dell'Arte", Torino, settembre | September.

Dalla parte di chi guarda. L'urlo e il dolore, in "Il Giornale dell'Arte", Torino, ottobre | October.

Dalla parte di chi guarda. Fortunati gli ambigui, in "Il Giornale dell'Arte", Torino, novembre | November.

Dalla parte di chi guarda. Fontana assomiglia a Sironi, in "Il Giornale dell'Arte", Torino, dicembre | December.

1988

Dalla parte di chi guarda. Ma Botero è abbastanza Bueno?, in "Il Giornale dell'Arte", Torino, gennaio | January.

Dalla parte di chi guarda. Salvo è meglio di Fievel, in "Il Giornale dell'Arte", Torino, febbraio | February.

Dalla parte di chi guarda. Le natiche non sorridono, in "Il Giornale dell'Arte", Torino, marzo | March.

Dalla parte di chi guarda. Con l'USP gli altri li freghi, in "Il Giornale dell'Arte", Torino, aprile | April.

Dalla parte di chi guarda. Saul Bass mi ha baciato, in "Il Giornale dell'Arte", Torino, maggio | May.

Dalla parte di chi guarda. A testa in giù è meglio, in "Il Giornale dell'Arte", Torino, giugno | June.

Ansaldi un creativo ante litteram, in *Torino tra '800 e '900 nelle caricature e disegni di Ansaldi*, Museo del Risorgimento - Daniela Piazza Editore, Torino.

Quel fascino comunicativo di Gilda, in "Global", supplemento a | supplement for "Media Key", Milano, luglio | July.

Dalla parte di chi guarda. Burri, non scherzare col Colosseo, in "Il Giornale dell'Arte", Torino, luglio - agosto | July - August.

Dalla parte di chi guarda. La Biennale è belloccia, in "Il Giornale dell'Arte", Torino, settembre | September.

Ho sempre cercato la sintesi, in "Arte e Cronaca", Bari, settembre | September.

Dalla parte di chi guarda. Alla Volpaia si ride di più, in "Il Giornale dell'Arte", Torino, ottobre | October.

Dalla parte di chi guarda. Volo palese o volo segreto?, in "Il Giornale dell'Arte", Torino, novembre | November.

Dalla parte di chi guarda. In provocatorio quotidiano, in "Il Giornale dell'Arte", Torino, dicembre | December.

A Mosca a Mosca, in "Strategia '88", supplemento a | supplement for "Strategia", Milano.

1989

La grafica, in "Quaderni ISIA", n. 1, Urbino.

Dalla parte di chi guarda. Un rabbit sul tetto, in "Il Giornale dell'Arte", Torino, gennaio | January.

Dalla parte di chi guarda. C'è ometto e ometto, in "Il Giornale dell'Arte", Torino, febbraio | February.

Dalla parte di chi guarda. Russia e terza età, in "Il Giornale dell'Arte", Torino, marzo | March.

I manifesti ci guardano, in *Manifesti pubblicitari torinesi 1900-1960*, Galleria Principe Eugenio - Fratelli Pozzo, Torino.

Dalla parte di chi guarda. Stalin avrebbe baciato Boccasile, in "Il Giornale dell'Arte", Torino, aprile | April.

Dalla parte di chi guarda. Che gioia pesare molto, in "Il Giornale dell'Arte", Torino, maggio | May.

Dalla parte di chi guarda. La bellezza è nell'occhio, in "Il Giornale dell'Arte", Torino, giugno | June.

Dalla parte di chi guarda. Surrealismo Supermarket, in "Il Giornale dell'Arte", Torino, luglio - agosto | July - August.

Dalla parte di chi guarda. Cambia il nome ma il quadro non cambia, in "Il Giornale dell'Arte", Torino, settembre | September.

Dalla parte di chi guarda. La tomba del tuffatore, in "Il Giornale dell'Arte", Torino, ottobre | October.

Dalla parte di chi guarda. Una riga un ovetto, una riga un ovetto, in "Il Giornale dell'Arte", Torino, novembre | November.

Dalla parte di chi guarda. Dolce cubismo, in "Il Giornale dell'Arte", Torino, dicembre | December.

Un merluzzo in doppiopetto, in "Quaderni dell'Archivio Storico GFT", GFT, Torino, dicembre | December.

Gli auguri di Armando Testa, in "Nuova Cucina", Milano, dicembre | December.

Montagne, piramidi, triangoli, in *Le Montagne della pubblicità*, Museo Nazionale della Montagna Duca degli Abruzzi, Torino.

1990

Dalla parte di chi guarda. Louise, dimmi cos'è, in "Il Giornale dell'Arte", Torino, gennaio | January.

Dalla parte di chi guarda. Gli allegri tedeschi dell'Est, in "Il Giornale dell'Arte", Torino, febbraio | February.

Dalla parte di chi guarda. Basta con Warhol, in "Il Giornale dell'Arte", Torino, marzo | March.

Dalla parte di chi guarda. La gioia degli spazi bianchi, in "Il Giornale dell'Arte", Torino, aprile | April.

Un grande, in *Paolo Garetto*, Galleria Piazza, Torino, aprile | April.

La foto baciata dal marketing, in "Portfolio illustratori e fotografi", Milano, aprile | April.

Dalla parte di chi guarda. La voglia Matta, in "Il Giornale dell'Arte", Torino, maggio | May.

La mia love story con la fotografia, in "Portfolio illustratori e fotografi", Milano, giugno | June.

Dalla parte di chi guarda. Monumenti formato tessera, in "Il Giornale dell'Arte", Torino, luglio - agosto | July - August.

Dalla parte di chi guarda. Le grassone turbano?, in "Il Giornale dell'Arte", Torino, settembre | September.

Il cane a sei zampe, in "Pubblico", Milano, 17 ottobre | October 17.

Il "precolombiano" di Torino. Una mia idea di 1400 anni fa', in "La Repubblica", Torino, 27 ottobre | October 27.

Dalla parte di chi guarda. Un testimonial di Tiahuanaco, in "Il Giornale dell'Arte", Torino, ottobre | October.

Arte e pubblicità, in "Pubblico", Milano, novembre | November.

Dalla parte di chi guarda. Dux, ma che bella parola!, in "Il Giornale dell'Arte", Torino, novembre | November.

Dal manifesto al video, in "Pubblico", Milano, 3 dicembre | December 3.

Quanto pesa il marketing, in "Pubblico", Milano, 3 dicembre | December 3.

Un finto che sembra vero, un vero che sembra finto, in "Pubblicità Italia", Milano, dicembre | December.

Dalla parte di chi guarda. Copiare è creativo?, in "Il Giornale dell'Arte", Torino, dicembre | December.

1991

Dalla parte di chi guarda. Una corsa a New York, in "Il Giornale dell'Arte", Torino, gennaio | January.

Dalla parte di chi guarda. Attenti al lupo!, in "Il Giornale dell'Arte", Torino, febbraio | February.

Incontriamoci all'incrocio, in "Tema Celeste", Siracusa, gennaio - marzo | January - March.

Dalla parte di chi guarda. GianEnzo, ma dove andiamo?, in "Il Giornale dell'Arte", Torino, marzo | March.

Dalla parte di chi guarda. Due mostre, due millenni, in "Il Giornale dell'Arte", Torino, aprile | April.

Armando Testa, in "Casa Oggi", Milano, aprile | April.

Dalla parte di chi guarda. Parole parole parole, in "Il Giornale dell'Arte", Torino, maggio | May.

Sognavo un impiego alla Pozzo Gros Monti, in *I muri raccontano*, Società Promotrice delle Belle Arti, Torino.

Dalla parte di chi guarda. Diavolo d'un marketing, in "Il Giornale dell'Arte", Torino, giugno | June.

Ragazzo, ama il manifesto!, in "Pubblicità Domani", Milano, giugno | June.

Dalla parte di chi guarda. Come sarà il 95?, in "Il Giornale dell'Arte", Torino, luglio - agosto | July - August.

Woody Allen mi fa pubblicità, in "La Stampa", Torino, 28 settembre | September 28.

Dalla parte di chi guarda. Ma quel didietro è bello?, in "Il Giornale dell'Arte", Torino, ottobre | October.

Dalla parte di chi guarda. Sbruciacchiarsi è meglio, in "Il Giornale dell'Arte", Torino, novembre | November.

Dalla parte di chi guarda. Non una riga in più, in "Il Giornale dell'Arte", Torino, dicembre | December.

1992

Dalla parte di chi guarda. Ma le piante di Penone piaceranno ai Verdi?, in "Il Giornale dell'Arte", Torino, gennaio | January.

Coca Cola generation, in *Cocart*, Edizioni Bianca Pilat, Milano.

Incontriamoci all'incrocio..., in "Tema Celeste", Siracusa, gennaio - marzo | January - March.

Pubblicità, arte di questo secolo, in "Italia Oggi", Milano, 1° febbraio | February 1.

Dalla parte di chi guarda. Coca-Cola o Napoleone?, in "Il Giornale dell'Arte", Torino, febbraio | February.

Dalla parte della forma, in "Il Giornale dell'Arte", *Dalla parte di chi guarda.* Torino, marzo | March.

La mia filosofia creativa. In ricordo di Armando Testa, in "Assap News", Milano, aprile | April.

La mia filosofia creativa, in "Informazione e Immagine", Milano, maggio | May.

Filosofia creativa, in "Problemi Aziendali", supplemento a | supplement for "Dentrocittà", Alba, luglio | July.

Dalla parte di chi guarda (a cura di | edited by Sandro - Enrica Dorna), Allemandi, Torino.

Interviste
Interviews

1954

A. Biancotti, *Un' ora con Armando Testa, pittore geniale di fantasie Pubblicitarie*, in "Domenica Espresso", Roma, 28 febbraio | February 28.

1962

T. Granich, *Intervista ad Armando Testa*, in "Fatti", Milano, luglio - settembre | July - September.

1964

G. Elli, *Armando Testa. L'aggressività nella sintesi,* in "Incontri con la Pubblicità", Milano, luglio - agosto | July - August.

1967

s.a., *Le sceneggiature allo Studio Testa*, in "Pagine", Milano, maggio - giugno | May - June.

1968

U. B., *A tu per tu con la frenesia*, in "Il Millimetro", Milano, marzo | March.

1969

M. Bravetta, *Testa fa testo*, in "La Regione", Milano, 15 luglio | July 15.

1970

P. Scanziani, *Il Cosmopolita, l'artista*, in "Il Capitale", Milano, aprile | April.

1971

D. Mutarelli, *Tanto di cappello a chi non copia*, in "Il Millimetro", Milano, giugno | June.

s.a., *Quando il linguaggio pubblicitario è "oscuro"*, in "Incontri con la Pubblicità", Milano, giugno - luglio | June - July.

s.a., *La parola a : Armando Testa*, in "L'Ufficio Moderno", Milano, ottobre | October.

1972

s.a., *Ritornano le maggiorate*, in "Grazia", Milano, 23 gennaio | January 23.

1973

S. Huen, *Burro o cannoni*, in "Strategia", Milano, 15 marzo | March 15.

s.a., *Creatività o strategia?,* in "Epoca", Milano, 16 dicembre | December 16.

1974

B. S., *I «colpi» di Testa*, in "Staff", Milano, 15 maggio | May 15.

G. Grazzini, *E allora Adamo diventò Adman*, Graf 3 s.r.l., Milano.

1975

C.M., *Bevete questo e noi ubbidiamo*, in "Stampa Sera", Torino, 9 aprile | April 9.

C. Moribondo, B. Faussone, *Fare il pubblicitario*, in "Stampa Sera", Torino, 11 aprile | April 11.

M. Verteneglio, *Un manifesto per gli italiani*, in "Strategia", Milano, 16 maggio | May 16.

1977

A. Piovani, *A creatività obbligata*, in "Progresso Fotografico", Milano, marzo | March.

P. Bianucci, *I persuasori disarmati*, in "Gazzetta del Popolo", Torino, 30 settembre | September 30.

A. Schwarz, *Armando Testa*, in "Il Diaframma ", Milano, settembre | September.

P. Bianucci, *Orfani di carosello*, in "Gazzetta del Popolo", Torino, 16 ottobre | October 16.

1978

R. Pennazio, *Il personaggio Armando Testa*, in "Torino Playtime", Torino, 2 luglio | July 2.

F. Prestipino, *Iam'78. Un mercato delle idee, ma non convince*, in "Graphicus", Torino, 7 agosto | August 7.

s.a., *Ma è "lei" che ha in mano il potere d'acquisto*, in "Tuttolibri - La Stampa", Torino, 2 dicembre | December 2.

1980

s.a., *Armando Testa: "Attenti le uova ci guardano"*, in "Forme '89", Cermenate, Como, luglio | July.

D. Mutarelli, *Intervista a Armando Testa per il budget Alitalia*, in "Strategia", Milano, 16 febbraio | February 16.

D. Mutarelli, *Cannes è Alien*, in "Strategia", Milano, 16 giugno | June 16.

s.a., *Il matrimonio mi piace, faccio il bis*, in "Annabella", Milano, 10 ottobre | October 10.

1981

R. Valtorta, *Alla ricerca della creatività genuina*, in "Progresso Fotografico", Milano, 3 marzo | March 3.

1982

G. Guarda, *Igap 1881 - 1981. Una parete lunga cento anni*, in "Parete", Milano, gennaio | January.

P.T., *Un'immagine tutta di Testa*, in "Nuova Società", Torino, 11 settembre | September 11.

S. Strati, *Un colpo di Testa*, in "Gazzetta del Popolo", Torino, 30 novembre | November 30.

1983

F.D.P., *Torino secondo Armando Testa*, in "La Stampa", Torino, 19 gennaio | January 19.

G. Piacentini, *Un artista che fa il pubblicitario da troppo tempo*, in "Il Millimetro", Milano, marzo | March.

E. Archimede, *Il tocco del professore*, in "Barolo & Co.", Torino, maggio | May.

s.a., *Manifesto d'autore e manifesti di autori, dibattito alla Fondazione Carlo Erba di Milano*, in "Parete", Milano, luglio | July.

L. Vincenti, *Vendiamo anche i politici*, in "Oggi", Milano, 3 ottobre | October 3.

1984

D. Jarach, E. Matti, *Donna oggetto*?, Forte, Milano.

s.a., *Un pizzico di polemica*, in "Strategia", Milano, maggio | May.

D. Dal Verme, Come nasce una campagna pubblicitaria, in *Pubblicità, propaganda, pubbliche relazioni per il turismo*, C.L.I.T.T., Roma, luglio | July.

s.a., *Armando Testa, Presidente della Armando Testa*, in "Media Key", Milano, novembre | November.

s.a., *Una mostra di Testa al Pac*, in "Il Giornale dell'Arte", novembre | November.

C. P., *Una mostra di Armando Testa*, in "La Nuova Sardegna", Sassari, 8 dicembre | December 8.

G. Iliprandi, *Intervista ad Armando Testa*, in "Linea Grafica", Milano, dicembre | December.

1985

A. Antolini, *Armando Testa espone 30 anni di immagini*, in "Pubblicità Domani", Milano, gennaio | January.

C. Provvedini, *Dal Punt e Mes alla pittura*, in "La Nuova Venezia", Venezia, 3 gennaio | January 3.

C. Stampa, *Non cercate il pelo nell'uovo*, in "Epoca", Milano, 6 settembre | September 6.

E. Di Mauro, *Che Testa quell'Armando*, in "Reporter", Milano, 12 novembre | November 12.

1987

s.a., *Intervista ad Armando Testa*, in "Media Key", Milano, aprile | April.

R. Salemi, *C'è un re dei caroselli*, in "Domenica del Corriere", Milano, 16 aprile | April 16.

R. Salemi, *Armando Testa racconta alla Domenica,* in "Domenica del Corriere", Milano, 23 aprile | April 23.

s.a., *Intervista con Armando Testa*, in "Vernissage - Il Giornale dell'Arte", Torino, giugno | June.

M. Perazzi, *Ecco perché ho messo il dito nel quadro*, in "Amica", Milano, 19 ottobre | October 19.

M. Florio, *Torino bellissima. I campioni*, Bolaffi, Torino.

P. Jacobbi, *Come entrare nel mondo della pubblicità. Il mio futuro. Pubblicità*, Mondadori, Milano.

1988

s.a., *Voglia di colore ma con le pause*, in "Cerutti Mondo", Casale Monferrato, gennaio | January.

T. Zanchi Anselmi, *Il dito ei suoi dintorni*, in "Casa Oggi", Milano, gennaio - febbraio | January - February.

M. Gandini, *Arte e pubblicità, intervista con Armando Testa,* in "Flash Art", Milano, gennaio - febbraio | January - February.

1989

G. Vergani, *Armando Testa racconta, "Casorati mi disse dammi del tu..."*, in "La Repubblica", Milano, 20 maggio | May 20.

s.a., *Armando Testa e la fotografia*, in "Il Popolo", Roma, 4 ottobre | October 4.

F. Minervino, *E così diventai pubblicitario grazie all'astrattismo,* in "Corriere della Sera", Milano, 16 ottobre | October 16.

s.a., *Intervista a Armando Testa*, in "Juliet", Trieste, ottobre | October.

M. Boer, *Il fattore umano di Armando Testa*, in" Parete", n. 52, Milano, novembre | November.

M. Forti, *Pubblicità, oh musa,* in "Il Messaggero", Roma, 22 dicembre | December 22.

1990

L. Ballio, *Le città mondiali. Torino*, in "Il Mondiale", supplemento a | supplement for "Corriere della Sera", Milano, 10 aprile | April 10.

s.a., *Playboy intervista Armando Testa*, in "Playboy", Milano, settembre | September.

1991

C. Altarocca, *Il re della pubblicità ci racconta come sfidò la "follia". Amore e Polinesia, così cambiò la mia vita*, in "La Stampa", Torino, 15 luglio | July 15.

1992

M. Blonsky, *Armando Testa 1991*, in "Graphis", Zürich, settembre - ottobre | September - October.

M. Florio, *Conterranei nel tempo,* Daniela Piazza Editore, Torino.

M. Blonsky, *American Mythologies*, Oxford University Press, New York.

Cataloghi di mostre personali
Catalogues of Solo Exhibitions

1984

Armando Testa. Pubblicità e pittura, testi di | texts by O. Calabrese, G. Dorfles, A. C. Quintavalle, PAC, Padiglione d'Arte Contemporanea - Mazzotta, Milano.

1985

Armando Testa. Il segno e la pubblicità, testi di | texts by G. Dorfles, D. Mutarelli, A. C. Quintavalle, Mole Antonelliana, Torino - Mazzotta, Milano.

1987

Armando Testa. 40 Years of Italian Creative Design, testi di | texts by G. Dorfles, F. Fellini, M. Glaser, A. C. Quintavalle, Parson School of Design Exhibition Center, New York City; Otis Art Institute of Parson School of Design Exhibition Center, Los Angeles - Allemandi, Torino.

Armando Testa, testi di | texts by U. Allemandi, M. Fagiolo dell'Arco, Galleria d'Arte Niccoli, Parma.

1989

40 Anos de Creatividad Italiana, testi di | texts by M. Chirino, G. Dorfles, F. Fellini, M. Glaser, A. C. Quintavalle, Circulo De Bellas Artes, Madrid - Allemandi, Torino.

1993

Armando Testa. Una retrospettiva, testi di | texts by G. Celant, G. Dorfles, O. Calabrese, M. Glaser, A. C. Quintavalle, Palazzo Strozzi, Firenze - Electa, Milano.

2001

Armando Testa, testi di | texts by G. De Angelis Testa, J. Deitch, M. Ferraresi, G. Verzotti, testimonianze di | recounts by J. Kossuth, M. Pistoletto, H. Steinbach, G. Toderi, F. Vezzoli, Castello di Rivoli Museo d'Arte Contemporanea, Rivoli-Torino; CastelSant'Elmo, Napoli – Charta, Milano.

Cataloghi di mostre collettive
Catalogues of Group Exhibitions

1970

III Miedzynarodowe Biennale Plakatu. Plakaty reklamowe, testo di | text by J. Waśniewski, Warszawa.

Bienále Užité Grafiky, IV Mezinárodní přehlídka plakátu a propagační grafiky, testo di | text by J. Hlušička, Brno.

1972

Humor Graphic. Ecologic, testi di | texts by U. Domina, G. Richetti, S. Vollaro, Galleria Cortina - Edizione Humor Graphic, Milano.

IV Miedzynarodowe Biennale Plakatu. Plakaty reklamowe, testo di | text by Z. Schubert, Warszawa.

1974

V Miedzynarodowe Biennale Plakatu. Plakaty reklamowe, testo di | text by M. F. Rakowski, Warszawa.

Humor Graphic. Nevrotic, testi di | texts by G. Lopez, G. Richetti, S. Vollaro, Galleria Cortina - Edizione Humor Graphic, Milano.

1975

Humor Graphic. Il Potere, testi di | texts by G. Richetti, S. Vollaro, Galleria Il Ventaglio, Firenze - Edizione Humor Graphic, Milano.

1976

Humor Graphic. Escatologic, testi di | texts by E. Consigli, G. Richetti, S. Vollaro, Palazzo Confalonieri, Milano; Bedford House Gallery, London - Edizione Humor Graphic, Milano.

VI Miedzynarodowe Biennale Plakatu. Plakaty reklamowe, testo di | text by K. T. Toeplitz, Warszawa.

1978

Bienále Užité Grafiky, VIII Mezinárodní přehlídka plakátu a propagační grafiky, testo di | text by J. Hlušička, Brno.

1979

Humor Graphic. Psyco, testi di | texts by G. Richetti, S. Vollaro, Museo Egizio, Castello Sforzesco - Edizione Humor Graphic, Milano.

The Colorado International Invitational Poster Exhibition, testo di | text by R. H. Forsyth, Fine Arts Center, Colorado Spring; Sangre de Cristo Arts and Conference Center, Pueblo; Center for the Arts and Humanities, Arvada; Lincoln Community Center, Fort Collins - Office of Cultural Programs; Colorado State University, Fort Collins.

1980

Humor Graphic. Archeologic, testi di | texts by P. Consigli, G. Richetti, S. Vollaro, Civico Museo Archeologico - Edizione Humor Graphic, Milano.

1981

Humor Graphic. Il Segno, testi di | texts by P. Consigli, U. Domina, A. Guerci et al., Palazzo delle Stelline - Edizione Humor Graphic, Milano.

Cento anni di manifesti fra arte e costume, testi di | texts by M. de Micheli, G. Guarda, G. Lopez, S. Violante, Sala Viscontea, Castello Sforzesco, Milano - Igap, Mazzo- Milano.

1982

Humor Graphic. Murales Sikkens, testo di | text by G. Lopez, Piazza del Duomo, Milano; Piazza Martiri, Reggio Emilia - Edizione Humor Graphic, Milano.

Italian Re-Evolution: Design in Italian Society in the Eighties, testi di | texts by G. C. Argan, G. Fabris, S. Pininfarina, P. Sartogo, B. Zevi et al., La Jolla Museum of Contemporary Art, San Diego.

Humor Graphic. Alfabeta, testi di | texts by P. Boselli, P. Consigli, U. Domina et al., Biblioteca Trivulziana, Castello Sforzesco - Edizione Humor Graphic, Milano.

1983

Humor Graphic. Pecunia, testi di | texts by P. Boselli, P. Consigli, U. Domina et al., Civico Museo Archeologico, Milano; Sala della Comunicazione Visiva, Fiera di Bologna, Bologna; Club Migros, Lugano - Edizione Humor Graphic, Milano.

Humor Graphic. "A" dell'Avanti: interpretazioni, testo di | text by U. Intini, Circolo de Amicis - Edizione Humor Graphic, Milano.

Humor Graphic. Nel Castello di Kafka, testo di | text by P. Consigli, Biblioteca Sormani, Milano; Centro Culturale L. Russo, Pietrasanta, Viareggio; Sala del Torchio, Brescia; Università Centro R.A.T., Cosenza - Edizione Humor Graphic, Milano.

1984

T - Show. Storia e nuovi stili nella T - shirt, testi di | texts by G. Dorfles, D. Fiori, M. Giovannini, Studio Marconi, Milano.

Humor Graphic. Magia, testi di | texts by P. Boselli, P. Consigli, U. Domina et al., Galleria Vittorio Emanuele II, Milano; Centro Culturale L. Russo, Pietrasanta, Viareggio - Edizione Humor Graphic, Milano.

1985

L'Italie aujourd'hui. Aspects de la création italienne de 1970 à 1985, testi di | texts by G. Anceschi, G. Aulenti, M. Bellocchio, O. Calabrese, P. L. Cerri, L. Corrain, F. Dal Co, U. Eco, P. Fabbri, M. Fagioli, M. Fusco, V. Gregotti, A. Lugli, C. Majer, S. Massimini, L. Micciché, G. Morelli-Vitale, F. Quadri, A. C. Quintavalle, A. Rauch, F. Serra, A. Testa, J. C. Vegliante, R. Ventrella., Villa Arson, Nice - La Casa Usher, Firenze.

Piemonte anni Ottanta. Pittura e Scultura, testo di | text by G. Barbero, Ca' Vendramin Calergi, Venezia; Circolo degli Artisti, Torino - Fabbri - Milano.

Humor Graphic. Fashion, testi di | texts by P. Consigli, G. Lopez, G. Richetti et al., Centrodomus - Edizione Humor Graphic, Milano.

1986

Humor Graphic. Movie, testi di | texts by M. Chamla, P. Consigli, A. Giovannini et al., Galleria Vittorio Emanuele II - Edizione Humor Graphic, Milano.

Bienále Užité Grafiky, XII Mezinárodní přehlídka plakátu a propagační grafiky, testo di | text by J. Hlušička, Brno.

1987

Humor Graphic. Il Suono, testo di | text by P. Consigli, Galleria Vittorio Emanuele II, Milano; Galleria Comunale Corbetta - Edizione Humor Graphic, Milano.

1988

Humor Graphic. Il Tempo, testi di | texts by E. Consigli, P. Consigli, D. Emco, Civico Museo Archeologico - Edizione Humor Graphic, Milano.

XII Miedzynarodowe Biennale Plakatu. Plakaty reklamowe, testi di | texts by S. Fukuda, A. LeQuernec, M. Urbaniec Warszawa.

1989

I manifesti pubblicitari torinesi 1900 - 1960, testi di | texts by G. Pregliasco, E. Soleri, A. Testa, Galleria Principe Eugenio, Torino.

L'Italia che cambia attraverso i manifesti 1900 - 1960. La raccolta Salce, testi di | texts by A. Abruzzese, F. M. Aliberti Gaudioso, R. Barilli, L. J. Bononi, G. P. Brunetta, V. Castronovo, M. Della Valle, F. Donati, M. Falzone del Barbarò, E. Manzato, P. Sparti, G. Tintori, Palazzo della Permanente, Milano - L'Artificio, Firenze.

MACAM Maglione. Un paese per gli artisti, testi di | texts by J. Beck, F. Caroli, F. Poli, MACAM, Museo Arte Contemporanea all'Aperto, Maglione Canavese-Torino - Fabbri, Milano.

Le montagne della pubblicità, testi di | texts by A. Audisio, A. Testa, Museo Nazionale della Montagna Duca degli Abruzzi - Cahier Museomontagna, Torino.

1990

Humor Graphic. Cybus, testi di | texts by E. Consigli, P. Consigli, D. Emco, Palazzo delle Stelline; Eurocucina, Fiera di Milano - Edizione Humor Graphic, Milano.

Il mondo delle torri, da Babilonia a Manhattan, testi di | texts L. I. Cahn, G. Dorfles, M. Fagiolo, P. Farina, I. Gardella, E. Mendelsohn, W. Oechslin, F. Portinari, P. Portoghesi, G. Rovero, P. Santarcangelo, M. Scolari, M. van der Rohe, Palazzo Reale, Milano - Mazzotta, Milano.

Profilo Italia. Un certo stile made in Italy. Design, arte, creatività italiana in mostra a Torino, testi di | texts by B. Alfieri, G. Boca, A. Branzi, G. Brera, S. Casciani, M. Gabardi, S. Giacomoni, S. Rolando, P. Scarzella, Palazzo a Vela, Torino - Berenice - Art Books, Milano.

1991

Humor Graphic. Ritus, testi di | texts by E. Consigli, P. Consigli, D. Emco, Palazzo della Triennale, Milano - Edizione Humor Graphic, Milano.

I muri raccontano. 100 anni di manifesti stampati dalla Pozzo Gros Monti, testi di | texts by C. Arocca, C. Gorlier, E. Manzato, M. Rosci, E. Soleri, A. Testa, G. F. Verné, Società Promotrice delle Belle Arti - Fratelli Pozzo, Torino.

Primera Bienal Internacional del Cartel en Mexico 1990, testi di | texts by A. Moreno Toscano, V. Flores Olea, M. S. Tolba, H. Lenger, V. Royo, S. Fukuda, R. Azcuq, M. Glaser, S. Veistola, Palacio de Mineria - Trana Visual Ac. - Universitad Autonoma Metropolitana, Ciudad de México.

1992

Cocart, testi di | texts by Y. Albert, R. Bellini, M. Bonfantini, A. Bonito Oliva, F. Carmagnola, G. Cutolo, M. Cutrone, M. Gandini, J. P. Keller, M. Kunc, B. Pilat, D. Platzker, Rammallzee, M. Senaldi, A. Testa, Edizioni Bianca Pilat, Milano.

Earth Flag Design. Global Solidarity, testi di | texts by W. Serwatowski, Expo '92, Polish Pavillon, Sevilla, maggio - luglio | May - July.

Humor Graphic. Energia, testi di | texts by E. Consigli, P. Consigli, U. Domina et al., Civico Museo Archeologico - Edizione Humor Graphic, Milano.

L'auto dipinta, testo di | text by A. C. Quintavalle, Fruttiere di Palazzo Te, Mantova. - Electa, Milano.

1993

Un'avventura internazionale, Torino e le Arti 1950-1970, testi di | texts by M. Agnelli, M. Bourel, G. P. Brunetta, B. Camerana, G. Celant, G. Davico Bonino, P. Derossi, C. de Seta, M. Fagiolo dell'Arco, P. Fossati, R. Gabetti, I. Gianelli, A. Isola, M. Levi, M. Messinis, A. Minola, A. Papuzzi, P. Pinamonti, G. Verzotti; interviste di | interviews by I. Gianelli a | with G. Bertasso, C. Levi, P. L. Pero, L. Pistoi, E. Sanguineti, G. E. Sperone, G. Vattimo, Castello di Rivoli Museo d'Arte Contemporanea, Rivoli-Torino - Charta, Milano.

1995

Torino design. Dall'automobile al cucchiaio, testi di | texts by S. Bayley, L. Bistagnino, F. Cinti, R. Gabetti, G. Gavelli, C. Germak, V. Marchis, G. F. Micheletti, G. Molineri, A. Morello, C. Morozzi, C. Olmo, A. Pansero, R. Piatti, A. Pinchierri, R. Segoni, D. Vannoni, A. M. Zorgno, Museo dell'automobile Carlo Biscaretti di Ruffia, Torino - Allemandi, Torino.

45.63. Un museo del disegno industriale in Italia. Progetto di una collezione: design e grafica, testi di | texts by P. Berté, M. De Giorgi, A. Morello, K. Pomian, Palazzo della Triennale - Editrice Abitare Segesta, Milano.

Nel segno dell'Angelo, testi di | texts by A. Fiz, E. Pontiggia, Edizioni Bianca Pilat, Milano.

1996

Collezionismo a Torino. Le opere di sei collezionisti d'Arte Contemporanea, interviste di | interviews by I. Gianelli a | with G. De Angelis Testa, E. Guglielmi, C. Levi, M. Levi, M. Rivetti, P. Sandretto Re Rebaudengo, Castello di Rivoli Museo d'Arte Contemporanea, Rivoli-Torino - Charta, Milano.

Gli Anni '60 Le immagini al potere, testi di | texts by A. Detheridge, F. Irace, A. Vettese et al., Fondazione Mazzotta, Milano.

Da Dudovich a Testa. L'illustrazione pubblicitaria della Martini & Rossi, testo di | text by E. Soleri, Versiliana, Forte dei Marmi - Martini, s.l.

Carosello, 1957-1977. Non è vero che tutto fa brodo, testi di | texts by A. Castagnoli, G. L.

Falabrino, M. Giusti, Palazzo della Triennale, Milano; Sala del Lazzaretto, Napoli; Galleria di Piazza Concordia, Roma; Palazzina di Caccia di Stupinigi, Torino - Silvana Editoriale, Milano.

1998
Di segno... italiano, testo di | text by M. Bandini, Palazzina CEPU - Centro Europeo Preparazione Universitaria - L'Uovo di Struzzo, Torino.

1999
Epoca! 1945-1999. Manifesti in Italia tra vecchio secolo e nuovo millennio, testi di | texts by O. Calabrese, A. Colonnetti, G. Dorfles, A. C. Quintavalle, A. Rauch, Istituzione Santa Maria della Scala, Siena; Istituto Italiano di Cultura, Praha; Museo Franz Mayer, Ciudad de México - Protagon Editori Toscani, Siena.

2001
L'arte della bicicletta. Da Duchamp a Rauschenberg, testi di | texts by A. Fiz, A. Schwarz, E. Tadini, Villa Menafoglio Litta Panza Varese – Biumo Superiore – De Agostini Rizzoli–Arte&Cultura, Milano.

2002
De Gustibus. Collezione privata Italia, testi di | texts by A. Bonito Oliva, S. Risaliti, con interviste di | with interviews by C. Corbetta, G.Maraniello, Palazzo Delle Papesse, Centro Arte Contemporanea, Siena - Maschietto Editore, Firenze.

L'arte del gioco – da Klee a Boetti, testi di | texts by P. Bellasi, A. Fiz, T. Sparagni, Museo Archeologico Regionale, Aosta – Mazzotta, Milano.

2004
L'Arte in testa, testo di | text by Luca Beatrice, MACI, Museo Arte Contemporanea Isernia– Cast, Moncalieri, Torino.

Bambini nel tempo – L'infanzia e l'arte, Mantova, Palazzo Te, testi di | texts by S. Risaliti, M. Scolaro, Skira Editore, Milano.

Vom Leben der Dinge | The Life of Things, Fotomuseum Winterthur, Winterthur, Svizzera; Spazio Oberdan, Milano.

2006 - 2007
Il modo italiano, Italian design and avan-garde in the 20th Century, testi di | texts by G. Bosoni, V. Gregotti, I. de Guttry, M. P. Maino, R. Ghiazza, R. Pepal, D. Charbonneau, A. B. Oliva, P. Antonella ,The Montreal Museum of Fine Arts; Royal Ontario Museum, Toronto; Mart – Museo di Arte Contemporanea di Trento e Rovereto - Skira Editore, Milano.

2007
Pinot Gallizio e il suo tempo. 1953 – 1964, Palazzo Mostre e Congressi, Alba, testi di | texts by A. Busto.

InBertarelli.com, Comunicazione pubblicitaria, grafica e arte. La Raccolta Bertarelli 1927 - 2007, Castello Sforzesco, Milano, testi di | texts by Claudio Salsi, Alessia Alberti, Giovanna Ginex, Giovanna Mori, Anna Steiner, Francesco Tedeschi, Skira Editore, Milano.

2008
Il mito della velocità. Arte, motori e società nell'Italia del '900, Palazzo delle Esposizioni, Roma , catalogo con testi di | catalogue with texts by Eugenio Martera e Patrizia Pietrogrande, Giunti Editore, Firenze.

Testi monografici su Armando Testa
Monographs on Armando Testa

S. Polinoro, I. Usberti, *Armando Testa. Materiali per un protocatalogo dell'opera grafica*, tesi di laurea | final paper, Politecnico, Facoltà di Architettura, Milano, inedito | unpublished, 1989-1990.

M. C. Caruso, *Armando Testa*, tesi di laurea | final paper, Università degli Studi "La Sapienza", Facoltà di Lettere e Filosofia, Roma, inedito | unpublished, 1989 - 1990.

M. A. Cozzolino, *Armando Testa. Grafica e pittura*, tesi di laurea | final paper, Istituto Universitario "Suor Orsola Benincasa", Facoltà di Scienze della Formazione, Napoli, inedito | unpublished, 1999 - 2000.

Testi di carattere generale
Further Readings

1955
F. Cunsolo, *La pubblicità in Italia*, Görlich, Milano.

1959
AA. VV., *Packaging: An International Survey of Package Design,* Amstutz & Herdeg Press, Zürich.

1961
AA. VV., *Window Display. An International Survey of the Art of Window Display,* vol. II, Amstutz & Herdeg Press, Zürich.

AA.VV. *Armando Testa* in *Who's Who in Grapfic Art*, Amstutz & Herdeg Press, Zürich.

1966
M. Fagiolo dell'Arco, *Rapporto '60, Le Arti Oggi in Italia*, Bulzoni, Roma.

1968
U. Eco, *La struttura assente,* Bompiani, Milano.

1974
G. Grazzini, *... E allora Adamo diventò Adman,* SSC&B/Lintas Italia, s.l. | n.p.

1975
AA.VV. *Armando Testa,* in *Enciclopedia Universale,* vol. XVI, Rizzoli Editore, Milano.

1977
A. C. Quintavalle, *Pubblicità, modello, sistema, storia*, Feltrinelli, Milano.

E. Pellegrini, *La donna-oggetto in pubblicità. Blow-up*, Marsilio, Venezia.

1978
A. Monestier, A. Weill*, Le Arti grafiche nel XX secolo*, Storia dell'Arte, volume 10, Istituto Geografico De Agostini, Novara.

1981
AA.VV, *Armando Testa,* in *Le parole della pubblicità*, Pola Libri, Milano.

C. Possenti, M. Abis, P. Niccoli, *Il consumo culturale. Una storia degli italiani dal 1945 ai giorni nostri*, La Biennale di Venezia - Marsilio, Venezia.

1982
Personaggi più. Schede biografiche dei personaggi "più" rappresentativi della vita italiana, Who's Who in Italy S.r.l., Bresso, Milano.

Who's Who in the World, Maquis Who's Who Inc., Zürich.

1983
Philip B. Meggs, *The conceptual image: Armando Testa,* in *A History of Graphic Design*, Van Nostrand Reinhold, New York.

1984
J. Steimle, *Armando Testa*, in *Contemporary Design*, MacMillan, London.

D. Jarach, E. Matti, *Donna Oggetto?*, Forte, Milano.

1985
A. Weill, *Armando Testa,* in *The Poster*, Poster Please, Inc., New York.

1986
G. Martellini, *Ritratto di città con persone, Venti incontri torinesi,* Inner Wheel International Club, Torino.

AA.VV., *1886 - 1986. Cento anni di pubblicità dinamica,* I.G.A.P., Milano.

L. Filippi, *Chi è. Mille nomi dell'Italia che conta*, "L'Espresso", Roma.

1987

Pirovano litofesteggia i primi 50 anni, Arti Grafiche M. & G. Pirovano, Milano.

R. A. Prevost, *Armando Testa*, in *I creativi italiani*, Lupetti & Co, Milano.

M. Florio, *Torino bellissima. I campioni*, Bolaffi, Torino.

P. Jacobbi, *Il mio futuro*, Mondadori, Milano.

1988

G. P. Cesarani, *Il dito di Armando,* in *Storia della Pubblicità in Italia,* Laterza, Bari.

H. Waibl, *Armando Testa*, in *Alle radici della comunicazione visiva italiana,* Idea Book, Milano.

K. Ferri, *Spot Babilonia*, Lupetti & Co., Milano.

1989

G. L. Falebrino, *Effimera & Bella, storia della pubblicità italiana,* Gutenberg, s.l. | n.p.

1990

AA.VV., *Pubblicità,* in *Grande Dizionario Enciclopedico,* vol. XVI, Utet, Torino.

A. Abruzzese, F. Colombo, *Storie, tecniche, personaggi. Dizionario della Pubblicità*, Zanichelli, Milano.

G. O'Neill Jr., *Personaggi dell'arte italiana del 900: ritratti*, C.L.E.B. Gallery Club, San Benedetto Po-Mantova.

M. Sala, *Hall of fame - Armando Testa,* in *Italian Art Directors Club Annual,* Universo, Milano.

J. Steimle, *Armando Testa,* in *Contemporary Designers*, St. James Press, London.

D. Mutarelli, *È vietato spottare*, Euro Advertising, Bologna.

1991

E. Manucci, *Kappa & altre Robe*, Lupetti, Milano.

1992

A. Albruzzese, F. Colombo, *Dizionario della Pubblicità,* Zanichelli, Milano.

M. Blonsky, *American Mythologies*, Oxford University Press, New York.

M. Florio, *Conterranei nel tempo,* Daniela Piazza Editore, Torino.

M. Piazzoli, *Armando Testa*, in *Enciclopedia Italiana di Scienze, Lettere ed Arti, 1979/1992*, Treccani, Roma.

G. Fabris, *La pubblicità, teorie e prassi*, Franco Angeli, Milano.

N. Orengo, *Il gufo di Loano e altri animali*, Allemandi, Torino.

1993

G. Dorfles, *Preferenze Critiche. Uno sguardo sull'arte visiva contemporanea*, Dedalo, Bari.

AA.VV., *Studi Piemontesi,* vol. XXII, Centro Studi Piemontesi, Torino.

G. Fioravanti, *Armando Testa,* in *Il Dizionario del Grafico,* Zanichelli, Bologna.

G. Proni, *Il caffè, l'amico di Voltaire*, Lupetti & Co., Milano.

1994

A. Abruzzese, F. Colombo, *Armando Testa,* in *Il Dizionario della Pubblicità,* Zanichelli, Bologna.

M. Vitta, *Novecento da collezione, Modernariato,* Istituto Geografico DeAgostini, Novara.

1995

M. Giusti, *Il grande libro di Carosello,* Sperling & Kupfer, Milano.

A. Sette, *Personaggi ed interpreti-l'animazione dalla reclame allo spot*, Franco Angeli, Milano.

M. Marsero, *Dolci delizie subalpine. Piccola storia dell'arte dolciaria a Torino e in Piemonte,* Lindau, Torino.

1996

AA.VV., *Contemporary Designers*, St. James Press, Detroit.

G. Cingoli, *Il Gioco del mondo nuovo*, Baldini & Castoldi, Milano.

1997

G. Fioravanti, L. Passarelli, S. Sfligiotti, *La grafica in Italia,* Leonardo Mondadori Arte, Milano.

1998

P. Dorfles, *Carosello,* Il Mulino, Bologna.

1999

O.Calabrese, A. Colonetti, G. Dorfles, A. C. Quintavalle, *Epoca 1945-1999*, Protagon Editori Toscani, Siena.

S. Dorna, *Che cos'è l'arte?*, Allemandi, Torino.

2000

G. Rizzoni, *Agenda letteraria 2001,* Mondolibri, Milano.

2001

A. Pansera, *Cronache di una città scomparsa*, in Enrico Castellani, Fondazione Prada, Milano.

2003

M.G. Montagnini, *Lezioni di arti visive, le tecniche: dalla fotografia al web*, S.Lattes & C. Editori, Torino.

M. Castolai, U. Salvi, *Parole per ricordare, Dizionario della memoria collettiva*, Zanichelli Editore, Bologna.

M. Vecchia, *Persuasione e cartellonismo. Da Jules Chéret ad Armando Testa* (collana Arte, comunicazione e spettacolo), CUEM, Milano.

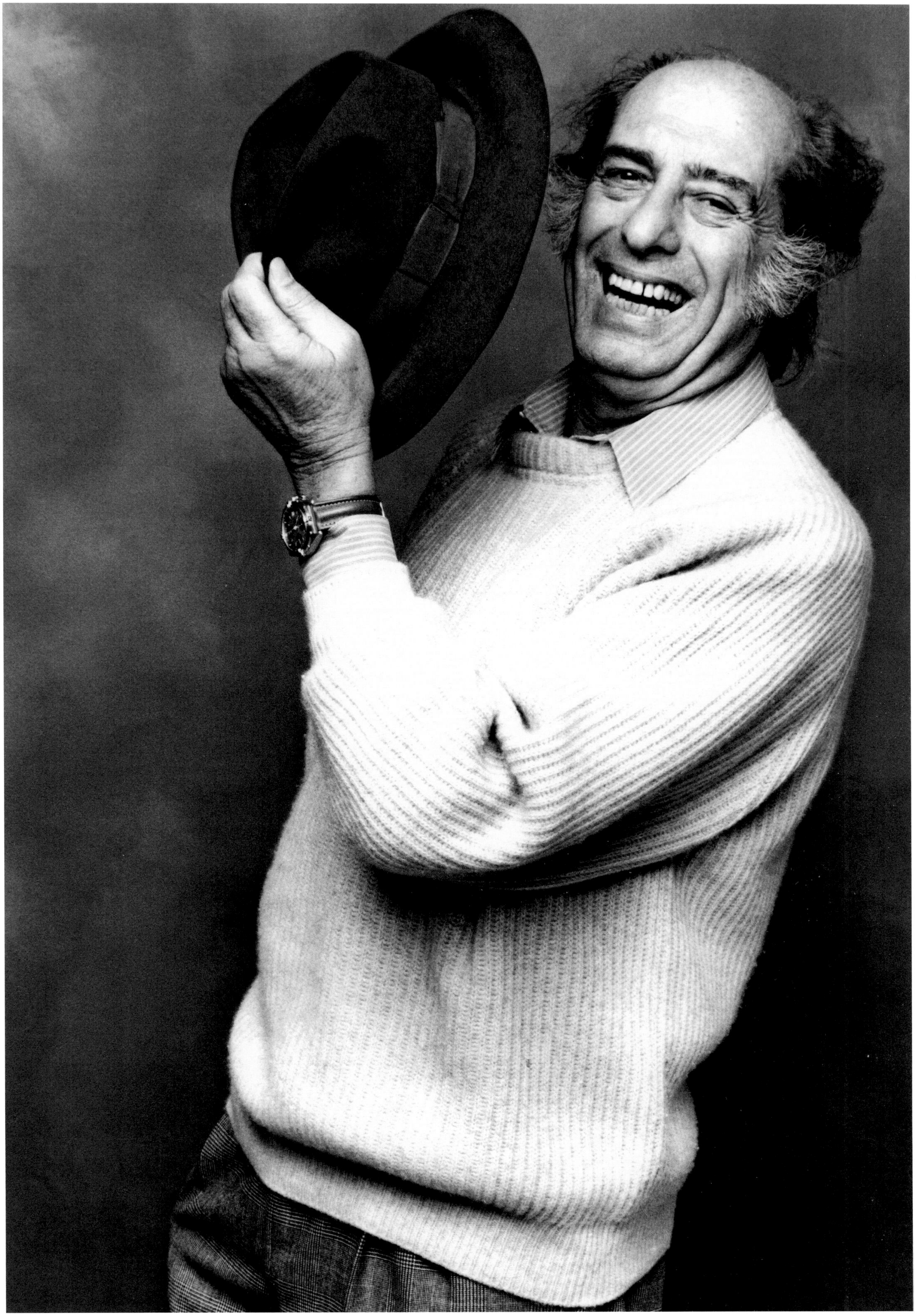

Silvana Editoriale

Direttore generale | Director General
Michele Pizzi

Direttore editoriale | Editorial Director
Sergio Di Stefano

Art Director
Giacomo Merli

Coordinamento redazionale | Editorial Coordinator
Maria Chiara Tulli

Progetto grafico | Graphic Design
Annamaria Ardizzi

Redazione | Copy Editing
Cristina Pradella

Traduzioni | Translations
Cristina Pradella

Impaginazione | Layout
Evelina Laviano

Coordinamento di produzione | Production Coordinator
Antonio Micelli

Segreteria di redazione | Editorial Assistant
Giulia Mercanti

Ufficio iconografico | Photo Editor
Silvia Sala

Ufficio stampa | Press Office
Alessandra Olivari, press@silvanaeditoriale.it

ISBN 978-88-366-5770-4

Available through ARTBOOK | D.A.P.
155 Sixth Avenue, 2nd Floor,
New York, N.Y. 10013
Tel: (212) 627-1999
Fax: (212) 627-9484

Silvana Editoriale S.p.A.
via dei Lavoratori, 78
20092 Cinisello Balsamo, Milano
tel. 02 453 951 01
www.silvanaeditoriale.it

Le riproduzioni, la stampa e la rilegatura
sono state eseguite in Italia
Reproductions, printing and binding in Italy
Stampato da / Printed by
Musumeci S.p.A., Quart (Aosta)
Finito di stampare
nel mese di aprile 2024
Printed in April 2024

In copertina | *Cover*
Punt e Mes, 1960

MISTO
Carta | A sostegno della gestione forestale responsabile
FSC® C102788
FSC www.fsc.org